韩秋白 著

秋之白屋诗歌散文选集

学苑出版社

图书在版编目（CIP）数据

秋之白屋诗歌散文选集 / 韩秋白著. — 北京：学苑出版社，2021.5

ISBN 978-7-5077-6180-1

Ⅰ. ①秋… Ⅱ. ①韩… Ⅲ. ①诗集—中国—当代②散文集—中国—当代 Ⅳ. ① I217.2

中国版本图书馆 CIP 数据核字（2021）第 106771 号

责任编辑：任彦霞
出版发行：学苑出版社
社　　址：北京市丰台区南方庄 2 号院 1 号楼
邮政编码：100079
网　　址：www.book001.com
电子信箱：xueyuanpress@163.com
联系电话：010-67601101（营销部）、010-67603091（总编室）
印　刷　厂：北京建宏印刷有限公司
开本尺寸：787×1092　1/16
印　　张：24.5
字　　数：393 千字
版　　次：2021 年 6 月第 1 版
印　　次：2021 年 6 月第 1 次印刷
定　　价：68.00 元

秋之白居诗歌散文选集

军事科学院古典兵学专家 **吴如嵩** 先生题

我爱大海的动,
它时时都会激起大的小的浪花;
也爱大海沙滩的静,
从那里总能俯拾到大的小的美丽的贝壳。

——韩秋白

▲ 2005年9月，在甘肃省敦煌（右为敦煌博物馆馆长樊锦诗，中间是考古研究所专家刘一曼，左为作者）

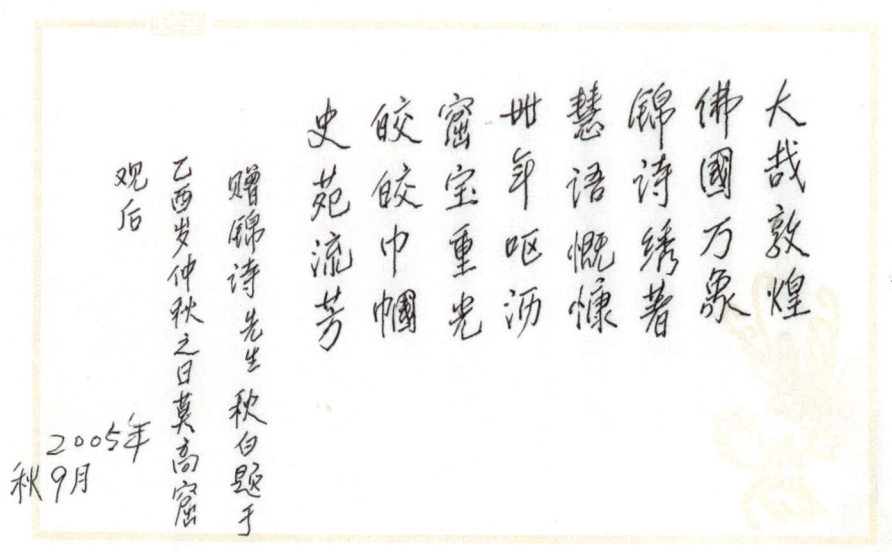

▲ 2005年9月，作者赠樊锦诗先生题词

▲ 2007年4月19日，在福建省厦门市皓月园郑成功深情望宝岛雕塑前

▲ 2007年4月17日，在福建省厦门市鼓浪屿日光岩前

▶ 2007年5月10日中午，在江苏省镇江市金山寺清圣祖康熙题字碑前

▲ 2007年5月17日，在江苏省无锡市东林书院

▲ 2007年5月18日，在江苏省无锡市寒山寺枫桥

◀ 2007年9月1日,再泛九曲水上游(摄于福建省武夷山下九曲溪)

▶ 2013年5月11日,在云南省大理三塔

▲ 2013年5月13日，在云南省丽江古城

▲ 2013年6月4日，与格则卓玛"达布"（老祖母）在一起（云南省泸沽湖）

▲ 2016年3月18日,作者大哥(已去世)在台湾台东市居住的一家人的合影,左后立第一位叫孝忠

◀ 2016年3月20日,和侄女在台湾南部的日月潭边

▲ 2016年3月25日,在宝岛台湾东部(台东市)的"云、山、水山庄",美轮美奂

序 一

> 秋白是一朵海浪花，
> 大海离不开她。
> 秋白是一朵海浪花，
> 玲珑剔透能量大！

秋白的诗歌，充满了热情。她爱大海、爱名山、爱四季的繁花和树木，爱学生、爱朋友、爱她远近的亲人。

她爱大海是无条件的："我爱大海的动，它时时都会激起大的小的浪花；也爱大海沙滩的静，从那里总能俯拾到大的小的美丽的贝壳。"

她爱名山的代表作是《喜登黄山莲花峰》之三：

> 置身莲峰上，六维皆空明。
> 狂叫惊云友，欲舞恐凌风。
> 俯视群峰下，万物尽星星。
> 纵使岁月久，一览一动情！

看！秋白登上了莲花峰顶，她是多么地兴奋、多么地动情，她"狂叫"，她"欲舞"，此时的秋白，无疑已将自己和大自然融合在一起了。

她的诗歌中咏花木题材的很多，这充分表达了她热爱"美"的性情，其中以咏牡丹的诗最生动传神，写出了牡丹的雍容华贵、国色天香的精神，现摘录片段如下：

> 牡丹承新雨，色艳露浓华。
> 朵朵竞神秀，株株放奇葩。
> 风过花海动，万顷散云霞。

　　　　落日晚照里，几疑入仙家。

　　　　极目红尽处，绵绵到天涯。

　　这里不止有静态美，还有动态美；不止美一点，而是美一片！

　　秋白有些诗是表达对亲人的真情，如《手足情深诗》《哭兄长》《哭一沾》都表达了浓浓的情爱。其中阖家联名诗很别致，从他们六兄妹的名字里就可以看出他们诗书传家的家风。她写的悼亡诗每首都真情流动，读后令人凄然泪下。

　　秋白的诗，光彩照人，希望她振奋精神，深入生活，细致地观察大千世界，写出更上层楼的诗篇来！

张茵陈

2002 年 12 月

序 二

读书人往往多是物质财富比较匮乏而精神情感比较丰富的穷知识分子。但真正的知识分子虽然穷，却很有人文情怀，关心社会民生，注重家庭亲友，热爱山水自然，对所见所闻的一切，无不感情系之。

三年前，我在北京拜访韩老师，有幸读到老师的部分游记，深感喜寿之年的老知识分子对生活、对名胜古迹、对山水自然如此充满深情和热爱，又一次增加了对老师的敬佩之情，也使我油然产生旅游的期盼，遗憾的是当时只读到很少几篇；三年后，老师在著述之余，把自己的家族回忆以及近些年的诗歌游记整理成《秋之白屋诗歌散文选集》一书。在拟交付出版之际，我又有幸先睹为快！

这部书只是老师退休后著述之余的闲笔。虽是闲笔，确也是用心之作。这次拜读，除了敬佩和期盼，更增加了一种激动和感叹——为老一代知识分子的淳朴、勤奋、豁达、热爱生活的精神所激动。

作者用"轶事"的形式叙述家史，但读者看到的不仅是一个家族的兴衰沿革，同时也是作者家乡沈丘乃至整个豫东地区的兴衰沿革，以及由此映射出的传统中国文化。拔贡夫人的凶悍奇妒，祖父的孝顺能干，母亲的治家才智，外祖父外祖母从绑匪手中是赎回小女儿还是大女婿时的艰难抉择，大姐走上革命道路的历史和最后的遭遇……都在作者的笔下挥洒得淋漓尽致，栩栩如生，流淌着脉脉的亲情。佃户老李、老马的勤劳节俭忠诚，王占鳌老人一家的悲剧……蝗灾的肆虐，难民的流离失所，作者在叙述中都饱含着深深的同情。就是面对自己祖宅与阮家的纠葛，作者也是一笑泯恩仇，体现了与世无争的豁达胸怀。

作者叙述家族"轶事"，也流露出浓浓的乡情。人之乡情，就是对故乡风土人情的怀念，一种"月是故乡明"的精神慰藉。弯弯的小路、潺潺的小溪、年关的爆竹、独有的乡音、儿时的玩伴、特制的饮食,甚至窗前的喜鹊、竹林的知了,都会让游子甜蜜地微笑或莫名地潸然泪下。

韩老师是一位能静能动的读书人,退休之前以静为主,退休以后经常走出书斋,老来更是游兴勃发,不顾术后膝盖的不适,遍走祖国的大好河山,进而又放眼世界,远涉重洋。每到一处,都凭着她饱满的热情、触目的灵感,详细记录下山水名胜风貌、历史人文渊源以及自己的感受,读之令人神往,产生身临其境的视觉享受和精神愉悦。

诗歌及散文部分内容也是以旅游为主,散文中也时常脱口而出一首或多首诗歌,形式多用古体,或行云流水,热情奔放,或古朴苍凉,琴韵悠悠。我认为,这些诗歌类的散文抑或是散文类的诗歌,都是动于心而发于言的,都是只求境界而不着意雕琢词句的。这里仅举《上黄山》一首:

　　白云引我上黟山,万阶轻踏自悠闲。
　　方登始信睹峭影,又觑莲花天外仙。

多么自信而又豪迈啊!韩老师自幼秉承家学,加之天性聪颖,记忆过人,故能落笔成文洋洋洒洒,出口成章黼黻锦绣。数十年杏坛授徒,不求名,不求利,勤奋读写,艰而弥坚。虽年届八旬,仍怀老骥伏枥之志,心中还酝酿着笔耕、远征的规划。感叹之余,凑成七言八句两首,表达对老师的敬佩与祝愿:

　　　　　　一
　　设帐授徒四十秋,如今桃李满神州。
　　杏坛论道诚快乐,山水诗书多自由。
　　润屋润身不兼取①,为人为己孰为优?
　　悲欢离合寻常看,总把今天作起头。

　　　　　　二
　　自古中华多苦难,幸逢世代读书家。
　　有心报国如磐石,无奈人间似乱麻。

---

① 《礼记·大学》中有"富润屋,德润身,心广体胖(安泰舒坦之义)"之句。

序 二

沧海桑田成故事,功名富贵是昙花。
晚霞美景情长在,米饭用过还有茶!

舒志武
2015年秋写于广州华南农大寓所

写在前面的话

把自己近年来的零碎小诗筛选、遴定、连缀成集的想法,是近半年的事。半年来,诗情、诗结一直在无声无息地左右着我,成为不可抗拒的动力。

凉台外,飘飘大雪在凛冽的寒风中舞出了一个缤纷的世界;屋子里,温暖如春。我静坐窗前,濡墨、铺纸,一笔一笔地誊写着,周围静悄悄的,只闻纸笔相触声,而我的心却不能平静,自儿时起我与诗结成的情结,化为缕缕轻烟向我飘来……记得,在我牙牙学语口齿尚不清时,就围着在油灯下一针一线做活计的母亲,一遍一遍地学儿歌:"毛猴子,毛蓬蓬,毛手毛脚乱哄哄;急性人,猴子种;慢性人,不相同。姐姐缝衣缝不拢,哥哥读书读不通,二人急得怒冲冲!慢慢地读、慢慢地缝,哪有一锹挖成井?哪有一笔画成龙?只有耐心才会成功!"

这情景我永远也忘不掉啊!对母亲而言,她当时一句一句地教女儿歌谣是乐趣,而对我来说,却是人生启蒙的第一课!

记得我长到四五岁,能爬高下低时,就开始顽皮了,常常手舞着鸡毛掸子,爬上八仙桌,指着墙上的条幅,朗读中唐诗人刘长卿的诗句:

万里辞家事鼓鼙,金陵驿路楚云西。
江春不肯留行客,草色青青送马蹄。

在博得父母的赞扬后,往往还顺口编出一句"送大姐、送大哥的马蹄!"没想到这句话却招得母亲眼泪都快掉下来了……

后来,我才知道,比我年长16岁的大姐层峦和大我14岁的哥哥良桂,一个去了晋北八路军抗日根据地,一个去了国民党的抗日部队,都投笔从戎去了,很多年都没有音信……

记得,我6岁那年,父亲因为不愿混迹官场而"归隐",自己创办了一座

学堂,并作了一首校歌,共六句,而校名就隐含在每句诗的首字上:

> 梓高任栋梁,
> 竹虚比贤士。
> 补得知识足,
> 习就接物资。
> 学问无穷际,
> 校名亦取斯!

并且在学校大门前悬挂起了木质的长板,由父亲亲笔写上校名"梓竹补习学校"六个楷书大字。在校门的右边移种了一棵挺拔的梓树,左边是一丛翠绿翠绿的竹子。

学校挂牌之后,报名的学生甚多,但限于教室的空间只有二十几张桌椅,所以令不少家长失望,而我当然是这里的一个学生了。

在这里,我与诗、文相伴,结下了不解之缘,王维、李白、杜甫、白居易、李贺……他们的五言、七言、绝句、律诗、古风以及乐府诗,还有那篇篇像诗一般极富神韵的唐、宋散文,韩愈、欧阳修、王安石、苏轼的名作,都让我为之痴迷,反复吟诵记忆。

这些诗作、散文优秀作品,是开发我智力的触媒。

记得,1943年正是抗日烽火遍地燃烧之际,中秋节的夜晚,父亲带着我登上了荒凉的城墙,在月光如水、寂无人声、长长的古城墙上不知走了几个来回后,父亲忽然亮起嗓子,吟诵起唐代诗人李朴的诗:

> 皓魄当空宝镜升,云间仙籁寂无声。
> 平分秋色一轮满,长伴云衢千里明。
> 狡兔空从弦外落,妖蟆休向眼前生。
> 灵槎拟约同携手,更待银河彻底清。

父亲的声音苍凉激越,久久回荡在空旷的古城墙上。长大之后再回想,才理解当时父亲的心情应该是切盼将入侵的日寇早日赶出我们的国土吧!这首诗,虽非唐诗中的上品,但却与先父音容合一,牢牢记在女儿心中。

记得，记得，咳！记忆中的诗的情结，一个牵着一个，怎一个"序"一个"跋"字容得？

　　与古典诗文的大量接触，在我上中学后便基本结束了。上大学后，所学也非古典文学专业，工作成家以后，就更无闲暇捡起自己的所爱了。然而，一粒种子既埋入春泥，总能钻出萌芽，况又欣逢盛世！这些小芽、小草，便是我今天呈送在师、亲、友面前的这些诗文拙作。

　　我自认爱诗。然，真正领悟诗音、诗魂、谈"格"论"律"、挥洒神韵……确乎远远未能，亦更遑谈登其堂、入其室。穷其一身之才智，充其量也只不过是窥诗歌殿堂之一隅而已矣！

　　但我依旧爱诗，依旧不会停止吟诗、作文。因为，这是我生命的一份证明。

韩秋白
2020 年 10 月

目录

第一部分　诗歌选　001

悼大姐（二首）　002

红叶颂友谊　003

与三姐云帆游香山　004

观菊展　004

偶感　004

迎国庆　005

北戴河观沧海（二首）　005

手足情深诗（五首）　005

广西之行即兴诗（二首）　007

随笔　007

咏盆中兰　008

筚路蓝缕　以启山林　008

和李耀宗君诗　009

寒山寺即兴　010

黄山寄情（五首）　010

荡舟黄山脚下太平湖　011

赴黄山途中绕道九华山　011

访黄山脚下西递村　011

漫步紫竹院有感（三首）　012

敬和赵朴初老人诗　013

闲坐三亚海滩上	013
喜同学青年相聚有感	013
哭兄长（二首）	013
哭一沾（二首）	014
悼一沾（三姐云帆诗）	015
死别百日祭一沾	015
一周年祭一沾（二首）	015
献上香兰祭一沾（二首）	016
两周年祭一沾	016
三周年祭一沾	016
再游云南（二首）	016
咏洛阳西苑牡丹	017
告别洛阳花	018
赠白洁	018
洛阳牡丹又赞（二首）	018
入白园	019
白园感怀（四首）	019
伏牛山龙峪湾即事（三首）	020
心系牡丹（二首）	021
为中央民族大学文化传媒学院五十周年大庆赋诗	021
游庐山	022
香港一瞥（三首）	022
雪兆丰年	023
与女友明琛同游颐和园（三首）	023
敦煌赞组诗（四首）	024
寄三姐	025
庆二姐琴韵八十二华诞	026
咏苏州盘门	027

目录

赞"人间天堂"苏州	028
人名打油诗	028
最后的驿站（二首）	029
偶感	034
又贺二姐八十六寿辰	034
赠亲家汪志伟夫妇	034
赠博文、子莹	035
读《吴戈斋歌诗集》后写序有感（三首）	036
哭三姐	036
记陈泊微君	037
京城赏海棠（三首）	037
与中学同学聚会作（三首）	038
壬辰开岁放歌	040
赞祥星、一曼伉俪趣味诗（二首）	041
思三姐	042
时空之歌	042
冰盘雨花石	043
游玉渊潭观樱花即兴（三首）	043
景山公园赏牡丹（五首）	044
北京植物园赏花记（五首）	044
百岁百战将军贾若瑜老人赞（三首）	045
贺于枫、叶飞影诗集出版（趣味藏头诗一首）	046
与九一级学子毕业二十周年聚会有感	047
随笔	047
观奥运、赞女排	047
赠欣来忘年交	049
睹《小海花》有感	050
古稀自叹	050

《中华各民族古代短歌集萃》自序诗　051

八四级学子毕业三十周年有感（二首）　051

川剧变脸术观后　052

有感　052

赠亲友　052

赠学子　052

随笔　052

今日歌　053

第二部分　散文选　055

一、家史传奇篇　056

引子　056

生死关头外祖母的"取"与"舍"　058

我的父亲　065

大姐苏平　084

零落成泥碾作尘　只有香如故　091

二、散游记　101

春游梨花村小记　101

香草园里过生日　102

云忠生日漫记　105

游天龙山记　109

重游晋祠杂记　119

再访古城——平遥　127

登黄山纪事　143

游古金陵拾趣　152

游北京香山植物园小记　161

踏月漫步莲花池　　　　　　　　　165

三、闽苏浙游记　　　　　　　　169
初游九曲溪　　　　　　　　　　169
东关古渡　　　　　　　　　　　177
在无锡看灵山大佛　　　　　　　179
太湖鼋头渚　　　　　　　　　　181
东林书院　　　　　　　　　　　183
木渎之游　　　　　　　　　　　185
游走沧浪亭　　　　　　　　　　186
游西湖　　　　　　　　　　　　190
杭州灵隐寺　　　　　　　　　　194
虫二　　　　　　　　　　　　　195
游舟山群岛　　　　　　　　　　196
访朱熹故居　　　　　　　　　　201
重游天游峰　　　　　　　　　　208
游览武夷山国家级自然保护区　　211
重游九曲溪　　　　　　　　　　215
告别武夷山　　　　　　　　　　216

四、滇游记　　　　　　　　　　219
畅游昆明大观公园　　　　　　　219
昆明翠湖游　　　　　　　　　　227
登"西山龙门"俯瞰滇池风光　　234
大理仙境崇圣寺巡礼　　　　　　238
二进云南丽江的木土司府　　　　243
丽江大研古城一览　　　　　　　246
泸沽湖七日　　　　　　　　　　251
走进女儿国　　　　　　　　　　277
香格里拉之游　　　　　　　　　284

跃上玉龙雪山	298
游走"极边第一城"腾冲	300

五、欧洲掠影记   315
    出发   315
    欧洲见闻述略   315
    返程   330

六、祖国宝岛台湾十日自由行   331

七、大师轶事篇   335
    才华自横溢　人生多寒磨
       ——纪念闻宥先生忌辰三十周年   335
    先生之风　山高水长
       ——记于道泉先生轶事   343

友人序跋   353

    读秋白选集有感   353
    情趣　意境　人   355
    《闽苏浙游记》小序   357

书后语   359

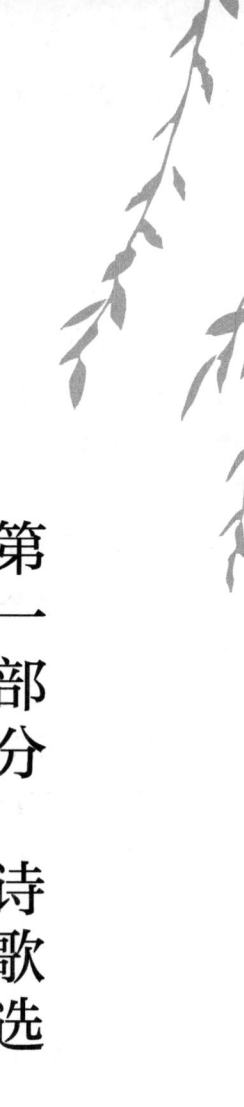

第一部分 诗歌选

悼大姐（二首）

大姐层峦，1920 年生。随父亲在省城开封上中学时，接受地下党爱国思想教育，便投笔从戎赴晋北根据地，加入共产党，与日寇周旋作战，保我河山。20 岁即担任太岳区屯留县书记，成为一位骑马挎枪的受人民爱戴的巾帼斗士。

继后，又参加解放战争，直到取得全国胜利。在十年"文化大革命"中，身兼太原市委书记和山西省委委员的大姐，被"江青反革命集团"在山西省的爪牙诬陷为"刘少奇反动路线"的执行者而被无情关押，残酷批斗，游街示众，他们使用逼供信手法，使大姐受尽了千般折磨、身心迫害，但是大姐始终坚贞不屈，终至于 1969 年 6 月 6 日逝世，留给她的亲人和志同道合的同事们永久的哀思。

春天终于来临了，"江青反革命集团"被一举粉碎了。就在 1978 年的春天，山西省委决定首批为我大姐平反昭雪。

我在北京接到通知，急赴太原参加为大姐举办的平反及骨灰安放仪式。痛定思痛，因赋诗歌两首：

一　自京抵并途中有感

铁帚扫得阴霾净，朝阳映出丹心红。
九年积愫今日吐，千里一酬手足情。
江山多娇人物俊，关河依稀旧时风。
兴会更洒清明雨，痛定思痛哭英灵！

二　忆亲人

长相忆，
忽忽九月秋。
人妖颠倒云遮日，
溘然长逝魂不宁。
终是意难平！

喜东风，

传递春消息。
举国亿民开怀日,
广寒忠魂欣慰时。
阿姐应有知!

入灵堂,
哀乐叩心弦。
云幛纷披战友意,
花环林立亲人怀。
红旗裹忠骸!

瞻遗像,
细语诉衷肠:
可怜当年小孤女,
阳光雨露已成材,
壮志有人接。

(1978年4月)

红叶颂友谊

  自1972年中日邦交正常化之后,两国签订了中日友好条约。记得,当年还是青年教师的我和同事们一起,与造访我校的日本青年共同在紫竹院公园里栽种友谊树苗。因作诗留念:

    昆仑富士两相望,一衣带水流谊长。
    香山黄栌如火日,箱根山头槭叶芳。
    金风飒飒秋阳美,欢情滔滔话沧桑。
    牡丹樱花来何迟?红叶丹书伴菊香。
    逝翁[①]九天应含笑,巨臂双联柱东方!

(1978年10月27日)

[①] 逝翁,指已经逝世的毛泽东、周恩来等老一辈国家领导人。

与三姐云帆游香山

轻霜重露雾迷蒙,相携登山秋意浓。
举首峰巅寻鸟道,回眸山脚觅泉踪。
谁泼层峦蓝褐紫?更染重林赤橙青?
莫道秋来百花谢,丹枫如火胜春红!

(1978年11月初)

观菊展

1979年深秋,我们携子女东雷与东葵阖家四口同游北海公园,观赏那里一年一度的菊花展览。徜徉在花海里,如痴如醉,返回家中,兴犹未尽,因集菊花的花名成诗,以志此游:

秋风潇洒艳阳明,百朵盈盈花光融。
黄鹤碧桃金凤舞,墨荷孔雀玉芙蓉[①]。
雪压松梢红托桂,紫霞万缕大蕊青。
菊山菊海秋色满,花国花城春意浓。
菊花有情应欣慰,年年轰动北京城!

(1979年秋日)

偶感

一夜春雨洗轻尘,漫天飞絮更惹人。
小盆红榴偷偷长,嫩条赤叶片片新!

(1983年4月22日)

---

① 这一联和下一联全是由名贵的菊花品种名字组成的。

迎国庆

欣逢国庆卅五秋,改革新叶绽九州。
因循陈规须扫尽,千里之行始于足!
修枝育苗勤灌溉,春华秋实总相酬。
三中全会化甘雨,一点一滴润心头!

(1984年10月1日)

北戴河观沧海(二首)

一 暮雨

天幕飘落银河漏,百川倒挂水如注。
长空苍茫浊海啸,南北东西不知路!

二 朝晴

无极之外复无极,海地海空尽迷离。
天风翻卷层层浪,积金铺玉入眼奇。

(1986年秋八月)

手足情深诗(五首)

1989年4月2日,是值得我们家族永远纪念的日子,兄长良桂自台湾归来探亲了。这个阔别四十余年后的兄妹首次聚会——也许是最后,大家悲喜交集。堂上双亲皆已仙逝,物在人亡,恍若隔世。

《阖家联名诗》是一首用人名连缀而成的七言八句诗,每句中都含有一个人的名字。依次是父亲梓竹、长姐层峦、兄长良桂、二姐琴韵、三姐云帆、四姐藐青,还有我的名字秋白,母亲的名字殿后,并且把她老人家的名字改为宝镜(原名叫宝艺)。

在这次难得的、期盼已久的手足聚会时刻,悲喜交集、感慨万千,大姐在十年"文化大革命"中已经去世,大哥和他的妹妹们都赋诗一首作为永远的纪念:

一 阖家联名诗

——秋白

中原梓竹①尘不染,枝叶扶疏有层峦。
庭中良桂接海隅,为琴韵在绕梁间。
上遏白云帆影动,下抚葳蕤青无边。
年年秋白暑退日,宝镜千里共婵娟。

二 迎来送别诗

——秋白

白水茫茫天一端,红尘扰扰四十年。
相拥反复恍若梦,泪涌纵横忽如泉。
把臂堂上宴兄嫂,沥酒泉下慰椿萱。
明日隔海阻山岳,休教秋水共望穿!

(1989年5月中旬)

三 喜相逢

——兄长良桂

故乡三千里,蓬岛四十年。
一旦重相逢,双泪落胸前。

四 送兄嫂返台南

——二姐琴韵

兄嫂乘机去,驱车牡丹园。
春景无心赏,翘首望南天。

---

① 梓竹:是我的父亲自办家学"梓竹补习学校"之后,便以"梓竹书房老人"为号,父亲本名尔琛,字孟珍。

五　送别兄嫂

——三姐云帆

一

会短离长倍伤神，手足之情亦难分。
挥手致意道珍重，何日再聚并州春？

二

依依不舍难分离，泪眼模糊肝肠摧。
登楼追踪兄嫂影，祝福一路平安归。

广西之行即兴诗（二首）

1993 年 11 月，我应校研究生部邀聘，去广西南宁为在职研究生授课。课后返校前有幸游览了广西北海，亲眼饱览了银滩的美景，因即兴而作：

海天一色蓝接蓝，无风也见浪花翻。
赤足戏水拾海贝，兴起助拉打渔船。

后自桂林乘船去阳朔，亦即兴而作：

桂林阳朔一水连，漫目两岸峰接天。
造物化成千般巧，秀山绕水水绕山。

（1993 年 11 月）

随笔

八四级才子罗飞跃来京探望，送我冰坠佛，有感于心：

晶莹冰坠佛，弥勒笑袒腹；
飞跃自滇来，送我人世福！

（1994 年夏）

咏盆中兰

香兰植根入盆泥,借来地气化生机。

东阳有意偏垂眷,青叶白蝶最相宜!

(1995年冬)

筚路蓝缕　以启山林

在我苦守讲台数十年后,学子计分评优,于1995年、1996年我被评为北京市优秀教师,也有幸被邀至人民大会堂接受奖状、奖章。我的放大照片被张贴在学院大楼墙壁之上,当时心潮飞涌,便在我的照片之后书写了以下这段文字:

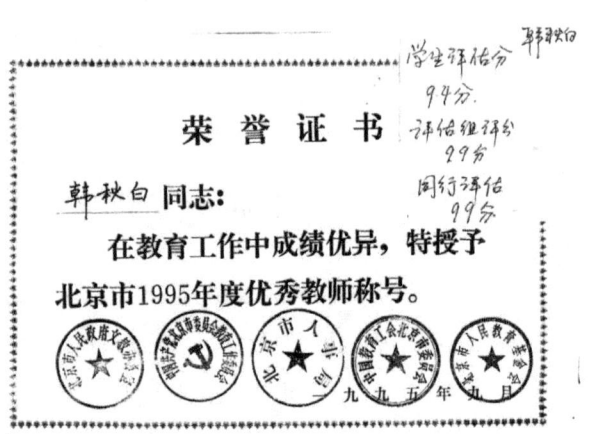

"每一位学子都有他鸿远的梦,即使他很沉默;好的教师应当是帮助他们实现梦想的人。

教师是水,在学校汇成传授知识的汪洋;而学子是舟,其材质并非天定,其为器则千差万别,而这种种差别主要取决于后天种种教化作用。百舸争流之际,沉静的港湾会凝视海面,她将关注从这里出航的每一条船:航空母舰、远洋巨轮、小小的独木舟⋯⋯因为每一条船都载着她的心血、期待与深深的爱。

传授知识,不应当是居高临下的,认为自己永远比学生高明的先生是糊涂短见的先生。授课的过程是一个信息传递与交流的过程,教师培养学生的同时,学生也培养了教师。同样的课程,每次讲授都不应成为简单的轮回,而应当有所超越;同样的课程,面对不同的对象,讲授绝不能简单地雷同,而必须完成针对性调整。学生在检阅你!他们不乏犀利锐敏的眼光,更怀着对知识充满向往的渴求的心!!

热爱学生,不能有保留,然后他们会热爱你;敬畏后生学子,不要有懈怠,然后他们也会敬畏你;完成知识与人格上的充分交流,然后他们会恰当地、满怀自信地融入社会,去追逐自己美好的梦……!是否还记得你,已经并不重要!而你对于你的神圣职业,又完成了一次敬礼!!"

我又挥笔在自己的照片下写了以下几句话:

大学像是水,

学生从师像小鱼随着大海游。

"从游既久,

其濡染观摩之效,

自不求而至,

不为而成。"

大学的教育,

应从"知""情""志"三方面

促成学生"人格"的长成!

愿与全院师生共勉!!

(1995年11月)

和李耀宗君诗

1996年初,中央电视台热播电视连续剧《宰相刘罗锅》(清代名臣刘墉,绰号刘罗锅),轰动一时,甚得民心。3月2日上午,接李君电话,咏《随感》一首,诗曰:

宦海是是非非多,乌纱压背背成驼。

奈何脊硬难为曲,总见罗锅背黑锅!

我一时兴起,遂用其韵脚,和其诗曰:

宦海本来是非多,泰山压顶不怕驼。

人生得失平常曲,岂止一个刘罗锅!

(1996年初)

寒山寺即兴

1996年早春,女儿东葵请二老作上海之游。之后,又取道苏州,遍览园林中极负盛名的留园、狮子林等,又登"吴中第一山——虎丘",进入寒山寺。

入寒山寺,见寒山与拾得的对话,深受触动,因赋诗数首,现仅录其一,以兹纪事:

寒山寺前忆寒山①,千古少见自在仙。
薄暮钟声传梵偈②,世上几人能参禅?!

(1996年早春)

黄山寄情(五首)

一 上黄山

白云引我上黟山③,万阶轻踏自悠闲。
方登始信④睹峭影,又觑莲花⑤天外仙。

二 黄山松

咬定山石不放松,老干虬枝展奇容。
一枝折得江湖去,犹恐他乡无此峰。

三 黄山云

七十二峰尽白云,五岳云仙赛浮沉。

---

① 寒山寺:在苏州虎丘山侧,因唐代诗人张继的一首《枫桥夜泊》中的"姑苏城外寒山寺,夜半钟声到客船"诗句而闻名古今。寒山,是唐代诗僧,唐大历年间(766—779年)隐居天台翠屏山之寒岩,因自号为"寒山子",与诗僧拾得友善而齐名。寒山游历至苏州后挂单下榻,后人便将他所居之庙称为寒山寺。

② 偈:是印度梵语中偈陀的简化,本指佛经里的颂词,今泛指渗透禅机的佛家语。如:寒山问拾得:"世间有谤我、欺我、辱我、笑我、轻我、贱我、骗我,如何处治乎?"拾得曰:"只要忍他、让他、避他、由他、耐他、敬他、不要理他,再过几年你且看他!"

③ 黟(yī)山:黄山之古名,唐代天宝年间(742—756年)始更名为黄山。

④ 始信:山峰之名。据云:游人入黄山登上此峰后,始信黄山风光名不虚传也。故以"始信"为名。

⑤ 莲花:峰名。它与后文提及的天都峰、光明顶合称黄山三大主峰。因其形似仰天开放的莲花而得名。该峰海拔1860米,为三大主峰中之最高者。

迷涧漫山松石逗，如涛似雪别有神。

四　黄山赞

漫山无处不白云，云是衣裳松是神。
更有天都莲花峰，添加风骨满十分。

五　下黄山

人人都道下山难，翼翼探足峭壁间。
松壑浮云深似海，一山方过一山拦。

（1996年5月下旬）

荡舟黄山脚下太平湖

水光千巧太平湖，谁在湖底舞绿绸？
前浪飞驰后浪继，波山波峰一眼收！

（1996年5月）

赴黄山途中绕道九华山

绿树丹崖山路徊，追风劈雾上翠微。
伸手扯到云万朵，为朝地藏①去如飞。

（1996年5月）

访黄山脚下西递村

欲寻千年古民居，不辞颠簸访西递。
曲折回环成一统，儒风书香入眼迷。

（1996年5月）

---

① 地藏：菩萨名，是九华山专供的神。

漫步紫竹院有感（三首）

紫竹院公园在北京西三环内的白石桥畔，是20世纪50年代新建园林。虽然它难与皇家园林颐和园、北海公园相比，但因其距离蜗居甚近，故常值春朝、秋晚、夏雨、冬雪之际，与家人同往，赏园内之潇潇翠竹、亭亭红荷、蔽日雪松、嶙峋秀石、如茵绿草、湖水清波……庶可扫尽倦俗，兴味盎然矣！1996年夏末，与爱人一沾携孙辈游紫竹院，吟诗如下：

一

潇飒满园竹，清雅一湖荷。
秋光①人未老，常啸勿蹉跎！

二

莲叶田田莲朵挺，披衿尽享挟荷风。
静坐船头观鱼跃，紫竹院里夏意浓！

三

垂暮得嘉号②，大异少年时。
举世非誉我，荣辱自辨之。
白屋挥毫缓，华鬓舌耕急③。
何当羡桃李，无言自成蹊！

（1996年夏末）

---

① 秋光：此处喻我们自己的年龄已是春夏既逝，临近秋日光景。

② 嘉号：指我曾在1995年、1996年连续被校方评为北京市优秀教师，曾进入人民大会堂接受表彰。

③ 华鬓舌耕急：按照政策规定，作为教授、副教授也必须60岁办退休手续。但即使退休，仍被其他系科返聘，我曾被政治系返聘讲古代汉语多个学期，后又为闻宥老人做辅助讲课，因为闻先生的苏北话乡音太浓。也曾多次接受研究生部聘请为报考研究生的学子们在本校、广西南宁、云南昆明考前辅导古代汉语。尽管年岁渐老，但我永不服老，一直以课堂教学为乐趣。

敬和赵朴初老人诗

在海南岛三亚海湾见一尊石刻，上面刻写着赵朴初老人的诗：

不知何处有天涯，四季和风四季花。

为爱晚霞餐海色，不辞坐占白鸥沙！

我一时兴起，便仿其韵而作诗曰：

琼海自在天之涯，浪花覆压海底花。

销魂红日喷薄起，金色笼遍白鸥沙！

（1997年元月）

闲坐三亚海滩上

闲坐沙滩软于棉，神清气宁不羡仙。

蓝天万里入大海，涛声可聆色可餐！

（1997年元月）

喜同学青年相聚有感

1997年仲秋时节，与同学好友李会真、张文儒、李泌等六七人相聚于香山。多年不见，已由当年的风华正茂变而为耳顺之年了，真令人感慨丛生，悲喜系之：

浮烟流水十四年，耳顺青年弹指间。

欲酬未酬志犹在，白发偏从鬓边添。

杯中有酒堪共醉，人生难得老来安！

天公作美垂学子，今年中秋月最圆。

（1997年秋）

哭兄长（二首）

1998年9月6日，接到侄女树德来电，知兄长因病谢世。噩耗猝至，惊恐不已，涕泪如雨。独立凉台，咏诗寄情：

一

小盆香消花事空，吊兰无力乱扯藤。
惊闻长兄乘鹤去，竟日寡语涕泪零！

二

聚少离何多？月缺难再圆！
何事遭天妒，各在天一端①？
生离四十载，相聚才几天②？
今朝是死别，把酒泪潺潺！

（1998年9月6日）

哭一沾（二首）

——己卯岁之痛友诗

1999年5月18日，一沾在积水潭医院接受手术治疗，术后三日，本是痊愈有望，期待回家疗养。一曼、祥星夫妇亦来探视。不料，久卧病床的一沾，刚刚被护士扶起，便突发肺栓塞症，医生不到位，失去抢救时机，致使一沾猝然离世，享年不足64岁……

悲愤难平，作哀伤诗两首以志之：

一

唤君千声挽不住，生死阴阳两殊途。
焦雷击顶锥刺骨，始尝折翼如许苦！

二

主任乏技消沉疴，主刀术后不负责。
大夫急救不到位，草菅人命积水浊。

---

① 各在天一端：兄长良桂自1949年定居台湾。
② 相聚才几天：1989年春兄嫂归来探亲，我们兄妹五人（大姐已于"文化大革命"时去世）仅仅相聚半个月。

红花惨淡送一沾，白衣无意挽逝波。
但愿悲剧不再演，莫在台前沦医德！

（1999 年 5 月 18 日）

悼一沾（三姐云帆诗）

犹记元旦共进餐，风采奕奕神翩翩。
不信病魔会侵体，忽闻噩耗惊塌天！
医德医术今何在？救死扶伤何其罕？
但愿人间多妙手，能让病者享天年！

（1999 年夏）

死别百日祭一沾

百日生死两茫茫，音容铭心自难忘！
秋风吹叶化飞蝶，为君捎上旧时裳。

（1999 年 9 月 9 日）

一周年祭一沾（二首）

一

青松如哨立，碑石密似林。
时时闻鸟语，慰我伤心人！

二

寒暑易节日，亲人断肠时。
清酒和泪洒，天上应有知！

（2000 年清明）

献上香兰祭一沾（二首）

一

心香一束献君前，不是玫瑰是苍兰。
翠叶黄花映碑石，愿君有知笑九天！

二

早春犹有北风寒，满目萧萧冬衣单。
松鼠一只绕碑走，天地静谧复肃然！

（2001年清明）

两周年祭一沾

驾鹤西天去不归，白首之约化飞灰！
眼前纵有花千朵，只见空空一墓碑。

（2001年清明）

三周年祭一沾

清明已过春欲暮，飞絮落雪处处。
思亲坟前不见君，缘是阴阳异路。
异路！异路！　莫酒献花谁诉！

（2002年5月21日）

再游云南（二首）

　　一沾逝世后3个月，昔日的学子罗飞跃便利用赴京开会之机，上门慰问并送来飞机票一张，邀我到云南游览散心。实因盛情难却，便和他一起动身初游云南。一年之后，于2000年11月19日，应院研究生部之聘，为我校在云南开办的在职研究生班讲课，便乘着纷飞的大雪离开北京，再飞昆明。讲课之余，罗飞跃又陪我重游大理、丽江，再登苍山、荡舟洱海……欣喜之余，咏诗纪之：

一 苍山恋

再上苍山游兴浓，缆车悠悠雨濛濛。
拾级入访玉皇殿，回眸眼底尽葱茏！
山巅烟云升腾处，人迹不至飞鸟停。
只恨鬓白力气小，山阿茶棚品香茗。

二 洱海情

浮身洱海上，背倚莽苍山。
云蒸碧空净，鸥起逐画船。
北国风雪虐，南地正春天。
愿借尺寸地，山水好颐年！

（2000年11月）

咏洛阳西苑牡丹

壬午年暮春，应昔日学子白洁盛情邀约，乘车南下郑州相会，再作洛阳之游。此次出游本意在赏牡丹，以偿夙愿，何曾想到除洛阳牡丹令人心醉外，清流悠悠的伊水、洛水，巍巍壮观的白马寺，巧夺天工的龙门石窟，更有那古朴青幽的白园——唐代大诗人白居易的陵园，都使人流连兴欢，不忍离去。告别洛阳的前一日，又驱车直入伏牛山深处的龙峪湾，领略了那里的奇险山光。因赋诗数首，以志畅游之乐：

我本闲散人，久慕洛阳花。
已过耳顺岁，登游兴又发。
朝辞汴梁去，入苑日初斜。
牡丹承新雨，色艳露浓华。
朵朵竞神秀，株株放奇葩。
风过花海动，万顷散云霞。

落日晚照里，几疑入仙家。

极目红尽处，绵绵到天涯。

（2002年暮春）

告别洛阳花

千里驱车洛水滨，径入西苑探春深。
万顷牡丹展笑靥，天香国色玉精神。
昨夜新雨才出浴，花光水气更照人。
十年夙愿洛阳梦，今朝终得醉花荫。
归兮归兮难久恋，身至洛阳方知春。
洛阳花影常入梦，多谢护花洛阳人。

（2002年暮春）

赠白洁

多年夙愿赏牡丹，白洁为我一日还。
洛阳好花魂常绕，白马龙门梦久牵。
伊水清清连洛水，怀古幽情系白园。
山道弯弯弯几许，人间仙境龙峪湾。
执手殷殷车北去，正是暮春三月天。

（2002年暮春）

洛阳牡丹又赞（二首）

一

清明访花古帝城，牡丹带雨色更浓。

不是武曌病酒①后,哪得今朝洛阳红。

二

问君何处是春深?西苑牡丹最惹人。
姚黄魏紫白玉面②,流连痴迷已销魂。

（2002年暮春）

入白园

我来香山上,觅径入白园。
抚碑深喟叹,怀古缅诗贤。
歌咏生民苦,诗挞刁吏残。
文章为时著,歌曲为事弹③。
伊水东流去,龙门自在闲。
千年沧桑异,难忘白香山④。

（2002年暮春）

白园感怀（四首）

一

长卧伊水岸那边,仰望浮云侧望山⑤。
龙门佛窟常相守,飘逸谁似白乐天?

---

① 武曌（zhào）：武则天登基后,为自己造一"曌"字为名。古人常以日喻帝,以月喻后；武则天以皇后的身份又当了皇帝,正像日月之当空,故名。病酒：酒醉。据野史记载：则天皇帝冬月宴饮,酒醉,欲赏春日百花以助兴兼示天威于臣民,因挥毫为诗曰："明朝游上苑,火急报春知；花须连夜发,莫待晓风吹。"次早,百花俱开,而牡丹独不开。则天帝遂怒贬牡丹于洛阳。

② 姚黄、魏紫、白玉面：牡丹中之珍贵品种。

③ "文章"二句,白居易《与元九书》中有"文章合为时而著,诗歌合为事而作"的文艺观点。

④ 白香山：白居易,字乐天,号香山居士。

⑤ 侧望山：指龙门山。

二

琵琶一曲生离怨,长恨高歌死别难①。

江南新词②旖旎调,风流谁似白乐天?

三

乐府新诗万古传,声声字字诉民冤③。

居官不忘兼济志④,仁爱谁似白乐天?

四

少年即歌原上草⑤,毕生挥洒乐府篇。

春蚕诗思死方尽,勤奋谁似白乐天?

(2002年暮春)

伏牛山龙峪湾即事(三首)

一

伏牛山中探龙湾,九曲九转云树间。

登仙台上涤浊念,伸手即可触青天。

二

原始林中捉青气,通天门上扯白云。

一把一片囊中放,赠予世间不老人。

---

① "琵琶"二句,指白氏的长篇绝唱《琵琶行》与《长恨歌》。
② 江南新词:代指白氏的词作,如《忆江南》等。
③ "乐府新诗"二句,白氏有《新乐府》五十首,皆以劳动者为歌咏对象,如《卖炭翁》《红线毯》等。
④ 兼济志:如白氏在《新制布裘》一诗中抒发了"丈夫贵兼济,岂独善一身"的情怀。
⑤ 原上草:指白氏少年成名之作《赋得古原草送别》,首四句"离离原上草,一岁一枯荣。野火烧不尽,春风吹又生。"

三

满山碧桃自发花，红粉团团映烟霞。

旋开旋落寻常事，何劳多情妄嗟讶？

（2002年暮春）

心系牡丹（二首）

自洛阳赏花返京后，又去颐和园访牡丹，已残。独坐湖畔，心有所系。有感，成诗：

一

昨夜新雨洗暮春，颐园牡丹委红尘。

湖水迎风千重皱，淡云寒雾念花神。

二

山色朦胧树如烟，飞虹① 浮沉碧波间。

排云殿上云涌动，恍若雍容牡丹仙。

（2002年4月29日）

为中央民族大学文化传媒学院五十周年大庆赋诗

春华秋实五十年，寸寸光阴付文传。

后学弟子皆俊秀，先生伯乐已苍颜。

百川学海终至海，万丘学山难至山。

杏坛欲圆中华梦，勠力共着祖逖② 鞭。

（2002年左右秋日）

---

① 飞虹：指昆明湖中之玉带桥、十七孔桥。
② 祖逖（266—321）：字士稚，范阳遒县（今保定市涞水县）人，东晋名将，慷慨有节。和刘琨俱为州主簿，共被同寝，中夜闻鸡起舞，挥动长鞭。晋元帝司马睿征为军咨祭酒，任为豫州刺史，率部渡江，中流击楫，誓复中原，遂部兵与石勒相持，由是黄河以南，尽为晋土。

游庐山

2002年11月8日随旅行社赴庐山、深圳、香港、澳门、珠海等处游览,诗以记之。《香港一瞥》诗同此序,不另述。《游庐山》谨步毛泽东《登庐山》词之"旋""天""烟""田"韵:

凭云驭气访庐山,上下逶迤八百旋。

北望荆楚连幽燕,南观港澳近海天。

三宝树下双龙①戏,仙人洞②里飘岫烟。

陶令别院③今安在?松涛柏海映竹田。

(2002年11月)

香港一瞥(三首)

一

一泓蓝透白云间,潋滟维多利亚湾。

跃上太平山顶处,饱览港城不夜天。

二

高楼栉比绿荫连,古树虬根不知年。

珠行珍肆久留倦,闹市去参黄大仙④。

三

伫立港城望台湾,背依沧海问青天。

月缺必有重圆日,金瓯岂容总不全。

(2002年11月)

---

① 三宝树:在庐山岚烟环抱的谷壑中有三株参天大树,两株柳杉,一株银杏,皆千年古柯。双龙:指黄龙、乌龙二潭,在三宝树下岗岩之中。

② 仙人洞:在庐山牯牛岭西谷中,相传因八仙之首吕洞宾于此洞成仙而得名。

③ 陶令:指东晋大诗人陶渊明,他曾于彭泽县令任上挂印归田,不为五斗米而折腰事权贵。别院:据考,陶渊明归耕之后,住庐山脚下玉京山麓,后搬至山南虎爪崖下栗里旧居。

④ 黄大仙:庙宇名,为求神拜佛祈福之处。

雪兆丰年

冬月多雪。自15日始,彤云密布,霰雪如珠,至16、17日连绵不绝;18、19日又转鹅毛急雪,飘飘扬扬……至22日,地下白雪没履,屋上、树巅银装素裹,好一片晶莹世界,好一场多年未遇的瑞雪。因携小外孙博文踏雪赏景,有感寄怀:

素娥[①]醉舞九重天,漫洒六出[②]送马年。
颂盼来年三羊泰[③],繁花照眼四海安。

(2002年12月22日)

与女友明琛同游颐和园(三首)

一 早春观玉兰

九树玉兰七树开,两树含苞待客来。
玉澜堂里花光照,邀月廊外几徘徊!

二 秋日赏桂花之一

桂仙联袂出广寒[④],飘馥洒芳山水间。
修叶珠花亦黄绿,三秋占尽四季先!

三 秋日赏桂花之二

上下蜿蜒走后山,松柏如盖仅窥天。
芬芳桂仙留人醉,怕是吴刚弄酒翻[⑤]?!

(2003年早春)

[①] 素娥:即嫦娥,居月中,因月色白,故名素娥。
[②] 六出:雪花的代称。古人认为,凡草木花多五出(瓣的意思),而雪花结晶独呈六出。
[③] 三羊,"三阳"的谐音,因明年是羊年,故写作"羊"。三羊泰,即"三阳开泰"之省,为一年开头的吉祥语,出自《易经》:"十月为坤卦,纯阴之象;十一月为复卦,一阳生于下;十二月为临卦,二阳生于下;正月则为泰卦,三阳生于下。"指冬去春来,阴消阳长,故为吉祥亨通之兆。
[④] 广寒:是广寒宫的简称,亦即月宫。神话云月宫有棵桂花树,高五百丈,并且还在不停地向上长。
[⑤] 吴刚:神话中人物,说他因为触犯天条,惹恼了玉皇大帝,便罚他去月宫里砍伐桂树。桂树却又是随砍随合,永远砍不断,吴刚便永远受苦役。弄酒翻:该句取意于毛泽东词《答李淑一》中"问讯吴刚何所有?吴刚捧出桂花酒"之句。

敦煌赞组诗（四首）

秋9月，（刘）一曼妹应北京大学学友敦煌博物馆馆长樊锦诗之邀，参观敦煌，约我同行。火车驶经河西走廊，约历三十多个小时，方抵达胜地。次日便开始游览叹为观止的莫高窟、神秘诱人的藏经洞和另具一格的榆林窟；俟后，又游访鸣沙山、月牙泉……更远至"玉门关"外，得亲见两千多年前汉代城墙关隘遗址，感触良多。告别前一天，恰逢中秋节。圆月下，樊锦诗院长在莫高窟前设下水果、点心，与大家赏月畅叙友情。我作诗以谢：

一　大哉敦煌

　　大哉敦煌，佛国气象！
　　锦诗巨著，慧语慨慷。
　　卌①年呕沥，窟宝重光。
　　皎皎巾帼，史苑流芳！

二　莫高窟

　　敦煌佛窟越千年，泥塑石雕壁绘全。
　　妙舞飞天舒仙袖，如来兰指布福田！
　　观音端坐莲台上，弥勒坦腹笑人寰。
　　巧匠天工堪赞誉，炎黄代有哲与贤！

三　鸣沙山

　　鸣沙山体金光闪，月牙泉水绿映蓝。
　　日影巍巍铺大地，沙棘矮矮指青天。

四　玉门关

　　玉门关口思前朝，遍地胡笳马萧萧。
　　而今岁岁春风度，万里河山万里娇！

（2005年9月）

---

① 卌（xì）：四十之意。

寄三姐

——为三姐云帆八十华诞而作

枫红菊香日,阿姊初度时。

居燕南寄赵,金风拂秋衣。

忆昔未谙时,背负多持携。

老大各分散,未能常相依。

同胞岂云谢,同气兼连枝。

唯祈茶米寿,共待击壤^① 期。

(2005年10月16日乙酉岁重阳后第五日)

附:贺小妹秋白七十华诞

(姐妹情深,我的姐姐和姐夫在我过七十岁生日时,为我赠诗以贺之)

人生七十古谓稀

而今百岁不足奇

茶龄高寿比比是

况我潇洒小五妹

口耕笔耘退不休

诗海泛舟任飘逸

不嗟夕阳近黄昏

晚霞朝霞相映辉

翟安是　蕤青

四姐与姐夫

书赠小妹

(2006年农历八月二十三日)

---

① 击壤:喻太平盛世。尧舜时,百姓安居,老人作击壤游戏而歌之。

庆二姐琴韵八十二华诞

二姐琴韵八十二岁寿诞将至,姐在太原,我在北京,天各一方。因作小诗以贺之:

中秋才过月又圆,遥为琴姐贺华年。
拟折广寒宫中桂,愿裁九霄白云笺。
饱蘸香墨书寿字,相约联袂到百年!

(2006 年 10 月 15 日)

附:郑成功颂

——鼓浪屿覆鼎岩郑公雕像前有感

闽海雄风,
覆鼎岩,
一代英杰,
有几人,
堪与公比,
丰功伟业。
挥师东征卫宝岛,
藤牌驱逐荷房灭。
鼓浪屿,
擂鼓壮军威,
情烈烈!
我金瓯,
岂容缺,
分裂梦,
定覆灭。
愿同胞,
精诚团结如铁。

日光岩头望金门，

皓月园里思公业。

向海天，

呼唤中华魂，

心切切！

（云忠作于 2007 年 4 月 19 日）

附：访无锡"东林书院"①

瞻仰江苏无锡东林书院，面对先贤哲人，勾连古今沧桑，书生意气依旧，感慨何止万千。歌以赞之：

道南名府，书院胜境，东林自古堪夸。读书尚友，气节文章，名贤学子风发。放眼观天下。倡"三声""三事"②，系国系家。力持清正，躬行实践，斥虚假！

义愤满腔喷薄，揭营私舞弊、擅权枉法。铮铮铁骨，堂堂正气，敢同阉党斗法。碧血化丹霞③。八百年④理想，绽放新葩。凝四百年精神⑤，光耀我中华！

（云忠执笔于 2007 年 5 月 17 日）

咏苏州盘门

苏州景点宣传上有这样的文字"北有长城之雄，南有盘门之秀"。在即将

---

① 东林书院：始建于北宋，福建人杨时承继理学家二程（程颢、程颐）之志，曾至江西庐山"东林寺"授徒讲学；后至无锡传授理学，即以"东林"命名讲学之地。明代学者顾宪成、高攀龙等在此主盟讲学，一时间成为江南文人荟萃之处。有一副往世无匹的名联"风声雨声读书声声声入耳，家事国事天下事事事关心"，即出自顾宪成与陈云浦之间的联对。

② 三声：指风声、雨声、读书声。三事：指家事、国事、天下事。

③ 碧血化丹霞：明代顾宪成、高攀龙在东林传播理学，指陈时弊，裁量人物，引起时人钦慕，也令朝中当权的阉党魏忠贤之流极度恐惧，便大兴冤狱、大开杀戒。此前已逝世的顾宪成被革去功名，而高攀龙也留下陈志遗表后，投水自尽；东林书院更被夷为平地。

④ 八百年：指自北宋杨时创东林书院至今。

⑤ 四百年：指明代万历年间（1604 年）顾宪成、高攀龙捐资重修书院至今。

离开苏州之际,我们赶赴盘门,也一并瞻仰了春秋时吴国名将、负责修建阖闾大城(姑苏城,今之苏州)的伍子胥的祠堂。作诗赞之:

> 盘门雄踞姑苏城,下临重池上摩空。
> 吴中锁钥金汤固,千年子胥犹雄风[①]!

(2007年5月22日)

赞"人间天堂"苏州

> 此间处处好园林,春色巧染苏州魂。
> 拙政留园寒山寺,虎丘雄踞望盘门。
> 狮林狮吼皆神骏,沧浪水清濯我巾[②]。
> 同里水沛润富土,木渎两至只为心。
> 明珠万颗落福地,连缀一座大园林!

(2007年5月22日)

人名打油诗[③]

当年我任教时,兼任八四级一班的班主任,对全班三十一名学子均有不同程度的感情。当他们毕业二十年后又重返京师欢聚,欣喜之情,溢于诗篇,用他们的名字组成该诗如下:

> 群英经海二十年,睿燕淑梅舞雯天;
> 飞跃勇涛勤以伟,化龙通哲仁为先。
> 旭日耀雪杰雄聚,忠珍宾静国器贤;
> 攀岩越壑达金顶,心逐浩云志逐川!

(2008年10月)

---

① 千年子胥犹雄风:直到今天苏州还有"没有伍子胥,就没有苏州城"的说法。

② 沧浪水清濯我巾:游苏州园林沧浪亭,忆古人之《孺子歌》"沧浪之水清兮,可以濯我缨;沧浪之水浊兮,可以濯我足。"

③ 人名诗:诗中含31名当年学子名。

第一部分　诗歌选

最后的驿站（二首）

——读《恺茵书信》有感

（张）茵陈师，已届米寿之年，风姿谈笑犹不减当年。她早年毕业于燕京大学，后执教于燕大附中、中央民族学院（今中央民族大学之前身）。中年丧偶后，三十余年独处，阅尽人间悲欢酸楚，仍未改其纯真与爽朗。

2006年7月，为了一次征稿（为他们燕京大学的《燕京校友通讯》1937—1941年纪念刊《孤岛绿洲》约稿），机缘巧合，与远在湘中、毕业之后再未谋面的燕大校友王恺增老先生有了文字交流，往来酬唱、电讯问候，恰似诗心遇到了诗魂。从此，两位孤傲、洁身、多情的老人，虽身隔千里，但心已融为一体，分割不开。2007年5月，恰值季春之末，王老先生由湘中飞速抵京，与茵陈师同筑爱巢。他们一唱一随，为夕阳之美，谱写就华美乐章、摄存下动人晚照。

然而，天有不测，祸福顷刻。爱的琴瑟仅仅弹奏了短短的七个月，就在可咒诅的那一天（2007年12月27日）下午，就在事前没有一点儿异兆的情况下，恺增先生竟然撇下爱妻，撒手西去了。

天黑了，花谢了，月缺了，星坠了，茵陈师的心儿碎了……

两年过去了，茵陈师送我一卷近500页装帧典雅的厚书——《难忘的曾志开（王恺增）》。这是一本有声有色、有爱有泪、开卷不忍放下、真情浓郁缠结得化不开的佳作。

我打开书的第一部分《恺茵书信》，看到在他们从相识到相知短短的岁月里，竟写下了炽热如火的近百首诗、近40封信，篇篇都流淌着相互知心、挚爱的深情，其纯真朴实如赤子、其洁白晶莹如飘飞着未染泥污的雪花。捧读之余，不禁令人为人性的真善美的实实在在的演示而流泪、而颤抖、而忍不住要把满腹感触倾吐……

先采撷恺增、茵陈两位先生各一首诗，以飨未能一睹该书的朋友：

最后的驿站

王恺增

在这金色的秋天，

我们相逢在最后的驿站。
互相寻觅了半个世纪，
到今天才执手恍然！
无须说说一生的漂泊，
我们无语偎依在一个车厢。
应和着历史长歌的拍节，
听马蹄声嘚嘚地向天际飞扬。

（2007年9月）

冷月寒星

张茵陈

如果再给我两年的生命，
我将和我的同学王恺增，
再观赏一下周围的风景：
我们将看看那四季的花朵，
绽放出多少种颜色；
我们将看看那天上的云彩，
舒卷出多少种花样。
如果再给我两年的生命，
我将和我的同学王恺增，
共同进入他描写的诗境：
一个冷月，一个寒星，
在晶莹清澈的夜空中，
相聚永生。

（2007年10月28日重病中）

我与云忠相与作旧体、新体诗各一首，权充读后感，献给茵陈、恺增二位先生：

夕阳的爱

最后驿站正夕阳，夕阳辉映爱之窗。
雁书鱼信驰两地，灵犀一点通京湘。
昆仑蕴玉冷月色，沧海藏珠寒星光。
爱神弯弓射情箭，月老挥手牵线忙。
珠玉璧合成美眷，诗心诗魂两相傍。
花开满树何其短？离聚缺圆太无常！
寒星划空百转去，冷月泣血千回肠。
试问悲欢谁主宰？茫茫天宇无回响！
唯见夜空净如洗，寒星脉脉伴月香。
人生若还有来世，愿祝比翼凤与凰！

（2010年元月6日风雪之夜）

爱的夕阳

一

两颗孤傲无尘的诗心
在茫茫人海里彳亍、寻觅，
终于
在"最后的驿站"相撞，
訇然璧合、
缘续前生；
倏忽间，一颗幻化成流星
划过湛蓝的夜空，
含着幸福的微笑
让生命走向永生！
人间，从此刻下深深的怀念
无极、无终……

二

美丽，因何总是如此短暂？
美丽，因何总伴着忧伤？
是她太柔嫩，
像明眸
染不得一丝细屑；
是她太纯洁，
如白玉
容不得半点微瑕。

三

"只是偶然间相逢，
注定一生难忘，
心同日月地久天长……"
这是歌吧？
——是！
这是歌吗？
——不！
它是真实的存在，
真实得让你
心颤栗、
泪滂沱、
欲呐喊！
为夕阳孕育出的真知真爱
而欢唱、
而赞美、
而骄傲！
它闪烁着人性的光辉，

它镌刻着

爱的温馨、

爱的深沉、

爱的崇高!

四

这,写的是信吗?

——不!

它,是缠绵的思、

会心的笑、

拥抱的心、

沸腾的血、

不竭的泪!

它是朝花四季不败,

是晚霞亘古燃烧,

是生命的溢彩流光

一道,又一道……

这,写的是信吗?

——是!

它,散发出袅袅墨香、

萦绕九曲回肠、

流布人间天上!

它,凝聚不散,

永远"开卷"

永远,复永远……

(2010年元月8日)

偶感

日前，李斌（表弟延荣之子）、何晓梅伉俪来，欢谈之余，李斌谈及父亲早逝，未能享受子女尽孝事，甚以为憾。我说："子欲养而亲不待啊！"李斌沉思良久，发问道："为何人都说'纸上得来终觉浅，自己实践方成真'呢？"送别后有所思，因就适才发问，作顺口溜曰：

　　子欲养而亲不待，至理名言传千载。
　　只惜人皆事后念，双亲在时置脑外。
　　莫谓纸上得来浅，必须躬行方实在。
　　试问人去如流水，可见逝水再回来？

（2010年春正月）

又贺二姐八十六寿辰

二姐琴韵年届八十有六，身居太原。来电称视力已下降，连爱孙为她专买的电子书都看不清了，语甚凄凉。因作诗安慰并祝琴韵姐长寿：

　　琴心韵思，清苦为宗。
　　少年执鞭，从教一生。
　　植桃树李，勤耘细耕。
　　孝友在心，身体力行。
　　抚孙有就，苦乐庆功。
　　米寿已期，盼姐茶龄！

（2010年春）

赠亲家汪志伟夫妇

首次见面的亲家，从安徽芜湖来京，我们欢聚在全聚德餐厅。亲家汪志伟先生是享誉一方的中医大夫，能治不少疑难大症。初次见面，亲家便为我与祥星、一曼一一把脉，悉心开具药方；返芜湖后又将中药配好制成丸粒寄来，并

以一首赞扬我的藏头诗相赠。因太蒙过誉,此处不敢收录。我也回赠一首藏头诗如下:

大爱自无边,

医病最为先。

精准识脉象,

诚挚化汤煎。

匡扶悬壶业,

世有汪家丹。

济民远厄运,

人间圣道传!

(2010年10月2日)

赠博文、子莹

虎年真是个好年头,我的外孙博文、孙女子莹都在各自学校举行了成年礼,具备了公民的资格。一个被中山大学与香港大学合招的土木工程专业录取,一个远渡重洋去美国学习计算机专业。鹰儿要飞、燕子出窝了。我垂垂老矣,既艳羡孙辈的今天,却也不懊悔自己的昨天,毕竟几十年的阅历劳碌也是一份珍贵无价的财富,是由一寸一寸比金子还要珍贵的光阴换来的!为砥砺我家九零后勇于经受生活历程之磨炼,都能写出满意的人生答卷,特作小诗一首:

鹰雏燕雏一样强,志坚翅硬学飞翔。

风雪雨露迎头上,高山险峰大海洋。

云层尽处红日照,春花秋月分外光。

只需一往不止步,人生定有好文章。

莫效祖辈无成志,雕龙不成涂鸦忙。

碌碌一生蹉跎过,寂看桑榆挂夕阳。

(2010年仲秋)

读《吴戈斋歌诗集》后写序有感（三首）

  中国军事科学院古代兵学专家吴如嵩先生，将出版一部诗歌集，书中除印刷体字形之外，又配以亲笔行墨宝，诗文与书法合璧，可谓兼美。有幸承他的夫人王振筑教授送我先睹，并邀为写序。坚辞未果，因勉为之。小序《铁马冰河入梦来》做成，于文章结尾处，写有小诗三首，兹摘取于下：

一

开卷遥闻鼙鼓声，金戈铁马大交兵。
千朝逐鹿谁为主？淘尽泥沙见精英！

二

苦治兵书十三篇，殚精竭虑四十年。
而今伏枥犹长啸，斩棘披荆别有天！

三

万里江山万里春，巡天经地逐彩云。
多情最是故乡土，共道桃源在铜仁！

（2010年11月8日）

哭三姐

噩耗传来，三姐病逝，抚案痛哭，泪落如雨：
    存则久别离，殁则长不归。
    萧萧北风劲，低空断云飞。
    明眸今何在？世事不胜悲。
    姐驾白鹤去，空留宵梦随！

（2011年元月15日）

记陈泊微君

——读《渚涘草——陈泊微诗文集》后

泊微君,是我大学同窗好友沈纯的老伴儿,是位老报人,20世纪五六十年代任人民日报社常驻日本的记者,后又改驻香港……他著文甚丰,皆见诸报纸、杂志。日前得所馈诗文集一部,是他离休后仍离而不休辛勤笔耕的硕果,其中大量文字是集一生之见闻感悟,抒写对党、对人民、对国家的真切感情;落笔犀利,但个中流淌的正是一位老共产党员的心声。因作七言八句以颂之,录如下:

> 泊微君是老报人,笔底走龙立意真。
> 眼见世上风云会,耳闻宇内奏八音。
> 河清纵难犹可待,吏风贪腐要除根。
> 老骥长鸣警千里,拳拳赤诚一片心!

（2011年4月中旬）

京城赏海棠（三首）

近年来,京师在废元代城墙之城基水渠旁,大量种植中外著名品种的海棠花,使之成为京城著名景点之一,谓之"海棠花溪"。花开季节,游人如织,轰动京师。与女儿葵葵、女婿晓钟应一曼、祥星（女儿的姑姑、姑父）夫妇之邀去赏海棠花,同去者还有表侄李斌、何晓梅夫妇。沿着花溪,穿过行行形状各异的花树,但见海棠花朵在如丝帘般的绿柳映衬下,闪闪烁烁、照眼迷离,或压枝低垂、或枝枝交织如同花网,遮天蔽日,好一幅天然画图。我们连连拍照,摄下这永驻的春光。归来,得诗数首:

一

> 阳春泽被万树发,两岸清溪海棠花。
> 灿若云霞光似锦,惊动京城千万家!

二

灿若云霞海棠花,春风一夜满枝发。
清溪潋滟花照影,爱她迷人露依莎①。

三

灿若云霞满树花,铺地遮天绵无涯。
紫俏素雅任天性,西府②巧伴露依莎。

(2011年4月中旬)

与中学同学聚会作(三首)

适逢我的母校太原五中百年华诞,在北京的老同学张文儒、李泌、李会真、吕鹏程、郝亚克等欢聚兰蕙餐厅。从青丝到白头,酸甜苦辣的大半生过去了,今朝欢聚,人人都有满肚子话要说。举起杯来,第一杯酒齐为母校祝寿:

一

桃李东风檀桂香,竹松共茂梅傲霜;
樟槐桧梓皆材用,青草绿柳映流光。
自古学坛清静地,植兰刘艾满庭芳!
窗谊师诲长歌吟,遗韵流风追晋唐!

二

兰蕙酒家小聚首,推杯把盏意气足。
抚今忆昔说契阔,悼田哀郭痛景梧③。
同住京师五十载,匆匆白了少年头。

---

① 露依莎:移自国外海棠之名贵品种。
② 西府:西府海棠之略,为我国本土海棠,其花有青白色、浅粉色、红边白里儿色多种,既素雅又不失其娇丽。《花镜》言其花之美:"初如胭脂点点然,及开,则如缅晕明霞,落则如宿妆淡粉。"
③ 田、郭:指早已过世的好老师。景梧:指刚刚逝世不久的好学友温景梧。

而立华年空有志,"文革"害过再坑儒①。
东隅愿景从头绘,莫叹古稀莫踟蹰!

归家后,春夏间的一幕又升上心头:那是我返太原探视病中的二姐,有机会与在太原的张国华、张厚余、孟丽云、王启家、白来望、韩永年等中学老同学相聚。

几十年未见感慨万端,如果海阔天空地闲话起来真会收不住闸:从大学时代"整风""反右"……有的就成了"右派"……十年浩劫的"文化大革命"品尝了"读书无用"的苦果……到"干校"养猪、种田、种菜;从同志、朋友到一变而为"对立的两派""阶级敌人""地主狗崽儿"……这些都已成为历史了,当然说起来也都可以没有激愤与感叹,甚至是带着深深的感悟并可以娓娓叙起。但是,我们一句也没提,因为要说的话,都浓缩在满是风霜的脸上和稀稀疏疏的白发上了。同学们反而大谈特谈当前社会精神层面的逐渐开放,和谐、厚德之风正在彰显,中华文明正向全球兴发,呈现出独特的魅力。这不仅是年轻人各展宏图的大好时代,对退休赋闲的古稀老人来说,也应自奋自励,再尽一点绵薄之力,孔夫子不是说过"往者不可谏,来者犹可追"嘛!聚会散了,心潮平静不下来,捉笔在手,又将心中感悟写了下来:

三

人生有百遇,无外穷或达②。
菜肴具千味,酸甜掺苦辣。
性品亦如此,善恶美丑杂。
大善为圣者,小善亦堪夸。
独唯恶难赦,笑貌售奸猾;
反复云雨手③,谎言如散花。
看风急转舵,变脸有奇法。

---

① 坑儒:这里指秦始皇的焚书坑儒。
② 穷、达:《孟子·尽心上》有"穷则独善其身,达则兼善天下"之说。
③ 反复云雨手:古谚论小人善于投机应变,形容为"翻手为云,覆手为雨"。

见利趋步上，遇祸嫁别家。
园生芝兰艾①，人中你我他。
古今信如此，并存见等差②。
当此升平日，休叹生白发。
大爱无疆域，坦途靠铺搭。
挥笔多激励，秉烛图奋发。
九天揽月志，强国方富家。

（2011年12月4日）

壬辰开岁放歌

  2011年12月9日，星期五，与云忠一起应约去访多年未见的周笃文先生，谈及书稿《全宋词评注》这部十卷长著，被延宕十五个春秋之久，今日终得在学苑出版社付梓问世，相与感叹不已。周先生身为该书主编，自然功不可没，孜孜执着之力，更令人感佩！

  辞行时，先生赠我近年所著《影珠书屋吟稿》及《辛卯开岁联唱集》各一册。归来翻阅《联唱集》竟不能释手，深为词人笃文先生与著名书法大家沈鹏老人、张福有、张岳琦等先生的大气磅礴的诗句所激动，也自援笔为眼下壬辰新岁的即将到来而放歌一首，诚不顾东施效颦之嫌也：

    玉兔悠然蟾宫去，金龙欣蟠黄金台。
    炎黄奋发鲲鹏志，四海宇内聚英才。
    爱国大爱疆无界③，创新立新宏图裁。
    包容宽容天下事，厚德尚德上善开！

（2011年12月9日）

---

① 兰艾：白居易《问友》诗中有"种兰不种艾，兰生艾亦生……香茎与臭叶，日夜俱长大（tài）……兰亦未能溉，艾亦未能除。沉吟意不决，问君合何如"之句。以兰喻善，以艾喻恶，言好坏善恶相杂之难分也。

② 见等差：意为善恶并存，方显善者更善，恶者更恶。

③ 自此句至尾句之句首，皆嵌入北京精神"爱国、创新、包容、厚德"八个字。

赞祥星、一曼伉俪[①]趣味诗（二首）

一

祥瑞流风自孔门，

星光铜镜映京云。

一元肇始殷商地，

曼衍甲骨万载文。

严己宽人亲友重，

谨行慎语苦耕耘。

治业日进逆水上，

学问至臻淡泊人。

（2012年2月13日）

二

祥瑞耀古镜，

星汉衡鉴明。

一生穷甲骨，

曼说炎黄经。

中土好儿女，

华宇堪精英。

骄则实谦逊，

子笑虚浪名。

（云忠作于2012年2月13日）

[①]（孔）祥星、（刘）一曼伉俪：是20世纪60年代北京大学历史系考古专业研究生。祥星曾任中国历史博物馆副馆长，退休后，被聘为"恭王府"顾问多年。堪称研究铜镜的专门家，多有专门著述，如《中国古代铜镜》等。一曼妹，2018年荣膺"殷墟考古发掘90周年功勋人物"称号。任中国社科院考古研究所研究员、博士生导师，甲骨文字研究专家，著作甚丰，如《殷墟花园庄东地甲骨》等。

思三姐

三姐一去无见日,春草还从旧处生。
叹恨人生不如草,魂飞魄去无觅踪!

(2013年)

时空之歌

光阴的身影,
在历史长河中流淌,
荏苒不还!
我站在时间河床的边缘,
一任三姐导引着溯流徜徉,
细细地体味、浏赏!
水面如镜,
其深难量;
有游弋着的鱼、蛙、虾、蟹,
也有绿荇似绦、红荷青叶如衣如裳;
有酷暑严冬的煎熬磨难,
也有明丽和煦怡人的秋色春光!
往事如霞蔚云蒸奔来眼底,
往事如风声水起响动耳旁;
无边的思绪,
随着传自太空的琴音古韵缓缓流淌……
轻吟、漫唱,
难辨五音、七声?
不谙徵、宫、商!
只伴着三姐那一曲曲
酸辣苦甜咸五味杂陈的老歌,
姊妹联手弹起这囊括百多年人物、故事的乐章!

(2013年)

冰盘雨花石

上月芳邻马欣来送我水仙花一盆,今已凋谢,但冰盘及盘内的雨花石常留,有感于心,诌诗几句发送给欣来,以期博芳邻一笑:

君子之交兮贵情,水仙花开兮盈盈;

冰盘雨石兮为座,香满白屋兮春风。

前受镇石兮一粒,今获雨花兮六颗;

无以为报兮心领,愿君逸秀兮神托!

(2013年3月)

游玉渊潭观樱花即兴(三首)

甲午暮春,三月望日,玉渊潭内樱花怒放、绽立枝头,如云、如霞、如雪,遮天障日。游人如织,无不赞叹连连。因吟诗以志胜游:

一

渊潭处处樱怒放,游客踏青涌如浪。

春暮不忍卸妆走,团团累累恋枝上。

二

耄耋难改少年狂,每至春来踏花忙。

莫笑东施效颦丑,人心向美本应当!

三

花山花海花接天,人涌人流人似仙。

沿岸过桥柳拂水,游船如蚁碧波间。

(2014年4月12日)

景山公园赏牡丹(五首)

一

景园竞放牡丹花,占尽三春动京华。
铺地万株深似海,蓝天如洗胜朝霞。

二

姚黄魏紫白玉霜,回照天工展春光。
朵朵鲜艳灿于火,微风过处更添香。

三

谷雨时节桃李凋,牡丹怒放竞妖娆。
人夸天下无双绝,花灿叶茂分外娇。

四

牡丹人誉花中王,国色艳姿第一香!
雅逊莲荷香逊桂,一凭天公巧梳妆。

五

谷雨时节春欲暮,飞红片片铺满路。
可怜国色难为久,婷婷袅袅知何处?

(2014 年 4 月 21 日)

北京植物园赏花记(五首)

一

三春殆尽怕花残,植物园里访牡丹。
天幸留得琼华在,解颐灿笑花中仙。

二

深浅高低各不同，含苞绽放与凋零。
春天别去留绿叶，难忘繁花绣锦情。

三

专为寻春不见春，英飞蕊落散芳魂。
来年再度牡丹会，醉倒多少爱花人？

四

一片飞花便减春，花飞万点更愁人。
牡丹玉魄随风去，蓄势勃发岁岁新！

五

植物园里花事闹：
郁金香浓，
牡丹花笑！
放眼看：
绿女红男，
声声欢叫：
"今年花胜去年好！"
我独谓：
"信知明岁花更美，
也应惜，
眼底枝枝朵朵俏！"

（2014年4月27日）

百岁百战将军贾若瑜老人赞（三首）

在世界反法西斯战争胜利七十周年年初，有幸接到我的同事原中文系缪柳西老师（贾若瑜老将军的夫人）寄来的《贾若瑜诗词选》（由解放军文艺出版社中国军事文化研究会主编）一册。恭读之后，感慨万千：贾老少小从军，戎马一生，驰骋沙场，何止百战。离休之后，又挥毫不辍，将一生征战史迹尽书之于诗、词，字精句炼、情真意诚。更喜今年又逢贾老百岁华诞，老将军犹健在安享晚年，实堪称百岁百战的老将军。因作诗三首以颂之，兼庆反法西斯战争胜利七十周年：

一

华章若锦入卷精，亦武亦儒瑜生英。
期颐更祝茶龄寿，百战将军一诗翁！

二

征迹如铁铸入文，丹心似火炼诗魂。
只堪大汉击铜板，豪气千里遏行云！

三

战史化诗贵于金，悼师吊友慰忠魂。
为国为军沥肝胆，清风朗月一片心！

（2015年5月初）

贺于枫、叶飞影诗集出版（趣味藏头诗一首）

于今海晏河渐清，
枫叶红艳胜琼英。
飞笔挥墨诗情动，
影晖大地共峥嵘。
幸逢华诞盈八秩，
福绵岁永寿双增。
美绾同心深情意，
满志相携景无穷！

（2015年6月中旬）

与九一级学子毕业二十周年聚会有感

接到原中文系九一级学生常华(原班长)电话,邀我参加他们班毕业二十周年欢聚。欣然前往。二十年的分离,当年的学子少年皆事业有成,几逾不惑之年。相与畅谈欢笑,感触良多。歌以记之:

耄耋不惑相见欢,逝水如金二十年。
幸见桃李成梁柱,繁花硕果不待言。
人生莫道难相见,心系家国一线牵。
频举银杯送祝福,前程万里挂征帆!

(2015年8月1日)

随笔

七旬已过随心欲,人到八十更无忌。
赏花最美花半开,酒趣乐在微醺时。
狂言放后落口谤,捉笔岂畏受腹诽!
天生庸才无有用,千金散尽不复归。
唯有清清湖中水,白浪滔滔伴我飞!

(2016年6月20日)

观奥运、赞女排

一

里约奥运真养眼,
观众如潮,国旗舒展,"五星"贴脸,
"加油"声声震天喊,
勇者虎奔,怯者壮胆!

二

场上健儿,智勇双全,
奋力搏战,永不言弃,浑身是胆!
赞!郎导① 运筹帷幄,分秒决胜!
赞!我中华女排手,敢领风骚站前沿:
得分不骄,失分不乱,
发一声怒吼,抹一把热汗,
一分丢,三分超;
拼的是坚毅,拼的是果敢!
拼出了冠军奖牌金灿灿,
拼出了一场精、气、神、勇之大战!
拼出了席间、场上,红旗、红星,
中国红一片光辉灿烂!

三

是金牌夺冠?
是银牌得主?
还是铜牌授颁?
不!这和是金、是银、是铜都无关,
这是可贵的奥运精神,
这是全球和平、友谊、进步的彰显!
它们每一块都是坚毅的象征,
都是力与美与汗水的积淀!
它们每一块都是沉甸甸,重如山!

四

篮球,足球,排球,

---

① 郎导:指郎平,时任中国女排主教练。

奥运三大球的赛场,

奈何唯我女排一枝独秀?

独不见篮、足健儿出围亮相?

呼唤!期盼!

期盼!呼唤!

有朝三球健儿俱显神勇,

为我华夏再谱一曲曲体坛新篇!

(2016年8月22日)

赠欣来忘年交

  欣来,是著名的延安老作家马少波先生的幼女。我与欣来自2007年之后结识,因为是住在同一个楼层,早晚就有了见面之缘,很快便成了忘年之交。她常常送我如写有"上善若水""秋兰映玉池,池水清且芳"……的画盘,妆点了我的白屋。奇怪的是,她总爱把礼品放在我的大门之外,然后再用微信告诉我"立雪门外",从来不踏进我的家门一步。日子久了,习以为常,我们成了我老她年轻的忘年交!欣来很不幸,在几年前还不到知天命之年的她竟然因心脏病突发而与世长辞了……痛心之余,回忆起她的秀丽的面庞,脱俗的服饰,优雅的举止,往往夜不成寐,作诗记之:

在遇到你之前,

我不太相信人间还有非亲非故的真情;

在遇到你之后,

我怀疑了自己的眼睛:

仿佛看到了令我敬佩的康同璧再生!

你,标格脱俗;

你,轶群出尘;

你,聪慧拔萃,出口成章;

但是你却不显山不露水"大隐"于世俗中!

我踏遍游览胜地礼品店,
也寻不到一株散发芳香的幽兰;
突然在眼花缭乱时,
从香港的太平山巅看到一家商铺,
那里有一只洁白如玉的"天鹅",
它向着我飞来,不停地叫着,
似乎说:"带我走吧,我愿去陪伴你的忘年交——那位深谷里的幽兰!"
"带我去吧,我愿常年飞翔在她的身边,
为她舞蹈,为她唱歌,
让她一天比一天快乐!"
欣来啊,欣来!
我一直想问问你:
"我只是一个平庸的年近七十的老妪,
为什么?为什么?受到你的垂青!!"

你心淡泊,对我的礼品往往善意地谢绝,最后只接受了那只洁白晶莹的"天鹅"!我懂,我懂,因为你本身就是一位人间天鹅!人间的天鹅欣来,你是不是一直在太空里展翅翱翔啊?!欣来!你快乐吗?告诉我!告诉我!

(2017年岁尾)

睹《小海花》有感

这是当年旧诗篇,晓钟挥笔赠千言。
而今书旧人亦老,历历光阴顾盼间!

(2018年元月)

古稀自叹

热过炭火冷过冰,忽冷忽热难说清。
人生能有几多岁?一任东西南北风。

不羡名利不畏势，心如止水入净瓶。

（2018年元月下旬）

《中华各民族古代短歌集萃》自序诗

悠悠华夏文脉远，浩浩炎黄正气扬。
焕焕辞章竞风采，泱泱绝唱尽华章。
东西山河连万里，南北阡陌接八荒。
汉满蒙回维哈藏，匈奴鲜卑羯氐羌。
鼓瑟琵琶马头琴，傩跃扇舞共霓裳。
赤县红榴万颗籽，紧拥紧抱聚一堂。
共圆百年中国梦，锦绣大地日月光！

（2018年5月8日）

八四级学子毕业三十周年有感（二首）

八四级二班同学于毕业三十周年之际，欢聚于母校中央民族大学。邀我参与共话当年，即席赋诗两首：

一

苗圃当年嫩枝条，转瞬抽出丈余高。
最喜根干深且壮，为栋为梁家国挑！

二

斗转星移三十秋，白发青丝两相酬。
最忆当年同问道，篇篇句句在心头。
蹉跎莫嫌韶光老，霞光彩云当空照。
社会主义新时代，一路畅通走金桥！

（2018年10月3日）

川剧变脸术观后

川剧绝招有变脸,红黑蓝白抹手间。
需知人心深似海,难测冰炭热还寒!

(2019年春秋间)

有感

纵使掩口谤,岂免人腹诽?
但得从容度,迟暮处处归!

(2019年12月)

赠亲友

信手弹来信眼观,青山隐隐水潺潺;
但教假我十年寿,不教浮生半日闲。
生活就是一本书,日日人人皆必读;
试看万家灯火里,杂花成树几多株!

(2019年12月)

赠学子

昔日师生今朝友,忘年交游不知愁;
闲来信手弹笔墨,一生荒芜难丰收!

(2019年12月)

随笔

蹉跎常嫌时光老,勤奋方知日月新;

世人莫为无益事，一寸光阴一寸金。
寸金失去容易得，光阴失去难找寻；
祖逖长鞭日日着，祖国山河万古新！

（2019年12月16日）

今日歌

前贤有"励志诗"一首曰《明日歌》："明日复明日，明日何其多。我生待明日，万事成蹉跎。世人苦被明日累，春去秋来老将至。朝看水东流，暮看日西坠。百年明日能几何？请君听我明日歌。"

"秋之白屋"早已年届八旬，诗思甚拙，一时兴起，写《今日歌》以自我鞭策：

今日复今日，
今日何其短？！
屈指以计之，
不过转瞬间！
二十四小时，
分分秒秒算。
既来人世上，
岂能无所献？
闻鸡当起舞，
秉烛以待旦①！
追梦无止息，
挥笔就新篇！
欣逢盛世辉，
不负此生愿！

（2020年早春）

---

① 秉烛以待旦：和上句用了前人祖逖、刘琨（东晋时的守边名将）的典故。

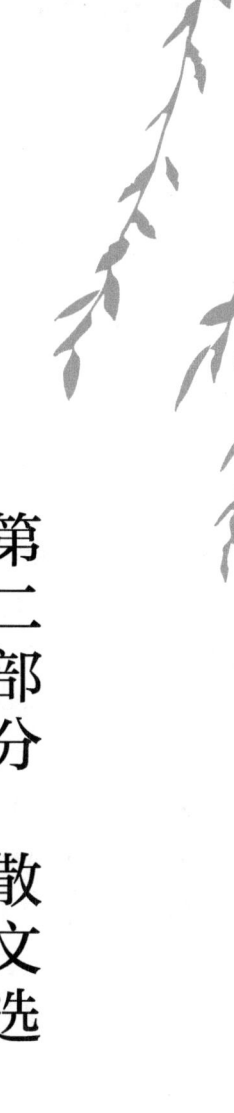

第二部分 散文选

一、家史传奇篇

引子

  我出生那一年,三姐已经10岁了,虽然她还是个刚上了几年小学的儿童,可她生来颖慧,对老辈人的讲述、对话,最是过耳留音、过目成像,有着超乎寻常的记忆力。尽管和我几次聊天时她都古稀已过、年近八旬,尽管我们全家迁居外省已逾半个多世纪,但每当回忆起那片养育过我们的故乡热土,三姐依然是那么炽烈、情浓,出语依然是那般清晰、透明,浸润着泪水,颤动着乡音。以下的记述文字,就是在我也于耳顺之年退休后,异地相隔的姊妹,在每一两年就有一次小聚的闲适的日子里,姊妹问答的内容纪实。

  为了不引起人称的混乱,虽然大多半史实都出自三姐的口述或笔写(少量有二姐、四姐的插话补充),但在下面的文字里只用"我"的口吻进行叙述。这一点声明,是很必要的。这正是:

    阿姐已乘黄鹤去,只留笔墨与影形;

    闲来敲动电板键,丝丝缕缕注乡情!

  我的祖居、我的出生地是豫东的老县城——沈丘。无须争辩,这是一处涝灾、旱灾、蝗灾频发之地,也是一片无山、缺水的贫瘠之土。

  老城更是一座小得不能再小的县城。方方正正的地形,从城南门到北门、从城东门到西门都仅有0.5公里,总面积之小,可想而知。但她偏有一段悠长的、可资一谈的历史。幼年听父亲讲春秋时期的故事时,我对楚国贤相孙叔敖的名字记忆颇深;就是当年父亲朗读一曲《忼慷歌》时激昂的余音,至今仿佛还萦绕在我的耳际。现引该歌全文如下:

  贪吏而不可为而可为,廉吏而可为而不可为。贪吏而不可为者,当时有污名;而可为者,子孙以家成。廉吏而可为者,当时有清名;而不可为者,子孙困穷被褐而负薪。贪吏常苦富,廉吏常苦贫。独不见楚相孙叔敖,廉洁不受钱。

    (见《古诗源》清沈德潜选,中华书局1963年版第12页)

这首歌诗把孙叔敖从精神到形象的清廉、纯洁，一一彰显无遗。孙叔敖不止生前如此，而且也垂及身后，他在去世之前一再告诫儿子孙侨，千万不要领受楚王给予的肥沃富裕的封地，万不得已，可求封在最贫瘠之处。后来，孙侨度日艰难，竟至粗布衣衫遮体、负柴换钱为生。楚庄王闻说后，追念孙叔敖之贤欲厚封孙侨，但孙侨不忘亡父的遗愿，只愿接受最贫瘠的寝丘，被封为"寝丘长"（史料可见司马迁《史记》卷一一九《循吏传》与卷一二六《滑稽列传》）。

我的家乡就在古寝丘的范围之内。足见我们这个小小县城，在历史上是和廉洁奉公的一代贤相孙叔敖很有点儿关联的，是作为沈丘人颇引以为荣的！话及至此，不由令人慨叹：上古春秋时代距今已有近三千年，而廉吏孙叔敖之名却至今流芳，难道这还不足以为当今的贪官污吏者戒，难道这些败类非要误国害民、沦为万年遗臭的历史罪人吗？这是插话，还是回到正题吧，确确实实，我的家乡也真是以地瘠、灾重、人穷出了名的！

古老的县城非常小。可俗话说："麻雀虽小，五脏俱全。"历经几千年劳动者的巧手慧心，在我孩提时，她竟还保留着像模像样的古城的规模。从《沈丘县志》（河南人民出版社，1987年版，以下简称《县志》）中记载可知，小小县城自秦代以来，几乎历经天灾人祸，城墙坍塌、城门遭火，破坏了之后又费工、费料地重新修补，重修之后又被人祸攻战破毁，不计其数……最后几次大规模的修整，是在明代。据《县志》记载：

"继正德二年（1507年——笔者注，后同）用砖附墙后，正德十二年（1517年）垒土包墙，增高至一丈。嘉靖二年（1523年），复加修理，展筑四面城壕。六年（1527年），再次重修，墙高一丈八尺，垛口四尺五寸，颇为完固。"（见《县志》第16页）

这应该是一段很翔实的文字，我记得在20世纪三四十年代交接之际的一个中秋之夜，父亲还曾抱着我、拉着比我大三岁的四姐，父女三人一起登上高高的城墙上赏过月呢。那时候古城四围都还筑有高而厚的城墙，城墙上四角建有高高的城楼，城楼之间还存有完固的、瞭望御敌的垛口。这里插一句闲话，当年沈丘老城的城墙虽然比不上山西平遥的古城墙巍峨壮观（我在退休之后，曾两次慕名游平遥古城），但也一应尽有，不失为一座有防御功能、保护百姓安全的城墙。这个在《县志》上也有多次记载，如："明末崇祯年间（1628—1644

年），李自成起义军包围沈丘古城连续三至，始终未能进入，最后一次是崇祯十五年（1642年），竟然相持20个昼夜，最后起义军不得不被迫转移……"又："清朝同治年间（1861—1875年），有捻军6昼夜围城未克的史实……"（参见《县志》第18页）

对啦，我们在高高的城墙上向下看，被月光笼罩着的护城河（战壕）深深的，仿佛看不见底；虽然大多是常年干涸无水，如果从城门处收起吊桥的话，它也算是古城的一道有效的防卫线啊！

如今，这一切，古城墙也好、护城河也好，早在半个多世纪以前已经荡然无存、全部消身灭迹了！然而，回忆总是甜蜜美好、令人心驰神往的！

人生幻象，千头万绪；寻根溯源，竟不知从何处说起。这里面既有佳话，也有血泪，要把头绪厘清，想来想去还是先从我的外祖母的故事慢慢说起吧！

生死关头外祖母的"取"与"舍"

听老辈人说，20世纪20年代，在我的家乡一带，什么"白莲教""老洋人反"（老洋人，是首领的外号；反，是造反）等变乱，可不止发生一次啊！母亲伤心地回忆，说那一次"老戴正"起来造反，可把我们一家推向了死亡的边缘：

我的三姐帆儿，生于20世纪20年代中叶（民国十五年），她满周岁的时候，不知从哪个区县闯进了一伙打家劫舍的"土匪"。事后，人们都称这次县城的劫难是"过'老戴正'"，或称"'老戴正'反"。

这"老戴正"的头领是个什么人呢？据传：他的名字叫戴民权，原是某县的一名木匠，比较能干，不知是因为他的家人蒙冤而惨遭官府杀害，他为了报仇呢，还是因为他得罪了某位大财主，而财主又勾通官府缉拿他！总之，他趁着灾年发动了一帮意气相投的木匠兄弟和穷苦无依的人，拉杆而起了，众人推他为"杆首"，打起"老戴正"的旗号造反！开始，他们人数不多，打劫的对象还只是本地的官府、乡绅，抢了财物杀了人，就跑了躲了。到后来，随着队伍拉得大了，声势也壮了，许多游手好闲的、生性歹毒的分子也纷纷混进，鱼龙混杂，就变成祸害一方的土匪了。官兵势力大的地方，他们就躲；官兵势力弱的地方，他们就进入，每到一处，凡是他们认为稍有家财的人，就破门抢劫、绑票抓人；凡有不服的、反抗的，就当场格杀。

  头年刚刚闹过蝗虫灾害，已是遍地饥荒，这年春天，又正是青黄不接的时候，"老戴正"带着上千人的队伍，闯进了我们的县城。人马驻扎在城西关某姓的大宅院里。之后，马上就在县里开始他们的抢掠行动。不久，我的父亲不幸被绑票了。偏偏祸不单行，几乎就在同一天，第一批闯门的土匪刚离去，第二批匪徒又进了门，我的小姨也从我家里被绑票了。原来，几天前，"老戴正"还没破城抢劫时，我外祖母考虑"老戴正"在附近乡县闹得正凶，乡下太不安全了，家里的小妮儿正是16岁鲜花般的年纪，一定要加意保护，便和外祖父商量好，把我的小姨送到我家躲避。他们认为城里有官府、官兵守着，总比乡下安全吧！谁想到，躲去躲来，还是进入了虎口狼窝！

  这真是一个连着一个的大祸从天而降，家里的主事人，只有五六十岁多病的奶奶和不满30岁的我母亲一老一少两个妇女。两个亲人活活地被抓走，被绑票了，她们一下子都被击昏了，吓傻了，不知道该怎么办。

  绑匪临走时，撂下话儿："要命，马上拿钱来赎！到期不来，就等着撕票去收尸吧！"是啊！快想办法凑钱！她们来不及哭，没时间哭，她们要争分夺秒地凑钱、找钱，这个时候借钱，是无处可借的。奶奶再次打开她的钱箱子，里面空荡荡躺着几串铜钱。母亲打开自己的首饰匣子，也只有做新娘时戴的一副银手镯、银耳环和银项圈，戴在手上的戒指也是老银的，摘下来都加在一起，才值十几串铜钱。韩拔贡家的"清和堂"，外表看起来似乎是应该有钱，但是连着几年内发生的祖父死、太奶奶丧，加上二婶子、二叔、小叔叔生病、医治，又相继去世，这好几次大小不等的出殡埋葬，要花去很多钱。何况，除了办丧事，这家里也还不断地添人口，办喜事呀，从迎娶大媳妇——我母亲，到给二叔的第一次完婚、第二次续弦，这期间我的大姐、哥哥、二姐、三姐，一个比一个小两岁地相继出世，这大大小小的喜事也要有花费呀！就这样，不仅把祖父当师爷时挣的银子用得一点不剩，连父亲教书的薪水也全贴进去了。而且，有时还要卖上几亩地，才能接济手头的拮据。当时，家里放粮的囤子里倒是还有几斗带皮的小麦和几斗高粱、黄豆，可现在家里的老老小小还要吃饭呢，要是全卖了，吃什么呢？怎么办？

  为了赎出人质，一定要拿现钱银元或上百串铜钱，哪里去弄？卖房子？卖地？卖给谁？现在真正有钱的人，还要装装穷呢，谁敢买你的房子摆阔气？这真是到了山穷水尽，叫天天不应，叫地地不灵的时候了啊！我奶奶根本就不是一个能拿主意的人，何况她又是个病秧子，只躺在床上，上气不接下气地喘着，流着泪，不说话。我母亲觉得再没指望了，从来没有因事情犯过难、皱过眉、流过泪的她，到了这步田地，也控制不住，放声痛哭起来。孩子们见娘哭，大些的孩子吓得在一旁不敢吭声，小的便也跟着哇哇地哭起来！我母亲哭了一阵子，忽然想起小妹在城里被绑架，爹娘在乡下还不知道，得赶紧回娘家跟爹娘报信，商量一起想想办法，救人要紧！

于是，我母亲便抱着一岁多的帆儿，急急往城西门外 1.5 公里远的路庄村走去。沿途要经过几道"老戴正"的岗哨，他们横声厉气地不让我母亲出城，我母亲毫不畏惧地说："你们绑了票，天天逼着拿钱赎人，我这是去给我男人和妹子筹钱的，你们要是不让我过去，那我也没办法给你们交钱了！"这话很见效，一路放行，我母亲心急火燎地跑回了娘家。

路庄的外祖父、外祖母也风闻"老戴正"攻进了县城，他们提心吊胆地怕女婿家会出事，正急得坐立不安团团转，见大女儿这般模样赶回来，便觉大事不好，及至我母亲声泪俱下地把情由说了一遍之后，我那懦弱而又胆小的外祖父除了连说"大妮儿她娘，这可咋办呢"之外，别的什么也说不出来了。外祖母定了定神，便问我母亲："那，你们钱筹得怎么样了？"见自己的女儿低头无语，眼泪像断线珠子往下抛，外祖母心里一切都明白了，只说了一句话："不管怎么样，也要想办法让咱的亲人都活着回来！"

外祖母和奶奶差不多大年纪，也是 50 多岁的人了，可她腰板儿还很硬朗，见我外祖父只是坐在旁边叹气，自己便站在床头把摞在上面的那只木箱打开，里面装的是满满的家织布，干干净净，一卷子、一卷子地放着。女儿见状说："娘呀，恁要卖布？这布现在卖给谁？谁敢要呀？"外祖母一愣，心想：也是呀，现在谁还敢拿出钱来买布呀！于是，她招呼外祖父，要他帮忙抬下这个木箱，要打开下面的木箱。外祖父站了起来，激动地说："大妮儿她娘，这个可不能动呀！咱们老两口儿也要活下去的呀！"外祖母眼圈一红，也涌出了眼泪说："她爹呀！现在你咋还说这话？你女婿和你的小妮儿可活在人家刀口子底下呢！"原来那下面的木箱子里藏着他们的养老活命的物件儿——几串钱，旁边还有一小包儿烟土。那个时候，当地的农民被允许种罂粟。这罂粟是草本植物，它的花很美，它的果实呈椭圆形，待它快成熟时，割出其中的白浆，就是制鸦片的原料，当地的人们叫它"烟土"或"大烟"。这东西很金贵，可以卖出高价，因为作为药物有专人下来收购，它有麻醉止痛的功效。当然，有钱的"瘾君子"也肯花大钱买它，供自己吸食过瘾。我外祖母取出那包值钱的东西，塞进自己怀里，和外祖父急急忙忙离开路庄，同我母亲返回县城，要想办法快点救人！

"老戴正"他们把被绑票的人都标上赎金数额，最高的能标到两百串钱一个。我父亲和我小姨每人的赎金都是一百串钱。而我外祖母怀揣的那包值钱物，私下找到肯买的主儿，又被买主趁机狠狠压价后，才卖了一百一十串铜钱。

这"一百串钱"到底是个什么概念呢？当时市场交易使用铜钱。如果用银元合计的话，一块"袁大头"相当于七千二百文铜钱。那么这"一百串钱"也就相当于十四五块现大洋了。

手里这一百一十串铜钱，只能赎回一个亲人，而我们家是两个亲人被绑架，该赎谁呢？这可真是为了难！绑票的人限七天时间内赎人，七天一过，就要撕票，撕票，就是杀人。那几天里天天都有消息传来："某某家的人交了赎金，把人领回家了"，"某某家的人被撕票了"，听得让人毛发竖起，心惊胆战。写到这里，我突然想问"当年那些被撕票的人是因为家中是没钱赎的穷人吗？如果是的话，不是和这些起来造反的人一样同一个阶层吗？怎么就自己把自己杀了呢？"这个问题该不该问？答案，谁能回答！？

我奶奶是个没主意的老人，在这种时候更是只会哭，想不出一点儿办法。我母亲带着四个还不大懂事的孩子，心里的苦又无处可诉，只能对守着自己、一起苦苦想办法的亲爹亲娘偷偷掉泪。

再说，我父亲被绑架期间，土匪头子们知道他是淮阳师范学校的毕业生，会弹一手好风琴，没事干的时候就押他出来，让他弹琴给大家伙儿解闷。为了逼他向家里要赎金，又几次把他拉到杀人场上去"陪绑"——就是让他亲眼看别人被撕票砍头的惨状，然后再把他押回去，还有意说着让他听见："他会弹琴，就让他再多活几天吧！"一次陪绑，经历一次生死；多次陪绑，我父亲真是受够了生死一线之间的刺激。家里的亲人们更是生活在煎熬之中。

几天过去，筹款没有任何进展，手里的钱还是只够救一个人，"老戴正"又派人来催了，怎么办？外祖母对外祖父说："手心手背都是肉，女婿女儿都是咱的亲人，明天就到期限了，咱们去赎谁呢？"外祖父扫了一眼低头不语在床边上坐着的我奶奶，长叹一声，不说话。外祖母咬咬牙说："你看，女婿一天几次被押出去陪绑，危险得很呀，说死就死啦，人死就不能复活了！如果女婿死了，你叫大闺女她们这一家老小怎么过？难道咱们能眼看着不管吗？咱那小闺女赎不出来，反正她不会死，还没听说他们杀女人的，因为他们绑年轻女人不是贪钱，是贪色。往最坏处说，她也就是混在土匪窝里一辈子吧，还不至于马上就死。她爹，你说呢，该怎么办？"在这样令人慌乱心焦的情况下，外祖母的亲情天平，始终保持着理智的平衡，她做出的这段冷静的分析，等于一下子为此事拍了板、定了音！我的外祖父半天没吭声，最后说："该咋办？你不是都说了吗，没来由让人埋怨我一辈子！就权当咱没养过那个小妮子算了！"

于是，外祖母拿出那一百串救命铜钱，把女婿赎回来了。家里人怕我父亲难过，当时并没有告诉他我小姨也同时被绑架的事，他是被赎救回来之后才知道的。父亲心里很难过，总觉得自己的命是用我小姨的命换回来的，自己是个堂堂男子汉，为什么无力自救，反而要牺牲一个弱女子？他抱着头，泪流满面，说不出一句话来……

父亲得救了，全家人虽然又燃起了重新活下去的指望，但是想起仍被扣押的小姨，大人们心里谁都堵得慌，尤其是我的父亲和我的母亲，更是觉得对不起自己的小妹妹，对不起外祖父、外祖母！明白事理的外祖母，却反复地说着宽解的话："她一个小丫头片子，人家不会杀她，她能活下去！别的，就由命吧！唉，谁让咱赶上这年月！"

我父亲被赎出来，一进家门，我奶奶就当着我外祖母的面对我父亲说："儿啊！层儿（我大姐层峦的小名儿）的姥娘就是你亲娘。不！比你的亲娘还亲，你要忘了这个大恩，就不是韩家的子孙！"是啊！如果我的父亲赎不回来，且不说不会又有我的四姐青儿和我，就是当时的这一大家子人，他们可怎么活下去啊！

我的外祖母在关键的时刻，一锤定音救了我的父亲，对我们韩家真是恩同再造！但是她却永远永远失去了自己的小女儿！

外祖母对她的小女儿非常疼爱。自从大女儿出阁后,她和不到10岁的小女儿朝夕相处,养到了16岁,虽然是清贫人家,粗茶淡饭,却也长得花朵儿一般的秀美。细高挑、白皮肤、亮晶晶的大眼睛,成为爹娘的珍宝。外祖母教她的小女儿描花绣朵,做针线活,要求她要像她的姐姐一样能干、一样手巧。外祖母一直这样想:"等小女儿长大,一定招个上门养老的女婿在身边过日子。一个女婿半个儿嘛,省得老头子一天到晚咳声叹气地埋怨自己不生儿子。"这就是她的梦,就是她对自家老来归宿的美好盘算啊!可是,当她面对大女儿家的顶梁柱女婿被绑票,大难当头,这位可敬的老人做出了作为一个母亲最难下的决心和抉择!这不仅不是一般家庭妇女所能做到的,就是一般男子汉也难有如此宽阔的胸襟啊!

这件事过了后,外祖母千方百计地打听小女儿的下落。"老戴正"这帮乌合之众,盘踞县城几近一个月之久,才从我们县城撤走,又闹腾了几处区县,据说后来被民国政府驻该省的部队招安收编了。还打听到我的小姨已被一个小头目霸占为妻,被收编之后随军驻扎在某县。外祖母得到小女儿还活着的消息后,心急如火,立即独自一人,坐上独轮的"小土牛",由我的远房舅舅推着出发了。为了要见爱女,她忍受着百多里坑洼不平的泥土路的颠簸,心里只想着见了爱女之后的千般喜悦。谁知道,不见还罢,见面之后,外祖母的心彻底凉了。

三姐曾不止一次地听外祖母述说这段伤心的经历:刚一见到我那可怜的小姨,吓得外祖母觉得是不是找错人了。只见站在面前的女儿脸儿蜡黄、目光痴呆,失去了往日的清纯,从行动迟缓看,应该是怀有身孕了;按说闺女见了自己的亲娘本应高兴,但小姨却没有说一句话,就是掉眼泪。外祖母知道女儿心里有苦有恨,恨疼爱她的爹娘为什么不把自己从狼窝里赎救出来,让自己落得这个下场啊!此时的外祖母也只能陪着掉泪,她没有合适的话安慰女儿。母女俩居然半天都相对无言。本来外祖母想忍着内心的苦楚,在女儿身边住一段,伺候女儿坐月子之后再回家,但当她一见到"女婿"(收编后当了小连长)的那副冷冷的、拉长了的脸,就一天也住不下去了。自己的女儿见了"女婿",竟像老鼠见了猫一样畏畏缩缩的。外祖母的内心,爱恨交织,像被针扎锥刺一般,第二天就离开了女儿住的又脏又乱的窝,坐着"小土牛"往回赶了。一路上她向苍天求助:"愿他们的孩子生下后,夫妻间的关系、家里的气氛慢慢变好吧!"

此后，小姨的消息一时断绝，杳无音信。后来，经过外祖母千方打听，才传来我小姨早已死于难产的噩耗。外祖母听到之后，整整躺了两天，不吃不喝，一声不吭。她心里想的是不是：这苦果，是谁栽种下来的？为什么要由我们这样无权、无势、无辜、善良的老百姓来承担？苍天啊苍天！

自从可怜的小姨16岁被掳走，到悲惨地死去，她那花朵一样的年华，爹娘掌上的明珠，竟倏忽之间被拖入火坑，做了那个混乱的、罪恶的社会的牺牲品！

经过那一场惊吓，原本觉得让儿子守在自己身边最安全的奶奶，却转而要儿子、儿媳带着孙子们离开县城，她对儿子说："你还是到省城去谋职吧，那里比咱这小地方安全！"我父亲原本在省城的教学声誉很好，听了奶奶的话，就发出书信联系，聘书马上就发来了，薪水颇高。他决定要孝顺孝顺我外祖母，打算带着她老人家与妻儿们同去大地方见见世面，住一段时间。但是，我的外祖母懂得"疏不逾亲"的道理，她说："好意，我领了！我还是留下来给你们照看家，你们几口子带上奶奶出去住一阵子吧！"父亲只好听话，只留下我外祖母最爱的一岁多的帆儿，陪着她老人家解闷儿。一直到"九一八"事变后的第二年，父亲、母亲和奶奶才带着琴儿回到了县城，我的大姐层儿和哥哥桂儿已相继升入中学，便留在省城继续攻读。母亲不愿意让大女儿离开身边，担心她年龄还小，而我父亲却坚持认为省城的教育条件好，对继续深造有利，再说，她住校嘛，没什么可担心的！

事后想来，我父亲这样做是对的。因为我大姐在省城学习，能有更多的机会接受到进步思想的熏陶，为她很快就投笔从戎，踏上抗日、解放战争的征途，提供了先决条件！

我大姐和家人在省城一别后，十几年间杳无音信。我母亲日夜思念，父亲忧心忡忡，常常对着家人说："层儿要是还活着，无论如何，也总该给家里捎个平安信啊，怎么就石沉大海杳无音信啊！"我母亲则是见了算命的总要给大女儿算上一卦，占卜吉凶！

直到1948年中华人民共和国成立前夕，喜讯终于到来，大姐因公出差，从太岳（晋东南长治县一带）解放区路经家乡，绕道与十数年生离的全家人团聚！又过一年，新中国成立，大姐把我们全家接到她工作的地点太原市同住，以补偿多年来缺失的父母姐妹间的亲情。

于是，我们家开始了一段其乐融融的新生活。

我的父亲

> 哀哀父母，生我劬劳……父兮生我，母兮鞠我。
> 拊我畜我，长我育我……欲报之德，昊天罔极！
>
> 　　　　　　　　　　　　　　　　（《诗经·小雅·蓼莪》）

1. 父亲在"灾童教养院"创建"抗日救国宣传队"

沈丘虽然地处穷乡僻壤，又是个小地方，但文化人却也不算少。就说我家吧：从祖上三四代数起，不是秀才出身便是拔贡，勉强可说是诗书传家吧。

我父亲韩尔琛（1900—1970），字孟珍，平辈之间的好友总是叫他的字号"老孟"。因为，按旧社会的习惯：大名，只能是长辈叫；平辈人之间，不会当面提名道姓的，都称其字号，以示平近。这样一来，久而久之，就容易将这个人的名和字颠倒错置了。即如，在由中州古籍出版社1995年出版的《沈丘县学校人物志》中，介绍我父亲韩尔琛时，就把他的名和字颠倒了，写作"韩孟珍，字尔琛"（见该书下册第9页）。颠倒就颠倒吧，反正就是我父亲，不会是别人！这应该是在成书时，寻找材料的来源时出现了什么问题吧！

父亲生于清光绪二十六年（1900年）。他自幼在秀才爷爷教育下识字读古书，到入学年龄，就进入新学堂就读了。父亲学习很勤奋，一直上到淮阳师范毕业。当时我们小县城四周的乡里有些人家的孩子，还能继续上大学。即如父亲的同学城西刘家店的王岩青，他学习也很优秀，因为他家里既有田产，父亲又是中医，有经济能力让儿子深造，就上了河南大学历史系。还有住在城北的一位同学叫李华亭的，家里比较拮据，但他却靠全族的人出钱供他上了河南大学的理化系，后来当了教师。据说他教的学生中有在沈丘县做地下工作的共产党员。在范营村有一位地主出身的年轻大学生，忘了叫什么名字，他和我家还沾一点亲戚关系，据说他也是地下共产党员。这些事情，当然都是1949年后才公开的，当时莫说别人不知道，就是亲娘老子也不让知道啊，传到国民党的耳朵里，可是要满门遭殃呀！

当年我父亲淮阳师范毕业后，特别想上大学以求深造。可我爷爷不发话，他也不敢提。我母亲便在公婆面前求情说："既然恁大儿子有这个心，学习也那么好，就成全他，让他去上大学吧！"可我爷爷和奶奶都很固执地说："我们有三个儿子，不只他一个，家产也不是他一家的。要上大学，你们自己想办法。想要我们用家里的公产供他一个上大学，别的儿子都不顾，那不行！"话是这么说，但实际上是上大学要花费很多钱，老人家舍不得往外掏！

既然不能上大学，父亲就应聘到省城开封当了教员，挣钱养家。父亲是个重义气的人，且很有同情心。我三姐对我父亲的仗义疏财之举曾多次提道："当年，咱父亲有个中学同窗叫李瑞庵的，家境并不比咱家穷，他中学毕业考上省城某大学的教育系，和咱父亲的关系也只是一般。可他在上大学期间，也不知是家里供应不足呢，还是别有所需，过一两个月就找咱父亲聊天，临走时还往往提出自己手头紧，说着好听的话向咱父亲借钱。父亲当年在开封市先是教小学，后来教中学，每月也能挣上好几十块银元，周济一下同学也没怨言。但是，这位先生自从大学毕业后有了工作，就如泥牛入海再也没和父亲联系了。听别人说他先是当了百泉师范的教导主任，后来，又去了北平，在某大学任职。听说他还是位教授，不知是真是假。"我们做儿女的说起来还不免忿忿然，而我父亲自己对此反而认为是人情之常，不放在心上。如有人提起此事时，他只淡淡地说："本来在师范学习时，我俩也就是一般关系嘛！"记得有一次父亲还顺口读了一首诗："世人结交须黄金，黄金不多交不深。纵令然诺暂相许，终是悠悠行路心。"我年龄小，不懂什么意思，可觉得好听，什么"悠悠"什么"行路心"，我想：走路还有走路的心呀，真好玩！凡好玩的，我就背。背得顺口溜，也不知是哪朝、哪代、哪位诗人写的。长大了之后，查找此诗，才知作者是唐代张谓。仔细琢磨才点点滴滴地懂得人生中交友之道、才品味到人情的炎凉浇薄。

父亲在开封一个小学校任教期间，利用教课之余，坚持自学，通过河南省高教普通考试，取得了大学毕业的同等学力。

据我的母亲说，"九一八"事变后第二年（1933年），从开封回来的路上，交通已经很不方便。有一次遇雨，全家徒步泥里水里，找不到住宿之处。有写日记习惯的父亲，从青年时期开始就没有间断过记日记。可那次回家的路上，一连几天都是饥一顿、饱一顿的。借宿的地方仅能遮风挡雨，他就在日记本子上留下几页空白纸，等到回家之后，父亲便把这几天的经历追补上，而且留下的空白又恰恰正够内容所需的。每次提起，不识一字的母亲很为父亲的这个本事感到骄傲。可惜的是，在日寇轰炸最疯狂时，父亲把心爱的一大摞日记本子和照相机子、照片册子等，全都因怕逃难时带不走，而忍痛亲手销毁了。那一大摞日记如果能留到今天，可是珍贵的历史记录啊！再有一次，是在20世纪60年代末史无前例的"文化大革命"中，我的大姐苏平（层儿，学名层峦，中学生时，便奔赴晋东南太岳解放区参加抗日），被打成"刘少奇路线的死不改悔的走资派""地主的狗崽子"遭关押时，父亲又再一次忍痛烧毁了自己后半生的日记。老一代人的足迹和心路历程，就这样随着曲曲折折的历史，化为灰烬了。想一想心就痛！

再说，当年我的父亲把家眷从开封省城送回家乡后，先是被委派到商丘民众教育馆、南阳专员公署教育科任职，在那里工作了几年。1938年夏天，我国发生了一桩惊天大事——当年5月蒋介石军队无力阻止日本侵略军沿陇海线和长江沿岸大举西侵的势力，竟不顾老百姓的死活，下令炸开郑州以北花园口的黄河大堤，异想天开地想用洪水阻止日寇的进攻。而在事前，当局又借口"军事机密"，没有动员群众迁移，致使豫东、皖北3000多公里的土地上霎时间汪洋一片，酿成了数十万人丧生鱼腹，数百万人流离失所的惨痛局面。

当时大批流离失所的黄泛区灾民涌入我们县城，其中有很多是失去父母的灾童。起先由保长、甲长为灾童们挨家挨户派饭吃，后来，见不是办法，就由县政府出资拨款建了一所"灾童教养院"。院长由一位60多岁的孙姓老人挂名。此时，百多里外的商丘也沦陷于日寇之手，情况非常紧张。我父亲从商丘教育局被调回沈丘县城，接受委任协助孙老人具体管理灾童教养院的工作。

也许是因为沈丘县太小，或因沈丘县的防守坚固吧，日本兵的兽蹄擦边而过，没有踏进沈丘县城。但每天都能听到头上敌机嗡嗡响和轰轰隆隆的炸弹爆炸声，人心惶惶，有钱的大户，早就携带亲眷逃往大城市去了。我父亲主管的这个灾童教养院工作，还一直在坚持着。当年招收黄泛区无家可归的灾童有百多人，分成四个班级上课，学校管吃、管住，课余还组织灾童做一些手工，属于半工半读的性质。

说起教灾童做手工，就要提起我父亲的一大爱好，那就是酷爱豫剧。河南梆子、河南坠子他都爱听。他对戏中人的各色脸谱，也非常熟悉。他用胶泥做出一副副人的头脸做模具，再把泡透软烂的废纸浆一层一层、均匀地糊在模具上；再用手仔细地抚平，使模具上人脸的鼻子、眼睛、嘴巴等都凸显分明；然后，就放在屋子里阴干。过上十天半个月，模具上的人脸壳子就会自动脱离开，父亲就用各色画笔在上面绘出各种脸谱。有白脸的曹操、红脸的关公、花脸张飞，还有黑脸的包公、花脸的窦尔墩等，父亲给它起学名叫"傀儡面具"，土名就叫它"鬼脸儿"。把这些面具摆满了一案子，可好看了。父亲教学员一起做这个手工活儿，说将来对他们生活出路也许有点帮助。

在父亲管理下，灾童教养院除了开一般小学应开的课以外，还因材施教，开了另一门戏曲课。父亲不会唱戏，可他喜欢听戏，只会哼几句"一马离了西凉界，不由人一阵阵泪洒胸怀……"和"我站在城楼观山景……"之类的京腔。不久，父亲发现了教师里有位李老师会唱河南坠子戏，且能扮演老生和小生，他的妻子和女儿也都会唱旦角儿戏。这个发现，令父亲眼前一亮，他萌生了从学生中挑出长相、嗓子都比较好的男孩女孩，成立一个特殊班，聘请李老师夫妻，教这个班的学员唱戏的想法。不久之后，县城里就出现了一支由灾童组成的"抗日救国宣传队"，不仅能演古装戏，如"四郎探母""杨香武盗九龙杯""木兰从军""穆桂英挂帅"……而且还演我父亲编写的抗日新戏。刚开始由县里拨款，只在县里的大会场里每周义演一次，主要是活跃县里的政治和文娱气氛。后来，为了填补县里拨给的极少的经费，维持和改善学童的最低生活，父亲他们便带着抗日救国宣传队到附近各县巡回演出，卖票，收钱，勉勉强强地维持这个"戏班子"存活下去。又过了一两年，孩子们渐渐长大了，生活方面衣物、饮食等需求当然会增加，但是，上级丝毫未增加拨款，这个宣传队就越来越难以维持了。

那时，我还是半懂事的年龄，晚上是跟着母亲睡，我躺下了，母亲还忙着做针线活儿。她是在给灾童缝补衣裳，裁做新衣。灾童们长大了，棉衣小了、破了，不能再穿了，没有专款买，冬天来了，怎么办？在寒冬腊月的夜里，好多次我半夜醒来还看见母亲在油灯下，用自家织的布，给孩子们剪裁，缝制棉衣、棉裤……总是熬到天快亮才睡下休息一会儿。后来，这个灾童教养院困窘到发不足老师的工资、抗日救国宣传队置备不起戏装和最简单的道具的地步。父亲虽曾到处筹款，但也收效甚微，又硬挺着勉勉强强拖了半年，终因上级不体恤下情，不再拨一文经费，宣传队里的老师为了生计纷纷辞职，便无法维持，自行解体了。母亲说父亲："这几年你在剧团（指宣传队），一块钱也没给家里挣，家里的存钱倒被你抖搂光了，以后日子可怎么过呀？"

我的父亲原本是要和风雨飘摇中的灾童教养院的抗日救国宣传队共安危的，曾和母亲商量，计划带着宣传队离开县城再到远处去经营，可我母亲不同意，她说："大闺女层儿几年来音信全无，估计是当兵抗日去了；咱唯一的儿子拦不住也当兵抗日走了；剩下的二闺女、三闺女都才十几岁，还未成年；小青儿和小秋白才几岁呀？你扔下我们走了，家里连个男人都没有，你叫我们可咋活下去啊！"这些话，今天看来，到底是对，还是不对？已经是历史了，无法再评说。鉴于这个家实在离开父亲没法活命，他就留了下来，直到挥泪解散了灾童教养院与小小抗日救国宣传队之后，父亲也无心继续县政界的那份工作，按他自己的话来说"我要解甲归田了"！

2. 小城里开辟出桃李园——梓竹补习学校

父亲无奈地眼看着他付出十二分辛苦的小小抗日救国宣传队解体，眼看着灾童教养院也随之无声无息地解散了之后，便与政界脱离了关系，暂时闲散在家。这时，沈丘县立中学的校长王岩青，以中学同学的关系，几次登门请我的父亲去县中教课，他甚至还在大会上向全校师生发话："沈丘最有学问的是韩孟珍，如果能请他到我们县中教书，要我说什么好话求他都行！"父亲应他之邀，于1940年夏在沈丘中学任教，并担任教务主任。父亲工作担子很重，常常备课到深夜。一年之后，父亲离开了县中，原因是这样的：

在这之前，县里迁来了一户人家，户主的名字叫张卓秀。他是安徽阜阳的一家大户，在日军占领阜阳的前夕，他就携家带口避难到沈丘县，买了房子、落了户。据说他是看上了沈丘城的两大好处：一是"城小人少"，城内才三百余户土居人家；二是"牢"，县城保持着完好无缺的厚厚的土城墙，外有深深的护城河，四门都有城门楼子，可以架土炮御敌。他认为这又"小"又"牢"的弹丸之地，日寇未必放在眼里，而且即使强攻一时也难拿下。这还真被他预料中了。

张卓秀一家五口人，除他自己外，还携带着三个老婆和一个十几岁的男孩。他在县城里置了房产，雇了用人，把家安置停当之后，就开始结识城里和四乡的一些头面人物。张卓秀看上了我父亲的人品、学问，尤其是古典文学的深厚底子，便以朋友身份，聘请我父亲到他家当西席——家庭塾师，教他的儿子读书。待遇嘛，他管吃、管住，一个月付给薪水三百斤麦子。这个价钱虽不高，可当时通货膨胀得厉害，麦子可以不贬值，一年下来，也有三千六百斤的收入，父亲要养一家大小六七张嘴的吃喝，负担自然不轻，而在县中工作很累，如果转而教一个学生，倒也清闲适性，便答应了下来。

过不多久，县里的一些头头脑脑，上至县长、小吏，下至常驻县城的军官，也慕名提出想送自己的子弟受教于我父亲的门下。作为外来户的张卓秀，他也想扩大在县里的交往，同时也让自己的孩子多几个伴读的，对孩子学习也有好处，因此他也支持我父亲干脆开门招生，一切由他资助，办一座私立学校。开始我父亲未置可否，只答应先招进几个学生来试试看。

不用出布告，招生的消息一传出，第一批便有三五位家长带着孩子来报名。战乱的年代，一些稍有积蓄的本地住户以及我们韩家的本家亲戚认为"留着钱、留着粮，鬼子一来都掳光"，不如让孩子多读些书实惠。接着，便又有了第二批、第三批……的学生，父亲此时才坚定了自创一所学校的念头。

经过一段时间相处，我父亲和张卓秀已结为好友，互相以"老卓"（张卓秀）"老孟"（韩孟珍）相称。父亲说："老卓，我想好了，创办一个补习学校，为乡梓培养一些人才。"张卓秀立即说："好啊，好啊！能为家乡做些好事，我全力玉成你。老孟，你说吧，需要我做些什么？"

听说我父亲要办学校了，许多亲戚朋友以及想送子弟入学的人都来帮忙了。先是选校址：城西南角有一处大户的别院，因避日寇大户全家搬迁到大城市去了，留下的空院落正托人招租。这是一个很幽静的地方，大门朝南，进大门便是一块空地，一条用青砖铺就的甬道通向正中的三四间大而亮的北屋。虽然是茅草苫顶，却高大、亮堂，紧贴北屋的西头有一个夹道，沿着夹道走就到了后院，后院的院落比前院略小，东西丈量和前院一样宽，南北丈量却没有前院的一半长，沿着院墙种着几棵杨树。后院无房子，一片平旷。我父亲只看了一眼，就说："太好了，前院北屋是教室，后院是健身的小操场，我想找的就是这个地方!"父亲拍板定下了这座院子,先由张卓秀代付了租金。然后,父亲就开始忙着为他的学校经营起来了。首先是为学校命名,他成竹在胸,先从别处移来一棵梓树,种在教室门的左边,又移来一丛绿竹栽在教室门的右边,然后,他工工整整地在一张宣纸上写下了六句藏头诗:

梓高任栋梁,
竹虚比贤士。
补得知识足,
习就接物资。
学问无穷际,
校名亦取斯。

又在每句的第一个字上圈了红圈,便定校名为"梓竹补习学校"。当天就找木匠制作校牌,刻上校名,经过几遍油漆之后,长长的、光新的校牌字,开学那一天就挂了起来。父亲在给入学的孩子们讲解校名的时候说:"竹子,是虚心的,竹虚可比作贤士;梓木,是向上的,木质十分结实,能长得很高,可以做房子的栋梁。我们就是要培养出一批既虚心、有学问又有志气的人,将来能在社会上做一番事业!"

这次扩招并没有贴招生启事,只风闻而来的报名者就有四五十人,可是父亲的教室只能放下三十来张桌子,因为桌与桌间要留下足够的距离,便于老师巡回辅导,所以父亲决定第一期只招三十名。报名的多,而且年龄、水平、男女参差不齐,到底收谁、不收谁呢?父亲抹不开面子,都是乡里乡亲的,得罪谁也不愿意。想来想去,只有按来报名的先后顺序录取,最没争议。三十名学生招进来了,年龄差别很大,程度参差不齐,父亲在教法上动了脑筋,把学生分成识字启蒙班、初级班和提高班。启蒙班主要教注音符号和汉字,初级班与提高班则根据入学测试水平决定内容。

在父亲最忙的时候,在外地求学放假回来的三姐也曾去帮父亲教过一段启蒙班的小学生。三姐讲述了一件很有趣的事情:办学之初,来报名的绝大部分是男孩子,其中有一个小女孩很显眼,也随着家长来报名。父亲一边给她登记名字,一边笑着问她:"你来这儿想学什么呀?"那一天早上下大雾,小女孩不假思索地指着窗外说:"我要学'雾'!"父亲一下愣住了,他回头看看外面雾蒙

蒙的天便明白了,笑着说:"那好吧,就教你雾,听着啊!"马上编出几句顺口溜来:

"早晨起了雾,白烟迷了路。

前面一队兵,下操不走步。

走近仔细看,却是林间树。"

小女孩嘻嘻地笑了起来,也跟着学"走近仔细看,却是林间树"!家长也非常高兴。三姐又补充说:据说有个男孩子很调皮,他报名时也说:"老师我想学雪,你教我雪吧!"父亲皱了皱眉头,马上笑着说:"好吧,听着:

一夜北风寒,天公大吐痰。

红日东方出,好似化痰丸。"

在场的家长孩子都笑出了声。回忆及此,三姐也深情地说:"咱父亲虽然十分严肃,但有时候也很幽默呢!"

父亲是梓竹补习学校的校长,张卓秀和另外几个孩子的家长是学校的校董。经在县署备了案之后,就择日正式开学了。虽是座私立学校,但不是私塾;我父亲也不是迂腐的冬烘先生,他是从正规学校里走出来的,很透着一点儿开明。所有教材,都是父亲自选或自编,他一笔一笔地用毛笔写在专用的、自己亲自订好的大开本宣纸本子上,几乎每天晚上要抄写到深夜。是很累,但也自得其乐。他编选的教材,以古典文章、古诗词为主,根据程度深浅有所不同。

我的四姐跟着父亲上学比我要早一两年,父亲夸她背书记得快,毛笔大字写得不错。后来,她转入当时的县立小学去了。我则从6岁起,就读着"一二三四五,金木水火土;天地分上下,日月同今古"走进父亲的学校里,很快便从启蒙阶段跳到初级班阶段。据记忆,在不足五年的时间里,所涉猎的散文多选自《古文观止》,而诗歌则主要从《古诗源》与《唐诗三百首》中筛选。

说起教学方法,父亲都是先把当天的教材仔细朗读一遍,再作字解句释,然后,不管是哪个程度的班次,凡当天所学篇目,要求学员都一定要会写、会念、熟记,直到能流利背诵。老师的讲桌与学生的课桌相对,老师在讲桌后面居中而坐,面向学生,他的背后是白墙。墙上悬挂一块木制黑板。每天放学前,每个学生一定要把当天所学的段落背给老师听。学生手捧自己的抄本,把抄本放在老师面前,自己则转身面对黑板背诵。要求顺畅,中间不许停顿或重复,否则便要回去重读,然后再来背。十分严格。

父亲的语文教学,以古典的为主。随着他兴之所至,有时还添一些新鲜作料。记得父亲还教过几篇反映新思想的白话诗,年代久远,大多记不得了,只有一篇诗句我现在都能清晰地背下来,是近代著名才女陈衡哲所作,题目为《鸟儿问答》。内容是以飞鸟的口吻,鼓励年轻人(尤其是年轻的女性)追求自由的:

鸟儿问答

陈衡哲

狂风急雨,
打得我好苦!
吹翻了我的破巢,
淋湿了我的美羽。
我扑坏翅膀,
睁破眼珠,
也找不到一个栖身之处!

笼里一只鸟,
身安毛也好,
侧着眼睛向我瞧。
我不知它是喜还是恼。

明天一早,
风雨停了。
煦煦的阳光,
照着萋萋的青草。
我和我的同心朋友,
双双地随意飞,
依依地信口叫,
把昨夜的闲愁都忘了。

再看那笼里的同胞，
扑着翅儿飞绕；
要想撞破那雕笼，
出来做只自由鸟。
它看着我们，
忽然站定了，
诉说心胸。
它说：
"不管天西地东，
但愿到处飞冲，
哪怕风狂雨急，
到底海阔天空！
即使筋疲力尽，
身化飞尘，
也只在自由的天地之中，
强于老死在牢笼！"

父亲的教学方法，并不刻板，兴趣来了，还别出心裁搞一些花样，记得曾有过一次很富趣味的教学活动。父亲编了一篇很长的叙事歌，篇名叫《毙鸡案》。内容是说：

一个乡下人为生病的父亲进城请医、买药，因为心里着急，走路慌张，集市上行人拥挤，他一个不留神竟踏死了几只跑进人群里的小鸡娃儿，霸道的米店东翁胡搅蛮缠地天价索要赔偿，说什么小鸡长大以后，活着能下蛋、宰杀能食肉，足足值五百文钱。乡下人哪里有这么多钱，又急着要去买药，分辩、解释、求告也不行，路人围观纷纷指责米店东翁。县太爷的轿子从此路过，这是一位清廉为民的好官，他决心要惩罚一下为富不仁的米店东翁，就当着街上众人，拿出五百文钱给了米店东翁，同时大声判决说："踩死的这几只小鸡还很小，等它长大要好几个月的时间，这段时间里它会吃掉五斗米，你快快量出五斗米来送给乡下人！"听了县官的判决，满街的人都连声喝彩"判得好"！米店东翁却差点儿气晕了,只好干吃哑巴亏,乖乖地服从判决。

这是一首非常有意义的类似快板的长诗,其中的人物只有三个,父亲让四个学生饰演。甲,专读画外音,念篇首的开句和中间穿插的叙述句;乙,充当乡下人;丙,扮演县太爷;丁,装作米店东翁。让这四个人念着诗中的原句,演出了一幕活报剧(街头剧)。我记不清全篇了,只举其中几句关键处吧:

扮作甲的学生,随着情节发展,有下面几句台词儿:

"不唱东来不唱西,单唱那乡下穷人踏死富家鸡。

小街道上乱纷纷,米店东翁两眼瞋。

乡下人,战兢兢,走上前来叫一声……"

"东翁没说话,只好诺诺连声答应下。"

乙的台词有:

"清官啊!可怜我,乡下人,家太贫,

没有铜钱五百文,

怀里揣着几个钱,

我还要延医买药活父亲。"

丙,是扮县官的学生,他正儿八经地一边做出从怀里掏五百文钱的样子,一边厉声命令米店东翁:"快快量出五斗米,送给我这穷朋友!"

丁,是那个装扮米店东翁的学生,他装得特别像回事儿,听了县官当街就判他拿出五斗米给乡下人,又急、又无奈、又大丢面子,他诺诺连声地唱了起来:

"五百文钱卖掉五斗米,这个算盘怎么打?

反惹得旁人来笑骂,笑骂我,

偷鸡不着,反折(shé)了米一把!"

一篇连说带唱的叙事诗歌,就在这样的特色教学过程中结束了,扮演的学生很入戏、在座的学生也很活跃,从"哈哈"笑声中得到一种享受和启示。这种方式进入课堂,是不是源于父亲在抗日救国宣传队工作时的情结呢?颇有一点像活报剧呢!

足可容下三十多张桌子的教室里,总是窗明几净,一片书声琅琅。

父亲对学生要求很严,不讲情面。记得那几年先后在沈丘县任县长、副县长的大小官员中有一个姓单的、一个姓范的、一个姓鲁的,他们的名字记不清了，都曾把自己的儿子送来学习过。那个叫范秉国的学生，仗着是县太爷的公子，在初级班学习，表现十分顽劣。不知他是真的很笨，还是娇惯成性怠惰不学，总是完不成当天的作业。记得在一次放学前，所有的学生都顺利通过背诵当天所学的课文后，他的表现却很反常。本是一篇很容易的文章，居然就是背不会。一次记不住，再来背还是次序颠倒乱背一气，还嬉皮笑脸地不当回事。父亲开始还给他留些情面，先是谆谆告诫，再是要他必须背熟之后才准回家，但都无效！终于，父亲被激怒了！不立威，这个学还如何教下去？学生半数以上是县里知名人士的子弟，如果人人都像他那样怠惰，成何体统！于是，父亲拿起了那块一尺多长，两寸宽的竹板子，把范秉国按倒在地，褪下裤子，专打屁股，打得又红又肿（现在看起来，我父亲的做法显然是侵犯了人权，是不可取的）！直到他讨饶说"先生，先生！我再也不敢了"才住手。那天，勤务兵来接他时，父亲让勤务兵回去转告家长进行管教，范秉国说打疼了他，不肯走路，勤务兵只好背着他走了。父亲估计他第二天不会再来了，谁知第二天一早，勤务兵又把他背到教室，并低声转告他家主人的话："不听话，先生就只管打，这是为了孩子学好嘛。"后来，这个范秉国的骄、娇、怠惰之气终于有所收敛。

父亲在家里叹气说："最怕教这些纨绔儿，他们既娇气、骄傲，又懒惰，不肯好好念书，真是白费我的心血和时间！"

在提高班里，除了教选自《史记》《汉书》《骈文类编》《楚辞》等的古典名篇之外，父亲也教数学、历史、地理，甚至还教几句常用的、浅显的英语……

记得直到"文化大革命"以前，父亲还保留着他在梓竹补习学校教授历史知识时的备课教材。那是父亲用毛笔在宣纸订成的本子上一笔一笔蝇头小楷写下来的。从这本备课笔记中，可知父亲对教育工作的兢兢业业，耗费了多大的精力！该备课材料的内容，以20世纪之初（民国时期）刘景向所撰《中国历史歌》为"纲"，父亲为每个朝代填充进简而明的史实材料作为"目"，向学生进行国家历史的教育。但如今该备课本在"文革"中，已作为"四旧"被毁坏。现在只能把作为"纲"的《中国历史歌》背诵记录于后：

> 我华开化自羲农，黄帝建国居有熊。

> 至今四千六百载，十四朝传帝业终。

> 唐虞夏商周秦汉，晋隋唐宋元明清。
> 东周春秋有五霸，战国七雄秦最雄。
> 汉分三国魏蜀吴，五胡逼晋奔江东。
> 百余年间十六国，南北两朝收群蜂。
> 隋唐相承女戎胜，五代十国苦内讧。
> 宋遭金逼更南渡，元造一统明蹑踪。
> 满清十世遭革命，五族共和庆大同。

而父亲补充进去的"目"已不复存在了，我只记得对头几句的解释大意是：我中华民族摆脱蛮荒并启蒙，始自伏羲氏和神农氏。伏羲氏教人结绳做网，开创了渔猎生活。神农氏掘地刨土，种植作物，发明了原始农业；并且尝遍了百草，发现了可治病的药材。有熊氏（又作轩辕氏）是一个族居的大部落，它的领袖人物是我们炎黄子孙的始祖，被尊称为"黄帝"……

父亲对学生的体育锻炼也抓得很紧。他把后院平整成一个小操场，在操场的一头筑起一座高高的平台。每天上午，上课之前，只要天不下雨，他都会站在平台上，吹哨子召集学生做早操。早操的名字叫"八段锦"，我从小跟着父亲做了四五年，当然不会忘记父亲当年亮着嗓子一句一句喊出的"八段锦"口诀：

> 两手擎天理三焦，左右开弓似射雕。
> 调理脾胃单举手，五劳七伤往后瞧。
> 摇头摆尾去心火，两手扳足固肾腰。
> 攒拳怒目增气力，背后七踮百病消。

记得在做完这八个动作之后，父亲还要大家添加一个动作，就是：站稳脚跟，两脚分开与肩平，两手叉腰，整个上身朝后弯折。他要求后仰的头部尽量后垂，他自己的头部差不多可与手叉腰处相平。为什么在八段之后又加上这一段呢？我曾问过父亲：这不成了"九段锦"了（我不知道是否真有"九段锦"，只是信口说的）？父亲的回答是：添这个动作，是为了与最后"两手扳足固肾腰"的动作找得一个平衡。也就是说，先是身躯向前下弯了，再做一下身躯后仰下垂，舒缓一下，会对健身更好！我很调皮，就戏说父亲教的是"九段锦"，不是"八段锦"，并给第九段取名叫它"反身后折再弯腰"！

我直到现在,虽然年逾八旬,仍然习惯做做"八段锦"锻炼身体,只是在做最后父亲添加的动作时,向后弯的头部仅能与肩相平,再向下已经达不到了。垂垂老矣!

这座教"八段锦"用的平台,也曾有一段时间充当学生练习讲演的讲坛。就在东北军的骑二军军长何柱国驻扎在沈丘县期间,也正是全国抗日声势一个高潮接着一个高潮的时候,县里曾经举行过抗日内容的讲演比赛,梓竹补习学校也做了充分准备,派出了学生参赛,并获得过优胜名次。据三姐回忆说:得了名次之后,父亲的学校引起何柱国军长的重视,他还专门抽出时间,屈尊到梓竹补习学校去视察过一次,曾亲自手把手纠正小学生写毛笔字握笔的姿势,并夸奖了毛笔字写得好的学生。学生家长为此自豪了好长一段时间!

父亲也有自己的业余爱好,和一些向往田园生活的文人一样,教学之余,在学校的前院那条青砖铺就的甬道两旁,自己动手,开垦了两个园子。一个种了些向日葵、除虫菊之类的花花草草,另一片地里则开始试种西红柿。据三姐回忆,在我们县,父亲是率先种西红柿的人,他的种子,是从张卓秀家得到的。张家的亲戚从国外带回的西红柿果实,送给我家几枚,细心的父亲吃过之后,便把西红柿的种子留了下来试种。他从张卓秀的亲戚口里知道如何给西红柿的苗株剪枝、掐杈、浇水、松土,最后竟然种植成功。西红柿熟了,结了很多果,成熟后,每个在校学生都可以分吃品尝。那个秋天,父亲看着即将收获的一片西红柿园,心情愉悦,诗兴突发,信口作的那首顺口溜,就因为很顺口,所以,虽然七十多年过去了,现在我仍然清清楚楚地记得:

累累满枝青,

累累满枝红。

漂洋过海到亚东,

维他司①保命它最丰。

学生的学费,开初时经几位学董商定,是每月三十斤小麦,后来因为要求入学的越来越多,不得已,便用添加学费作限制(事后看来,实在不是个合理的办法),由三十斤小麦增至五十斤小麦,据说相当于一块多银元吧。这样算起

---

① 维他司:即维生素的最早叫法。

来，父亲的收入，仍与他30年代在开封教书时每月57块大洋差不多相当。据二姐回忆说：

记不清是哪一年了，反正是20世纪40年代前后的事，我们家乡路过一批抗日的军队，他们缺粮饷，管后勤的军官带着士兵到比较富裕的人家筹粮。也走进了我家，说要看看放粮食的地方。当他看见我家西屋套间里粮囤子里堆着满满的小麦时，非常惊讶，立即叫勤务兵在粮食容器上打上印记，告诉父亲说："这些粮食不准再动，已经是'军粮'啦！部队会随时派人来运的。"父亲唯唯地在后面跟着，连声答应。那个军官临出门时，回头又望一眼身穿一领长衫、浑身书生样打扮的我父亲，又问了一句："你这么多的粮食是哪里来的？"父亲说："是我教书挣得的。"他又问："你是教师？什么学校毕业的？在哪个学校教书？"父亲说："是淮阳师范毕业的，教的是自办的补习学校。"他想了想说："啊，你这是劳动所得，不用没收了！我也是淮阳师范毕业的呢！"说完就走了。父亲还愣在那里，不知该说些什么。

我问二姐："你记得这支队伍是八路军还是国民党军队呀？"二姐说："我记不得了，这还是事后听父亲转述的，当时听也就听了，并没多问，到底是哪支部队，父亲想必知道！"这是父亲去世之后，我和二姐闲聊时提及的，到底是哪个部队，现已无从考查了。反正都是抗日的军队无疑。

梓竹补习学校从1941年创办，前后历时六七年，到1948年，便不再招生，停办了。1950年初，我们全家随着早年参加革命工作的大姐苏平（层峦），离开河南老家到了山西省太原市安家落户。

3. 父亲无声无息、永远地走了

到太原后，最初几年，生活相当平稳。父亲先是在五一路小学（新开路小学）教书，因为我后来考上大学到了北京，情况就记不太清楚了。只知道，那时父亲已是望五之年，算是旧社会过来的"思想陈旧"的老知识分子，校方认为不适合让他教文科，就不用他之所长，让他教算术课，父亲也教得很认真。他为小学生做了很多容易接受的教学模具，后来，还被评为模范教师了呢！后来，全国上下"知识分子改造""三反""五反"等运动不断展开，其间，听说父亲又被调到太原市立的某中学当教员，教什么课，我在北京不清楚了。据说，开始还好，后来越来越不能忍受，他提出了提前退休。

现在想来，父亲能在1956年"反右派运动"初发动时，在校方的一再挽留下，毅然提出退休申请，简直是"太英明"了！否则，按我父亲的直脾气，对看不惯的事情总是忍不住要发泄出来的性格，在运动中不被"左派"打成"右派"才怪呢。提前退休，起码让父亲的寿命延长了"夹着尾巴做人"的那十多年。但他老人家终是逃不过厄运，没有逃过史无前例的"文化大革命"的魔爪！

为了父亲的提前退休，母亲总是不理解，对父亲有埋怨。其实，我的父亲是很热爱教学工作的，他并不是怕担任几个班的教学工作太累，而是思想上他有着不可承受之重，那就是：他在淮阳师范毕业前夕，就被集体登记加入了国民党，成了国民党党员。每次填写表格当然要填写进去，而且，每次政治学习会上，几乎都要一次次重复做检讨、悔过，尤其是每次大的运动到来，更是非要从头到尾、从心灵到脸部表情都要诚惶诚恐地当作"罪过"认罪，接受批判，没完没了。父亲说：他已经觉得没话可说、没言可发了，同样的话都重复千百次，十分地乏味了；但，要你发言，你是不能沉默的；沉默，意味着什么呢，那就不言而喻了！所以，他坚决辞职。而真正的理由又不能对人明说，只能以自己身体有病为由，我父亲确也患较严重的职业病——痔疮，这病是早在开办梓竹补习学校时，劳累过度落下的。

父亲退休申请被批准了，他想高高兴兴、无拘无束地过几年清闲的生活，可母亲想不通。她认为父亲还能干就退下来了，就是"不争气"！因为她心里想的是：老夫妻二人现在是住在大女儿家，小女儿还在北京上大学，你这老头子一退休，今后这些花销不是都更增加了大女儿的经济负担了吗？一辈子争强好胜的母亲，怎么也不能原谅父亲如此"不争气"。当然，父亲精神上的孤独与痛苦也不能向母亲诉说，只好隐忍不发。有几十年工作经历、精于政治思想工作的我大姐，倒似乎是猜透了父亲的心理，她一再劝母亲要想开些，她说："父亲辛苦了大半辈子，退休也好，不是还有退休金嘛！如果不够用，我还可以再补贴给父亲些呢！"大姐当时已由山西省团委书记调任太原市委秘书长，后又兼市委书记处书记，估计工资还可以吧！

任凭大姐怎样劝说，母亲对父亲还是不原谅。就这样，本来是一对知冷知热、患难与共、相敬如宾的夫妻，到老来，几乎成了互不理解的陌路人了。如果不是经过后来的、搅动整个社会大动乱的"文化大革命";如果不是我大姐在这个运动中被"红卫兵造反派"打成"刘少奇资产阶级反动路线的执行者""黑帮分子",批斗、关监狱,直至病死;如果不是我的父亲也因受到爱女被迫害致死的刺激后,神志不清,呈现半神经状态,被遣送回故乡,而终致非正常死亡的话……一个深居在家庭内、不参与社会政事的老母亲,怎么会知道政治和一个人的关系是多么难解难分、那么的生死攸关啊!

我的母亲也许直到死别时刻,才开始理解、原谅我的父亲为什么要早早提出离职退休吧!因为,据陪同前去的三姐说:母亲在返回故乡收殓父亲尸身时,是那样的痛苦、悲伤!

父亲去世的准确日子,我不知道,只知道是在1971年夏秋之间。我是正在湖北沙洋"五七干校"农场劳动的时候,突然接到二姐写来的报丧家书的!没有一点思想准备的我,一下子被发自内心的悲痛击垮了,不能张扬、不能请假,只能吞声饮泣,我恨自己身为女儿,生不能伺候病父以尽孝,死不能临穴抚棺以尽哀……当时的我,除了自愧、自责,还能埋怨什么?!

在这里,我想从当年写的一篇《记梦》散文中,节录一段我在梦中与病重的老父千里相聚的情景。世间万象,穷所未穷,谁能想到,父女深情,告别竟在梦中呢?

自我的散文《记梦》中节录:

……还有一个梦,对我来说是那样的蹊跷,那样地折磨,那样地难以理解,也同样一直困扰着我。那是一个似梦非梦的梦:

三十年前,正是"文化大革命"十年浩劫的中期。一个冬天的夜晚,远离家乡、正在"干校"劳动锻炼的我,倒头酣睡在四人一室的双层木板床的上层。梦中的我也是躺在靠里的墙边床上,侧着身儿,脸儿正向着门窗。忽然,门帘轻掀,苍老的父亲走了进来。只见他瘦弱的身上奇异地裹着一条米色的床单,从胸到腿膝处全被覆盖。床单的一角还从胸前反搭着,一直垂到颈后,像冬日妇女围着的大披肩;又像西南某些兄弟民族,故意脱下长袍的一只袖子,把那只瘦骨嶙峋的臂膀袒露在外边。老父的这种奇怪的打扮把我吓得从床上跳了起来,扑向父亲,直问"您这是怎么了,怎么了?"只见老父像躲着我似的慢慢地后退,把后背紧贴在门框旁,把手放在自己的胸下腹上处,说:"我这里好疼,好疼!"我焦急地想喊、想叫,但叫不出来、喊不出声,终究从魇梦中醒来了。

醒来后的我,愣了半天还不知身在何方。我睁大眼睛环视四围,除了门窗罅隙处有几缕暗光外,室内漆黑如墨,什么也看不见。此时,夜正浓、风正寒,一向胆小的我,不知是被怪梦扰得心神难宁,还是受着一股力量的驱使,竟壮着胆子,轻手轻脚地披衣起床,摸索到门旁,拉开了门闩,从开启的门缝处看到藏在云中的冬月放射着朦胧的光,把门前那株枯树的巨影倒泻在黄泥土地上,在寒风中瑟瑟抖动,梦中的老父已无觅处了。我看看腕上的表针,正指午夜2点。我又闩住门,轻轻回到床边。坐下,躺下,又坐起,又躺下⋯⋯梦中的情景使我心悸难平,心系着千里之外的父母,自然便想到上个月二姐的一封来信。信上说,"造反派"近月来频繁"批斗"大姐,并要老父在街道大会上揭发女儿的"走资本主义当权派"的言行。老父实在气愤不过,顶撞了"革命小将",也被多次"批斗""游街"。之后,造反派便加给他一顶"地主分子"的帽子,勒令家人把老父遣返到河南乡下老家了。

想到这里,本来我那颗仿佛被麻绳吊起来的心,这时却像更收紧了麻绳,隐隐地作痛。我仰面朝天地躺在床上,睁大了一无所见的眼睛,从2点到3点到4点,直到鸡鸣破晓。这个冬天的夜真长,长得令人难熬。

一个星期在忐忑不安中过去。第二个星期的第一天,我接到那封画着黑框的、令人触目惊心的家信。信中说,可怜的老父在几天前病逝了,症候是:水土生冷、肠胃不服、突发大泻,数日不止。我在悲痛之余,推算时日,父亡之日,却也是我噩梦惊心之时。呀!难怪我的老父把手捂在他的腹胸之处啊!在相隔千里之遥的两地清晰地传递过来的景象,不就是父女之间血脉亲情的感应吗?我模模糊糊记起在哪本书上曾经看到一篇记载,写的是白居易与白行简兄弟?还是苏轼与苏辙兄弟?或许⋯⋯记不清了,兄弟二人两地为官,相互惦念,竟然在同一天的夜里,做了同样一个相思、相见的梦!我宁愿相信人的第六感觉的存在,宁愿相信亲人之间确实存在感应!它不受人为的、时代的或自然山川的一切阻隔!

敬爱的父亲离开那个他万分不理解的、冰冷的、人妖不分的年代,悲惨地走了,享年70岁。送葬的亲人没有(是不敢有)眼泪,更没有鲜花,但幸而在母亲和三姐闻噩耗奔丧至路庄村，在正义感很强，且在村内颇有威信的三舅李朴轩老人的维护力挺下，给了我父亲一抔葬身的黄土！我永远感谢李朴轩老人！

其后数十年间，我也仅踏回故土沈丘县三次：第一次，是1984年夏，老母去世三周年后，四姐和我，还有我的女儿东葵护送母亲的骨灰与我父亲的骨灰合葬，并扫祭外祖父母的坟墓；第二次，是1989年的清明时节，哥哥良桂携嫂嫂从台湾归来返乡祭奠父母时，我和三姐、四姐夫翟安是陪同前往，在父母、外祖父母的坟前，哭奠尽哀；最近一次，是在2012年的清明，我与云忠一起回家乡再次祭奠亲人。每次当我踏上返回生我、养我的桑梓故园之路时，童年的记忆便一幕幕闪现在眼前，尤其是对我在父亲身边读了四五年书的生活，更是不能忘情：

曾记得，有一天日近黄昏，学生都放学回家了，我和父亲还流连在学校的梓树下，欣赏那笔直光滑的树干、那如梧桐似的绿叶以及紫白色帽形的繁花。父亲对我说："梓树还有个别号，叫'木王'，它总是直直地向上长，枝权既小也少，而且枝上不会再生枝权。它现在独立门前像个哨兵似的，假如把它种在林中，时间一长，你就会发现一个奇怪的现象。"我听得很认真，便不由插嘴问道："什么奇怪现象？"父亲说："那就是其他的树都会慢慢地把树梢移向它，向它微微低下头，它的'木王'的称号就是由此而来的。"我当时似信非信地听着，也没去求证过，像听神话似的。这个疑团直到几十年后才解开：我因要写一篇有关花卉的散记，在查阅资料时，偶然发现清代陈昊子编著的《花镜》这部书，又无意地翻到这几行："梓，一名木王，林中有梓树，诸木皆内拱。"这时我太兴奋了，它使我解决了存留在心中的疑问，同时也说明了父亲知识的博、杂，他不仅熟读儒书、史书，竟连农家杂书也有所涉猎！

如今，当我立足在阔别半个多世纪的家乡热土、沉湎在对往事的回忆中时，极目四望，想找到当年的"梓竹补习学校"，想找到梓树和竹丛，哪怕一株、一丛也好。忽然我恍惚地产生一种幻觉，是谁的声音？这么清晰、这么熟悉："大梦谁先觉？平生我自知。草堂春睡足，窗外日迟迟……"哇！这不是父亲在午睡醒来，常常念的几句诗嘛！这是当年刘玄德三顾茅庐聘请诸葛亮时，恭立草堂门外，听见诸葛在房内发出的朗朗诗音啊！我不由静下心来，还有所期待,果然,那熟悉的声音又飘过来了:"读书之乐乐何如?春满窗前草不除……读书之乐何处寻?数点梅花天地心……"是的,这就是父亲的声音,是他老人家最惬意的时候常挂在嘴边的诗句!我知道这些句子,出自南宋时期翁森所作的《四时读书乐》一诗,这飘过的熟悉声音使我沉醉于回忆的幻梦之中!

当我极目四望,天空一片晴朗,四周热闹非常,街面上人来人往,道两旁新屋、砖墙,居家民户夹杂着商铺店面,眼前的一切既陌生、又新鲜,老百姓的生活变化真的是太大了!虽然,这里已经不再是县城所在地(县城已经在20世纪60年代前后便迁往几十里外的新址槐店了,据说那里更是车水马龙,楼房矗起,热闹繁华,胜过昔日老城百倍),变成了地地道道的老集镇,但是,在我眼中,它今日的繁荣与我的童年时期的记忆,已是大相径庭了,它正在旧貌变新颜,成为新兴起来的城乡接合部。虽然如此,但我还是想在面目已经全非的这片乡土上,孜孜以求地去寻找我心中的家园。

尽管我知道,"清和堂"和"梓竹补习学校",早已无踪无迹,但我还是要走一走存在我心底的那条熟悉难忘的路——从南向北、从大十字街头漫步到小十字街头,想去找找沈丘老字号"顾家蒸馍""兆丰酒厂""复元堂药店"……

明明这里已是城乡连成了一片,我还傻傻地想去找外祖母长住的张楼村,逢人便问,甚至连年老的人也摇摇头说"不知道"了!

久违了,我的可追忆的、梦中的故乡!

大姐苏平

同气连枝一根生,为酬志愿各西东。
灵犀一点总相忆,天上人间也关情!

大姐韩层峦(1920—1969),参加抗日工作后,易名苏平。

大姐生于1920年,在"文化大革命"十年浩劫最惨烈、最动乱的1969年罹难,享年49岁。49岁,是人生最趋成熟、最能显示才华、最该放射出光和热的年岁啊,但,我的大姐却活活地被"史无前例"的"文化大革命"扼杀了!

我是父母的老生女儿,大姐比我整整大16岁。1937年7月7日卢沟桥事变,全面抗日战争第一枪打响之后,刚满17岁还在省城开封上女子师范的大姐,便投笔从戎,毅然踏上为国家求解放、为民族求生存的战斗征程。

由于年龄的悬殊,我对大姐的生平知之甚少,只是在当年大姐走后音讯断绝,父母思念、外祖母挂牵时,从他们对大姐的回忆里,才知道我还有个大姐。因为她是家里第一个孩子,所以老人怜爱地说,她小时候很有点娇气,穿衣服不喜欢穿粗布的,上了小学后,她喜欢穿滚了边儿的布衫(即在衣服的边缘处再缝上细细的布边儿),还总和相差4岁的妹妹斗斗嘴。外祖母还说起过,我大姐层儿小时候非常天真,看见母亲、外祖母、奶奶的脚那么小,耳上都戴着耳环,常问为什么自己没有?出去玩的时候,她发现自己的女伴缠了足,走路扶着墙,一扭一扭地;有的女伴耳朵上也挂起小珠珠、小坠坠,有趣得很。她便回家找母亲,说:"娘!我要缠脚!我要扎耳朵眼儿!"外祖母便给母亲使眼色,母亲笑着说:"好啊!来!我给你缠小脚。"说着便拿起一块布条儿使劲包裹大姐的小脚丫,疼得她哇哇大叫起来。母亲又拿起纳鞋底儿的大粗针,作势要给她扎耳朵,吓得她捂着耳朵跑开了。以后她便再也不提这些事了。……这些都是大姐天真童年的趣事,其他,我知之甚少。

只知道,20世纪30年代,抗日的烽火在国内点燃之后,还在开封女师上学的大姐层峦,就随着学校的老师和同学去了晋东南,家里人猜想着她可能是参加了共产党领导的抗日队伍,所以也不敢声张。大姐以后便音信全无了。母亲常年得不到她的消息,非常思念,便常常会找算卦的算算女儿什么时候能回来。又过了两年,我的刚满16岁的哥哥也报名参加了国民党冯治安将军领导下的部队,成了一名学生兵,开拔去了湖北前线抗日,也很少通信。母亲整天牵肠挂肚地想着离开家的子女的安危,盼消息盼不到,就疑虑丛生,不得安宁。

三姐回忆说:"有一天,我放学回家,刚走到大门口,就看见母亲倚门而立,手里拿着一封信,我一看,寄信的地址是山西省沁水县,就急忙把母亲拉回院子里说,您可别和别人讲啊,这准是大姐的信,母亲马上就哭了。我扶着母亲很快进了院子,母亲便催着我快快拆开。信写得很简单,只说她在那里很好,请勿挂念。并说,她在开封女师的同学叫王复勋,现在沈丘县立师范任教,可以和他联系。当年二姐正在县师读书，很快就和王老师悄悄联系上了。因为那年王老师家已经沦陷于日寇之手，他寒假也不能回去，就留在我们家一起过的大年。他很可能是地下党员，可我们也不敢问，他更不便说。"我说："有这回事吗？我怎么不记得啊？"三姐笑了说："那时候你才两岁吧？能记得什么呀！"

从那以后，就再没有大姐的消息了。直到解放之初，大姐怀着浓得化不开的亲情，把父母、妹妹等接到身边，与她一块儿生活，不让再有生离！

大姐加入革命队伍、参加抗日之后的生平事迹以及对社会的贡献功绩，我无从得知，只能借助于2011年在我大姐逝世四十二周年之际，由共青团山西省委署名出版的《层峦傲梅——苏平纪念文集》（以下简称《层峦傲梅》）一书中的文字，做简要地叙述了。

该书有两篇《序言》。《序一·用生命铸造忠诚》（以下简称《序一》），是原任中共山西省委书记李立功老人撰写的；《序二·忠心赤胆 巾帼英杰》（以下简称《序二》）的作者，是曾任山西省人大常委会副主任的李玉明老人。他们均已年逾八旬，都是我大姐在任共青团山西省委书记时一起工作的老同事。下面我摘录几段他们的追忆与缅怀，作为对大姐几十年短暂而宝贵的生命足迹的简括：

苏平同志是在抗日战争和解放战争时期的炮火硝烟中成长起来的干部，她17岁参加革命，18岁入党，20岁就担任了屯留县（太岳山区内，属山西省辖区——摘录者注，下同）县委书记。1949年前，在组织决定她和丈夫一起南下，并做了大量准备工作即将启程前，因工作需要，她和丈夫又愉快地留了下来。对于她的学历、学识和才干我早有耳闻，所以1950年7月她调到团省委后，我是从心底里崇敬这个长我5岁的大姐的，也在不知不觉中努力向她看齐。

不久，她担任了团省委副书记，"老大姐"成为我的领导。印象深刻的是，她对每一个阶段团的工作情况的全面把握，对存在问题的准确分析，都令人不得不佩服。她常常深入群众做细致的调查研究，在此基础上进行思考、提出意见。苏平同志出版过《青年怎样贯彻执行过渡时期总路线》《妇女怎样贯彻执行过渡时期总路线》《区村干部怎样领导生产》等书，这些书离开调查研究、离开生活实际、离开一个个鲜活的事例显然是写不出来的。而一个团省委领导，在繁忙的工作间隙挤出时间写书，让自己的思想影响更多的人，难道不是对党、对青年工作的一种忠诚吗？我还记得，1953年她到罗马尼亚布加勒斯特参加世界青年联欢节，回来后为了把大会盛况和各国青年的友谊传递给全省青年，下乡三个月走遍了全省所有专区的很多县，作传达报告百余场，直接听取报告的就有20多万人，这需要多大的毅力呀！……

苏平同志对团省委机关干部的进步和发展更是有着一颗赤诚的心、一片关切的情。那时，干部文化水平普遍不高，苏平这个曾任《太岳日报》副总编的"才女"，就成为大家心目中的师长。担任山西青年报社社长、团省委宣传部部长时，每一篇稿件她都要过细地审阅、修改，遇到重大稿件，她就亲自上手写作。在看稿、改稿过程中给编辑、记者、干部传授写作知识。不经意间，一批从未办过报纸的青年成为行家里手，报纸也办得越来越受读者和团干部欢迎。……

很多时候，机关的同志们下班后，她仍继续工作。她烟瘾很大，常常熬一个通宵、铺一地烟头。……

难能可贵的是她从没有把自己当成一个官，她尊重和善待每一个同志，即便是安排、布置工作她也总是用商量、征询的口气。机关的收发、勤务、锅炉工经常同她聊家常，干部有什么心事愿和她讲。她平易近人，别人对她也从不设防，大家相处得像一家人。……

苏平同志生活简朴，从她的衣着上你根本看不出她是一个级别不低的干部，她刚调来时，曾有人将她看成是谁家的保姆，闹出了笑话。……她无暇在生活上占用太多时间，除了工作外，她把更多时间留给了周边的同志，现在想想，苏平确实是个"保姆"，是年轻同志成长过程中离不开的"保姆"。……

"文革"初期，中央调我到北京工作。……听到她含冤逝世的噩耗，我惊呆了，泪水不由自主地流了出来……我始终不相信她会是个"反革命修正主义分子"，不凭别的，就凭我对她的了解，就凭她对党的事业、对人民群众的那份忠诚！

苏平同志因忠诚而死，也因忠诚在人民心中竖起了一座碑。

（分别摘自《序一》1、2、3页）

下面的文字摘自《序二》：

苏平是个女强人。……

早年曾当过团山西省委书记的李立功同志说，团省委要写山西团史，一定不要忘记了苏平同志。……

苏平同志本姓韩……原籍河南省沈丘县，她早年在古都开封女子师范学校读书时，就参加了动员全民族抵抗日本侵华的"一二·九"运动，在进步报刊上发表了《记"一二·九"》等多篇文章……1938年她赶到共产党领导的晋、冀、鲁、豫边区抗日根据地投身抗战并加入了中国共产党……接着在太岳山区工作，历任沁水县委宣传部部长、屯留县委书记……苏平同志当时年仅20多岁，是太岳区第一位著名的女县委书记……组织群众抓汉奸、反扫荡、保卫边区……

她担任过太岳区《新华日报》《太岳日报》的副总编辑……新中国成立后，苏平同志先后担任过《山西农民报》副总编，共青团山西省委宣传部部长、书记，太原市委常委、秘书长、宣传部部长、候补书记和中共山西省委候补委员等要职。苏平同志还出席过党的第八次全国代表大会，聆听过毛主席、刘少奇、周恩来等中央领导人的讲话。苏平同志是当时全省杰出的女领导干部。

我在团省委办公室工作时，亲身领教过苏平同志艰苦朴素、事必躬亲的工作作风。她的文章写得又快又好，从不用别人代劳。别人写的文章，她认为观点不对，文字不通，都要提出修改意见，或亲自动手改正。大约在1954年，团省委在海子边人民大礼堂召开青年社会主义建设积极分子大会……当时她怀有身孕，一直挺着大肚子站着讲话，我看她太劳累就给她搬去一把椅子，请她坐下来讲话，老苏摇摇头坚持不坐，并说："向大会做报告就该站着，这是对大家的尊敬，坐下来是不礼貌的。"充分体现了苏平同志的公仆意识，令人十分敬佩。

疾风知劲草，国难显忠臣。最令人感动的是苏平同志在"文革"中的表现。1966年初夏，苏平同志已被医生确诊患有子宫癌，在市委、省委再三催促下，苏平同志住进北京日坛医院治疗。但在"文革"开始后（动过手术很成功，医生建议也经山西市委、省委的领导同意，要她到北戴河再疗养巩固一段时间），苏平同志说，毛主席亲自发动的"文化大革命"，我作为党员必须挺在前线战斗，不能住在医院当逃兵！苏平同志刚回到太原家中，就有造反派（系指"红卫兵"类的人）找上门来要她"站"出来造"黑市委"的反，揭发市委的"三反"罪行。苏平同志断然拒绝，并说："市委是一个集体，如有错误,我是常委,也有一份,应该承担责任,这个反我不能造!"那个造反派又说:"我们可以随时宣布你是反革命分子把你打倒,只要你支持我们,你就可以像刘格平(当时应是一个省级的要员)、袁振(时任太原市委书记)那样当革命领导干部不受冲击……"苏平同志又断然拒绝了他们的威胁利诱。在造反派轮番冲击下,市委机关瘫痪了,常委会在市委大院开不成,苏平就把常委带到郊区去开,苏平对常委们说:"形势越乱,越需要党的领导,我们决不能放任不管。"1967年新年刚过,又有个造反派头目找到苏平,对她说,中央领导江青、康生秘密指示要刘格平马上夺省、市委的权,在你面前摆着两条路:一是死不回头,就是当一辈子反革命修正主义分子;二是站出来造反,保证你当个响当当的革命领导干部。苏平同志斩钉截铁地说:"我了解市委,也了解自己,我不能出卖市委,更不能用自己的灵魂去换你们的金字招牌。"于是,在刘格平等"一·一二"(即1月12日)夺权后,造反派就把苏平等市委其他领导同志一起投入监狱。苏平同志在两年半的监狱生活里,拖着重病受尽了非人的折磨迫害,她满肚腹水、全身浮肿,胸部以上出现了肿块。就在癌症严重转移扩散的情况下,1969年1月,篡党夺权的那些造反派要员们,为了"庆祝夺权两周年",还把苏平等省市领导同志押到"文革"中更名为"工农兵大会堂"的湖滨会堂挨"喷气式"的批斗折磨。苏平同志疼痛难忍,彻夜难眠,却连一片止疼片也吃不上。就这样,她还在批斗提审之余,强忍着撕肺裂肝的疼痛,撕开被里,用被面上有颜色的线丝当绣线,在手帕上、枕巾上绣上一幅幅毛主席画像……苏平同志在监狱里写下这样的诗句:"忆往昔,滚滚硝烟浓,民族仇,阶级恨,烈火燃在胸。抗强暴,斗顽敌,立志献此生。……我自不怕死,愧用泰山量;病疼心更疼,天长夜更长……"就是这样一个女英雄,而今却落得如此下场。天公地道,谁来解答!……苏平同志的小女儿成慧看见妈妈如此悲惨,不禁哇哇地痛哭起来。苏平安慰女儿:"别哭,别流泪,我会好起来的,等我出去后,咱们回屯留老根据地去……"(好个忠心赤胆的好姐姐呀,你怎知道当时已是"全国山河一片红了"啊,老根据地也有疯狂的"红卫兵造反派"啊,你是屯留县当年的县委书记,那里的"红卫兵"能放过你吗——摘录者摘录至此,这些字眼儿忍不住地就脱手而出了)。

直到1969年5月31日,苏平同志已经奄奄一息了,在老苏家属的一再恳求下,当局才允许"出狱护理"。其时苏平同志的家早已被抄,年迈的父母和孩子们七零八散地住在亲友家中,在无家可归的情况下,苏平同志寄居在另一位市委领导同志的一个房间。尽管市委机关门诊部好心的医务人员为苏平同志打针、输液,尽力抢救,但好心战胜不了病魔,年仅49岁的老革命苏平同志含冤去世了。

在苏平同志被批准出狱护理的时候,她的丈夫成生瑜把她从监狱里背出来搀扶在板车上,用棉被和毯子盖住苏平全身,快到市委门前了,苏平同志有气无力地说:"老成,在经过市委的时候,停一停,你把毯子取下来,我要看一眼市委,看一眼我的机关,看一眼我的同志们。"老成照办了,他伤心地看着两眼泪汪汪的苏平。

当市委机关的同志们知道苏平同志这个临终的心愿后,无不感动得痛哭流涕。……

在苏平同志入狱以后,她的孩子按照母亲的嘱托,每月向党组织缴纳她的党费,后来人家不收了,说她已经被开除了党籍。孩子们就把她的党费按月存在一个单独存折上。苏平去世后,孩子们去给妈妈交党费,所有在场的同志都哭了。大家感慨地说,啊呀,有谁见过这样的"反革命修正主义分子"啊!……

我含着眼泪写完这篇文字之后,悲愤难耐,不禁大哭了一场。……

当我摘录大姐的老同事、老战友以上所写的深情缅怀大姐的文字时,抑制不住的眼泪,一滴一滴地打落在键盘上……

我的大姐不满半百,仅仅49岁就走了,太短促了啊!可是,人生的价值岂能仅仅用生命的长短来衡量?大姐啊,你生命厚度的分量之重,难道说不能用泰山来量吗?!

《层峦傲梅》的成书过程,具体工作是由热心肠的王淑珍大姐(原山西省老干部局局长)跑前跑后地操持、组稿,和文笔犀利酣畅而正直的张晋康同志(兼做团省委工作的笔杆子)审稿、编辑、修订而成的;当然,身在太原的四姐蕤青和四姐夫老翟(翟安是)也忙前忙后,向家中亲人约写稿件,并在出版之前反复进行校对……做了很多具体工作。现将我写的已编入《层峦傲梅》书中、悼念大姐的文章和诗、词附列于后,以作永久的纪念:

零落成泥碾作尘　只有香如故
——记我心中的大姐苏平

我有四个姐姐，大姐层峦（后更名苏平）最大，我最小，我俩相差16岁。

大姐自学龄始，便离开乡梓赴省城开封，依附在那儿教书的父亲，从小学直至中学；"九一八"事变爆发，全国震惊，大姐以开封女师尚未毕业的一名学生奋然投笔从戎，奔向晋察冀边区，到战火纷飞的抗击日本侵略者的血与火的斗争中经受锤炼。抗日战争十四年，解放战争三年。她挥动笔杆，为民族自由解放而泣血呐喊；她跃马横枪、带领老区人民与日寇周旋、作战。她是当年太岳地区（山西省屯留县）最年轻的女县委书记。在紧张繁重的工作之余，她还积极投入大生产运动，与群众一起刨地、开荒、纺线。当地人民亲切地称她为"一手拿枪，一手拿笔"的好书记、好党员。

中华人民共和国成立前，1948年6月的一天，她借出差顺路回到了阔别了近二十年的家乡，探望爹和娘。我永远忘不了那一天，忘不了那次大悲大喜的相见。有小诗一首记之：

喜相见

翻开20世纪40年代的末页，那个世界真精彩：
　　战争风云收拾净，冉冉旭日升起来。
　　震天锣鼓庆解放，翻身秧歌心花开。
　　常听慈母说大姐，手巧心灵好文才。
　　少年辞家求学去，音绝信断人不来。
　　吉凶祸福殊难料，阴云笼罩颜不开。
　　梦里几番迎爱女，醒来愁绪更难排！
　　一朝骨肉喜相见，哽咽无语惊复呆。
　　老父深知国难重，爱女为国无旁贷。
　　走时稚气今英武，堂前长把双亲拜。
　　相拥相慰相对泣，哭笑叱怨都是爱！

大姐拉起小妹手，关心地问："上学了没有？几年级了？"我嗫嚅不知作答。父亲插话："岁月动荡，上什么学？只是跟着我认几个字、读几篇古文、背几首诗，不做睁眼瞎罢了！"

大姐说："不行啊，这可不行！一定要去上学，将来还要到社会上去、要建设新中国呀！"

大姐只在家待了几天，就急匆匆离去了。但对我来说，大姐的归来，带来了天大的福音，因为翌年我便开始了踏上初中、高中，直至迈入大学的求学之路。我永远感谢大姐对我的思想启蒙和经济支援，使我得以在书山学海中尽情徜徉，受益一生，并得以将终身所学全部奉献给祖国的高等教育事业，用自己微薄的力量为大姐念念不忘的祖国建设培育人才、添砖加瓦，在学养中享受终生！有诗一首谢大姐：

姊妹情

无知无识真蒙昧，有才有德不偏狭。
羽翅当须凌空展，伟业急待加砖瓦。
大姐教诲牢牢记，未敢碌碌掷年华。
卅载舌耕笔不辍，喜看春温桃李花。
大姐有知当欣慰，小妹虽愚亦奋发！

有件事常记在心间。它发生在20世纪50年代末的夏天，我从北京回太原度暑假。

在家住了一个多月，却很少见到大姐的面。早上我起床，她已上班走了；中午她吃大食堂，不回家；晚上，她和一家人吃过饭后，便到自己的屋子里，埋头伏案做白天未完的事情。如此规律，习以为常。大姐的四个孩子最大的也才11岁，最小的不过四五岁，很懂事，从不去打扰妈妈；小的围着姥姥转，大的则到姥爷屋里去做游戏、学文化。第二天清早，打开大姐的房门，但见桌上的烟灰缸里摞满烟蒂。母亲一边收拾，一边心疼地说："又是大半宿没睡！工作起来像打仗，这样下去，非把身子累垮不行！"然而，大姐却从不言累，总是精力充沛，乐在其中。

一天晚上，市委礼堂有歌舞演出。我走进礼堂时，演出已经开始，座无虚席，热闹非常。台上正演出大合唱江西民歌《十送红军》，当时这支歌还不像后来那么普及。台子上演员众多，一排一排、错落有序、整整齐齐。我站在最后排座位的后面，聆听那声情并茂的歌声，很是入神。这支歌，有合唱、独唱，也有男声齐唱、女声齐唱。突然，我看见：从演员队伍里颤巍巍地走出一位身着褐布旧衫、头上包着头帕、裤腿儿扎着布带儿的老大娘，浑身上下都是地道的农民打扮，只听她对着麦克风用低沉、苍郁的嗓音唱了起来：

七送（里格）红军，（介支个）五斗山，江上（里格）船儿（介支个）穿梭忙；千军万马（介支个）江边站，十万百姓泪汪汪，恩情似海不能忘，红军啊！革命成功（介支个）早还乡！

我完全被这悲怆的、苍凉的歌声征服了，眼睛有些发酸，竟然连最该发现的事情也迷糊了。这时，我听到身边的几个姑娘小声在对话，一个惊呼："啊！这不是苏秘书长嘛！"一个说："哦，是她！是她！""就是老苏，老苏唱得真棒！装得真像啊。"我抹了一下眼睛，定睛细看，可不是嘛，她就是我的多才多艺、朴实本色、极富感情的大姐啊！此刻，她的心是否又回到当年多少次与敌人鏖战、被迫与根据地的老乡告别转移的情景啊！那两句低沉、苍郁而清晰的"千军万马（介支个）江边站，十万百姓泪汪汪"的如泣如诉、从心底发出的歌声，听起来真令人心动，因为她唱出了红军与人民难割难舍的鱼水深情！

这段歌词、这般情景，都一直刻印在我的记忆深处，尤其在我的大姐被"四人帮"在山西的一小撮代理人残酷迫害、英年早逝之后，我总会有意无意地轻轻地哼出那歌词来，眼前也会出现大姐引吭高歌的身影！

最难忘1966年的春天。一向健康、从无大病，小病自己买些药吃、很少到医院去的大姐，突然身体异常，被查出患了子宫癌。她不把病当回事，仍然坚持工作。直到组织上一催再催，做出强制决定，她才放下手头繁重的工作，由秘书陪同住进了北京日坛医院。

大姐到北京看病，事前我并不知道。她在等待手术期间，曾在秘书郭俊楼的伴护下，突然来我家小坐。我发现她的身体已很瘦弱，埋怨她不该这么累来看我们，应该告诉我们去看望她。可她还是强打精神，和我的两个小孩开开心心地玩了起来。那时我儿子东雷3岁、女儿东葵只有9个月。大姐逗完大的逗小的,还非要一个一个地都抱一抱。她关心我的生活,并问及我们学校里"文革"开展的情况。此时,我院各系、科皆已停课,而我被抽调去教一批越南留学生,暂时还未停课,我课程较忙,所以,对学校的"文革"进展也没能说太清楚。大姐显然有些失望,她说我"不是政治型的人"。

想起来真遗憾。大姐在北京自8月至11月的四个月期间,我只去医院看望过三次。

第一次,是大姐刚做完手术,我抱着女儿拉着儿子去医院探视。一踏进病房,这哪里是养病啊?大姐半躺在病床上,枕边、靠床的桌子上都摆放着文件、报纸、宣传品等,她身在医院,心里却无时不在记挂着千里之外的太原。她见我和孩子进来,非常高兴,张罗着让给孩子拿吃的东西,闲话之后,又关心地问起我们学校"文革"的形势进展,我说,现在学校很乱,校领导一夜之间都成了"走资本主义的当权派",似乎到处都藏着"牛鬼蛇神","伺机颠覆无产阶级政权"……大姐听了,很平静地告诫我:"你对政治问题向来幼稚,你可要多看、多听、多思考!任何时候都要相信党,不要跟着风头乱跑啊!"我懵懵懂懂地连连答应,只是说:"外边这么乱,您千万别操这么多心,安心养病要紧!"大姐说:"我现在真像被关在笼子里的鸟,多想快些飞出去呀!"我能了解大姐渴望恢复健康、渴望快些返回"文革"前沿经历考验的急切心情。

第二次,我只身一人去的。大姐手术效果极好,但术后还须化疗,化疗期间体内会常感缺少水分,我带去一个大西瓜。走进病房,只见原本宽敞的高干病房里变了样,又多了一张病床,床上还躺着病人。我以为进错了房间,正要退出,大姐喊我:"秋白,进来呀!"她迎着我疑问的目光,低声告诉我:"这位老大娘从外地来就医,等不上病床、住不了院,她儿子急得团团转,到处诉求,我化疗时听到这情况,就提出解决的建议,院方接受了,便在我这里加了一张床。这不很好嘛,老大娘已经做了手术了。"我说:"您术后需要静养,多一个人不怕受影响吗?"大姐笑说:"我哪有那么娇贵?再说,多一个人,还有个伴儿呢!"大姐让我把切好的西瓜送几块,放在老人床前的小几上,老人还在沉睡。不一会儿,老人的儿子进来了,他看见西瓜,很不好意思地搓着一双大手,朝着大姐说:"谢谢,谢谢,让你费心了!你真是好人啊!"大姐说:"天太热,病人身体虚弱，多喂她几口西瓜，千万不能中暑！"我在一旁听着、看着，也记不得自己当时说了些什么。

第三次去看大姐，天气已经寒冷。记得她告诉我，医院经检查，认为她的病基本得到控制，病灶已切除，一般不会有后患。院方已与山西省委联系好，决定再过十天半个月就送她到北戴河疗养，争取完全恢复健康。我听后，立即在眼前展现一片蓝天碧海、群鸥翱翔的海滨景观，由衷地为大姐高兴，那里气候适宜、空气新鲜，大姐太需要休养一段时间，她太累了！我心里便想着，过几天做些可口的菜给大姐送来，为她饯行。告辞的时候，大姐突然问我："秋白，你看到大街上有什么新的大字标语吗？"我说，外面狂热纷乱，大标语很多，有"炮轰"华北局李雪峰的大标语，说他是"黑司令部的黑干将"，还有……大姐听了，脸色很阴沉，不说话。我安慰大姐说："您别操这么多心了，就要去北戴河疗养了，再养一段，您的身体不就完全恢复了嘛！"大姐似乎没有听见我说什么，只是苦笑了笑，向我挥挥手，我告辞大姐走出医院。

哪想到这竟是我与大姐面对面的最后一次交谈！

又过一个星期，我提了在家做好的菜来到医院，却扑了个空。我以为大姐提前去了北戴河，哪知她生怕山西省委、太原市委上层机关瘫痪，下面便会殃及无辜百姓，便未经医院认可，似"飞蛾投火"一般，以刚刚病愈的虚弱之躯，勇敢地投入"文化大革命"的掀天浊浪中去。不幸，是必然的！她竟成为"文革"祭坛上的一尊"牺牲"！

呜呼！大姐，我曾经不止一次地设想：假如，您当时要是去北戴河疗养的话，也许就能逃过"魔掌"？可我又不止一次地否定了这幼稚、美好的幻想，在那个"红旗"漫天、"祖国山河一片红"、"忠字舞"翩跹、"打倒黑司令部"的嘶喊震天响的社会大动荡里，您怎能安心疗养？魑魅魍魉们又怎会容得您安心疗养？北戴河又怎么会是一座避风港？！

假如，假如……历史，是无情的！历史，从来就没有假如！这段不堪回首的历史，留下的只是鲜红的血、凄凉的泪，只是不堪回首的噩梦！

我永远记得那令人泣血的场面：

阴云翻滚，焦雷隆隆。就在1969年早春——山西省反革命"一·一二"夺权之后不久，传说原省委书记（卫恒）已被"革命小将"指为"反动路线""复辟资本主义"的头子，被拉下马、被批判揪斗致死（死因不明），社会极其混乱。

我记挂着老父、老母和姐姐的平安，乘火车从北京回到"造反"炮声隆隆的太原。下了车，我抱着女儿东葵走进我熟悉的五一广场。记得我的中学时代，每逢节庆日，这里都会有欢乐的集会、庆祝的歌舞，是一片欢乐的海洋。然而，今天看到的却是大变样："打倒一切"的大标语、"揪出某某反革命分子"的大字报铺天盖地，糊满了地、糊满了墙。我抱着女儿在人群中磕磕绊绊地向前走，突然几声尖锐刺耳的呼啸声响起，只见一辆警车开道，后面有几辆大卡车慢慢驶来。身边的人们议论纷纷："看，看！批斗游行又开始了！""又是批斗什么人呀！""真真的！这是啥世道，'坏人'怎么这么多？"我睁大眼睛，追随着车流，努力去看车上被绑、被架着的"坏人"。那是一种什么情景啊！惨不忍睹：反剪着的双手、被"造反者"强压下去的头、弓起的腰、脊背上插着的大牌子，牌子白底黑字，上面斗大的字写着"反革命修正主义分子某某某"，在"某某某"上都毫无例外地打上血一样红的大叉叉……车慢慢地向前开着，车上押解"坏人"的是一批胳膊上扎着红布箍的"造反"者，他们一直兴奋地声嘶力竭大叫"打倒！""打倒！""专政！""专政！""万岁！""万岁！"的口号……

一辆卡车开过去了，又是一辆，卡车开得这么慢，想是为了"示众"！忽然，我的心凝住了，呼吸停住了，眼睛发直了，那是谁？她是谁？怎么会是我的大姐呀？那块牌子上怎么写着"苏平"两个大字啊！我紧紧抱着女儿，生怕她被那声声呐喊吓哭了。我想往前挤，可是我的脚像绑上了铅块儿；我想看看大姐的脸，看不见啊，一只无情的大手正死死地摁着大姐的头……我不理解，不理解为什么高喊革命口号的人却正做着打倒、迫害革命者的行径，而且竟如此残忍、暴虐？我恨哪，恨自己没有能耐、没有勇气在那个时候，能奔到车前，放开喉咙，高叫一声"大姐，你无罪！"却只能眼睁睁地看着亲人受虐待、受迫害。我眼泪模糊，脚下无力，跟跟跄跄转过身，抱着女儿，回转头又向火车站走去。

大姐啊！这就是在锥心刺骨的疼痛中，我最后见到你的一面！

这惊恐悲痛的惨象，在以后的岁月里，时时化作噩梦一次次地撞击着我，令我难以忘掉!

1969年6月6日这一天,是我大姐的忌辰。

忠诚于党的事业、为革命事业几十年来兢兢业业工作的、群众爱戴的共产党员——我的大姐,在1967年1月28日被"无产阶级专政机关"宣布"收监"了,关进了那不见天日的"军管会"(山西省的"造反派"为"反革命修正主义分子"特设监狱的代名词)。罪名就是,她坚决拒绝"造反派"以"保她过关""让她进入领导班子"为钓饵,要她"立功",要她违心地去揭发、攻击自己革命队伍里的同志。可是,我的可尊、可敬的大姐,她任何时候都不会出卖自己的良心!

两年多的非人的折磨,八百四十多天的牢狱生活的煎熬,勇敢的大姐,就是有再强大的精神理想的支撑,就是有再美好的对未来的憧憬,她那大病初愈之身也实在熬不下去了。就在1969年6月6日,大姐怀着对生活的无限热爱、对党的事业的无限忠诚,怀着难酬的满腔壮志,同时也装满对"无产阶级文化大革命"极端的不理解、极端的怀疑……离开了人间!给亲人们、给了解她的同志们、给所有爱着她的人们,留下了永远的悲痛和怀念。

大姐逝世后不到一年,可怜我的父亲也撒手西归了。他老人家自20多岁便投身教育,舌耕不辍,直至退休,但在"老子英雄儿好汉,老子反动儿混蛋"反动血统论的演绎下:女儿既是"反革命修正主义分子",父亲便不仅仅是被批的"臭老九",而应升级为被专政的对象了。爱女惨死的打击,加上自身屡遭残酷的、非人的虐待、戕害,他实在承受不了这磐石压顶的折磨,便渐渐精神失常,终致疯癫,紧随他心爱的女儿离开了那令他越来越无法理解的人世。

大姐在狱中的"囚犯"生活,因为不允许亲人探监,我不得而知。非常感谢刘建基同志,他在"十年浩劫"之后,编著了《文革劫难记——山西"一·一二"夺权前后》这本极为珍贵的书。在这本书中,我读到了伊克昭[①]同志所写的一组长诗,其中一首抒写了我的大姐狱中生活的片段。现将它转引于下:

[①] 伊克昭:笔名,原名朱仁声,现在是太原市教育学院的老教授。他当时也是以"莫须有"的罪名被收进"军管所"的一名"囚犯"。他冒着违反"监规""反动行为"的危险,在狱中写下近70篇诗作,总题目叫《写在〈红旗〉杂志的边上——"军管所"诗歌纪实》。

女秀才

因为会写文章，	罪名就招来，
诬陷有了借口，	"黑省委"的女秀才①。
关心祖国的命运，	不顾自己绝症体衰，
偷偷离开医院，	从医院跑回来。
他们说请你谈话，	网罗却早已张开，
其实是巧设陷阱，	魔爪把你逮。
你不悔，坦然笑，	说能亲眼看表演的魔怪。
夜半病痛难挨，	还讲写作给同囚的女孩，
你说，严冬会过去，	你说，乌云会散开，
待到柳暗花明日，	为党吐蕊当秀才！

读着这首小诗，我激动万分，那朴实无华但却充满着革命激情的字、词和诗句，散发着神奇的魅力，它们拼构成了一幅抹不掉的画面，把大姐从容面对恶魔的精神面貌和坚信光明必当战胜黑暗的高尚情操，清晰地、入木三分地刻画出来了。它将是历史的存照！

感谢您呀，诗人伊克昭！您在"条件非常恶劣，不给纸张和笔墨"的情况下，用牙膏皮卷成的"自造笔"，偷着"写在仅有的《红旗》杂志上边的"②诗歌，真是字字珠玑、篇篇生辉，虽然只揭示了那个"大浩劫""大动荡"的冰山一角，但窥一斑足可以见全豹！血写的历史，永远不能忘掉！

鉴于悼念、追忆、纪念大姐的文章已有多篇，对我大姐四十九年的短暂而闪光的一生已做了淋漓尽致的抒写，所以，我在这篇小文里只记述几件刻印在我心中的往事，作为对大姐的追忆。这里所写显然都不是什么大事，但由小见大、因微知著，也足以透视出我大姐的人格魅力和精神风格。

从我大姐自花样年华投身"滚滚硝烟"，与日寇拼死作战，到壮年时节，以大病初愈之身，像海燕一样勇敢地向着"四人帮"兴起的恶风浊浪冲击；为了自己执着的信念，为了生死不渝的奋斗目标，她自始至终都怀着一腔大无畏

---

① 诗作者的原注：女秀才，这是指被刘格平、袁振等关押于同一监狱的中共太原市委书记处候补书记、秘书长、宣传部部长苏平。

② 引自伊克昭《写在〈红旗〉杂志的边上——"军管所"诗歌纪实》中"写在前面的话"。

的浩然正气。我想借用爱国名将林则徐的诗句,来总结我大姐短暂而充实的一生:

苟利国家生死以,岂因福祸避趋之[①]!

文有尽而意未终,谨作长短句一首,奠祭于即将到来的大姐苏平逝世四十二周年:

革命洪炉,真金炼,沸腾不歇。
多少个,如斯遭际,簸颠激越!
朗朗襟怀英烈胆,铮铮杰女当空月!
为真理,尝尽狱牢刑,心悲切!
"莫须"罪,千般虐;胸中愤,得昭雪!
念殷殷心志,骨风如铁!
雾笼苍松峰顶立,冰崖梅傲红如血!
愿峦姐:含笑绕环球,观千界!

长歌当哭,祭奠英灵。
愿我的大姐,在天上,得永生!

(2010年冬月拜书)

悼念大姐层峦(又一首)

中庭生玉树,层峦傲雪梅;
皎皎中天月,朗朗溢清辉。
壮哉我大姐,不惧虎狼威;
页页"自白罪",句句辨是非!
烈哉我大姐,无愧女中魁;
满腔为民志,中年殒不归!
遥望泰山顶,一缕彩云飞!
临风吊英灵,心恸肝肠摧!

(2010年12月11日)

[①] 见林则徐的《赴戍登程口占示家人》一诗。

大姐！您的子女们都已成家立业，不只孙辈、外孙辈事业有成，重孙男女也正在活泼、健康地成长。当今社会正是：

  "文革"毒霾尽铲除，开放新风绘新图。

  腐败虎蝇入法网，和谐安定世界殊！

这庶几能够告慰大姐于九天吧！

二、散游记

春游梨花村小记

4月初，正是一夜春风起，万朵梨花开的季节，女儿葵葵开车携晓钟与我至大兴区庞各庄的梨花村赏梨花。但见千树万树梨花竞姿斗艳，含苞、露蕊、欲开还合……千姿百态。向阳处的条条修枝，尽被繁花缠裹，花团锦簇，照眼迷离的花光，引导着我们恍似进入青白色的云幔雾帐里。我爱百年老梨树的风姿不减而为它拍照，又与插得繁花满头的小梨树合影。这里是名副其实的花之海，花之乡，我爱这个地方！

回来后，向好友周岚提及此行之乐，并让她看了几帧与梨花的合影，引起周大姐的极大兴趣。一周后，周大姐突然来电话邀我与她共游梨花村。我说，花该谢了吧？她说，哪会那么快！于是，我就高高兴兴地来了个胜地重游。

入得梨园，吃惊地发现才几日不见，梨花姑娘竟已增换新装，那绿叶从无到有，竟然可与繁花竞美了。白色的花朵在油绿的椭圆端尖的绿叶托衬下，白的更白、绿的更绿，两色相间，十分清丽。我从一棵老树之下走过，不小心碰得残花纷纷落下，知春已将老，春将离去，不由倍加珍惜！便伸出双手，把娇嫩的花瓣儿捧在手心儿，装在袋子里。

我们向梨花深处走去，周大姐一路拍照一路不停地盛赞眼前耀眼春光，高兴得像个小姑娘。待兴尽归来时，我搜尽枯肠，只得七言两句，曰：

    人在梨花深处游，万缕生机孕枝头。

苦不得续其后，谁知被云忠见了，竟信口联其后，曰：

    雪拥浪跃君不见，唯有暗香心中流！

（2005年4月16日）

香草园里过生日

10月11日,是我73岁生日。女儿、女婿早就盘算着要给我好好庆祝一番。几次电话询问"想到哪里去玩呀?"我都极力推却,最后都说出了心里话:"老年人还是'忘生'好,忘掉自己的生日,心里不会总觉得'老之将至',何必总把生日记得那么清楚呢?算了,不过了!"可是,女儿他们总是不答应,大概是出于孔夫子的教导"父母之年,不可不知也。一则以喜,一则以惧"(《论语·里仁》),或是历年来的惯性吧!既然推脱不掉,那就接受他们的美意,便选择了去密云区司马台长城脚下的香草艺术庄园一游。

女儿他们一早便开车来接我和云忠,一路车行两个来小时方到达。天公还算作美,虽然阴云时而罩住阳光,但也未落雨,郊外空气异常新鲜。甫入园门,更觉花光照眼,草香扑面。女儿、女婿的孝心算是落在了实处,让我们度过了心旷神怡的一天。

此言不虚,有下面云忠所作《秋白生日漫记》为证……

秋白生日漫记

今天是2009年10月11日,农历八月二十三,是秋白的73岁生日。

早上6点半左右,东葵、晓钟开车来接,去香草艺术庄园赏花观景,为秋白欢度生日。香草艺术庄园全称为北京紫海香堤香草艺术庄园,位于北京密云司马台长城附近。距北京市区有100多千米,沿京张(北京至张家口)高速公路和国道行驶,平均80千米/小时的车速,来回路程也要行驶四个小时左右,不可谓不远。

香草庄园门票40元一张,七旬老人减半。它坐落在四山环绕的一片平坝中间,路边挺立着成排的小叶杨。园内种植着清一色的薰衣草。花期正盛,满望一片片蓝紫,一片片紫红,紫气在花叶间氤氲、浮动。空气中散发着幽微的清香。这是秋白最钟情的颜色,最喜欢徜徉的氛围。她和女儿在花间自在赏游、拍照、谈笑,似乎又回到了童年。

园地一边并排分立着"L""O""V""E"四个白色的英文字母,每个字约有两米见方,远远地向游人们传送着爱意。一条水渠贯园而过,夹渠是两排直笊的小叶杨。我们沿渠漫步。过了一座木桥,左前方不远处是一座古堡式的白色建筑,旁边一块空旷的沙石地上平铺着很多长条方形木板,上面放着白色的塑料桌椅,供游人休憩。我们围坐在一张桌子边午餐。然后,秋白、晓钟和我打"小五十一"(扑克牌的一种玩法),东葵对此不感兴趣,提着相机到花丛中追拍小蜜蜂去了。我们共打了两盘,累计得分结果,我竟高居榜首,寿星老儿第二,晓钟屈居第三。这里气温要比市区低两三度,坐久了便感到有些凉意。东葵已拍照回来。趁她们母女闲聊时,我和晓钟去爬附近的一座小山丘。晓钟途中还忙着抓拍山景、野花。登顶俯瞰,整个园区呈不规则的三角状,面积20多公顷。一道水渠将园地隔为两半,以木桥相连。山脚下的一片园地设计成圆形图案,几个拍婚纱照的白衣女郎点缀其间,像紫海上浮游的白鸥,分外醒目。花园边角上有一座用白色水泥板墙围成的"迷宫",宫内的板墙很高,且曲曲弯弯、折折叠叠,像白色的牡丹花瓣。几个黑点蜜蜂似的游人在花瓣间转悠,寻找出口。环绕山脚有一条弯弯曲曲的石砌引水沟,汩汩地淌着清流,大渠的水就是由它引灌而来。进入园门的右边山脚下,还有一条10米多宽的溪涧,水清见底,长着几丛菖蒲、芦苇。这样,山、水、花、树互相掩映,再衬以蓝白相间的底色(基调),朴实、简洁、淡雅而不显单调,游人在不觉中自会产生一种赏心悦目、轻松愉快之感。这也许就是庄园的"艺术"魅力所在吧。

下到山脚,我和晓钟从后门钻进"迷宫",绕了几圈又从原路退出。秋白与东葵坐在山脚路边休息。我们走到近前,发现她们正对着"迷宫"的正门。东葵激励晓钟再进去转一次。晓钟进去转悠了几圈,一时找不到出口。我爬到小山坡上给他向左向右地指点迷津。东葵也在外面呼叫:"心心,心心!门在这儿。"晓钟很快就出来了。东葵有点儿惊讶。晓钟说有"上帝"给他指引。东葵很得意。其实,我心里也很得意呢!

下午2时许,在驱车从香草庄园驰往司马台长城的崎岖山路上,秋白的手机忽然响了,传来周岚大姐的声音。她祝福秋白生日快乐,大家玩得开心。东葵说:"如果周阿姨能和我们同车出游,她一定很高兴。"我和秋白同声回答说:"那是肯定的!"

东葵驾驶小车,在山间绕行。靠山的一侧,因为修筑公路将一带山麓都劈成了斜壁。壁上攀爬铺挂着一串串、一片片薜荔,叶红似火,连接不断;路的另一侧,枫杨树也不甘示弱,摇晃着满树叶片,像一层层喷吐的烈焰,在与薜荔争奇斗艳。黄绿的小叶杨和苍松翠柏夹杂其间,还不时闪现一湾碧水。正是:红叶招招,黄叶摇摇,涧水似镜,秋色正浓。难怪东葵不断发出"真美""不虚此行"的赞叹!我想,如果天公作美,收去阴霾,亮出白云蓝天,那将又是怎样的一番景象!

　　小车驶离庄园约5公里,便到了司马台长城脚下。因为时间的关系,登长城已不可能。站在山下仰望,只见一道青黑色城墙的剪影,背负远天,蜿蜒在险峻连绵的峰嶂上,气势雄浑,鬼斧神工。不由不激起你"会当凌绝顶,一览众山小"的联想和攀登其上的壮志豪情。此时,天空又飘洒起蒙蒙细雨,我们只好驱车返程。

　　下午5点多钟,远近已亮起星星点点的灯火。小车开到五环路一座饭庄——红太阳生态美食城门旁停下,我们进去晚餐。饭庄规模很大,里面绿荫葱茏,曲径小桥,水声淙淙,空气清新,灯光在枝叶间隐现,一派江南情调。东葵就是奔此而来。美食城的饭菜名不副实,量少质差,不尽人意。但有一件事情却让人感到格外温馨。在点主食时,不知是东葵还是晓钟,问是否有面条。服务小姐回答说:"如果有人过生日,就送一碗面,不要钱。"今天秋白过生日,长寿面是不可或缺的。面条送上后,只见一个长方形大瓷托盘内放了一小碗面。面上一个红点(半块西红柿),几根青菜,盘底边上用奶油篆出"祝你生日快乐"几个紫红色的拼音字。面条不是平常吃的手擀面或挂面,而是宽约二指,长约一尺连体的特制"长寿面",这大概就是陕西关中称为"十大怪"之一的"皮带面"吧。秋白尝后,说味道也不鲜美。虽然如此,我们还是从中悟出了这样的寓意:"祝你一颗红心,平平淡淡,清清白白,度着自己宽厚绵长的美好人生。"秋白工作、为人勤勤恳恳、实实在在,几十年如一日,问心无愧。这碗蕴含丰远的寿面,不正是她人生的真实写照吗!这碗面是秋白生日的一大亮点,也是红太阳生态美食城有别于其他饭庄的最大特色吧!我们以茶代酒,同秋白碰杯,祝福她生日快乐,健康长寿!

　　晚上7点多钟,一个苗族歌舞队在我们饭桌右前方的平台上开始表演歌舞。几个淡妆女孩长得高挑丰满,白净漂亮,但"西班牙女郎舞"竟跳得不伦不类。

她们也许只是来应应景，给食客们助助兴，凑凑热闹吧，自然无法给人以艺术的美感和愉悦。

晚上8点多钟，东葵、晓钟将我们安全送到家。今天东葵最为劳累，在高速公路上有时竟将车速开到120千米/小时。她时而在晓钟腿上拍一下，赞扬他几句，时而又嗔怪他指错了方向。一路上说说笑笑，轻松自如。秋白却一阵阵紧张，不时提醒说："葵葵，慢点开！""葵葵，小心！"母女真是情相牵，心相连啊！

今天天气阴晦，不时飘着小雨，太阳很少露面。但大家一同在青山绿水、紫花红叶间畅游盘桓，无拘无束地谈笑，自由自在地观览，精神轻松愉快，别有一番情趣。

（云忠作于2009年10月11日）

云忠生日漫记

9月22日（农历八月二十五日）是云忠的七十六岁诞辰。东葵和晓钟几天前就在网上搜寻，想找一个风光宜人的郊区景点为老爷子庆祝生日，顺便借借光全家也可出去兜兜风。

清晨6点多，座机响了，传来女儿清脆的声音："妈妈，快起床，咱们到千亩葵花园去玩儿！我们的车就要发动了，一个小时后到达，你们做好准备呀！"我睁开眼，透过窗帘薄纱向外瞧：啊，好晴朗的天空，湛蓝湛蓝的，有几缕洁白的云在飘动，真个是好日子！连忙一骨碌爬了起来，喊醒云忠，两个人精心装束起来。

千亩葵花园坐落在北京西南郊的房山区长沟镇，离市区40多公里。天气尚早，既不是假期、周末，亦非上下班时间，车流较疏，路况也好，东葵风驰电掣地开着车，我还是不停地嘱咐她："慢些开，小心点儿！"她说："放心吧，妈咪！我都在限行的速度之内呢！"

车行如飞。但见沿途两旁都种植着大叶杨树，整整齐齐，如同列兵；密密匝匝，是树的海洋；远处的山脉蜿蜒起伏，田野里待收的玉米和水稻在晓风中抖动……从眼前一掠而过。越向南行，风光越是迷人。田野的清风夹着草色花香从车窗隙间拥挤进来,凉凉的、润润的,让人心醉!

9点过后,公路上开始热闹起来,各种型号的汽车络绎不绝。9点50分到达目的地:北京市房山区长沟镇——千亩葵花园所在地。从车内钻出来,游目四望,咦!金黄色的葵花在哪儿呀?我们四人相顾愕然,千亩之内,只有望不尽的结满籽实微微低垂的葵盘。询问园门售票人,知不久前这里举办过相当热闹的花田节,那时葵花正在怒放,千亩一色,恰似一片耀眼夺目的金色海洋;而现在它的舌状花瓣已经枯萎,盘上犹存灰色的管状花絮,籽实已开始灌浆了!不巧得很,我们竟是来晚了呀!心中难免生出迟到的遗憾。但既来之,则乐之,还是购票进入园内。赏不到花儿,观赏它的籽实不是也挺好的吗!我有意悄声对云忠说:"可惜呀,可惜呀!"他正要认真发表看法,我又抢话头笑着说:"可惜您老人家怎么没有早生十天半月呀!"哈哈……

园内一条宽宽的大路,汽车可以进出。东葵把车停在贴近茅草小亭的道侧,庆寿活动随即开始:他们二人先拿出送给云忠老爷子的礼物——是太阳能"摇头乐"一族,有机器猫、米老鼠、小懒猪(两只)、顽皮猴、顶着气球的海豹……把它们摆在阳光下,只见这些小精灵各逞其能地摇摆起来,有的频频点头、有的上下晃动、顽皮的米老鼠还荡起了秋千……灵巧活泼,憨态可掬,逗得寿星老儿满脸笑开了花,东葵又拿出送给我的礼盒,鲜红的礼盒里装着护肤品和一小盒名贵的、产自浙江桐乡的"胎菊"茶,还有一盒包装精致的巧克力——要知道两天前正是我的生日呢!我们连连称赞礼品精巧,道谢收下;都忍不住注目那些不停晃动的小精灵,每人脸上都展现出笑容。我们正自顾自地开心,岂料路上游人竟慢慢围了过来,以为是兜售玩具的。我们只好边解释、边把小精灵一一安放在车内的驾驶台上,让它们尽情地、不受干扰地在玻璃反射的阳光下,跳起街舞,为云忠祝寿吧!我们要去葵海里享受丰收的喜悦了!

这里的葵花品种不一,面前的一片茎高约一米,而远方的那片仿佛高可没人。葵田边搭有几座茅草顶的凉亭,稍远处的葵丛中还有一座相当大的仿佛是木头搭起的高台,台下面是可以遮日避雨的四望凉廊,野趣野景把我们吸引了过去,近前一看,台高十数米,原是水泥质地仿松木纹路制就的建筑体。我们登上高台,以远方灰蓝色的、起伏如浪的燕山山脉和一望无际的黄褐色的葵海为背景,晓钟为我们拍摄留影。啊,东葵则进入葵丛深处久久地徜徉着、拍照着……

游走千亩葵园约有一两个小时后，我们驱车穿园而过，见园外有醒目标牌，上写"王大拿农家餐馆"，有位老人正坐在菜畦边摘辣椒，我们下车和他闲聊了几句，只见这餐馆的规模还真不算小，门外除种有不同蔬菜外，还有供客人垂钓的养鱼池……此时我们还不想进餐，又打听到前方不远处还有一带花田湿地景区大可观赏，便兴致勃勃地驱车前往。这是一条村间土路，弯弯曲曲行驶不便，好容易来到叫作湿地的地方。

太阳晒得正热，我们便在沟渠不远处选择了一片低而平的白杨林空地，晓钟从车里取出一顶专为二老买的小帐篷，然后便快速地搭起来，云忠、东葵也一起上去当助手。帐篷由蓝、黄两色组成，前后有两个门儿，人进入后，可以拉上白色纱帘防止小虫往里钻。如是风雨天气，还有一块备用苫布可以罩在帐篷表层上。小小帐篷十分可爱。内里可容纳四个大人，当我们钻进去之后，感觉地下虽不太平整，但都还能坐，只有云忠不会盘腿坐，只好侧着身儿半歪着，样子有点好玩儿。于是，云忠与晓钟只待一会儿就出去溜达了，好让我和女儿躺下休息。但不知可恶的蚊子是怎样钻进来的，在我的鼻头上和东葵的额头上狠狠地叮了一下。我们又忙着起来扑打，不得安宁。

我俩钻出帐篷，去找他们。走了不远，只见前面有一座白色石桥，桥旁立一木牌，云忠正站在木牌旁抄写着什么。我们迎过去，见上面是一段文字介绍，大意是：这一片湿地保护的中心地带是长沟的东甘池满族民俗村，该村位于镇域内的西北部，全村231户，计373人，主要居民为满族。村南的三孔汉白玉石桥曰宝泉桥，建于清代，因村东的宝泉寺而得名。桥长130米，是清朝帝后、大臣去寺内进香的必经之路。湿地保护中心除了东甘池满族民俗村外，还有南甘池民俗村和北甘池民俗村等处。

我们遥见宝泉桥东有一泓清池，这就是标牌上所示的龙泉湖。湖面方圆1~1.5公里，水质清澈，可划船荡舟，湖边长满芦苇，有人在湖边垂钓。桥西是一条长长的沟渠，渠面上有睡莲、浮萍，水草青青，沟边垂柳成行，柳丝几垂地可触水。渠对岸有房舍错落，掩映在大叶杨树之中，难窥见内里情景；但是那砖墙上书写的大红标语却字字入目，那就是"城市之外，水岸花田，常来长沟，长走常乐""常来长沟，常走长寿"。这个"寿"字真好，为我们今日之行既画了龙又点了睛，不虚此行！

葵葵和晓钟沿湖去游逛了。我和云忠也顺着宝泉桥路西南行走，遗憾的是湖在眼前而不能近岸，因为有铁丝网阻隔。前行不远，见一位游人从铁丝网柱子边的缝隙里挤了进去，我们便也效法。踏着铺地的荒草碎石来到湖边，恰有一角仅可容六七人站立的湖岸，向湖面伸出了三四米长宽，我欣喜万分地说："想不到又在这里见到了无锡市太湖边的鼋头渚！"云忠也说真是奇遇。我们站在这角三面环水的"鼋头渚"上，惬意地欣赏着清水涟漪在烈日阳光下闪闪烁烁，还有那一棵棵碧绿的、拖着长长的柔条细叶在水下飘摆着的水草……

这里既用铁丝网拦阻，想必是禁区，我们在"鼋头渚"上稍站片刻，就急忙又从铁丝网柱边挤出，继续南行。远远望见前面路两侧的大树上，拦路高悬着一幅红布，上书"龙泉湖餐饮服务中心"。时间已是下午4点，应该是进餐的时候了。走进饭店后，热情的服务员把我们领进很气派的包间。我俩来不及征求葵葵、晓钟的意见，根据自己的口味和参照服务员的推荐，点了招牌菜锡纸鲈鱼、柴鸡炖蘑菇、浓汤狮子头、金牌豆腐、凉拌莴笋丝等四热、一凉五个菜，又要了一壶菊花茶、两听露露、一瓶燕京纯生啤酒和两碗米饭，待东葵与晓钟来了后，我们的寿宴就正式开始了。斟茶把酒、推杯换盏、祝福连连……吃得开心，喝得满意——当然东葵开车，是滴酒不沾的了。

出人意料的是，这里服务周到、热情，菜味儿合口，价格便宜，居然才消费了215元！我们感叹，这些菜在城内的餐馆，不要三四百元才怪呢！

饭后已近6点，时近深秋，天黑得早，葵葵还想带我们去颇有盛名的云居寺一游，便开足马力争取时间向前行驶，眼看已进入保定地界，还不见云居寺的指路标牌，此时已是夕阳余晖慢慢变淡，天空暗了下来，只好作罢。调转车头，由晓钟指引，葵葵紧握方向盘，寻找回家的路。

从早到晚，疯玩儿了一天。倦鸟归巢，兴尽需返。天穹暮色四合，地上灯火闪闪。当小车左拐右拐终于驶上京港澳高速公路时，东葵轻舒了一口气说："总算到家了！"

和女儿分手后，回到自己的小屋，坐在沙发上，才觉得今天过得是那么快。我打开手机，找到那条短信，招呼云忠说："快过来，我给寿星老儿读一段祝寿词：

瑶池领了圣母训，回身取过酒一樽；

　　进前忙把仙姑敬，金壶玉液仔细斟；

　　饮一杯能增福命，饮一杯能延寿龄！

　　祝愿仙姑万年庆，祝愿仙姑寿比那南极天星；

　　霎时琼浆都饮尽，愿年年如此日不老长生！"

　　云忠边听边捧腹大笑，他说："这是哪里来的戏词儿啊？怪怪的！"我说："怪什么呀？多喜庆啊！这是我的学生李雪琴在前几天为我祝寿时发来的。还真被你说对了，就是一段戏词儿，但可不是一般的戏词儿，是京剧大师梅兰芳唱的一段'麻姑献寿'啊！"云忠大叫："不得了了也，我倒变成西王母了！"哈哈哈……

　　过了一会儿，云忠说："今天玩得很畅快，可让葵葵他们又费时、又费力的，一定很累，过一会儿，你打个电话慰问慰问吧！"我说："这个就请寿星老儿放心吧，我会照办的！不过，从现在起，你的任务是要为'小精灵一族'搭一座漂漂亮亮精美的小剧院，好让它们尽情表演、欢畅地跳起祝寿舞蹈啊！"

（2011年9月12日）

游天龙山记

　　晋之省城太原，是我的客乡。20世纪50年代初期，我曾经在那里完成了初中和高中的学业。那期间，我常利用寒暑假期与亲人或三五好友，去距市区20多公里外的名胜古迹晋祠游览。

　　半个多世纪过去了，今年的金秋季节，我和云忠来到太原，利用匆匆探望亲人之暇，便思重游旧地再睹晋祠古貌苍颜。说去就去，10月12日一早，便搭乘804路公交车向晋祠进发。这20多公里的路程在我不停地向云忠叙说中过得异常快，我说：那里的周柏、唐槐虽历数千年春秋仍苍劲葱郁，圣母殿内宋代侍女群像神态各异、衣带飘风、栩栩如生……更有那从水母娘娘宝座下流向四通八达的沟沟渠渠的清清流泉，曾被唐代大诗人李白称颂过呢。我说：那清泉不仅像诗仙所说的"晋祠流水如碧玉"，清澈见底，而且是夏凉冬暖，冬日水面上隐隐有蒸汽升腾，夏日则水凉如冰，你只要把西瓜装在网兜吊入泉内，不消半小时便可品尝到冰凉爽口的瓜瓤……云忠一直静静地听着,脸上洋溢着轻松的惬意。眼睛扫视着车窗外的秋日郊色——田野上玉米待收、公路旁枫杨叶子泛红……他从不打断我的话兴。我则沉溺在遥远的回忆之中,又津津道起晋祠的渊源:记得幼小时,父亲教我读唐代文豪柳宗元的《桐叶封弟辩》,当时我对柳宗元的观点并未十分留意,而是对该文开篇的论点叙述,十分感兴趣,原文是:

  古之传者有言:成王以桐叶与小弱弟,戏曰:"以封汝。"周公入贺。王曰:"戏也。"周公曰:"天子不可戏。"乃封小弱弟于唐。

  尤其是经过父亲对这段文字的有声有色的讲解,印象极深。父亲说:周成王(姬诵)戏将一片桐叶作封印,声称把"唐"这个地方封给小弟弟叔虞,当即被周公(姬旦)知道,便促成了事实。从那时起,在我幼小的心里便产生了"唐"地究竟在何处?必欲一探史实的好奇心。直到后来跨越省界求学太原,得游晋祠,拜谒了唐叔虞祠后,不仅解惑,而且也悉知李渊、李世民父子发兵于晋灭隋后建国号为"唐"的原因就里。云忠静静地听着,最后补充了一句:"其实,当时叔虞到了'唐'地后,又改称此地为'晋'了呢!"我说:"是呀,山西世代文人辈出,大享晋、唐之遗风厚泽呢!"

  说话间,车到终点,我们刚下车,便有小车司机蜂拥围上,众口喧嚷"坐我的车!拉你们去晋祠!"原来这里并非晋祠,而是距离晋祠尚有数里之遥的晋祠公园啊!几十年未来,景况已大异往昔,又新建了一个大公园了!但我们访旧心切,且时间有限,并不愿先游这人造的景观。面对甩不掉的私家小车司机的纠缠,云忠吸取以往旅游时的教训,一句话不说拉上我冲出包围,向边缘处的一辆小面包车快步走去,一位年轻司机拉开车门让我们坐进后座前排,见已有位中年男子坐在副驾驶座,我们说:"去晋祠!"车子开始发动了。中年男子问我们:"天龙山去过吗?那里比起晋祠又是另一番景色啊!"一生偏爱山中游的云忠一听有座天龙山,兴趣就来了,他问:"过去我们来晋祠只听说有悬瓮山,从未听说有座天龙山啊,在哪儿呀?"他说,天龙山属吕梁山脉,在晋祠之东10多公里处,海拔1700多米,山上景点甚多,值得一看。我说:"我们不熟悉情况啊!"他原是搭顺路车准备回家的,听说我们有意去天龙山,又是从北京远道来的游客,便释出善意,表示如果愿意,他可以为我们导游。他又自我介绍说名叫段二宝,并风趣地说:"人家是导游,就是他'导'着你去'游','导'到哪儿你就'游'到哪儿;今天我来给你们当'游导',你们愿意'游'到哪儿,我就'导'你们到哪儿!"我们被他的幽默逗乐了,便诚恳地聘请他做"游导"。我们决定先去登天龙山,然后再去游晋祠。

今天天气晴朗,天蓝云淡,清风微拂。小车左盘右旋由天龙山麓环山腰而上,沿途看不尽的千峰万壑、苍苍林海,山壁上纷披着密密的薜荔红叶,道侧的枫杨摇曳着绿、黄、红三色杂陈的枝叶,真是秋色可餐!段二宝遥指远方告诉我们:那是柳子沟、风俗沟,它们是辽阔无边的森林公园的两条沟。又前行,他手指前方树木森森处说:"请看!那里是仙居园公墓,公墓里的人可不是一般的人啊!"我插嘴:"既叫'仙居',入住的当然就是神仙了!"他说:"谁说不是啊,那里每座墓地售价少则十几万(人民币),多则上百万,一般人谁买得起呀!前两年刚埋进了一个大贪官呢,是个女的!"言下忿忿然。我对云忠说:"此事我有耳闻,据传说,那天,此人名曰办公事,实是徇私情乘车外出,突遇车祸横死,现场车内还装有受贿赃物呢。"云忠说:"你怎知如此详细?"我说:"虽非第一手材料,但也绝非妄说,你不闻'街头巷说,必有可采'之语吗?就算真是以讹传讹,也不正顺了当今民意对贪官污吏之痛恨吗?我还听说该人死后不仅大办丧事,不知是公家还是私人竟还为之出了本什么传记之类的书呢!我想,奉命不得不写的执笔者们如知内幕详情,岂不留下永久的愤懑!"我见云忠也为之感慨、愤愤,便问道:"你听说过后人在春秋时楚相孙叔敖的墓碑上,镌刻的一段经典文字吗?对廉吏、贪吏的穿透式的分析,那可算是到家了。"见云忠颇有兴趣,我也兴致勃发,背起儿时父亲教我读的"孙叔敖墓志铭"——《忼慷歌》来:

  贪吏而不可为而可为,廉吏而可为而不可为。贪吏而不可为者,当时有污名;而可为者,子孙以家成。廉吏而可为者,当时有清名;而不可为者,子孙因穷被褐而负薪。贪吏常苦富,廉吏常苦贫。独不见楚相孙叔敖,廉洁不受钱。

云忠说:"是啊,历史上如孙叔敖的能有几人?他贵为楚之宰相,但身死之后,他的儿子竟至贫困潦倒靠上山打柴维持生活……"

心里想着事，不觉时间过得是快还是慢，这18公里长的盘山路，用了40来分钟终于到达山顶平台的停车场。司机小郭说，到了景点入口处了，他要把车开到山那边半山腰的停车场等着接我们下山。问他车费，他说上、下山各50元，我们先给了他50元，嘱他在那边耐心等候。

站在天龙山之巅，上下四方打量，几缕淡淡的浮云在头顶缓缓飘浮，白日把蓝天照得蓝里透亮。已是上午10时过了，小段说："山里石窟、佛像、古代建筑群甚多，你们还要去晋祠，咱们抓紧时间才好。"于是我们便跟随他，走进了那座高大巍峨状如城楼、飞檐翘角、墙头建有垛口的大石牌坊，这是景区的入口处。我见牌坊上横书"龙门"两个绿色大字，便说："云忠，今天我们要入龙宫一游了！可惜不见水浪呀！"云忠说："不是下海入龙宫，我们是钻进神秘的天龙山肚子里去一饱眼福喽！"边笑边说边走，因是从山顶顺着东西两座山峰的山谷向下行，一般不是斜坡便是石阶，阶陡而窄，我腿脚不便，云忠用手紧拉着我，小段也在另一边搀扶，或让我扶着他的肩膀行进。我们常因贪看上下峰壑的风光，无暇留意脚下，小段总在提醒"小心，小心……"。这是一位很朴实、很熟悉山里情况、语言颇为流利的中年人。

前面来到一座高大的凉亭，亭旁石碣上刻着"北齐神武皇帝高欢避暑宫遗址"。有袁旭用狂草临书的黄华老人王庭筠的诗一首："挂镜[①]台西挂玉龙，半山飞雪舞天风。寒云直上三千尺，人道高欢避暑宫。"该亭为重檐歇山顶建筑，四角有立柱，是1989年又重新修建过的。我问云忠："我记得高欢是南北朝时东魏大丞相，怎么这里又成了北齐的皇帝了呢？"云忠说："这里写的应该是史实，不要轻易怀疑。高欢虽然终其一生未当皇帝，可是继东魏之后的北齐的建立者也姓高，肯定是高欢的后裔，如果再追封高欢为皇帝，这也是历史上屡见不鲜的事啊！"我点头称是。这座亭子建在高大的石台上，台左有一株弯腰虬劲、枝叶苍郁的老松，因其年代久远，由一根大铁棒支撑在树身的弯曲枝密之处。亭虽新而遗址古老，松虽老而枝青叶茂，我们瞩目沉思，恍惚间仿佛踏进了历史的隧道，被时光老人引领着走进了公元6世纪中叶，透见到那群雄逐鹿、狼烟不息、走马灯似的频繁改朝换代的南北朝时的纷乱情景……小段为我们在亭前松下摄影，留下身背后千多年历史的见证物。

---

① 挂镜：指晋湖。

又前行，在觉凉亭下不远处有一奇怪的古树，从深赭色斑驳粗壮的树身看，是一株枯死了的老松，可是从它裂缝的体内却伸出一株直立向上的柏树主干，青枝绿叶向外铺展，十分繁茂。小段说："这叫'古松抱柏'，松树已经很古老，天风雨雪的剥蚀，让它身上开裂出一条大缝，恰恰有柏树籽粒落入缝中，柏树苗便植根松树，与之合为一体，吸纳着松树体内的营养愈长愈高。当年这里的工作人员见松树日渐枯萎，一时竟失于考虑，以为松树已死，便将松树拦腰砍断，仅留半截树体，这大大破坏了自然生态，但幸而还留给人们一处老松怀抱翠柏、共生共长、相互支撑、万古长青的奇异景观。"我们听着小段的介绍，面对这植物界的怪异现象，便兴冲冲地攀石登崖上到高处，与这对松柏母子合影留念。忽然，小段有些腼腆地说："李老师、阿姨，我去年游经这里，写了几句歪诗，很想借此机会献丑念给你们听听，怎么样？"我连忙说："好呀！念慢点儿，我好记下来。"小段的诗共四句，如下：

漫步登上觉凉亭，山风拂面望眼明。

古松抱柏松不见，此景只能画中寻。

我俩听后，发自内心地连连称赞，我说："你有如此诗情，十分难得呀！"云忠也说："生长在灵山脚下的人，自然会秉承山水风光之灵气，你写的还真有些味道呢！"小段说："我是胡乱写的，其实我从小就很喜欢画画，我有一个愿望，到我老了，儿子也大学毕业上了研究生了，我就去逛名山大川，走到哪里画到哪里！"言下流露着对未来无限向往之情。我们非常希望他能实现这美好的憧憬。话说到很投机时，小段指着山坡远处说："不瞒二位，我已经在那里买了一块地，建起了一座小二层楼的房子呢，下次你们再来，就请住在我那儿，夏天是避暑的好地方啊！"我们连连称谢。此时，我心里想：如果小段那首诗的最后一句"此景只能画中寻"能改作"高山遗响万古情"不是要含蓄、要深化一些吗！因为话题已经转远，我就没有再重新提起。

行经白龙洞，便入内参观。该洞建于公元560年，正殿三间由巨石砌成，外看像三间窑洞，入内看却是一座无梁殿，乃天龙山八景之一。面积不大，光线较暗，一面壁上微微有水珠渗出，小段说，山里的居民都认为这是"圣水"，可以治病。只见殿堂正中端坐着一尊佛像，案前备有香火和功德箱（即捐善款之箱），云忠对我说，你拜拜佛吧！说着便随手投了一张10元币入功德箱，之后他与小段都先后跨出殿门外等候。我向佛像注目行礼毕，正待转身退出时，只见从那边墙角处站起一位年轻僧人手托本册，向我点头示意，他说："我是从五台山来的，见施主面相极好，定是向善之人，请留下姓名！"我未假思索正要提笔签写，见到每个签名之下都有数百、上千的捐款，突然想起几年前镇江茅山之游时，我在喜客泉边硬被拉着算什么命，花去100多元钱时的窘态，便客气地一边说"谢谢，谢谢，就不用签名了吧！"一边就退出了洞门，心里有点儿懊丧，埋怨云忠让我又拜又捐的……说到底，我还是一介穷知识分子呗，手里只有一些小钱，还要过好今世，还未曾想到要去修来世的福啊！不过，又一转念，孔圣人也说过"敬神，如神在"的话呀，佛是慈悲的，佛重的是"敬"，而绝不是"礼金"呀！于是，我竟又释然了。

不知下了几级石阶，绕了几处弯径，来到一面石壁前，小段提醒我们仔细看壁上的刻字，并说这是当年冯玉祥将军应山西省督军阎锡山（或是阎锡山的炮兵司令）之邀，来到太原游天龙山时刻字以明志的。这太宝贵了，于是，云忠读着，我笔录下来，全文是："（民国——笔者注，后同）十九年（1930年）十一月 穷苦同胞之得救，其路途为革命，根基在知识。吾生惟此二事。冯玉祥"就是这样一位爱国、爱民的将军，戎马一生，为民众的幸福疾苦奔走，最后，在抗日战争最激烈的关头，竟不明不白地被烧死在从苏联乘轮船返国的途中，怎不令人扼腕叹息！转过身来，又见一面石壁上赫然刻着两个红色大字"猛进"，下方落款是"朱天光"，小段说，这是一位将军。我们不详他是冯玉祥手下的，还是何方人士？小段也说不准，不管怎样，他在这里刻字明志，应该是一位可敬的人物，值得为他记上一笔！

前面就是西峰石窟群。我们沿着山腰小径渐渐走近，但见不远处的山崖绝壁上，大大小小的石窟群高低错落、密如蜂巢。小段说，这些石窟与窟内神塑最早的是东魏、北齐时期的作品，其后，隋、唐、五代陆续又大力开凿，可惜在旧中国列强入侵时，这里的石窟遭到大肆抢掠和破坏，现在整个天龙山仅存石窟佛雕1500来尊，不少佛像早被那些外来的强盗整个偷走、带不动的便多被斩去了头部带走。我们走近几间窟口，隔着栏杆往里看，里面没有照明设备，光线灰暗，神像残缺，色彩斑驳，模模糊糊看不真切，尤其看到了佛首失去只剩佛身的景象后，确实有不忍再睹的心情。小段介绍道："据说天龙山失落的佛雕百分之八十被日本侵略者掠走。1949年后，我国向日本国索要被盗走的佛雕、佛头时，日本人却说那是他老祖宗的，不能给。结果我方只能通过驻日大使拍回图像资料，好比照着慢慢修复。"他又说："在一个山圪塄塄里，有一尊佛雕像，是当年日本人没能带走的，流落在民间，20世纪80年代找了回来，雕刻大师刘开渠看到之后赞不绝口，他说这座完整的佛雕真是'笔简意繁，精美无比'，太逼真了。"小段接着又说："难怪我还听到曾经抚摸过这座佛像的人说'满有些肉感'呢！"这句话令我惊奇不已。

离开石窟群，走了一段稍稍平坦的小路后，转过一处山弯，眼前出现一座雄伟高阁，倚山崖绝壁而建。小段说，这是漫山阁，说着他领我们走上一条紧贴着高阁的栈道。说它是栈道，因为这段路的下方是悬空的，道窄狭且弯曲，临空一侧有护栏。我走在栈道上，仰首望高阁，高不见顶，更不知有几层，有些让人眩晕。我拉着云忠的衣襟沿栈道走进阁内，只见上层一尊坐佛高踞莲花座上，袒胸披襟、腰缠丝结，身上的布纹裙裾皱褶起落如真；双目炯炯，平视人间，神态庄严。大佛下方另有三尊佛雕像，中间一尊是十一面观音，文殊、普贤二菩萨骑着青狮、白象分列在左右。说明牌上写着这些都是唐代的艺术杰作。室内光线虽然还可以，但警示牌上写着"不许拍摄"的字样，我们瞻仰片刻，便退出了阁门。

我们离开漫山阁，走出那细而长的弯弯栈道，在一面平坡的正中，竖立着一方石碣，刻着"漫山阁"三个大字，小段为我们在石碣旁摄影。小段说，漫山阁的东边是东峰石窟群，路比较陡险，你们年纪大了，还要赶时间去晋祠，就不去参观了。我们便跟着他沿着一条下山的石阶走去。小段说："刚才看到的那尊十一面观音原来头部被破坏得很严重，在20世纪80年代有关方面请出了定襄县的一位老建筑工人精心做了修补，你们看天衣无缝吧，一点儿也显不出是后补的，手艺真绝了！"我说，但愿具有这种绝活的老艺人能把手艺代代传下去才好。说话间渐行渐远，再回头，高阁的全貌巍巍然尽现眼前，它那紧贴绝壁、下临深渊、恰似凌空飞悬般的雄姿神态真是可圈可点、神奇无比，令人忍不住由衷赞叹：我们中华民族古老的文明、我们龙的传人中竟有这么多的建筑大师鲁班！只是在这时，我们方才看清楚漫山阁的全貌：它是一座典型的三层四重檐歇山顶式的建筑。小段说，漫山阁是天龙山中著名景点，叫作"佛阁停云"，该阁初建于北汉，又叫"弥勒阁"，明代曾在原基础上增高加固，20世纪 80 年代又做了整修，才展现出现在的巍峨雄姿。我们沿着石阶向下，边走边说边回头，直到高阁渐渐隐入云山雾海之中，我们才依依不舍地告别了它。这段石阶很长，一边设有护栏，栏下是山壑，一边是为了安全新修建的齐腰高的石壁，尽管脚下石阶很陡，游人走起来也能放心。

虽然走了半天，但弯弯曲曲、上上下下，这里竟还是在高山之巅，极目四望，远近山峰丘壑，尽收眼底，起伏如海浪、蜿蜒如巨蟒，此刻，我真正感受到了北宋王安石登上北高峰塔时所发出的慨叹："不畏浮云遮望眼，只缘身在最高层！"我们兀立山头，大口大口地呼吸着这远离尘嚣、富含氧离子的空气，北宋大文豪苏轼的名句，又不自主地流到嘴边："惟江上之清风，与山间之明月，耳得之而为声，目遇之而成色，取之无禁，用之不竭，是造物者之无尽藏也……"云忠说："你又叨咕什么？一会儿就要下山了，别辜负这山上的美景，尽情地欣赏吧！"俯视那被密密森林尽行覆盖的山壑坡面，仰看那头上不知从何处飞来的似云如霞的松、柏、枫杨的枝枝杈杈，处处层林密叶，全被秋色点染，万绿千黄中掺杂着片片点点的红色，真个是缤纷多彩，像谁打翻了颜料盘，又被一支天笔着意勾画了一般。造物者真是太慷慨了，大自然真的是太美丽、太壮观了，令人如同痛饮醇醪一般，不觉便沉醉了。

这段路我们走得很慢很慢……小段会以为我们两个年过七旬的老人一定累坏了吧，所以，他走过来小心地搀扶着我说："下去吧，前面不太远就到'圣寿寺了。"云忠低声告诉我："小段不仅是我们的好'游导'，还是很好的保护神呢！"我真的很感谢好心的小段。

从漫山阁到圣寿寺是一条一直向下的平坡，比较好走。寺前是一片平地，叫七松坪。旁边耸立一座飞来塔，还有一座天龙山庄。未近寺门，首先映入眼帘的则是又一大奇观——"蟠龙奇松"。小段开始给我们讲起一则动人的神话故事：

很早很早以前，天龙山上有一条白龙，住在南山头，它性情温和，从不扰民；半山沟里住着一条黑龙，常常出来滋事造祸，山里的百姓苦不堪言。于是，人们便商量一起去求白龙相助。结果，白龙和黑龙打了九十九个回合，终于把黑龙赶出了天龙山。白龙也不幸身负重伤，回不了南山头，只能蜷卧在一棵大松树上休养。此后这棵松树就不再向高处长了，而是向四周延伸，一连发出九条长枝，遮盖大地，成为白龙养伤的卧榻。人们担心枝杈太长太重，便在下面用很多支柱擎起了它。这棵松树越长越像蟠卷俯卧着的一条巨龙。

我们听着故事，看着眼前的奇松：它真是一株千年古松，树身粗而浑圆、稍倾斜、外皮斑驳呈深褐色，据说它的树荫匝地面积就有200平方米之阔，凭此就足可见证它经历了多少岁月沧桑。高山上的秋天，气候已渐转凉，但在它那苍绿的老叶丛中却又掺杂着新叶的翠绿、嫩叶的鹅黄，它的四围枝干下矗立着很多木桩牢牢地支撑着，为蟠卧着的白龙架起了一座升起在半空中的躺椅吊床，白龙舒展地在上面蟠伏着、高低宛转地向四方延伸着它的龙爪；微风吹来，催动松叶，犹似龙鳞亮片在轻轻闪动。我说："云忠，你看！白龙换上绿装，变成一条青龙了呢。"云忠说："是呀，太像了，千万不要飞去，它要一直留在这里，这座山便会更加名副其实地被称为天龙山了。"因四周有半人高的木栅栏围护，游人不得入内，只见木栏之内，绿草厚茵，把地面密密铺盖……如果我能席草地而坐、而卧，面朝蟠龙，去尽情欣赏它那盘旋蜿蜒时刻欲腾空飞舞的神姿，那该是一种多么美妙的享受啊！

绕过蟠龙奇松，迤逦向圣寿寺走去。寺门两边立有护法神——哼、哈二将，他们虽然身强力壮，透过服饰全身骨骼筋络都被生动地雕塑出来，但首级却被强人野蛮地斫去，个个成了无头将军。我诅咒那些不仅灭绝人性，而且灭绝神性，连神佛也不能幸免于他们的罪恶之手的外来侵略者、贪婪狠毒的战争贩子们！

圣寿寺始建于北齐，原名天龙寺。明代又有修建，这是一座卓异独特的释、道合一的寺观。其主体建筑大雄宝殿内有明代彩塑群，供奉着法身、报身、应身三佛，佛雕两侧有伽叶、阿难及十八罗汉的雕像，色彩十分鲜明，应是经过新修。穿过大殿在禅堂院之后是九连洞，墙壁上嵌着黑色大理石的《太上感应篇》，洞上有藏经楼。洞里尊奉的是道教神祇三台星君，居中而坐的是"开世渡人，主宰象征宇宙混沌未判的第一大世纪"的天王元始天尊（老子李耳），左方是灵宝天尊，右方是太上老君。九连洞右转十几米处便是佛教圣地。

天色过午，心里惦着还要去晋祠，我们便转身从侧路准备出寺，忽见钟楼一座，小段说，里面的大钟是明代铸造的，从上面的铭文、八卦图像来看，标志着它是佛、道一体的,该钟重4995公斤(9990斤),叫作"九九平安钟",民间传说天旱时可以鸣钟祈雨。他着重介绍说:"这里和别的寺庙不同,只建钟楼,不建鼓楼,为什么呢?因为明代创业皇帝朱元璋未起义时,当过和尚,他只喜欢听晨钟,不喜欢听暮鼓。"我们一边往寺外走,小段一边又给我们讲起故事来:

"这座大钟铸造时是在地上,当地模子铸好后,如何悬挂起来成了大难题,因为它实在太重了。能工巧匠们想来想去不知如何是好!限期临近,不能违命啊!正在焦急之时,一天晚上,有一老翁叩门说:'师傅啊!风寒雪大,让我老头子借宿一宵吧!'工友们把他请进来,见他老态龙钟,都嘘寒问暖的,对他非常恭敬。众人想他年纪大、经验多,就纷纷向他请教如何才能把大钟挂到梁上去?老汉一手捋着长须,一边笑着说:'我也没办法呀,我都被黄土埋到脖子上了。'第二天一早,大家醒来,不见了老人,心里说怎么这么没礼貌,临走也不道声别?一个工匠拉开门刚迈开步子,便狠狠地滑了一跤,原来老人把一盆洗脸水就泼在门槛外,一夜之间早就结成像玻璃一样滑的厚冰了。滑倒的人开始大骂起来,说这个老人太没良心了。冷眼旁观的一位老师傅却灵光一闪悟出一个道理来,他召集大伙过来说:'别骂,别骂!昨天晚上是我们的祖师爷鲁班老人家用黄土和结冰点化咱们来了,还不快快下拜!'大家还没明白过来,他又招呼赶快在大钟旁边堆起黄土堆儿,堆得高高的快接上钟楼顶上的大梁,然后,就大量往黄土堆儿上浇水,他说:'等这土堆儿冻结实了,我们就顺着这冰冻的斜坡把钟往上推拉,这样不是就挂到梁上去了嘛!'"

小段讲得有声有色的,我们也听得十分认真,可我对这个故事总觉得非常耳熟,应该是在哪个寺庙的钟楼前曾经听人讲述过。

下午1点左右,我们三人来到七松坪停车场,司机小郭正在那里等待我们。因为从七松坪没有直通晋祠的下山公路,于是,小面包车载着我们绕着山体又返回山顶停车坪,再循着来时的旧路向山下飞驰。

坐在车厢里,小段还不停地解说山里的典故。他指着前面说:"那是香炉峰,它头枕天龙山,脚踏柳子沟。柳子沟是怎么回事呢?原来春秋战国时,此地有个名叫柳下石的农民起义领袖,他在香炉峰后面的跑马坪上练兵时,山坡上便插满了红旗,声势很大。山下有个村庄,后人为纪念柳下石,便叫它做'下石村',同时把村边的大深沟叫'柳子沟'。"说着话,时间过得快。车子行过"仙居园",又前行一段,小段开口了,他说:"快看,快看,前面要经过怪坡了!"什么是怪坡?我便留意观察,见路边立有一块石碑,上刻"怪坡"两个大字。前面马上就到了一个先下行又上行的大弯道,下坡之后,司机便手握方向盘一动不动,脚也不再踩油门,车便悠然地自己向上坡路滑去,车身稳稳地滑行了100多米,直到坡顶。此时,司机再踩油门,车便倏然地向山下驶去。本来上坡司机要费些力的,谁知此处上坡竟无须费半点力气。正因为如此奇怪,所以人们把这个百多米长的上坡路叫作"怪坡"。不知这里的地质构造有什么秘密?是下面有磁场,还是视觉出现了幻象?云忠马上又向我提起"百慕大"之类的怪现象来……

过了怪坡,很快就到达下一个目的地晋祠,便下车与司机小郭道别,并付给他下山的车费50元。之后,小段就又领着我们继续游导,进入了阔别已久、曾被人们盛赞为山西省的"小江南"的晋祠景区。此时已近下午2点钟矣,正是:欢乐便觉时间过得快啊!

(2011年11月20日)

重游晋祠杂记

晋祠景区入口处,是一座并排三个拱形门洞的大门,正上方的匾额上有两个描金大字"晋祠"。小段说,这是当年(1959年)陈毅副总理游晋祠时题写的。厚重的红色大门上铆着黄色的门钉,门两侧蹲踞着两只高大威武的石狮,这一切都显示着此地的非凡气势。

举步入院,迎面只见满眼都是鲜艳而繁茂的菊花,它们红白错落,一株株、一簇簇、一盆盆、一畦畦争相怒放。小段说:"菊花是太原市的市花,年年这里都有大型菊展。"我们真是有幸适逢其会了。穿进一座院落,一眼便看到那株多年不见的唐槐,它的四周仍然是围着护栏,当然啦,它可是国宝级的品位啊!小段说:"大概是有这个历史原因吧,太原市把槐树定为市树。"我仰视着它、围着它转了又转,再细看它身上的小牌子,便不解地问云忠:"过去说它是唐槐,怎么现在写的却是隋槐了?"云忠说:"如果不是你自己记错,那就是它也变得越来越老了呗!再不然就是考古学家研究得更仔细了吧!"云忠的话真是越来越无懈可击了。这时,小段说:"东岳庙那边还有一棵汉槐呢,它原本干枯多年现在忽又枯木逢春了,民间有几句歌谣'千年的松,万年的柏,不如老槐歇一歇',你们说多有意思啊!"因为东岳庙未开门而不得观瞻这汉代老槐的真容。我们便在院落内石桌旁的石凳上坐下来,稍事休息。我问小段:"还有一株周柏呢,在哪里?"小段说:"就在汉槐不远处,大家叫它'长龄柏',是周代的遗留,太珍贵了!"

转来转去来到一座建筑前,它状似戏楼,名曰"水镜台"。小段介绍说:"它始建于明代,从它身上能同时体现楼、台、殿、阁四种建筑的风格,你们看到的那卷棚顶式的戏台,是清代增建的,民间节日庆典、迎神、赛社(唱社戏)都选在这里;'水镜台'三个大字,是杨二酉题的匾,被推举为晋祠三大名匾之一。"杨二酉?小段已多次提到这个名字了,在天龙山上他讲过一个什么飞来塔(又叫"观音塔")时,也提到了他,可惜我没太留意,没有做笔记。这时我问:"杨二酉何许人也?"他说:"那可是个有学问的人啊,是我们晋祠人,在乾隆年间(1736—1796年)当过朝中的大官,听说还在我国的宝岛台湾当过几年巡抚呢!他给这个台子取名'水镜',还是有讲究的,这不是戏台嘛,当然就常有扮善、良、忠、奸各种角色的人物登台表演了,所以他就采用了古人'清水明镜不可以形逃'的意思命名了。"我说:"段二宝,你真行啊!怎么能知道、记住这么多东西?"他不好意思地说:"我土生土长在这里都几十年了,从小就在这里到处玩儿,对这里一草一木都熟悉得很,再说,我父亲也是个学问人,有些是他教给我的!"云忠也说:"你真棒!是个有心人啊!"小段很谦虚地笑了。接着,他又介绍说:"过去这里一唱戏,就会聚起十里八乡的人,人太多,那能听得见吗?又没有麦克风什么的!可是老辈子的工匠太聪明了,他们把几口大瓮埋在大戏台前面的地底下,那声音可就传得远了,让来听戏的人远近都听得见呢!"我一边想着把瓮深埋在地下就能传声,这在物理学上到底是什么个原理呀,一边记录下戏台两边的明雅而平实的对联:

水秀山明无墨无笔图画
鸟语花香有声有色文章

我记完对联回头一看,嚯!什么时候身后跟上了好几位游人呀?他们都说小段讲得好,所以愿意跟着他听他讲解。一位男青年说:"我们花了60元,也请了一个导游，可她讲解得太简单了，我们提的问题她也解答不了……"我们就势很夸奖了小段一番，并对他们参加进来表示欢迎。他们是来自河南三门峡的游客，三个女孩正值青春年华、文静大方，男孩名叫杨宏新，很精明、健谈。

小段的听众增多了，他更闲不住了，边走边说："改革开放以后，民间又恢复了庙会，一般在农历六月十五和七月初二。刚开始时不知什么人写了一副孤联挂在戏台上，希望有人对出下联，结果没有人对，挂了几天也就没有了。"我问："上联是什么？"他说："好像是'台上人台下人台上台下人看人'吧。"我随口对云忠悄声说："就对上'戏中事戏外事戏中戏外事说事'吧！"小段离我们远了些幸而没有听见，否则会不会笑我太愚狂呢？而云忠却说："你又信口来劲了！依我看，不妨把你的下联换成上联、他的上联移为下联，因为上联尾字应该是仄声，下联尾字须为平声才工整些！你说呢？"我笑说："对，就这样吧！"

我们要去圣母殿，路经会仙桥。小段说："刚才我在天龙山上就给你们讲过罗洪先的故事吧，这座桥和他很有些关系呢。罗洪先是明朝的大官，被奸相严嵩排挤罢了官，他便归隐到这里的悬瓮山。一天在山间漫步，忽见深山溪水桥的对岸，有一位美貌的妇女在浣衣衫，他动了诗兴，便信口吟道：'古人常道西施美，我看此女胜西施。'说着便举步向前，正待上桥，只见那女子随手扬臂、甩动袖口，那座过溪水的小木桥转眼就被一把火烧没了。罗洪先又惊又喜，心知是遇到了真仙，便高声叫道：'你若是神女下凡，请再让我看一眼，求您渡我成仙！'谁知此时山体忽然移动，眼前的山路变得窄了很多，神女早已不见，只听空中传来两句偈语：'糊里糊涂丢官位，污言秽语怎成仙？'后来，罗洪先山中遇仙、桥火焚、山体移的奇异，马上被大家传了开来，都说是帝母（帝母即圣母，据郭沫若的考证，认为圣母是周武王的皇后、周成王和唐叔虞的母亲、姜子牙的女儿邑姜——笔者注）下凡来点化人间。于是，便在这里又修了一座石桥，叫它'会仙桥'。你们看看，罗洪先大笔悬腕书写的诗句，还在这座高大的石碑上呢！"石碑上的字果真是龙飞凤舞、体态飘风，其诗曰：

　　悬瓮山中一脉情，龙蟠虎伏隐真明，

　　水飘火劫山步移，五十年来帝母临。

我不知这"五十年"是指什么，是不是指罗洪先遇仙时的岁数呢？没有问小段，姑且存疑吧！

过了会仙桥，来到金人台。这是一座方形的青砖砌成的高台，四角立着四位铁铸的身着战袍、肩披铠甲、神态威严的武士，台的周遭有护栏，台正中建有一座虽小而高的琉璃瓦阁楼。关于金人台的故事，几十年前来这里时就听人讲过，不用小段讲我已耳熟能详了。只是笑问小段："那位从这里逃走的金人'老二'，怎么还没逮回来呀？"小段说："您听说过这个故事呀？那天夜里，他们哥儿四个觉得总站在这里太寂寞，商量瞒着守护的人要去西安逛逛，临动身时，大哥太老实又不敢逃走了，老三、老四含糊犹豫，只有那位天不怕地不怕的老二，化作真人形状，趁黑夜单独跑了。他一蹦子来到黄河边，眼前一片黄水滔滔，怎么过去呀？正犯愁呢，一位老翁划着小船过来了，老二刚要伸腿上船，发现船舱很小，连忙退回，问道：'能载动我吗？'老翁信口答道：'除非你是晋祠的金人！'老二被认出了真相，一下子便僵立在黄河边，永远回不来了。原来那个老翁是黄河里的老龙王变的啊！"小段又笑着补充说："据说直到现在，黄河岸边的永济市地界还真有一尊金人呢！"我也笑着说："他定是乐不思蜀了。不过……"我指着眼前的四尊金人说："这四兄弟不都在这里吗？"小段指着一位说："这个老二是'外来户'！你们仔细看他和其他三位不太一样呢。"我这才注意到这个老二可能他的性格被人们偏爱，所以身上被摸得溜光锃亮，其他也没发现什么太特别之处。不过，小段讲的这段故事似乎比我以前听到的更生动些。本来嘛，民间故事总是经历着传说者之口不断在加工的呗……

我问小段唐叔虞祠在哪里，他说，我带你们去！深秋天气，此时还不到下午4点，但阳光就已渐渐发暗。匆匆赶到，跨进山门，但见古树参天，一片清凉，正殿门外有一副对联，写的是：

悬瓮庆灵长锡① 兹难老

分圭② 遗厚泽惠我无疆

只见一尊神像头顶王冠、手执玉圭、身着蟒袍玉带端坐于神龛之中，两侧侍立着宫女打扮的彩塑，面容、衣着都生动异常。小段说，这些都是明代作品，又经过清代工匠重新修饰的。我们从前院退出没有时间再到后院去，小段又急忙引我们去"镇祠之宝"的唐碑亭。

---

① 长锡：长赐。锡，赐也。二字是假借的关系。
② 分圭：指以桐叶分封叔虞之典故。

进入唐碑亭院落前，在一边廊庑的墙壁上，小段让我们看嵌在墙壁上的一面石刻。他说，这是一首歌颂晋祠的回文诗，然后他就正读、反念地背诵起来。我们都夸赞他的记忆力如此之好，他笑着说："是我的父亲在我小时候就教熟了的。"此回文体的趣味诗如下：

> 停骖喜径度香风，叠叠云山四望同。
>
> 亭列殿岩分小大，路开桥驾各西东。
>
> 灵祠古柏苍岩耸，异境清泉碧海通。
>
> 形胜览碑高拂袖，冥冥润物显奇功。

诗后的题字好像是"赐进士文林郎知文水县事古睢高安拜手谨识"。

我说："这位诗作者高安，是古睢阳地界的文人，曾被皇帝赐给进士第，也曾任文水县的县令。"几位三门峡的小旅伴也兴趣盎然地诵抄起来。急忙之中，我竟忘了记录最下方落款的年月日，过后也未问小段，我也真够马虎的。我们离开了之后，还听见身后有人按小段的介绍在倒着念那首诗"风香度径喜骖停，同望四山云叠叠……"

唐碑亭是经清代乾隆年间（1770年）重新扩建后，从原来坐东朝西小小的一间，变成现在看到的坐北朝南的三间大亭。李渊（唐高宗）、李世民（唐太宗）父子是从晋阳（大致是今之太原区域）发兵灭了隋炀帝的。举行起义前，李世民曾到叔虞祠做过祈祷，所以，他当了皇帝后，于贞观年间（646年）亲自驾临晋祠，为报答叔虞的神助，撰写了碑文并命人铭刻。小段说，此后，这座碑（又称"贞观碑"）——即《晋祠之铭并序》的石刻，便成了镇祠之宝了。进入亭内，我们看到室内并列着两座直立的、两三米高的大石碑，小段指着那一块字迹已是斑驳不清很难辨认的碑说："这就是唐太宗的亲笔，是我国最早的行书刻碑，异常珍贵！"之后，他又指着另一块被一张大白纸几乎把碑上字迹全覆盖的碑说："这是一件复制品，制成于清代乾隆年间（1736—1796年），据说，当时发现原碑有风化迹象，为了挽救国宝，由晋祠一位杨姓文人认真临摹下来，重刻了这座新碑。它的字体看起来和原物简直是分毫不差。"我们正想问为什么碑面被纸蒙住了？却发现就在这座碑旁不远处摆着一张小桌，桌后坐着一位女服务员，此时正有一位文文气气的人在问她："拓一张拓片要多少钱？"女服务员的回答我没听清楚，但只见那位问话的人摇摇头走开了。我这才知道，原来把纸蒙在碑上，就是表明她可以为游人拓片的啊！看样子一定是很贵很贵了，这是国之珍宝啊，能不贵吗！云忠低声问小段："到底拓一张需要多少钱？"小段说："据说是 3 万元！"啊！这种利用拓片大赚其钱的商业操作，真有些让人瞠目结舌，这不是漫天要价吗？有人监管吗？价钱多少姑且不论，再说这座模拟原物的庐山真面目，总得让来此一游的人们看一看啊！你蒙上纸算怎么回事呢？不过，既然真的贞观宝翰已经看到，就该知足，不要有太多遗憾了！

唐碑亭有一副楹联，题名是清代康熙年间（1665 年）的大学士朱彝尊所撰，其联曰：

文章千古事

社稷一戎衣

我知道这是一副集唐人诗句而成的联对，妙就妙在这诗句都和唐太宗李世民联系得很紧。上联出自杜甫的五言长诗《偶题》的开篇句"文章千古事，得失寸心知；作者皆殊列，名声岂浪垂……"，在这里，"文章"二字当然是借指贵为皇帝的李世民为晋祠亲笔题写的碑文，能传之千古了；而其下联，则摘自杜甫的另一首诗《再经昭陵》中的"风尘三尺剑，社稷一戎衣"句，"昭陵"，就是唐太宗李世民逝世后的寝陵，在长安（今西安）不远处的礼泉县东北之九嵕（zōng）山麓；所以，这副对联可说是把文武兼备、堪称封建社会不可多得的、开创"贞观之治"的一代明君唐太宗李世民都全面地歌颂到了；何况又是由清代大学问家朱彝尊选自诗圣杜甫的佳句呢！确实是一副无与匹比的佳联绝对！

此时天色已露出些微昏暗，便急急忙忙去寻圣母殿。该殿坐西向东坐落在悬瓮山下，前面是鱼沼飞梁，难老泉也在它不远处。看起来圣母殿就是晋祠里最高、最雄伟的主体建筑了。小段说，原本祠不大，到宋代做了扩建，迄今已有八九百年的历史了。该殿为重檐歇山顶建筑，飞檐高翘，巍峨壮观。殿堂高十几二十米，阔为七间，进深六间，殿外四周有围廊，前廊两侧各有一尊把门将军——高约三四米、十分威武雄壮的彩塑，小段说："南边那个名叫方弼，是宋代的作品，而北边那位叫方相，则早已被毁，是 1949 年后重修塑的。"如果小段不说的话，再仔细看也看不出他俩有什么新旧差别来。我们又注意到为什么殿内显得空廓无比呢，就是因为殿内很少顶柱，它是用围廊的柱子与飞檐下的顶柱支撑起整个大殿屋顶的。此情此景真令人惊叹我们炎黄子孙是多么智慧、古代建筑艺术是多么先进，竟然在宋朝年间（960—1279年）就有这么高超的建筑体！圣母殿门柱上有一副对联：

悬瓮山高碧玉一湾分晋水

剪桐泽远慈云千古荫唐村

——一九八一年十二月黄新轼重书

大殿之内没有照明，我们看见除了背倚佛龛（很像一幅可以折合的彩色屏风）、头戴王后凤冠、身穿蟒袍、雍容华贵端坐中央的圣母之外，彩屏两边侍立着的彩塑女相之多，不可数尽；按照殿外的说明可知：其中有宦官5尊、着官服的女官4尊，其余33尊皆侍女装扮，而且除一尊是明代雕塑的外，其他都是宋代原作。说明牌上写道：

> 宋代彩色泥塑，是宋代宫廷生活的真实写照。尤其是其中的33尊侍女像身体的丰满与俊俏，脸庞的清秀与圆润，各因性格和年龄而异；口有情，目有神，姿态自然，呈现出极不相同的思想感情与个人特征。它是宋代宫廷里的典型人物塑造。

尽管光线暗淡看不太清楚她们的一颦一笑，但那或苗条、或婀娜、或端庄、或矜持……的不同身姿神态，使游人如见真人一般，难怪我国著名的雕塑艺术家刘开渠曾说过"这组宋代彩雕是古今中外历史上的最伟大的雕塑作品之一"呢！虽然因看不太清楚而有些遗憾，但大致也已饱享眼福了。天色已晚，还有献殿、鱼沼飞梁等处未看……便走出了圣母殿。

一边走，小段一边说："1934年，建筑学家梁启超、林徽因夫妇去五台山参观有些失望，就要转去西安，路经晋祠，一见这里存留的唐、宋、明、清的古式建筑、出神入化的宋代侍女彩塑后，他们大为惊讶、赞叹不已，说：'这么个小地方，竟有这样精美的作品！'后来，又看到极具特色的"鱼沼飞梁"桥后，更加惊叹道：'此式石柱桥，在古画中偶见，实物仅此一例，实属可贵。'"我问："那桥下还有清水依旧吗？"小段避而不答，只是说"你们看看就知道了"。

说话间，来到也被列为国宝级建筑的献殿，这是祭祀、供奉圣母娘娘的地方，说它是"殿"，可它更像一座大而廓的凉亭。据说这样四面通畅，既方便大众祭祀，又会让供品长时间保鲜，不易变腐。我们只在外面四周转了一圈儿，没有进去，就直奔另一著名的国宝级桥梁——鱼沼飞梁。

鱼沼飞梁的名字很奇怪，先说"沼"字的意思，古人称圆形的蓄水池为"池"，方形的蓄水池为"沼"，鱼游其中故称"鱼沼"，据考证这里曾是晋水的源头；而"飞梁"是指在鱼沼里竖立起许多石柱，石柱顶端高擎着斗拱和梁木，这样便把向四方辐射后呈十字形的桥面牢牢地托住；由于该桥的南北向比东西向要长出几米，桥面又稍稍拱起，远远看去，其状就如同一只凌空欲飞的大鸟，这就是"架桥凭虚，其形若飞"的道理。鱼沼飞梁是我国宋代建筑大师们独具匠心的杰作。据小段介绍，此桥后来有些下沉，2003年有关管理部门曾组织工匠将下沉处向上扶了一下。

可惜天色已经很暗，照出相来也是模糊一片了。让我更为遗憾的是这里也看不到清澈的泉水、听不到那淙淙的水声了，为什么呢？小段说："想听水声吗？请跟我来吧！"

快步来到水母楼（又名"水晶宫"），这是一座两层楼阁，重檐歇山顶的建筑，它始建于明代。楼分两层，上下层皆有围廊护栏，我们只能借助外面的光线，隐隐看到楼下中间石窟之内，那尊乡村妇女打扮的水母娘娘的铜像，端端正正地坐在瓮形的宝座上，旁边的侍女的模样，就看不太清楚了。这里的一切仿佛和几十年前变化不大。关于水母娘娘的传说我也早就烂熟于心，小段也没有时间再讲了。我们匆匆去找晋祠的水源"难老泉"。

难老泉的旧址就在水母楼前，昔日的清水碧波已经荡然，只留下北齐年间（550—559年）所建的一座八角凉亭曰"难老泉亭"。亭内旧匾犹存，上面的题字有"难老"、有"晋阳第一泉"、有"奕世长清"、有"昼夜不舍 天地同流"等等。小段介绍说，"难老"二字，是山西名人傅山先生所题，被誉为晋祠名匾之一。我又问："这里明明是晋祠水源之所在，清清的沧浪之水哪里去了？"小段说："20世纪中叶后期的'大跃进'，掀起了一场'人定胜天'的大量挖煤的狂潮，到处乱挖乱采，这样一来，整个水脉便被切断，沟渠干涸，水源自此便彻底断绝了。周恩来总理知道这事后，十分生气，1962年总理指示说：'你们败家子，把桥（鱼沼飞梁的飞桥）破坏了一半，以后晋祠国宝若无中央批示，再不许随意维修了！'你们看，原来流自悬瓮山的水源没有了，现在那里的水是从自来水管子里流出来的呀。"我听后，心中黯然。随着他趋步来到一面石壁前，只见壁上镶嵌着一个陶制的老龙头，正张着大嘴向外喷吐着清水，沿着石壁直泻而下，形成一股人造的小瀑布。我感叹：当年大诗人李白所咏叹的"晋祠流水如碧玉……微波龙鳞莎草绿"（见李白《忆旧游寄谯郡元参军》诗）的天然美景，哪里去了呢？大自然恩赐给这块土地上的永不枯竭的乳汁，为什么又被大自然收回去了呢？难道不是由于人类狂妄盲动，而自己惩罚了自己吗？

在游晋祠的过程中，三门峡的杨宏新等四位小旅友一直和我们相依相伴，他们认真地倾听小段绘声绘色的讲述，时而发出惊讶和赞叹声！他们虚心好学的精神让人感动。我们在一些景点共同留影，以志这段缘分。

跨出晋祠的大门，已经是下午5点多钟了，四围只见暮色苍苍，我们和小段珍重道别，小段连声说，希望我们再来。云忠对他表示了深深的谢意并递上一张百元人民币，他一再推辞不受，云忠硬塞给了他，我们却真心实意地为他付出的多、我们回报的太微薄而连连说着"不好意思"……

（2011年11月20日）

再访古城——平遥

人们说"南有丽江，北有平遥"。虽然这两座小巧玲珑的城市相隔迢迢数千里，但它们都大量保留着自己千百年前初建时期的特色，保留着浓厚的古朴的遗风遗俗和美轮美奂的古代建筑群落……置身其间，游人顿时会产生仿佛在悠长的历史隧道中访古探幽的感觉。由此，平遥、丽江之名便噪声中外，更为去游过的人所称道。

我早在十年前，就分别去过这两个地方，对丽江古城的处处清流、对巍峨壮丽的木府（木土司的府邸）、对在云里闪着银色光芒的神秘的玉龙雪山……不能忘怀。而对平遥古城则因来去匆匆，仅仅留下日昇昌票号、镖局、县衙和一家传统的漆器制造作坊的模糊印象，此外，便是双林寺里那一尊尊令人望而生畏的武士雕塑。记得，那天游双林寺时是一个阴天的下午，外甥兑生（二姐之子）虽陪我同往，但他因门票太贵、怕我花费，坚称自己曾经进去过，而愿意在寺外等我。如此一来，寺内除我之外没有见到别的游人，古树荫深的院落、幽暗的殿堂，真的是让我心里发瘆，只能匆匆走进，匆匆走出。

辛卯年深秋季节，我和云忠自晋祠游览返回太原之后，云忠说："我还没去过平遥，咱们趁着近在咫尺，是不是去游览游览古城呀？"于是，我们就准备行装，并计划在那里住上一宿，好好地逛逛。去平遥的火车票很好买，次日清晨7点54分，我们就登上了由太原去平遥的K7805次列车。仅仅用了一个多小时，便抵达目的地。

出了平遥火车站，我们坐上一位姓范的中年人开的电动游览车，这种车是十年前所未见的，实际上是机器三轮车改装而成，车内共四排，每排可坐三人，车上有蓝色布篷，四周是敞开的，很方便车上的游人观览风光。现在，这样的游览车在开往古城的路上到处可见，有着统一的型号，已成为这里的特色游览车。而十年前我来此地时，则只有三轮车，只能坐二人。我们登上游览车后，告诉范师傅说先找住宿的地方放下行李，然后再去逛县城。范师傅便带着我们向古城的高大城门楼子驶去。一路上他说："平遥景点是'一城两寺'。一城，是指历史的活化石古城区；两寺，就是指'彩塑宝库'双林寺和'五代遗存'镇国寺。世界文化遗产平遥古城就是由这一城两寺组成，都很值得去看看。"云忠问："双林寺距城多远？"他说："6公里左右吧！车费30元。"我们和他约定，等找到住处安顿好后，就麻烦他带我们去双林寺。游览车看起来很大、很笨重，但在城里（非古城步行街）穿街走巷时却十分灵便，在密集的人群、车流中穿梭，竟像游鱼一般滑过，常常引起我虚惊一场。不一会儿，来到与关帝街比邻的火神庙小街——实际上是条笔直的胡同，范师傅把车停在润泽苑客栈高高的大门楼前。这座门楼的门楣两旁各挑起一串大红灯笼，大门前有七八级高而陡的台阶——这里要说一下，进入胡同之后，凡目光所及之处，好多家旅社几乎个个门前都有几级石阶，门脸儿上都高挑红色大灯笼，门两旁几乎都有石墩儿。范师傅说："这家主人姓王，生意很好的，而且这里离闹市区很近，比较方便。"我望着那进门石阶就有点儿生畏，因为我的腿脚有些不便。云忠说："你先坐在车里，我和小范师傅进去看看房间，看好了、说定了，你再进去。"过一会儿，云忠出来问我："你还是进去看看吧，有三种规格不尽相同的房间，价格也不一样呢！"

这座客栈是三进院，每进院之间都有带高屋脊的、牌坊式的门楼相隔，而且门楼两侧都高挂着红灯笼；第一进、第二进各有东西厢房一排，每排有四五间房子；第三进院内除有东西厢房外，还有一溜儿正房，正房高踞在数层石阶之上，门的两侧有朱红色明柱，上面还有与明柱等长的长联。这深深庭院和建筑格式，都标志着客栈主人的先辈应该是有着一定身份和地位的。云忠告诉我："房价有三等，第一进的房价一天 120 元，第二进和第三进的厢房是 180 元，正房是 280 元；你看住哪种的？刚才我看了，里面都是炕式的床铺。"我望见正房门前侧旁的绳子上晾了很多被单之类的床上用品，似乎是入住的客人刚刚离开不久，我想还是以节省为原则吧，与云忠商量后，便选了第三进的一间西厢房。这里每间住房门前也都高挂着一盏红灯笼，站在进大门的中轴线上，放眼望去，便觉红光闪动，平添了一种喜庆的气氛。房间都是向外开的双扇门，蓝色门帘斜搭在门扇上。我走进屋内四面打量，见卫生间在过道的一侧，屋子里三分之二是条紧贴南墙、顶着东西两壁的大而长的炕，看样子足够躺下四五个人；炕上铺着雪白的褥单、摆放着两条叠得整整齐齐的白色被面的被子，炕中间靠着炕沿处放着一张长方形矮脚小炕桌，在炕面上方南墙上有一个向墙里凹进的、双门紧闭的小橱柜，柜门是深棕红色的，上面有铜饰件——应该是放替换衣物或小件贵重物品的；在炕上方东面的墙壁有一面大窗户，上面贴着红色的窗花，室内的光线就靠着它射进来。炕外的面积剩下的就不大了，只有一张放着电视机的小桌子，桌子边沿儿上放了一只电水壶，贴墙临窗处有一把太师椅子。我们不知手里的行李该放在何处，地是土地不防潮，只好放在西边靠墙的炕上。范师傅还在等我们去双林寺呢！得抓紧时间，待云忠给旅馆主人交了两天的住宿费后，我们便匆匆忙忙锁上门去找范师傅，他先带我们在小吃店吃了早餐，然后便向双林寺方向驰去。

今天是个晴天，风力也不大，公路还算宽阔，范师傅驾车如飞，一直向前。双林寺在古城的西南方向的桥头西村，距城区 6 公里的路很快就到了。还未下车，就见有蓝、绿色琉璃瓦的双层飞檐的大牌坊出现在眼前，琉璃瓦在阳光下耀眼夺目。这座牌坊是三开门，中间正门的门楣上方蓝底白字赫然横书"双林寺"三个大字，是佛学大师赵朴初于 1992 年桂月题的字，牌坊的背面匾额题的是"中都遗风"。我们穿过牌坊，迎面是一堵粉红色的有雉堞的高墙，墙上有无数等距离的垛口，这寺庙的山门真像一座大城堡啊！走出拱券形门洞进入第一进院内，便看见那十分宽阔、单檐翘角的正殿——天王殿，门上高悬"天竺胜境"的竖字匾额；入门两侧有威武、狰狞、3米多高的彩塑"四大金刚"把门，个个发束金箍，或大张阔口、或怒忿狮鼻，手持兵器，双目圆睁，真个天神一般，令人不敢凝视；殿内主佛是弥勒的化身，法号"天冠弥勒"居中跏趺而坐，左面是佛"帝释"，右面是佛"梵天"；两侧庑内分坐着神态各异的八大菩萨。我们在赞叹声中瞻仰，在赞叹声中退出殿门，从左侧进入"鹿苑鹫峰"的第二进院落去看最负盛名的罗汉殿。但顺路先在右廊处的伽蓝殿内稍稍逗留，这里有红脸关公的彩塑，身旁、身后立有男、女侍者若干人，上方全是飞翔云端的神龙；转身出了伽蓝殿，走进正殿罗汉殿。

　　罗汉殿内塑的是十八罗汉拜（朝）观音，全是宋代的造像雕塑，与真人大小相仿；北面的九尊（罗汉）似乎在双唇开合地说法，南面的九尊又似乎在比手画脚地论道，表情生动、极富动态感，令人驻足流连，连连叫绝，赞为神品。我不由得把刻石上的介绍文字快速记录下来："衣纹概括洗练""艺术手法严谨而不死，放开而不散，造型上体积与线条的运用相当成功，是古代泥塑精品"。

　　离开罗汉殿来到大雄宝殿。"大雄"，是"大勇""无畏"之意，也是对释迦牟尼的尊称——故又名"释迦殿"。殿前院内有一棵据说是唐代的古槐，尽管树身弯弯、树皮斑驳，但仍然枝叶繁茂，我们无心细赏，便跨进殿内。释迦牟尼佛正中高坐，身边自然离不了文殊和普贤两位菩萨。这些彩塑都是明代作品，清代有过装修。此外，殿内还有三身佛、接引佛以及壁画《礼佛图》（上面彩色已剥落殆尽）……殿外还有大小石碑若干，上面分别刻写着神像的名讳，如"文殊""卢舍那"……

　　转过释迦殿的背后，是娘娘殿。我们欣喜地看见一座十分生动、十分特别的观音像彩塑，她慈眉善目端坐莲台，头顶上隐隐现出各路神仙驾着祥云，她肩上、腰间彩带翻飞，也仿佛在云端飘逸，身后左右有二仙童侍立。远观近看，色彩都十分绚丽醒目。

　　我们顺路踏入千佛殿，一下子就感觉恍惚间进入一个神仙世界，只见菩萨的化身千手观音居中端坐，表示着佛法无边、从无边的苦海里广度众生，四周有400多尊彩塑浮雕，在梁间、在柱旁，上下高低飞翔起伏，各个都腾云驾雾朝向观音，好像是一场群仙大聚会。他们千姿百态，风格鲜明。我们两个看得眼花缭乱，几近痴迷。这座宝殿真是太迷人了，不愧是彩塑的宝库，参拜佛像至此千佛殿，确可叹为观止了！这些彩塑浮雕大多是明代的作品，距今也已经历六七百个春秋，依然栩栩如生，它是我中华民族文化光辉灿烂的历史铁证。

时近中午，我们怕小范等得不耐烦，而且进入佛山已见真佛，想想还是回去吧！往回走的路上，有钟楼、鼓楼，有土地殿，还有一座地藏菩萨殿——俗称阎王殿。我好奇地站在门口向里看了几眼，见居中坐着黑脸的地藏菩萨，道明和尚和闵公侍立两旁，还有十殿阎罗、六曹判官挺然端坐一旁，他们脚下便是地狱的怪异、阴森……一片幽冥世界的恐怖气氛，当然，这是在警示世人，生前一定要行为端正、趋善避恶，以戒身后……

出得寺门，见大门边立有石碑，上面镌刻着"世界文化遗产，平遥古城双林寺"的字样。小范师傅一见到我们，便推着车迎了过来。为我们在寺前合影留念。在回去的路上，我和云忠谈起这么精彩的去处，游人却寥寥无几，今天在寺内遇见的最多不超过十位，原因就是交通问题，不通公交车！

在往回赶的路上，云忠要求小范师傅驾车带着我们沿着古城墙绕绕，欣赏它的古貌新颜，今天并不准备登城楼，因为实在太累了。小范不仅愉快地答应而且在带我们绕了半圈后，又停在巍峨的城墙下，主动提出为我们详详细细地介绍平遥的古今变迁。他说：

"平遥这座古城是在1997年和云南省的丽江一样，被联合国教科文组织批准进入世界文化遗产名录的。如果按她始建于西周时代计算的话，距今已有两千七百多年的历史了。现在的城墙是明代扩建的，城内建筑也多是明代、清代的遗留，所以说她是我国明、清时期的活生生的展现。古城墙是夯土建成，最早只有九里十八步（4.5公里左右），上面建有3000个锯齿形垛口，形成天然盾牌，又有72座瞭望楼，便形成牢固的军事防御体系，远敌可以瞭望，近敌可以拉弓射箭。垛口和瞭望楼的数字也象征着孔子教育的三千弟子、七十二贤人，可见我们的先人是多么重视儒汉文化！

你们明天登上城楼就可看到，城垛子下面有突出来的建筑，叫'马面墙'，它的作用可大了。在军事上，它起夹角的作用，当敌在近距离时，利用马面墙进行两面夹击，形成交叉射击网。在建筑学上，马面墙起稳固城墙的作用，可以防洪水的冲淹——因为平遥地处晋中盆地，南有蒙山山脉，下暴雨时水流往下冲击。从审美观看，有了马面墙，可使城墙错落有致，以免单调。在每个敌楼下都有一座马面墙，在两座敌楼之间有一圆洞孔，是放土炮时用的。"

他又向我们介绍平遥古城的形貌："如果从空中俯视，这座古城呈龟形。古人设计龟形城的本意，是从《周易》八卦中的'龟前戏水，山水重阳'而来；龟是长寿之物，祈求城池永固。民间传说，为了不让龟跑走，在城东北方向6公里处有个'塬台'塔，塔下有一条铁链子用来拴住它的后腿，因为它拼命挣扎，越拉越直，所以，古城的下东门（东城门有二，一曰上东门，一曰下东门）是直来直去的。

为什么说古城呈龟形呢？原来有南北各一、东西各二，一共六座城门，南门是龟头，北门是龟尾，东西四门是龟的四肢。现在为方便交通，又新增修了七座便门，这样龟也不龟了。"

小范师傅越说越起劲："要说起古城内的街道设置，也是按八卦布局，是'四条大街，八条小街，七十二条蚰蜒巷'，有的小巷只能一个人单走，迎面来人不能错身。城内古建筑有3700多处，民居大部分是明、清建筑。为什么有这么多的豪华建筑呢？你们知道，明清时代，中国飙起晋、徽、潮三大商帮，晋商占全国金融市场的60%~70%，足见晋商是雄踞一方、独领风骚了。不说别的吧，单说票号的兴起，就在我们平遥啊！明清时全国票号五十多家，平遥就占了二十二家呀！晋商走得远，生意无处不在，民间谚语说，'有麻雀的地方，就有平遥人'。经商赚了钱，为了防范和安全，首先是改变居住条件，你修得阔气，我比你修得更阔气，把商业竞争体现在修住所上，一家看一家，一家比一家，互相攀比，这不就形成了今天保留有这么多高宅深院、异常气派的古民居了嘛。

因为有了操纵着19世纪清王朝经济命脉的日昇昌票号的出现，镖局也就应运而生，你们去看吧，古城里的老字号多着呢……"

小范真不愧是中学毕业又有多年的导游经验，他讲得头头是道，对我们进城游览起到很大的先导作用，我们恨不得马上就进古城观光观光了。云忠付给小范50元酬谢，小范说："我说了，只要30元呀！"云忠不好意思地说："你给我们讲解了这么长的时间，又当司机，又当导游，就不要客气了！"他推让不过，然后骑上车把我们送回润泽苑客栈，约定第二天一早来送我们去游镇国寺。这时已是下午1点多钟了。知道北方人最擅长做面食，尤其是山西的刀削面最著名，便请旅店老板娘做了两碗，每碗 5 元。不知为什么，这"刀削面"实在是不敢恭维，哪里是刀削的啊，全是又宽、又厚而且嚼起来还黏黏糊糊的硬面条啊！我们跑了大半天，肚子饿得咕咕叫，居然连一碗面也没有吃完。吃饭的时候，两个人只有一把太师椅子，另一个人只好去坐炕，这一坐，便知道那炕实在是太高了，坐上去双腿不着地，只能悬着，很不舒服。出门在外，一切能将就就将就了。我们计划吃完饭稍事休息，就出去逛古城。云忠和衣躺在大炕上，我就坐在太师椅上小憩。

待稍微解除些疲劳之后，我们就走出客栈，穿过几条胡同，进入古城区域的步行街——这里有栅栏门相阻，像小范那样的游览车是不让进古城深处的。此时已是下午 4 点钟，借着天气晴朗，光线充足，我们在东西南北十字相通的大街上兴致勃勃地走着，在熙熙攘攘的人群中穿梭，街上大多是来旅游的人，其中不乏男女老少游兴极浓的外国朋友。街道两侧很多铺面的商品繁多，吃的、用的、穿的、玩的应有尽有。此处的特色商品多为漆制品，大至壁画、画盘、首饰箱，小至戒指、手镯、耳坠等装饰品，大都用红漆漆就，鲜艳夺目，招引了很多游人围观购买。这里还有一绝，就是民间剪纸，是用红纸剪成的窗花、"喜"字、各种吉祥物……我们无意购买商品，只是左看右瞧地寻找老字号景点。

在东西大街几近交汇处的路南边，我们看到了闻名遐迩的中国第一家票号日昇昌的旧址。这是一溜儿高大的建筑体，由好多间门面组成，青砖的墙，木结构的门脸儿，房檐上灰瓦铺就，屋脊上有吉祥兽饰，正门大开，门楣上横书"日昇昌记"四个大红字，旁边悬挂着精致的宫灯，门楣下方三面门框都有镂花门饰，正门两旁各有几扇紧闭着的大门，门上挂着一串黄色的大元宝（不知是什么质地的），那是财富的象征。这是平遥著名的旅游景点之一，很多游人登上高阶购票进入，我们 70 多岁的老人不需买票可以直接进去。我问云忠："进去吗？"云忠说："今天时间不够，先把一些重要的景点路线记熟，明天再好好地进去参观吧！"

又前行，我们看到了后起的、但几与日昇昌齐名的蔚泰厚与协同庆票号，又经过汇武林武馆（"华北第一镖局"）。正如小范所介绍的，这些老字号，无一不是门楼高筑、台阶齐整、石兽把门的深宅大院。我们一边欣赏着眼前层出不穷的精美的古代建筑，一边闲聊着涌入脑海的话题：自古以来，平遥就是个重商爱武的地方，在这小小的地方竟保留着这么多的古文化遗产，难怪能吸引这么多的游客。也不知走过了几条大街小街，穿过了几座过街牌坊，我和云忠来到一座高大的过街门楼前。我们站住了脚，仔细打量：这座门楼是青砖砌就厚厚实实的呈正方形，券形的门洞大开，进深（亦即墙的厚度）较长，门楼上方有镂空雕花，再上方是两层高的翘角的飞檐，最上方飞檐顶上的石饰是飞禽还是走兽？因为楼高，加之天色向晚，就看不太清楚了。我们从楼门洞中穿过来、看见第一层飞檐正中写着"观风楼"，又从门洞中穿过去，在同样的位置上写着"听雨楼"。我们便在这"观风""听雨"的浪漫之处摄影留念。

　　天色渐渐黑了下来，我们到了古城的中心地带——市楼，这座过街楼比观风、听雨楼还要巍峨壮观，是三层飞檐，别致极了。说它别致，是因为其他建筑的飞檐是自下而上一层比一层小，而这座市楼的飞檐却是下层最小，而愈上愈大，给人以危而美的感觉。它最上层的最大飞檐的正中又有一个横置的小长方形建筑体，其上又镶嵌着石质的雕饰物，眼前的景象给人以遐想：那大飞檐恰似一个托着金银宝物的大盘子，象征着这里是一块聚宝福地。我们想把它照下来，但令人扫兴的是相机居然没有电了。急切中，猛回头见远方城墙上一轮红红的太阳正要落下去，城墙上的垛口、瞭望楼也都笼罩在夕阳的红色晕圈里，熠熠闪光。身边的几位外宾兴奋地、不停地抓拍，这使我们更加懊丧，怎么办？市楼照不成明天可以再来，可城楼落日的美景是可遇而不可求的啊！没办法，正待转身归去，却欣喜地发现市楼旁有一间小门面是照相馆，一个小伙子正要闭门上锁，云忠连忙跑过去请他为我们拍照，他爽快地答应了，但当他举起相机时，那城楼落日已不复得见，我们只能在昏暗的路灯下与巍巍市楼合影。之后，我又请他为我的相机充电，以备明日之用。

　　踏着夜色，回到客栈。简单的洗漱后，便急急忙忙地上炕休息。这里的被子又宽又长，就是不够厚，盖在身上不觉得暖和。习惯了软床的我，觉得身下铺的也太薄，硬邦邦冷冰冰的，辗转反侧，很久不能成眠。我说："这炕要烧热了才舒服，现在太冷了，真难受！"云忠说："现在才是入秋天气，怎么会烧炕呢！要不，我去向客栈老板再租赁一条被子吧！"说着他就披衣而起，不一会儿，便抱了一床被子进来，说："老板很好说话，他说你们老年人怕冷，多盖些吧！"我们把一条垫在身下，增加些厚度，两个人又伙盖两条在身上，才渐渐有些暖意，实在是有点累了，很快便进入了梦乡。

第二天一早醒来，已经是 8 点钟了。听到外面风声很大，起码有四五级，我就有些打退堂鼓，说："今天还去镇国寺吗？"云忠说："当然！都和小范约好了呀！说不定人家早来了。"我们赶忙起来，收拾好，走出房门，果然小范师傅已经坐在老板的客厅里等着呢。坐在他的车上，风从四面吹来，我感觉身上有点儿冷，便提出先吃些东西。我们在一个小吃店下了车，小范说他已吃过早饭，我俩要了两碗小米粥、一屉小包子（10 个），花了 8 元钱。

镇国寺位于古城西北方向，离城区约 12 公里，是去双林寺两倍的路程；小范说，车费是 60 元。我们坐在车上，风刮得越来越大，可能是刚吃过饭吧，不再觉得冷，在风中反而精神头很足。车在宽阔平整的公路上行驶，只见路两旁的外侧并列种着一排杨树、一排柳树，都从眼前一晃而过，树的外边则是无边的庄稼地——一片一片成熟的、金黄的玉米等待着收割。小车迎着风向前行进，过了一会儿，我的眼前突然一亮，欣喜地发现，在杨树、柳树内侧的大路沿上种着一棵棵、一簇簇、一行行草花，它们的茎细高而挺立，叶子稀疏短小，全长在根部稍上方，每棵茎端都高擎着一朵鲜花，有红、有白、有紫，还有淡粉色的，花儿迎着大风前后左右摇曳着，姿态从容、悠然自得，我要求小范师傅停下车来，想仔细欣赏欣赏这些多姿多彩的、不怕风吹雨打的花仙子们。我站在花丛中，云忠为我拍照，我俯身用手轻轻抚摸它们的茎梗，觉得很坚硬，难怪这么有骨气、直立不倒呢！花朵只有儿童的掌心那么大，是单层儿的，每朵有八片花瓣儿，全盛开着，没有一朵是折垂着的，或枯萎的。我问云忠："你看，这是什么花，开得这么灿烂？"云忠摇摇头表示不知，转而问小范，小范说："这花儿太常见了，我反而搞不清是什么花了。不过，我的爱人很喜欢花，我们小院里也种了很多花呢。"这时恰有一位牧羊的老汉赶着羊群迎面而来，问他，他也摇摇头说："我们这里这花很多，它叫什么名字，不知道！"老汉边说边走，走过去了又频频回头，似乎对我们的问话感到稀罕。坐回到车子上后，继续前行，一路上绵绵不绝的在风中不倦地舞蹈着的花儿一直伴着我们，云忠沉吟道："好像叫作'节节高'吧！"总算有个称呼了，我想这些花儿虽然不大，也没有芳香，可是它们这么坚强、朴素而美丽，开得这么生机盎然、装点着人间，给人以愉悦，怎能没有一个名字呢，我就姑且叫它们"节节高"吧，名实还是很相符的!

上午 11 时左右到达镇国寺,路上行驶一个多小时。和双林寺一样,70 岁以上的老人免费参观。小范在寺外坐在他的游览车里看书,等候我们。

下了车,我们经过了一座三开门的大牌坊,上有横匾"法宇宏阔"。牌坊不远处停着几辆汽车,其中一辆是公交车,记得昨天小范说过,每天都有公交班车从古城开来,但因路程远,来的游人少,所以车次极少,而且班车在这里停留的时间并不长,也不固定。像我们这样坐游览车来的人,今天一个也未见到。向前再走百十步,就来到建在三层青石阶上的佛寺大门前。正门大敞,屋脊四方有翘角飞檐,正中横悬蓝色门匾,上书"镇国寺"三个黄灰色大字,正门两边的木柱上刻有对联一副:

京城宝刹五代造庄严绝妙

天竺金身大唐风法宇宏开

从上联可知该寺建于五代北汉期间,这一带曾是当时一代枭雄北汉王的京畿所在,也着实辉煌过一段时间,所以,镇国寺原名就叫"京城寺"。至今已经经历了一千多年的风风雨雨了,能存留至今,而我们又得以瞻仰,真是一种缘分!

院内满是青草树木花朵,十分幽静。有一棵古槐和两座石狮子,已有七百多年历史。古槐枝叶扶疏,形状特异,粗粗的主干树瘿累累,其纠结处又向右倾斜,并向前后各伸出长长的枝枝杈杈,缀满青黄色的碎叶,很像一只张牙舞爪的苍龙,难怪叫作"龙槐",树高 3 米以上,树周护以铁栏。

寺院有三进。第一进元代修建的天王殿是该寺的山门,虽几经战火、几经修葺,也还遗留着元代的建筑风格。入门两边有十分高大,令人仰望的、神态威武的四大天王和七大护法神将,手里都持有不同的法器。我们趋步进入第二进的万佛殿,这就是货真价实的千年瑰宝五代遗留了。

万佛殿重建于北汉天会七年(963 年),是目前全国稀有的五代建筑,也是现存最古的木结构建筑之一。它是单檐歇山式屋顶,屋檐伸出甚长,山门上的门联很值得品味:

但做得来皆事业

若推不去即因缘

殿内有 11 尊彩塑，均系五代真品，文物价值极高。这在介绍文字上都有说明，但是，今天这座殿的大门并未敞开，栏杆式的门窗闭锁着，只能透过密密的栅栏向里面窥望。室内无照明设备，虽是正午光线也暗，只能模糊看见释迦牟尼居中端坐须弥座，身后是红色镂有云、龙花纹的大背屏，上面所镂刻的是释迦故事，属明代作品，至今保存完好，是全国重点保护文物。这正面的景象被几根粗木栏杆密密挡住看不真切，侧面看释迦牟尼身边立着的阿难和迦叶，倒还清楚些。他们都身披法衣，神情恭谨恬静：阿难双手手臂拱起，左手握住右手，抵在胸前；而迦叶则是双臂下垂，半隐于袖中，露出的部分是左手手心向上轻轻与右手相握。再贴近栏杆向内扫视，只见殿堂深深，目力所及之处的佛像都看不真切了。我们不知这座殿为什么不让进内，是不是出于保护的措施，还是今天来得不巧？

　　绕至殿后，我们发现殿后的壁面向内凹进，形成一座佛堂，佛堂上方有横匾曰"慈登彼岸"，内里供着观音菩萨的彩塑，虽曰佛堂，进深极浅，只能容下里面的一组彩塑。虽然门外也有密栏遮挡，手不能伸进去触摸，但因近在眼前，所以能够看得清清楚楚：正中之佛曰"渡海观音"。这是一尊女性特征极为明显的观音彩塑，虽然在大殿的背后，但恰有一束阳光照亮她的全身，那种潇洒自在、安详自若、恬静无羁的神态，令我流连止步。只见她坐在台座上，面部灿然，左腿下垂，左手抚左膝；右腿弓起、足蹬台座，右臂向外平伸、臂肘搭在右膝之上，上身袒露，只在肩上披一条丝绦，那丝绦一直缠绕在右臂上；腰间束着丝带，下身裙裾短而阔，仅覆盖左右膝盖处。她的头上浮雕似有大片祥云飘动，神态逼真，我还看见在她的身后左角高处立着一个身穿肚兜的男童，弯腰、合掌，做礼拜状，不知是不是"善财童子"啊！观音的右方有一尊残缺的塑像，只留半截塑身。我对云忠说："这是我见到的最罕见的观音塑像，她没有让人望而肃然的庄严感，而是让人感到那么亲和、善良和可爱！简直就像一位自由自在、活泼天真的人间少女！"云忠也说："这位雕工用创新、叛逆的思想，创造出自在观音自由开放的性格，注入了人间少女的天真无邪，一反佛的肃穆、矜持，使她从神界下到凡间，有了人的血肉感，倍感佛的可近、可亲！"我们瞻仰良久，才待转身离去，忽见旁边立一说明牌，有一段文字如下：

　　"观音菩萨为佛国众菩萨首度，在世俗中的知名度和影响，绝不低于佛祖。

她又叫'观自在''观世音',职责是协助佛祖普度众生,了却一切烦恼。按佛法说法,她有33个化身,宋以后固定为女性菩萨形象。"①

这真是一尊了却世间烦恼,让人们生活得自由自在的观世音啊!

我们向第三进的三佛殿走去,见露天下有一尊铁铸的弥勒大佛,高约一米五左右,端坐莲台,左脚前伸,右脚盘起抵左脚尖,左手数念珠,右手握如意,在向从他身边走过的人袒腹鼓肚张口憨笑。非常可爱!这不由使人想起在别处见到的大肚罗汉像座两旁的对联:"大肚能容,容天下难容之事;开口便笑,笑世间可笑之人"!

到三佛殿,必须爬上两个11级的台阶。云忠拉着我慢慢上去,进入殿内,瞻仰到三尊佛的真容:只见三位佛都端坐莲台,中间是佛祖如来吧,他双手紧握,左右食指合并直向上指,背倚的佛龛非常壮观,上方雕有大鹏金翅鸟展翅护法,中间是莲雕,左右都有神龙盘踞,佛祖神态安详,平视人间,面前侍立两位赤足的弟子,神态毕恭。左右两厢二佛塑也都端坐莲台,左边的是左手手心向上平举,右手略低垂作莲花指状;右边的则是右手单掌向上,左手抚在盘着的膝盖上;他们身边也各立一位侍者。环视三面墙上皆有壁画佛图,虽模糊不清,也能依稀辨认出上方是佛教故事,下方是捐资修殿者的名讳和功德金之数额。如有这样的记载:"金妆全像功德主某某某……施银贰两肆钱","金妆全像功德主某某某施银五两,嘉庆三年(1798年—笔者注)施银如数"……从这些文字可知,这些珍贵的文物,历代都得到佛教信徒的细心护理。

从三佛殿走下,见左右两厢的殿堂大多都紧闭门窗,窗棂上糊着纸,不得窥见内里。只有右侧的地藏殿——俗称"阎罗殿",却敞着大门,我们跨过高高的门槛,见这座殿进深不大,但令我们大为惊异的是,迎面端坐在莲花台上的地藏王竟然是女性形态。只见这位女阎罗右手莲花指上举,左手贴在盘膝的脚上、掌心向上,神态温和慈祥,全然没有别处(如"双林寺"的殿堂里的男性阎罗王)那种令人望而生畏的阴森。两边侍立的照例是闵公和道明和尚,此外

---

① 按中华书局2010年8月版曹雪芹、高鹗著,启功等注释本《红楼梦》第1049页之注③云:"观自在,即观世音菩萨,佛教大乘菩萨之一。唐玄奘译《心经》时,改译观自在。法藏《心经略疏》云:'于事理无碍之境,观达自在,故立此名;又观机往救,自在无阂,故以为名。前释就智,后释就悲。'一般塑像和图像,多作女相。"

还有什么掌管世人生死簿的主簿,以及六曹判官等10余尊,虽都威严肃穆,但也不太令人望而生畏,一个个都形神兼备,各具特色。这些彩塑都是明代的杰作。出了地藏殿,回头看门上的对联:

愿大地都成净土
问众生谁是如来

我对下联的意思不太明了,心想:为什么问"谁是如来"?如来,不就是西天的佛祖吗?想了想,忽然有所悟:如来是佛祖,如果你是佛教的信徒,那么,信仰佛祖,佛祖就在你心中,这不就人人都可做自己的如来、就可以时时向善、身后也就不会来见阎罗王了吗?是不是这样解法呀?可见,这里的阎罗王并不是专派小鬼去勾人命的,简直就像一尊慈祥的地母,一尊劝人向善、普度众生的观世音!想到这里,我不由喃喃自语地说:"本来嘛,阎罗王不就是地藏王嘛?他的全称不就是'地藏王菩萨'嘛!是菩萨就应该是这般慈祥的呀!"从这些泥塑、木雕的神佛身上渗露出的竟是更为人性化的东西!

在向寺门外返回的路上,又经过财神殿、土地殿,我们无心进去,最后,来到半截碑旁,我们站住了。看旁边的说明文字,原来是五代时北汉王刘崇之孙刘继钦的墓志碑,碑身虽残缺不全,但它的历史文物价值极高。

镇国寺之游结束了,留给我们最深的印象是:这里的菩萨肖像除了与别的庙宇有相同的肃穆的一面之外,更给人一种博大开放的情怀,让人感到崇敬和温暖。

两个小时很快过去了,因怕小范着急,而且今天风大,他在外面等久了会冷,我们疾步出来上了车,小范紧握方向盘,顶着风往回驶。一路上和小范随便聊着天。他说他的儿子刚大学毕业,已在一家公司工作了。儿子原来考上吉林延边大学历史系,但他想学计算机,中途又转了专业。小范说:"现在年轻人都有自己的爱好和理想,只要是求上进干事业,我就尊重他的选择,遂他的心愿。"这是一个多么开明、多么善解人意的父亲啊,他的工作虽然普普通通,但他的胸怀、见识却是宽阔的!

风越刮越大,时间一长,我感觉浑身发冷,便和云忠紧紧相靠取暖。这时,云忠小声唱起用李白的诗谱就的歌曲来:"弃我去者,昨日之日不可留;乱我心者,今日之日多烦忧。长风万里送秋雁,对此可以酣高楼……"这是台湾演员寇世勋主演的电视剧《护国良相狄仁杰》的片头曲,我们都很爱听,竟然也慢慢跟着学会了。云忠说:"我最喜欢'长风万里送秋雁'这一句,它最代表大诗人李白的浪漫性格了!"我说:"我认为,最代表他的浪漫性格的还是最后几句'抽刀断水水更流,举杯浇愁愁更愁,人生在世不称意,明朝散发弄扁舟'。"云忠说:"浪漫气氛,洋溢在全篇那是一定的!"说着话,仿佛忘记了扑面狂风的存在,一路上也没忘记再看几眼虽微小但坚韧、在大风中仍然欢快起舞的、起伏如波的花仙子——"节节高"们。我们不由得联想到自己的人生:现在已经是快步入八十岁的老人了,疾病也将会接踵到来,今后的生活中既有欢乐,也充满艰辛,既有明媚的阳光,也有狂风暴雨;花如此,人更如此。我们怀着愉悦和希望、伴着困难和艰辛,勇敢面对,相扶相持,相约到九十!

说着想着,车已行至古城的西门。我和云忠想攀登古城墙了,小范把车子停了下来,他说:"你们不用买票,拿上老年证就可以了。我在下面等着。"城楼高百尺,巍峨难攀登,我有点畏惧,云忠说:"为了你日后不遗憾,我搀着你咱们慢慢地上吧!"于是,我一边抓住云忠的手,一边扶着逶迤向上的护梯矮墙,沿着一级高似一级的石阶举步向上。登上平阔的城墙顶上时,我深深地舒了一口气,问云忠:"你知道一共有多少级台阶吗?"谁料他也默默地数了,我们同声抢着说:"一共是42级台阶!"

站在高高的城墙上,俯视远眺平遥的古城、新市,高屋华厦参差错落,大街小巷棋盘交接;穿街走巷的人们显得小小的,前后左右地游动;街上的牌坊以及高大的市楼也失去了巍峨。放眼平视,城墙上的垛口、敌楼像列兵一样等距离地矗立着。探头从敌楼之间的圆洞往下看,依稀能看见马面墙,这情景恰如小范昨天介绍的一般。城楼尽管历经破损、几经修葺,但它的古貌犹存,它还是这样的长阔雄伟。我们沿着游人稀少的地方——此时游人甚多,都在选择好镜头拍照——漫步,走走停停,一种廓大、苍凉、悲壮、繁盛、勃发的复杂感情涌上心头!

走下城头后,坐车回到客栈,时间已是下午1点多了。因为昨夜睡硬炕太难受了,便决定今天晚上无论如何也要返回太原。云忠和客栈主人结完账之后,取出背包,又烦小范拉着我们至南门步行街口,我们就下车告别。云忠给小范100元酬金,他还是说:"太多了,太多了!我原先说的是60元啊!"云忠说:

"你冒着大风,又耐心在寺外等候我们,又兼做导游,帮了我们很多忙,就不要客气了!"他表示感谢,驾车离去。我们虽然相聚短暂,但真诚相待、互相尊重,都认定这是一种缘分。看着他又一次回头挥手,感受到这是一位非常朴实、感情非常细腻、真诚的人。

云忠背着比较沉重的背包,拉着我的手(我走路不太方便)再访古城的大街小巷,想把东西南北走个遍。先在一家小而洁净的面馆里买了两碗地道的山西刀削面,吃饱了肚子,沿街走着,背着这么多行李如何参观哪?恰好路边有一位蹬三轮车的,高高的个儿、瘦瘦的,看不出年龄有多大。我们跟他说,时间紧,又想多看些地方,希望他能拉我们逛逛街,然后送我们去长途汽车站(因为火车站只卖去太原的站票,不卖坐票)。他很痛快地答应了,车费只要20元。我们一边往车上放行李,一边和他闲聊,他说自己姓杨,已经60多岁了。我们因他年纪大很不好意思坐进去,怕他累着,他说:"不怕,我的腰板硬着呢!"于是,我们上了车,他蹬起车子轻松前行,到了一些重要文物景点如中国商会博物馆、同庆协(中国钱庄博物馆)、天吉祥(商号)、城隍庙、平遥衙署等处,我们只是下车拍拍外景门面,为节省时间,没有进去参观。只是来到同兴公(华北第一镖局)时,云忠想亲睹十八般兵器的模样,便留我在车上,杨师傅说:"你们一起进去吧,行李放在车上,不怕,我看着呢!"我说:"我不太想去,腿脚不好!不是担心行李啊!"云忠也无须购票,径直进去,约有半个多小时就出来了,坐在车上兴致勃勃地告诉我说:"今天算见了世面了。同兴公镖局是清咸丰五年(1855年)由平遥南庄人王正清在平遥城内创办的,专为往华北各地运送金、银、货物进行保镖。因为,在明代中后期中国手工业、商业开始发展,武术界也随之出现了镖行、镖师、镖户、镖局,清朝道光、同治年间是其黄金时代,为商业发展起了保驾护航作用。清末民初公路、铁路开通,热兵器取代了冷兵器,镖局事业便开始冷落。里面不仅有镖车,有刀枪剑戟斧钺钩叉等冷兵器,还有对一些绰号叫'神枪''铁腿''形意拳名家'等武艺高强镖师们的介绍,至今在民间或武侠小说里,还演绎着他们的故事呢。"当来到日昇昌记(中国票号博物馆)时,只见宽敞高台、雕花大门上除了悬挂着字号大匾,还在另一方白石上刻着"日昇昌旧址"的字样,竖立在门左的雕花石座上。我们两个都想进去参观,因为这里太有名气了。老杨师傅把车停在墙根不妨碍游人的地方等候我们。日昇昌这座我国第一家经营存放业务、向国内各处汇兑的票号，起创于道光初年（1823年），一经出现，便轰动商界和政界（朝廷），几年之间便在全国建立多处分号；直如它的名字一般，如日之升起，日进一日地繁荣昌盛起来。匆忙间我们也记不起它有几进院落，只是随着游人向里面涌。记得一走进正院，扑面而来的就是在正厅门上高悬着的"汇通天下"大字匾额，据说是清光绪皇帝的御笔；进了旁门、又出侧门，也不知走了几进院落，高敞的厅堂门上有"慎独""急公好义""紫垣枢极""丽日凝辉"等匾额，两廊内停放着旧日的马车、轿车等交通工具，还有膳厨、马厩等处，说不尽一派富贵豪华气象。为了争取时间，急切间不知不觉便被游人拥出了后门。时间已是下午3点多钟，我们登上老杨师傅的车便向平遥长途汽车站驶去。这里是古街，与外面相隔一座半人高仅供大车通行的栅栏门；但此时行人可走的小门敞开着，而车行的大门却闭锁着。我们正不知如何是好，只见老杨师傅从容下车，从腰间掏出一把钥匙，把大门打开，待三轮车推出后，他立即又把栅栏门锁上。难怪古街内三轮车极少见到，更没有一辆小范那样的电动游览车，老杨师傅这样的三轮车必定是经过特许的，为了方便像我们这样的急需代步的游客。实在想得周到。

我们曾想买些土特产带回去，但见市面上大小箱包、盒匣、饰件等漆制品与各种包装的平遥牛肉，在北京各个大商店、超市都应有尽有，显然，这里虽是产地，但价钱可并不便宜——这是近年来旅游开放后的一种怪现象，理由是：产地的物品，自然是正宗的，所以就贵，而且不只是贵一点儿——我们决定不买了，也免得携带不便。很快来到汽车站，下了车，云忠给了老杨师傅30元，他千谢万谢地，和我们挥手告别。去太原的公交大巴车很多，看看表，整4点，我们买了4点30分的票。一路通畅，谁知进入太原市区后，路况很糟，街道上大小车辆挤作一溜儿，走走停停，停停走走，6点30分才到终点。下了车，本想迅速去火车站买返北京的票，便应邀坐上了一辆出租车，我们说："去火车站！"谁知司机师傅答应得好好的，却开了司机座的门出去又招揽客人去了。奇怪啊，怎么会有这样的事？我们已经是他的客人了，他为什么还招揽别人？我们抗议了，可他一边对我们说着："不急，不急！"一边继续大喊着招揽乘客："来来来，上车！上车！"看着真让人生气，他既不急人之急，我们也就不客气了，于是，我们拉开车门急速下车，就去找公交车去了，任他在身后大叫着："就走，就走嘛……"

到了火车站，得知今天开往北京的车票早已售罄，只好再找旅社留住一宿，买明天一早 7 点 57 分的 D2002 次车返京了。其实，云忠原想在太原多待几天，抽空去看看周边的乔家大院、王家大院等晋商大宅门的古老建筑群，可是，我的腿脚和肠胃都有些不适，他担心会生病住院，便极力主张快些回家。

离开古城平遥后，我常常把它和云南的丽江相比，丽江的水源是那么充沛、家家门前屋后都有潺潺清溪，而黄土高原上的平遥……我想：如果平遥古城周边能有一条长河环绕，或者能保留住当年的护城河，让护城河里一年四季都浮动着清水碧波，这座古城就会灵气多多！那样一来，"龟城"之说不就更加生动逼真了吗？正是：

何时借来天河水？南北古城相辉映！

（2011 年 12 月初）

登黄山纪事

4 月 5 日上午 9 点，我们离开六安这座温馨、美丽、繁荣的小城，搭乘途经舒城—庐江—青阳—太平—汤口，直达黄山市屯溪区的公交大巴，向东疾驶。车窗外急速地变换着水彩画般的色彩：桃花红、菜花黄、柳叶儿绿。灼灼天光照得水塘、小溪、水田银光粼粼，再和那红绿黄调和杂掺，这样入眼的颜色，任凭丹青高手也难以描画。

11 点 10 分大巴车穿过舒城驶上合安（合肥至安庆）高速公路。路两旁的行道树由妩媚的杨柳变为挺拔的樟树，视野所及处是一望无际的金灿灿的油菜花海，花海里偶尔出现一座、两座、三座……白墙紫瓦的小楼房，仿佛是漂浮在花的海洋上，我不由得自言自语地说："住在这里的人们多幸福啊，真让人羡慕！"云忠笑我："你又想着从六安迁到这里来住了吧？是不是呀？"我说："是啊，不出来不知道，一走出家门，到处都是这么美得迷人。"

继续南行，渐有山丘出现，片片灌满了水的稻田正待插秧，公路两旁的山丘连绵起伏，已经是进入山区了；山体上覆盖着松、柏、竹、樟等树木，青绿一片。途经黄山山脉下的太平湖时，只能瞥见湖水的一角倏尔便匆匆略过，又见层层茶山出现在眼前，路边"黄山猴魁""黄山毛峰"等名茶广告牌闪过，大巴车正行驶在庐铜（庐江至铜陵）段高速公路上，穿过铜陵长江大桥——又称皖江第一桥，桥下蓄水不多，水色不知是不是阳光折射的结果，有些发浑，一晃而过。

中午时分，行驶至山峦环抱的九华山服务区，司机下车宣布休息20分钟。我们只觉口渴不觉得饿，便买了两盒三色冰激凌借以润喉。不久，汽车又开始在大山深处蜿蜒穿行了。峰峦高低错落、连绵不断，遮天蔽日，偶见山坡平缓处，坐落着灰瓦白墙的两三层小楼的农舍民居，凸显出皖南徽式建筑的特征。"汽车开始钻山洞了。"云忠告诉我。我说："是啊！你看，那隧道洞口上写的是'将军岭隧道'……"话还没有说完，汽车呼的一声就钻了进去，眼前一片黑，这条隧道好长啊，大约有几分钟汽车才钻出山外，谁知刚刚钻出来，又一个隧道就在眼前，于是，汽车钻进钻出，穿过了富溪、大田、黄狮岭、汤口、石头岭、坞石等长短不等至少有二十多条隧道。此情此景，不由令我深深感叹：当年那些开山辟岭、把坚硬山体开凿成畅通的隧道的千千万万的无名英雄们，他们是多么刚毅、多么顽强啊，正所谓"前人植树，后人乘凉"，他们才是历史和人民的真正英雄，能把这难于上青天的山区之路开通！"已经进入黄山景区了！"云忠的声音打断了我的沉思，看看表，正是下午2点40分，从上午9点到现在还不到六个小时，我们就由六安到达目的地黄山脚下的屯溪老镇了。

我们在屯溪区西海路9号如家快捷酒家安顿下，标准间每天150元，房间在五层楼上，比较安静，拉开窗帘就看到下面是一片开满油菜花的开阔田园。说也奇怪，在游览途中的人似乎永远没有疲倦感，我们简单吃了些小食品，稍事休息之后，便商量着出去逛逛极负盛名的屯溪老街。俗话说："路在嘴上。"我们边走边问，来到一座石桥的下坡处，云忠向一位老大娘问路，老大娘操着满口当地方言指指点点地正说着，突然过路的几个背书包的小学生从身边走过，其中一个小男生，机灵地拉着云忠的手，蹲在地上一边用普通话诉说，一边用手指画起了去老街的路线图，他那副认真的样子，十分可爱。我们向他道谢，便按照他说的先前行、再向左拐、然后穿过新安江大桥……眼前一亮，喔！那前面不就是写着"老街"字样的牌楼嘛！

步入老街，只见街道不宽，两旁是商铺和摊点，茶叶店几乎触目皆是，糕点店里卖的据说都是老字号的食品，诸如朱氏（朱熹）孝母饼、手工木锤饼之类，出于好奇，我们各买了一筒，待回宾馆后再品尝。日色近晚，下班的人可能都有了空闲，老街上的行人渐渐拥挤起来。我们正准备离开，突然发现路侧有一条极窄、青石铺路、弯曲幽深的小胡同，胡同口墙壁上方有一块木牌，"戴震纪念馆"五个字很醒目。我欣喜异常，对云忠说："不想在这里竟然有戴震的纪念馆，他可是清代著名经学家、皖派经学的始创者啊！"云忠说："可惜此时天晚，已经闭馆，不能进去参观了！"我不甘心，便拉上云忠走进胡同深处，在纪念馆前照了一张昏暗不明的相之后，才惋惜地离开，一边走一边说："戴震学问渊博，尤其精通音韵、文字、训诂之学，最让人佩服的是他敢于对程（程颐、程颢）朱（朱熹）倡导'存天理，去人欲'的封建礼教直面抨击：'酷吏以法杀人，后儒以理杀人'，矛头直指程朱理学，一针见血、振聋发聩！"我们带着对先贤的崇敬之情，走出小巷。在茶叶店买了二两黄山名茶"太平猴魁"，因为新茶还未上市，买的还是去年的旧茶，因而就便宜了许多。

次日早饭后8点20分，昨天从汽车总站送我们来宾馆住宿的司机季师傅，如约开车在宾馆门前，接我们去黄山，车上已经坐有几位游客。车行一个小时左右，才来到汤口镇寨西黄山脚下的游客集散中心，在这里需要换乘去云谷寺的大巴，车票每张19元；另外还要买进入黄山景区内的门票，老人半价每人为115元。云忠付款买票时，售票员对他说："今天是个无风的大好晴天，你们真的很有福气！"从话里得知黄山天气一向难以捉摸，常常是阴天雾重，晴空朗日的机会不多。坐上去云谷寺的大巴，就意味着已经踏进黄山景区。我们欣喜地观望车窗外的风光。

大巴盘山而上，时而拐弯倾斜，时而下坡颠簸，左右摇晃。山上除了竹林外，还长满松、杉、柏、樟等各类乔木，茂密的灌木丛、火红的山桃花、白艳的玉兰花也混杂闪现在林木之中，常常让人眼前一亮，赞叹造物之多姿多彩。盘山大巴仅仅行驶10分钟，便到达云谷寺前，这里距离登黄山的索道缆车白鹅岭还要徒步500米。

索道缆车是半封闭状态，每车可乘坐6人。端坐缆车，身悬半空，游目四望，但见四围山岳苍苍莽莽，黛色山体化作生灵万象，如虎踞熊突、如蟒盘龙舞，或昂首冲天、或俯首入壑、或奔走腾挪，时而静穆沉肃、时而万马奔腾……仰望那头上的蓝天，被七十二峰围砌成一面多棱镜，白日的光华照得它碧如海水、夺目晶莹；俯瞰幽幽深壑，茫茫飞云腾雾、蒙蒙绿树春水……我为自己像插上翅膀、飞翔蓝空感到无比逍遥，也为这迷人的、奇特壮观的山景发出声声惊叹，又情不自禁地连连按动相机的快门……可惜这种飞翔空中的享受只持续了10来分钟，就到达了索道的终点白鹅岭。走下缆车，我摇摇晃晃仿佛还在天空翱翔，云忠一把抓住了我。他说："你是不是飘飘欲仙了！"我说："刚刚当了一回神仙，现在又回到凡间了哇！"

　　白鹅岭索道，地处黄山的后山。二十年前我登黄山是从前山攀登的，那时脚力尚健，未坐缆车，很自豪地直登黄山最高处——莲花峰顶。今天应该是旧地重游，但我站在白鹅岭上，环视黄山时却仿佛仍是初次到来，一切都是新鲜的陌生。白鹅岭上有一块开阔地，有两层楼的索道出入口建筑、小卖部、公共卫生间，露天里还有供游人休憩的几条木凳和石条凳。这里人群不断，是登山者与乘坐上、下缆车的游人集散处，闹哄哄的。云忠对我说："你既然游过黄山，现在你的腿脚又不太好，干脆就在这里坐观山景吧，我自己去转转就回来！"我深知山路崎岖、上上下下实在费力、费时，自己确实无力周游，但又觉得云忠初次来游，没人陪伴，连照相留影都不方便自做，未免缺少些游兴……正自犹豫，云忠指着不远处准备抬滑竿的工人说："要不，你就坐坐滑竿吧！"我动了心，便走向抬滑竿的工人询问价格，回答说"360元"，并且又加了一句说："要坐的话，还得排队等候！"还要等什么？你们不是闲在这里吗？我心里这样想，猛回头，啊哦，是一群群外国游人从缆车索道口处涌过来了，他们可能是预定了滑竿吧。我走向云忠说："我就坐在这里等你，你自己去尽情游逛吧，山路不平，千万小心，不要担心我！"我们站在白鹅岭的护栏边，朝着深深绿壑、巍巍层峦互拍了几张照片，便分手了。云忠健步沿着忽上忽下的山间小径渐渐隐去，我则提着他留下来的辎重（装着面包和几瓶水的双肩背背包）寻找既可以长久坐下不妨碍别人又可以远眺山峦风光的幽静处。

以下黄山之游就是"花开两朵,各表一枝"了。云忠游得如何,稍后待他自表;我只能先说说自己的所见所闻了:

　　我把背包放在石条凳上,然后走到近旁的护山栏杆,打量着十多年不见、被誉为"黄山归来不看山"的黄山。但见眼前有千叠峰峦、高低起伏,脚下是万丈翠谷、难测深浅,山峦掀涛,翠谷起澜,山风清凉,白日耀眼;注目良久,这画面霎时间都活了起来……我赶紧回到石凳前安静地坐了下来休息。这时,有两位背负沉重的壮年人来到我跟前,他们一边擦着脸上的汗,一边一声不响地埋头把大麻袋里的青菜、粮食等一些日用杂货掏出来做调整归类,再重新装袋。我很好奇地问道:"你们是背到山上卖吗?太辛苦了!能有生意吗?"其中一个面色黑瘦的人说:"我们是给山里的宾馆送货的,不是自己卖!"我问:"每天送吗?"另一个人说:"那可不是吗?宾馆里天天有人吃饭,就得天天送上来啊。"我说:"你们是用缆车送上来的吗?"他俩互相望了望说:"哪敢坐缆车,那多贵啊,我们还挣不挣钱呀!"闲聊中得知他们是宾馆雇用的临时工,工资按劳取酬,他们说:"从山下运送这些生活必需品,一天能跑两个来回,可以挣个一百来块钱,要是跑三个来回就会挣得多一点,可那么一来第二天就干不动活了!"我说:"是啊,山太高、路太陡,我空着手走就够走的了,你们还背着重东西,难哪!"我说过之后,又转过脸指了指那几位准备抬滑竿的人说:"你们怎么不去抬滑竿,同样是负重,但两个人抬会轻松些,又只是在山间游走,是不是收入会挣得多些?"他们互相看了一眼,低声说:"那活儿可不是谁想干就干的,人家是本地人,我们是外乡人,只能干本地人不愿干的活儿。"我不想再问下去了,不知怎的很想拿出几块儿巧克力糖送他们吃,好增加些热量,可是我终是没有做,因为我想在内心保持一份对他们的尊重与同情。与他们的一席话,使我对现实生活有了深层的认识,我觉得自己刚才的话问得太多了,现在最好沉默。这两位背夫说话时手也没闲着,不一会儿,已经把东西归好类、整齐地装进大麻袋,先把麻袋提到石凳上,再弯下腰用绳子把麻袋紧紧捆束在背上,一只手拄着木棍,向着刚才云忠走的方向进山去了。我望着他们,一直到被转弯处壁立如削的山体所遮挡。

　　枯坐无聊,望着群山与伸手几可触摸的亮晶晶的蓝天,又觉得有些迷离眩晕,于是就把目光收回,观察起从身边走过的旅游人群来:正是中午时分,只见一队队的旅游团，导游们举着各色小旗招呼着他（她）的队员们，外国游客也很多，男女老少熙熙攘攘都从我的身旁流过……突然有一对老夫妻模样的人，凑在我身边空着的半边石凳上坐下，礼貌地和我搭话，我猜想他们是散客吧，走累了想休息一下，也许他们见我一个人闷坐很好奇，就和我攀谈起来，我也就信口回答着"从北京来的""老伴儿一个人逛去了，我在这儿等他回来""我的腿有点毛病，不能攀上爬下"……他们听后，发出句句惋惜，说："看你的精神蛮不错嘛，怎么就这么坐着？""再说，要等就在山下等嘛，何必花那坐缆车的钱上来干坐着，挺贵的。"我无言，他们也不再说话，临走时我发现他们用很同情的目光扫了我一眼。我想："健康是福"此言不虚，身体不健康的人就必然是社会上的弱势群体，免不了被人怜悯。

又是一股一股的人流从眼前流过去了，忽然有一对青年男女每个人都背了一只大背包，快步向我走来，啊，不是向着我，是向着我和山体护栏之间的这一块小小的空地走来的。只见他们急匆匆地从肩上卸下背包，啊，我马上就看到从那背包上端半开半合的拉链处，有一个褐色的东西在晃动，是条卷毛小狗的脑袋吧？那位女主人怜爱地一边把拉链迅速全拉开，一边唤着："欢欢，欢欢，快出来，闷坏了吧！"男主人把手提包里的小碗拿了出来，倒进一点矿泉水，轻声召唤："欢欢，来！喝水，喝水！"可那只可爱的小狗却充耳不闻，在地上撒起欢来，左跑跑、右转转，弓着腰，翘着小尾巴，还一上一下地点着小脑袋，一时间把那种获得自由后的感觉发泄得淋漓尽致，主人唤它都不理睬，满地撒欢儿，谁料一转眼它就跑到我的脚前来了。我开心地笑着，伸手想去抚摸它，它却又调皮地掉头奔向自己的主人……男女青年只是用眼光和我打了打招呼，都没有说什么，匆匆地把背包收拾好，用一根拴狗的长绳子系在"欢欢"脖子上，高高兴兴、潇潇洒洒地拉着它走了。我知道，山上的环卫工人是很辛苦的，他们每天上上下下地清洁卫生，捡拾游人不慎或随意丢下的废物，如果是落在无路可下的山腰、石缝，他们更要付出极大的辛苦，甚至冒着危险用绳子吊着身子去捡拾干净，何况狗、猫等宠物随地便溺，让环卫工人如何打扫？更不要说那些秽物极其有碍观瞻和污染大气环境啊！这是小事，还是大事？是文明，还是不文明？我不知道，黄山景区是不是允许游客带宠物上山？主人又如何处理它们的粪便？理智上我是很分明的，可那只卷毛的、浅灰色的小狗不是也很可爱吗?!我只能暗暗祈望:小狗的主人已给"欢欢"备好了垃圾袋,千万别让它的便溺污染了这大自然成就的美丽奇观啊!

时间过得还算快,下午3点多钟云忠就飘回来了,他整整漫游了近四个小时呢!

以下是云忠的自述:

11点30分,我一个人从白鹅岭向始信峰攀进。山路两旁是一道道刀削斧劈似的山脉,有灰白的山石裸露在峰顶、山脊,峰与谷的缝隙间长着高矮粗细参差不一的马尾松——黄山松,遒劲挺拔、虬枝凌空,大有翼然飘飞之势,让人叹为观止。我沿着山边石砌栈道前行,一边是山体石壁,一边是无底深谷。时而听见悦耳的鸟鸣声,不知是野鸟赛歌,还是卖哨笛艺人的口技?

11点45分,我登上始信峰巅的一片开阔地带,石碑上有说明文字曰:"始信峰位于黄山的北海之东,海拔1683米,因明代黄习远游北峰,如入画境,方信风景奇绝而题'始信峰'得名。"我挤在游人堆里,游目四望,但见重峦叠嶂一望无际,旖旎山光变幻多姿,峰顶又有"奇景天然"等摩崖石刻……"始信"之名果然不虚!和风丽日,心胸开阔,我打开手机告诉秋白:我已登临始信峰顶,以免她挂心。短暂的停留后,便向北海地区的高峰狮子峰前进。途经一座石桥,桥两边的铁锁链上挂满各式各样的连心(同心)锁,桥旁边有一棵同根连体、枝繁叶茂的连理松。

迤逦来到梦笔生花峰,旁有石碑题字"天然一管生花笔,写遍奇峰入画图",其说明词曰:梦笔生花,"又名文笔生花,由笔峰和笔花松天合而成。诗仙李白曾乐醉于此,后人诗赞:天然一管生花笔,写遍奇峰入画图。笔峰海拔1640米。列入黄山36小峰。笔的生成距今1.2亿年。峰体如笔头、下如笔杆,笔尖石缝中又巧生奇松,状若绽花。峰前另有一峰,顶分五岔,称笔架峰。一坞之内,有笔有架,相映成趣"。人们对山峰的命名总是三分看肖形,七分凭想象,当我看到说明的点拨加上想象,再看那梦笔生花峰,确实产生了怎么看就怎么惟妙惟肖的神似效果!

中午12点刚过,我到达北海地区。这是黄山的前山和后山相衔接的一块大盆地。这里建有国宾馆,高大华丽的馆门两边绿草如茵,各竖立着一块大标语牌:门右边是邓小平的巨幅照片,身着便服的小平穿着短裤长袜,双手拄着拐杖，背依黄山群峰，目光炯炯雄视前方，照片之侧有邓小平的两段题词："这里是发展旅游的好地方"，"要有点雄心壮志，把黄山的牌子打出去！"门左边是江泽民的大照片和题词，他还写有一首诗，曰"遥望天都倚客松，莲花始信两飞峰。且持梦笔书奇景，日破云涛万里红"，是辛巳年四月廿七日（2001年5月17日）写于黄山的。北海区国宾馆旁边又有一座北海宾馆，飞檐红瓦石墙，十分气派、大方、美观。门柱上的对联曰："北海濡墨云作纸，梦笔栽花山为盆——西泠·唐诗祝撰并书"。我看到盆地中还有一座北海观景台，台前竖立一把一米多高的大铜锁，在它的两旁铁链上又挂满了各式各样的连心锁，这是情侣游人们想把相互的爱锁住的内心反映。

从北海地区攀登上清凉台，一路上伴随着峭壁上的摩崖石刻，如"气象万千""险幻奇伟""清凉世界""万壑幽邃""灵幻奇秀""天然画图"等，它们被安徽省人民政府2004年10月公布为重点保护单位，立有黄山风景区管理委员会的标示牌。这些摩崖石刻题写的年代该不会久远，其中之"万壑幽邃"为"民国廿三年古晟王均题"，那也就是1934年的事了。视其字体或楷、或草、或篆，颜色或红、或黄、或绿，不一而足，令人应接不暇，这些镌刻在山体峰壁间的摩崖石刻，既给山景增添风采，也更凸显其浓郁的文化氛围，给游人以赏心悦目的多重享受！

下午1点半钟左右，我先后来到后山最高点狮子峰和猴子观海两个景点。狮子峰的石碑上刻着说明："峰顶海拔1690米，其岩石为第三期侵入的中细粒花岗岩，距今1.31亿年。地质界称谓的狮子林岩体，即以该地命名。地质公园解说牌——景名牌"。我仰望猴子观海景点奇观：只见那山形奇异，活似一只大石猴蹲坐峰顶平台之上、自在悠然地面对着茫茫云海，倏地在我眼前浮现出我国古典文学巨著《西游记》中那个机智无畏、降妖伏魔的神中英雄"齐天大圣"孙悟空的形象来，不知此时大圣正在审视什么，如果他火眼金睛发现了危害人类的妖魔鬼怪、贪腐巨蠹，会不会在瞬间举起金箍棒、驾起筋斗云疾飞而去当头一棒啊？！

时间不早，我怕你等得着急，便开始顺原路回返。沿途都有宣传精神文明的标语词，刻写在低矮的石碣上："留下文明美德，带走美好记忆""微笑是人类最美的语言，文明是你我最好的名片""呵护黄山美景，放飞绿色心情"……

虽然走的是原路，但在归途中我仍然感受到山景的新颖和幻化多姿。路两旁有黄山特色的树木花草：黄山木兰、水榆花楸、茅栗、金缕梅、灯笼树、天女花、黄山栎……它们枝繁叶茂、花朵儿多姿多彩。林丛岩石间又时见成群的画眉鸟，它们不避游人追扑嬉戏、悠闲地飞来跳去，十分可爱。此时我突然遗憾走得匆忙，把相机留在秋白那里，使我未能照出黄山深处的美来。当然，更遗憾的还是我用了三个来小时，才只是走马观花地游了黄山的一小半儿——后山，无意间与游人闲谈，听他们说"前山有迎客松、莲花峰、天都峰……都是著名景点，风光殊异，那才是黄山的真面目哪！""你们何不在山上住上一夜，明天逛逛前山再下山呢？"我心想：好是好哇，可是宾馆一夜住费不菲，起码在千元上下，再让你坐滑竿到宾馆、明日下山再坐滑竿至缆车索道一来一回又是七八百元，坐缆车下山，两人再付出三四百元，还要加上一日的饭费——在高山景区的饭食，不用说自然要贵得惊人。这林林总总的数字加起来恐怕就相当可观，快用去我俩一个人月工资的四分之三了，这对已经退休多年的穷知识分子来说是太奢靡了，显然不可取。何况，你十多年前参加高教部组织的游览观光团已经游览了黄山的前山山景了呢。我们两个一个游了前山，一个游了后山，加在一起，不恰好是"前后合璧"吗，我还是快些回到白鹅岭和你聚会吧，秋白是最爱担心的人，早些见面也免得两处悬心！

下午2点半钟，我们两个人会合了，中间时间经历了四个小时。我们匆匆忙忙坐缆车下山，至山底搭乘大巴车至汤口后，又换乘去屯溪的大巴车，在山路间行驶。沿途又接连穿出穿进汤口、石头岭、富溪、大堆尖、大田、下杨干、坞石等七条长短不等的隧道，直到4点半钟，才抵达屯溪境内。我们在离所住宾馆不远处下车，便搭"摩的"回至宾馆。休息了一会儿，因为计划明天离开，还想再去逛逛老街。

老街还是那样人群拥挤，生意兴旺，云忠见茶叶店里有今年清明节前采摘的"黄山毛尖"出售，每两98元，便购买了2两，准备送友人。之后便在老街上闲步，累了，就进小餐馆吃饭，一个鱼头、一盘野芹菜炒豆腐丝、一瓶雪花啤酒、一碗米饭，不到百元，吃得满意。

回到宾馆后不久，宾馆的服务人员便把去往南京的大巴车车票送来了，是次日中午12点10分的，车票一张120元，又交出手续费20元，共260元。我们原以为是明天一早的车,还准备忙着收拾行李呢,车票到手就放下心来,俩人又商谈到了南京后怎么游览,然后洗洗涮涮就歇息了。

（2012年4月6日）

游古金陵拾趣

4月7日,我们自黄山脚下的屯溪坐上大巴车,由南向东北方向,驶往六朝古都金陵——今之南京。中午12点10分发车,过黄帝源隧道,又瞥见浩渺太平湖一角。穿过将军岭隧道,铜陵、芜湖先后在望中驰过。下午3点左右,待从长长的千军岭隧道钻出后,便渐渐现出一带开阔的平原,处处清水池塘、波光粼粼,遍地金黄色的油菜花海,近如铺地之锦、远似天边云霞;绿叶黄花,煞是醉人!大巴驶入当涂县境,只见油菜花田与青青麦田交叉铺陈,如茵似毯,养人眼目。不知怎的思绪中又浮起诗仙李白曾殒身此地（据当涂的记载）的联想,心中掠过一丝凉意。当车行经马鞍山市郊后,便进入了皖、苏交界处,这里高悬着要"整治慈湖"的大幅标语。

下午5点整,抵达终点南京火车站。我们住进了安怀村顺特宾馆,只交了两天的住宿费。因为这次旅游,实属一时兴起,并未打算多停留时日。因而我们分秒必争,安顿好行李,向宾馆的服务员问明了路径,出门便坐上了30路公交车,直奔千载闻名的十里繁华的秦淮河而去,要去欣赏那据说十分迷人的夜景。秦淮河与著名的景点夫子庙毗邻,同属一个景区。今天恰逢星期六,当地居民与外来游客一起汇聚在这本来还比较宽敞的景区内,竟然形成一股汹涌拥挤的人的海潮。在薄暮的灯光下,我看见步行街口矗立着一座古朴高大、三门四柱飞檐翘角的石牌坊,中间大门上书有"古秦淮"三个大字,费尽眼力方看清两旁对联是:"十里繁华邀九州俊彦,六朝遗韵扬千载文光"。转到牌坊背面回首再望,与正面相对应的横额上是三个篆体字"秦淮河",对联是:"淮水遍幽灯摇画舫载歌去,桃津临市月醉新诗带韵归"。文化氛围将我俩带入遥远的古老朝代……

我们在人流中慢慢向前移动,渐渐来到秦淮河畔。眼前仿佛缓缓打开了一幅辉煌画卷。只见河对岸堤边高高竖起的画壁上有两条由灯光绘制成的大金龙,昂首奋尾、张牙舞爪，相向嬉戏、较劲，大有腾空欲飞、一比高下之势。龙壁近旁的河面上浮动着几只画舫，画舫上有若干身着古代华服长袖的妙龄女子，在若明若暗的灯光与粼粼波光映照下，仙袂飘举，婀娜起舞。在悠扬婉转的丝竹缥缈清音中，正古腔古韵地轻声曼唱，似在尽情模拟昔日秦淮的流风余韵；有声有色、有景有情，空中水中，灯彩倒影、欢声笑语，融成一片，更营造出这条令人心醉的、夜色中的秦淮风光带。我不由想起南朝诗人谢朓的诗句，便笑对云忠说："想来此地就是自六朝始就盛极一时、繁花似锦的古都'江南佳丽地，金陵帝王州'的遗存了吧？"

南京小吃，久负盛名。晚饭还未吃，食欲正炽，秦淮河畔的小吃摊点非常密集，排作一长串儿。我们挤进一座卖糯米桂花藕的小亭子旁，从拥挤争购的人群中递去10元钱，买了一份桂花藕，里面只有四小块，尝在嘴里，味道很是一般，既不能充饥，又没有味觉的享受，便又买了一份油炸糍粑，味道也很平常。不过，总算给空了的肚子做了一些填充吧！云忠说："大概是游人太多，供不应求，小吃食品就做得太匆忙，来不及调味了吧。"我们绕着人流，沿着河岸欣赏波光灯影，担心自己的数码相机照不清楚这迷人的秦淮夜景，便在"文德"桥畔照相摊点上照了两张快相。夜色已浓，但游人却是有增无减，我们决定离开这里，明天再来尽兴游览，便循原路走街串巷去找公交车站。街两旁几乎都是食品店，有一个写着"天下第一汤——鸭血粉丝"的招牌又勾起了我的食欲，便拉着云忠进了店门。里面真是高朋满座，人们津津有味地吃喝着，无拘无束地笑谈着。这气氛感染了我们，是呀，都快一天了，还没有正经吃一顿饭呢。我们要了两小碗鸭血粉丝汤和一屉只有8枚的小笼蒸包，一共花了30多元。包子是吃下肚了，可那汤喝在嘴里、经过喉咙时总有腥腻发涩的味道，也许是外乡人吃不惯当地口味吧，我俩不约而同地只喝了两口便放下了，就像老北京的豆汁儿喝在广东人、上海人嘴里一样。

第二天一早醒来，俩人就计划着先提前买返回北京的火车票，才会玩得放心。但到了火车站售票窗口一问，方知动车车票只有火车南站才发售。于是，我们又花了40多元打的到南站去购票。车上与司机闲聊，问他："南站距离雨花台景区和夫子庙秦淮河景区哪个最近？"他说："都不太远，雨花台比较近一些。"于是，我们购得11号上午返京的火车票之后，便从南站打的，只花了13

元,便来到了雨花台公园的正南门。因为我们过去都曾来过南京,许多著名景点都瞻仰过、游览过,所以这次目的非常明确,就是来欣赏并买一些我最喜爱的雨花石。入公园大门,我俩便坐上园内的游览车,开车的小伙子慢慢悠悠地带着车上的游客在公园内游览,不时还对一些景点作极简单的介绍。我俩到了雨花石买卖区时,便要求下车。

  这里的摊点很多,有的是露天摆摊,有的有篷、有亭,还有的是商铺门面,他们各自的货架上、铺板上、柜台里都摆满了形形色色、大大小小的被称作"雨花石"的石头。我一边浏览欣赏、一边问价,凡是能入眼的石子,竟都价格不菲,一颗石子最少也在三位数。这使我不由得想起了十多年前来南京,也就是在这里初识雨花石便被它牢牢地吸引,觉得它是那么的可爱。那个时候可以用手去抓一把论价钱,好像是10元抓一把吧,我当时抓了两把,同行的老师都笑我痴。更有一位老师事后开玩笑说:"你怎么不让我替你抓?要是让我的大手替你抓,保险比你抓的多一倍!"还记得,那年我们又去游了宋美龄别墅(也许是叫"宋美龄纪念馆"),在那里,我看到的雨花石更加晶莹诱人,颗粒又大又润,也是一把抓论价,比别处竟贵了一倍,是20元抓一把。我忍不住又抓了两把,不知哪位同事说了我一句:"买这么多石头有什么用?"真的,我也知没处用,但就抗拒不住对它的喜爱,真所谓"一见钟情"了!当年,月工资才几百元的我,当然也就只能抓那么几把,回家后经常把玩在手,其乐无穷!现在工资是涨了不少,可比起这雨花石的身价来,那可就小巫见大巫,太不成比例了。我慨叹着,还是耐不住挑来挑去地拿在手里欣赏着、犹豫着。云忠了解我的喜爱,他说:"买吧!不买你会遗憾的!"我便选了四五颗拇指大小的雨花石、两个石雕小吊坠、两只淡黄色石雕如真蝉一般大小的秋蝉,共计付款六七百元,云忠见我买了心爱之物,也和我一样地开心。我们就这样匆匆离开雨花台公园,出门打的径奔秦淮河景区,想去再欣赏欣赏白日光照下的秦淮河倩影。

  夫子庙——秦淮风光带是国家5A级风景区。自三国孙吴时期在今之南京城建都、命其名为建业以来,后之南北朝时期也多因此地有虎踞龙盘之势,纷纷将都城建立于此;所谓六朝古都,其文化底蕴深厚、商贸繁华兴盛自不必说,就是自然风光也别具一格,罕有其匹。秦淮河一带更是"六朝金粉之地"的缩影,因此而蜚声中外。我俩昨日夜游之后,之所以又匆匆忙忙地赶来,正是被它昔日的瑰丽文化魅力所吸引，再来圆一个小小的梦。

下了公交车，漫步至景区内，发现这里有游览车可供乘坐，每票10元，车内可容9人。司机兼导游一边从如蚁的人群中驶车飞穿大街小巷、一边对所经景点作简单的介绍，不过20分钟左右吧，便把约有15处之多的风光带景点都转完了，真可谓"走马观花"，连"蜻蜓点水"都没点到啊！好在他给我俩留下一个模模糊糊的路线印象，供我俩慢慢去按图索骥。下了游览车，最强烈的愿望就是去寻找乌衣巷，因为一提到乌衣巷这个地名，唐代"诗豪"刘禹锡的"朱雀桥边野草花，乌衣巷口夕阳斜。旧时王谢堂前燕，飞入寻常百姓家"的咏叹，就会像乐曲一样在耳边悠悠浮起……可游人如织，"朱雀桥"在哪里？适才游览车在乌衣巷巷口一晃而过，又转了几个弯了啊？云忠说："不忙，既然已经到了这个地方，不信就找不到，我们走走看！"我说："先找朱雀桥吧，古人以东方指'青龙'、西方为'白虎'、北方为'玄武'，而'朱雀'则是代指南方，咱俩沿着河边向南走吧。"桥很快就在眼前了，但不是叫朱雀桥，而是昨晚我们在这里照过相的文德桥。此时，我突发奇想，对云忠说："你记得刚才导游说这里有座君子桥吗？他说之所以把桥的名字叫作'君子'，是因为在古代桥的一边是文雅士子、赶考举子的租居之所，而另一边就是金陵最负盛名的歌妓、舞女的楼馆台阁的宴游寻欢之处，仅仅一水之隔，所以便有'过桥非君子，君子不过桥'的说法。我想，时过境迁，已过数百年之久，君子桥也早已失其真，也许今日的文德桥便是它的后身吧！"云忠思索了一下，笑说："孔子云'文质彬彬，然后君子'，可见你的解说还是颇有见地的。有文、有德，才是君子嘛！既如此，我们也没必要再找什么君子桥了。"说着便向乌衣巷方向寻去。

来到乌衣巷口，走进深深巷内，便看到一座经过翻新的古老庞大的建筑群，正门上方赫然写有"王谢纪念馆"五个大字，当然这就是东晋开国元勋大将军王导和指导过著名的淝水之战的、文韬与武略兼备的谢安的旧居了。六朝时，这里曾是煊赫一时的豪门大第，留下过辉煌的岁月。如今，堂前的燕子早已飞去，蜂拥而至的是举着各色小旗的导游人员与熙熙攘攘的人流。我们本想在这鉴晋楼与来燕堂（纪念馆内的两座主要楼堂）内多停留片刻，顺手记录下一些文字资料，也想在王导、谢安的雕像前拍照，但空间实在太狭小，立脚未稳便几乎被人群裹挟到门外。我们只好退出这喧嚣的人流，沿着小巷走出，耳边的

"朱雀桥边野草花……"还一直在吟咏,它让我们感受着诗人借助金陵具有代表性的历史陈迹的沧桑变化,发出的世事无常的深沉慨叹,正因为它的言微旨远、语浅情深,所以才历千年而传诵不息。但,今日的乌衣巷早已褪尽昔日刘禹锡笔下的历史兴亡感和岁月的沧桑,正呈现出一派文化渐渐流失的商业景象。

  返回宾馆,已是下午时分。既然我们决定再多留两天,去游玄武湖、莫愁湖,便又预交了两天的住宿费。一夜熟睡,醒来后,我突然对云忠说:"我还要再去雨花台买雨花石!"云忠最了解我的爱石情结,马上附议,笑着说:"那就快动身吧!你可别在挑拣石头时又不舍得掏腰包了啊!"说走就走,轻车熟路,很快就到了雨花台公园南门,搭乘一位女司机驾驶的游览车直奔雨花石专卖区。女司机知道我们的来意后,便一路与我们攀谈,她说自己姓向,是四川乐山人,到南京打工已经好几年了,她对这里很熟。她说:"真雨花石哪有那么多?在露天、棚子下的摊点卖的大都是假货,到货真价实的铺面去,才能买到真的雨花石。"我心想上次就是在棚子下的摊点买的啊,难道竟是受骗了?幸好这次遇到了热心人,于是就任由她把我们带到上次来过的地方下了车,她带着我们径直穿过露天的、棚子下的几层摊点,走进最里边的一家店铺。小向和店老板打了声招呼就走了,同车的几位旅友也好奇地跟着进来了。展现在眼前的是玻璃柜台里一格一格的摆满着的各色各样的石头,我和云忠隔着玻璃专找雨花石,柜台后面站着一位年约六十上下的店主,他非常耐心地按照要求拿出我想看的石头,上面看不到标价(抑或是标价签字太小看不清),我便用手掌托着一枚问价,竟让我瞠目结舌,赶紧把手中宝又递了回去。这时,跟在我们身边的同车旅客,也惊叹着摇摇头纷纷离开店铺。但我仍痴迷在店中。店主人肯定知道来者并非大款,于是便从玻璃柜里拿出两只托盘,里面盛着好几粒石子,告诉我:"这里面的是 100 元一枚,但 200 元可以给你三枚;那个盘子里是 200 元一枚,300 元可以给你两枚。你挑挑看!"我觉得可以接受,便从中仔细挑了起来,身旁又有几个店伙计帮着介绍。云忠看我挑得认真,怕妨碍我,便到旁边去看地上摆列的石雕,马上也有一位年轻的店伙计跟上去,热情地为他介绍。店主觉得我是真心想买,便对我打开话匣子:"近年来,随着雨花石在市场上身价越来越高,于是便有很多假石头冒充进来。分辨真、假雨花石最重要的是,半透明的才是真的,而全透明的则是假的。如果能从半透明体中看到石里有图像,那就可称是上品了。图像越逼真、越有讲究，那便是珍品、精品了，价钱也就跟着上去了。"他说着话，随手从另一个托盘里抓出一把石子，然后说："你看，这就是假雨花石！"我吃惊地问："你这儿也有假的卖？"他笑答："不瞒你说，我们是真、假掺着卖，不卖出一两颗假的，就没钱给游览车和推荐人拿'回扣'啊！"听了他的话，我虽然增加了几分疑虑，但又觉得这位老人倒也坦诚，不会太骗我吧，便接过他推荐的石头在灯光下左照右照、拿起放下地选定了六七颗，刚好云忠也挑了两座可以摆放在书桌一角儿的白石雕就的山景，归总在一起论价付款，共是1100百元左右。店主人非常热情，他送给我一本由"南京雨花石协会"编纂的《雨花石》图册，并盛情邀约我加入该协会。我说："谢谢！我只是喜欢而已，对雨花石并没有丝毫研究！"说着告辞的话，那位年轻的店伙计便"送"我们出门，真巧啊，只见小向她也正开着空空的游览车迎着我们过来，眉开眼笑地说："我是专程来接的，这里距离公园大门还有一段路程，你们两位老人家年纪大，走路不方便。"我们上了车，很感谢她的细心关照，只见那位店伙计也一起上了游览车，他说他要搭车回总店，车内他一再劝我们也到总店看看精品雨花石展览，云忠以时间关系婉谢了。

  晚上回到旅馆，我赶紧把昨天买的"假"雨花石拿出来，和今天买的"真"雨花石两相对照，翻来覆去地比，用手电筒上下左右地透视，直弄到"真""假"莫辨，总觉得没有多少差异。再回味当时的经历，突然怀疑小向是不是为这家铺面做"托儿"啊，不然她怎能掐准时间来接我们，而且那店伙计也上了她的车，不就是给她送"回扣"的嘛！若果如此，我买的雨花石中会不会如店主所说必定有假的呢？我把这想法说给云忠，他说："两天之内你才买了十几颗呀，估计其中能有一半是真的就该满足了，还希望什么哪？明摆着的事，小向就是他们的推荐人，不用怀疑了。再说，这是商品社会里常有的现象，丝毫也不奇怪。"过了一会儿，他又用安慰的语气对我说："不是我们自己太傻、太善良。在这里，'傻'和'善良'又有什么区别呢？其实说白了，'真'也好，'假'也好，又有何干？你既不是奇石贩卖商，又不是为了升值、赚钱，只是真心喜爱，'喜爱'就好，又何必去论'真''假'呢！"

  枯坐宾馆无趣，便拿出那些雨花石打开手电筒透照，一个一个审视它们身上的花纹、图案，越看越觉得可爱。其中一粒色微赭稍带黑纹、体扁平光滑，比拇指稍大,上面的图像恰似一位玉立亭亭的古装少女,轻摆纤腰、缓舒舞袖、向远方凝视,我本想给她起名叫"貂蝉望月",不对,因为图中无月啊!突然联想起近年来在中央三台、新人辈出的"星光大道"栏目中,闪现出的一位善于男扮女装的新星李玉刚来,觉得天上人间,情通思牵,便即兴给这枚石取了个名字叫"嫦娥长舒广袖,玉刚曼舞轻歌"。另有一粒石子,红黄杂色、椭圆形,大如桃子的核儿,石体有磕碰斑痕,但就在这隐隐斑痕中,我似乎看到几只嬉戏打闹、拥挤在一起的小猴子,高矮不一、猴头猴脑,顽皮可爱。我连忙给云忠看,他说:"我怎么看它像是几个小和尚在念经呢!"本来嘛,赏石的角度多变,只不过是"三分形似,七分想象"而已;我便采纳综合,干脆就叫它"花果山群顽猴嬉戏,紫竹林小弥陀诵经""猴陀同生"吧。当然,得到了云忠的首肯。另有一块多色调、长圆形的石子,拇指般长、两个拇指般粗,上方像布满厚重的灰褐色云彩,环腰则是一条白、红、黑色混成的长河,就在那云水之间隐约立着一尊佛像。我大喜,又唤来云忠同看,云忠说:"太奇妙了,活脱脱是位南海观音啊!你看,她正俯视着人间呢!"我们马上琢磨出四句赞语曰:"乌云浊浪翻,观音云水间;柳枝蘸甘露,幸福洒人寰"。我认为这应该是我买到的最好的一颗雨花石了,其他的,不管是真是假,有这一颗,也不枉我们两次奔赴雨花台了。我正要把它们收拾起来,谁料云忠又信手捡起一枚石子,像小小的鹌鹑蛋,用手电光反复照看着,我连忙凑过去问:"你看到了什么?"他说:"里面好像长满枝枝杈杈的白中透着浅黄色的珊瑚啊!太美了,不信,你看!"我忙接过来,翻来转去地照了半天说:"我看到的竟是黄梅花瓣儿飞满天啊!"云忠说:"那就对了,三分形似,七分想象呗!你我的想象哪能完全相同呢!"他找来笔写下几句赞语"梅花朵朵,珊瑚节节;相拥相伴,同心永偕"之后,说:"这就给它当名号吧!"

云忠问我:"你这么喜欢雨花石,一定知道它的来历吧?"我说:"对雨花石的地质成因,我一无所知,但对雨花石的传说,倒听过一些:相传南朝梁武帝(萧衍)崇拜佛法,故而在京城建康(即今之南京)周围可谓佛寺如林。一日,有位名叫云光的禅师端坐佛台,向虔诚的信徒们解经布道,讲到经义深处,真个是口吐莲花、妙语如珠,就在信徒们一个个顶礼膜拜、如痴如醉之际,忽然间天空散落繁花如雨,纷纷入地而没,此后,这里便被叫作'雨花台';又不知何时,有人发现有一些晶莹圆润的小卵石在雨花台的地表处裸露出来,非常可爱,人们便昵称之为'雨花石'了。"云忠赞叹说:"这个传说倒挺有诗情画意啊!其实,传说本身已是无稽可查,更何况又带有浓浓的神话色彩呢?但这个美丽的传说,却带给人们美丽的幻想和追求,当这些埋藏在地层千万年的自然美的精灵一经与人的美的心灵相邂逅时,便会撞击出绚丽的火花,带来如此多的奇思遐想、滋润温馨……"我把这些形状各异、色彩斑驳、圆滑温润的小石子一一握在手里,觉得心情十分轻松开朗,竟酣然沉入梦乡。

一觉醒来,红日临窗,只见云忠右手握着两枚石子在我眼前晃,左手拿着一张纸片,笑嘻嘻地说:"不有佳作,何申雅怀?拙作两首,供君修改!"我一把夺过石头与纸片,只见那两颗光润的雨花石一枚是红色、状如心形,一枚是灰白相间色、状如三寸小金莲。再看云忠的诗作,一曰:"圆滑红润如心,满布瘀伤刀痕;历尽一生磨难,依旧坚实温存。"另一首曰:"三寸金莲小,层层裹素绫;谁来解桎梏?叱咤万里行。"我一骨碌爬起,兴奋地说:"写得不错,不错!你别说,我一夜也没睡踏实啊,梦中也得歪诗一首,虽然是胡诌,不妨在你的面前现现丑吧!"云忠说:"快说来听听!"我说:"你可要记下来呀……

  有石有石兮名雨花,爱土亲土兮地为家;
  吸就坤精兮吮水气,叠叠累累兮发新芽。
  一朝天工兮开物种,日月风云兮亲吻她;
  风如刀兮云如锉,日予精兮月予华;
  空怀一腔兮补天志,追梦难成兮怨女娲!"

云忠挥笔疾书,见我中断,急切问道:"下面呢?"我说:"没有了!那还能没完没了啊!"云忠说:"似乎没有抒发完呀?"我说:"那就以后慢慢抒发吧!"

(2012年5月初)

【补记】

芳邻(马)欣来君喜赠雨花石两大盒,愧不敢领又退还无由,便与云忠将雨花石子一一浏览,挑其中花纹美而图像肖似景物、可供驰想者数枚,并作打油诗以记之。

其中一枚十分奇巧，只有小手指大小，很不规整。但仔细审视，似有一只小狗蹲坐，对面有一只像猫咪的小脑袋，下颌还依稀支棱着几根胡须，小狗身后隐隐有一只小鸟昂首翘尾地似在鸣叫，云忠来了兴趣便信口吟道：

"小鸟欢快鸣，猫狗相见亲。

人间与天上，和睦一家人。"

真真有趣！

另有一块小石，呈不规则的方圆形，还有几道白色波纹环绕其间，也就如拇指般大，托在掌上，宛如一座小水池；池壁上有或完整或残缺的类似骨、刺的残骸，我有感而发，作了一首打油诗：

"方圆鱼池饵食丰，囚禁灵魂岂能容！

为寻大海自由梦，破壁化骨也认同。"

云忠大笑说："你真能和我抢时间啊，我的诗竟被你憋回去了。下面我们再看看还有什么好玩的。"他手疾眼快又找到一枚长圆形柱状的石头，有小手指般长短。他端详了一阵，指给我看说："这一端多像一丛盛开的墨菊，而墨菊里却有一只酷似豚鼠（又名'荷兰猪'）的大半截腰身，却不见脑袋，两者很不协调地连成一体，不是也很有点儿诗意吗？"我说："这是你发现的，你就说说看如何入诗吧！"他想了片刻，便谦逊地说："这样吧，我先说说，你看着改吧。"小诗如下：

"豚鼠钻进墨菊丛①，似鼠似菊混不同。

不如向后退一步，海阔天空各峥嵘。"

后终因无功不能受禄，又怎能夺人所爱，便找个马上要出去远游的借口，将雨花石子原封璧还；善解人意的欣来看到我们诚恳的态度和所写即兴小诗，非常高兴，她说："原来这小小石子中竟有如此乐趣呀，足可以慰人寂寞了！"

（2012年6月初补记）

---

① 豚鼠：似猪似兔又似鼠，无尾，毛白色带黄或黑色斑点。又名荷兰猪、天竺鼠。

游北京香山植物园小记

9月28日上午，云忠和我应如嵩（老吴）、振筑伉俪之约，漫步在秋色满眼的北京香山植物园内。恰逢中秋与国庆联袂将至，又值党的十八大即将召开，该园正举办盛大的第四届菊花展览，真是喜上加喜。是日，金风拂面，时大时小；旭日临空，一碧无云；虽游人如织，欢声嘈杂，但仍令人气爽神怡！振筑家"军干所"就在近处不远，他们退休后经常来园中散步，老吴自称"这里边边角角哪个地方都能找得到"。所以，他便在前作导，引领着我们沿着去卧佛寺的大道徐徐走去。

但见路两侧花坛内全是菊花的天下，品种繁多、色彩缤纷、大小丛集、争奇斗艳，令我们目不暇接，声声赞叹：菊花仙子占尽了满园秋光！猛抬头，只见前方人头攒动处有一组由雏菊、青草编织的塑像：一个高悬着的绿色圆盘上大书"北京精神"①四个紫色篆字，左旁则是一头昂首奋蹄的大牛。游人纷纷站在牛旁拍照，我们三个也凑了过去，云忠打开摄像机镜头为我们留影，并加进了画外音："这里站着的是三头老黄牛！"这话是赞美，确也是实情！我们，当然也包括云忠他自己，这几十年来不都是在党的领导下，倾尽心血和精力，勤勤恳恳、辛辛苦苦、不计报酬地在各自的工作岗位上努力耕耘吗？尽管能力各有不同，贡献有大有小，但都怀有一股"老黄牛"的精神！

绕过大路，转入林间小径，高低参差的树荫下铺满绿得发亮的青草。草地上正有一群小学生在休息，他们吃着各自带来的食品还不住地唧唧喳喳、嬉笑蹦跳，充满了生命的活力。只见老吴轻轻地走近一个孩子身边，俯下身来亲切地问他："吃的是什么呀？""是在吃月饼吗？"不等孩子回答，老吴便动情地对我和云忠述说起几天前发生的一件小事："那天，我的小外孙女打来电话，说她们正在老师的带领下游颐和园呢，我和振筑也乘兴赶去想看看多日不见的孩子，可是到处寻找都没有找到……"我想，颐和园毕竟是太大了呀，前山后山、湖边堤畔、园中有园，要找个人的确很难，可对老吴的这番简述，不知怎的却着实叩击了我的心弦，他在讲述的内容和语气，都流露出七旬老人的舐犊之情、亲亲之爱。

---

① "爱国、创新、包容、厚德"被标志为"北京精神"。

我们走在一边傍树、一边沿湖的小径上,风儿越刮越大,吹得柳条乱舞,吹得头上白发竖起,也吹皱了满湖秋水。走在前面的老吴高声问:"前面是黄叶村曹雪芹故居,我们去不去?"云忠第一个附议,回应道:"去!那里有文化底蕴!"于是,我们就绕向一条曲曲弯弯绿荫夹出的幽径,很快就看到前方出现"杏林烟雨酒家"六个醒目大字。老吴说:"黄叶村就到了!"待渐渐走近,便看到酒店正门的侧墙上有一面黄底绿字的大木牌,镌刻着一篇洋洋洒洒的韵文,标题是《不如著书黄叶村》,振筑情不自禁地念了起来:

"黄叶村,花雕酒,当年曹雪芹,在此写红楼。

红楼未成人先去,留下红颜垒石头。

遂成残篇惊天下,古往今来第一楼。

小儿小女都随红楼成绝唱,不复记王侯。……"

辞新句美,令人陶醉,到了最后一段,我也不由得随着振筑朗读起来:

"风也走,雨也走,扯得岁月一起走。

为争风流满人间,勿使青丝笑白头。

松竹风采到此见,京师俗气到此休。

莫怪人高卧,只因酿未熟。

两三眼花开叶落,四五个骚人墨友。

为的是此山此水此村与此酒,博得天公一抖擞。"

此时此际朗读人如痴如醉,听读人也如醉如痴。老吴忽地伸出手来指向大木牌,加重语气道:"此山此水此村与此酒!"振筑也几乎与此同时回头大声说:"一抖擞!"活脱脱像两个天真无邪的孩子,童心未泯啊!我们开心地笑了起来。我很想知道下面落款究竟是何人,可惜落款处却是个空白,原来是位不愿留名的无名氏啊!转过身前行几步,曹雪芹纪念馆的大门已在望中。振筑指着一字排开的三棵老槐树说:"它们是曹雪芹故居的有力见证,因为曹雪芹的好友敦敏还是敦诚在赠雪芹诗中曾经提到过。"老吴因为多次出入此处,便自行在纪念馆外休憩,我和振筑携手跨进纪念馆大门,一下便被院子里、翠竹前那尊如真人般大小的曹雪芹坐势铜像所吸引,便分站在这位伟大的文学巨擘身边,云忠举起摄像机摄下了这一刻。待到我们在各个展室浏览了一圈走出大门后,看见老吴正站在一方石碣前欣赏上面镌刻的一首七言古诗。我大声提议:"请老吴给我们朗读这首诗吧！"老吴逊让不掉，便用标准的贵州普通话朗诵道：

"劝君莫弹食客铗，劝君莫扣富儿门；

残杯冷炙有德色，不如著书黄叶村。"

接着又说："此为敦诚赠雪芹的诗句，是周汝昌题写的。"云忠边摄像边为老吴有板有眼的激情朗诵叫好！我们又坐在三棵古槐中那棵歪脖子树下让云忠摄影，因为当时民间也曾用"门前古槐歪脖树，小桥溪水野芹麻"之句形容曹雪芹在黄叶村的居所，此处应该与曹雪芹更贴近吧！

离开黄叶村，我们迤逦走到一弯树围柳绕的荷塘边，眼前漾动着在秋阳折射下粼粼耀眼的银色波光，耳边又仿佛断续传来我熟悉的云忠的歌声：

"门前一道清流，夹岸两行垂柳，风景年年依旧，

只有那流水总是一去不回头，流水呀，请你莫把光阴带走……"

这歌声婉转、饱含着对大半生岁月的深情与留恋。此时，风越刮越大，塘面上荷叶俯仰摇曳、堤岸旁柳丝狂舞欲飞，鬓边偏偏又有缕缕白发飘来凑趣、遮眼迷离，耳畔又响起"为争风流满人间，勿使青丝笑白头"的句子来。我心中被一种莫名的思绪激动着，是伤感，抑或悲壮？一时还真说不清！光阴谁能留住？但值得欣慰的是，我们的人生道路尽管曲折坎坷，却也没有主动虚掷岁月，虽已步入夕阳，仍想让它闪射出一缕余光。

对啦，在去黄叶村之前，老吴还特意引领着我们，到一处耸立着五座用巨大花岗岩石块垒嵌成的、形状似塔的、不规则的高大石垒前参观，并说这是日本著名雕塑家空·充秋先生的杰作，题目就叫《茁生》。旁边竖有一块石碑，我和振筑凑上前去看碑文。这座向上延伸的艺术造型，就像它的题目"茁生"一样，"象征生命初始阶段的萌动与生长"，最后老吴又补充念了一句"它还蕴含着'爱的理想，希望和平能在21世纪有一个新的发展'的主题"。我们为它蕴含的深意而赞叹，同时也受到潜移默化的感染。

我们四人在飒飒秋风的植物园里，沐浴着和煦的秋光，呼吸着秋菊的幽香，一边漫步，一边海阔天空地闲谈，不知疲倦。用事后云忠的话说："振筑真是思维敏捷、达观，精力旺盛、健谈……我看到你和振筑携手互搀、相依相伴走了两个多小时，谈笑从未停歇，就像汩汩流淌的山泉，是那样自然，真是难得，真让人感慨！"

旭日早已升上中天，又在不知不觉中向西山倾斜，我们这时才觉得肚子有些空了。老吴诙谐地说："我们该去喂脑袋了吧！"伴着笑声，我们轻快地走出园门找地方去就餐。

回家以后，云忠与我闲聊，他笑说："今天，我这个蹩脚的摄像师和自封的导演小兵，却'向前走''回回头''招招手'地指挥一位名副其实的将军——如嵩是军事科学院古典兵学专家，兵学方面著作甚丰——你说滑稽不滑稽？好在老吴并不在意！"我打趣他说："你这个'指挥官'过足瘾了吧，简直把我们指挥得团团转！如果不听你的指挥，把我们摄成个丑八怪怎么得了！"聊着闲话，白天的情景却愈益清晰地闪现在眼前，因作小诗以记之，不嫌将贻笑于大方：

> 既爱踏春亦踏秋，如金岁月逐水流。
> 东篱采菊陶令去，古槐空余曹子丘。
> 巨著红楼惊天下，穷极赊酒傲王侯。
> 归去来辞传百代，挂冠岂为五斗留[①]？
> 四三挚友解其味，不慕名利慕自由！

（2012年10月3日补记）

【附】《不如著书黄叶村》全文：

黄叶村，花雕酒，当年曹雪芹，在此写红楼。红楼未成人先去，留下红颜垒石头。遂成残篇惊天下，古往今来第一楼。小儿小女都随红楼成绝唱，不复记王侯。秃笔诗，流水箫，鸳鸯锁，龙凤裘。横空飞来马，潮汐过往舟。大江东去淘不尽，文章从来著高丘，岂为岁月流。

满园芬芳各春秋，杏花坞顶起碉楼。云断香炉霞，月隐西山后。远闻碧云禅，近牵卧佛手。北与孙传芳为邻，东与梁启超成友。还有南国雨树，愈是残冬愈繁盛，就在村西头。每逢细雨潇潇，村前重重飞烟，多少风冷花瘦。每遇飞雪絮絮，世界清清正气，管他浮云苍狗。

[①] 此二句引用晋代大诗人陶渊明所写名篇《归去来辞》，以及他不为五斗米折腰辞彭泽县令挂冠而去的典故。

风也走，雨也走，扯得岁月一起走。为争风流满人间，勿使青丝笑白头。松竹风采到此见，京师俗气到此休。莫怪人高卧，只因酿未熟。两三眼花开叶落，四五个骚人墨友。为的是此山此水此村与此酒，博得天公一抖擞。

踏月漫步莲花池

莲花池公园面积不大，占地约44万平方米，绿化面积24万多平方米，水面面积只有15万平方米。可湖小历史久，名气大。据说公元前1046年周武王便分封尧的后人于蓟，蓟就是今天北京城的开端，而蓟城的摇篮就是莲花池。难怪历史学家有"先有莲花池，后有北京城"之说。一千五百年前，郦道元在他的《水经注》中也提及了莲花池："燕之旧池……东西二里，南北三里，绿水澄澹，川亭远望，亦为游瞻之胜地也。"它是古代北京城供水的主要来源，又被誉为"北京的母亲湖"。

公园坐落在今天北京西客站西南侧几百米处，四周交通便利，小区林立，人口密集，商贸发达。园内有露天剧场、儿童游乐园、垂钓区、游船和各式体育健身器材，既可观荷赏菊，又可锻炼身体。还经常举办书画、摄影展，以及文艺演出、庙会、花会、物资展销会等，可谓"麻雀虽小，五脏俱全"。自2000年开园以来，已成为附近居民游览观光、休闲娱乐的理想场所，是一片难得的"洞天福地"。我们居住的小区离此很近，自然经常来这里散步游览，享受一份难得的悠闲、清静。

俗话说："十五的月亮十六圆。"今天正是农历八月十六，即古人所说"既望"之日，天气晴好，又恰逢国庆佳节，良辰美时岂可轻易错过。晚饭后，我和云忠便带上摄像机，去莲花池公园踏月散步。

我们从莲花池南角门入园，已是暮霭沉沉时分，但放眼四望，却见一片灿烂辉煌。原来是为了庆祝国庆节，西客站那古式翘角飞檐的高大建筑和莲花池周边的楼体上，都装饰着各式灯彩，争奇斗艳，照亮了夜空。束束灯光落入池中，曲曲折折地扭动，如金蛇狂舞，似彩带飘拂。线上缀挂着彩色小灯泡的各式风筝，次第升上高空，犹如夜空中晶亮闪烁的小星星，构成了莲花池一道独特的风景。这时，水中岸上，恰似一座座仙阁琼楼，辉煌璀璨，炫人眼目。

我们沿着池边小路西行漫步。忽见池畔水影晃动下有一群物体在向前涌动。我用手电筒一照，说："原是一群野鸭！"云忠顺着手电光向前一步说："哪里是野鸭，是一群鹅！"喔，原来是近旁钓鱼管理处豢养的鹅，一群灰、一群白，都比野鸭肥大。由于我特别喜欢野鸭，竟把鹅当成了鸭，还夸说它们长得真快，惹得云忠一阵好笑。说起野鸭，也是莲花池的一景。当荷花高举，莲叶铺满水面的时候，孵出不久的小野鸭，毛茸茸的，或在池边蹒跚，或三只、五只、十只、八只地跟在母鸭身后在水面游逛、觅食，咻咻地叫着，随波浮沉，逗人喜爱。每逢这个季节，我来莲花池散步，一定要去探望它们。看它们嬉戏，或争相啄食，这时候，远处的大鸭也贴水拍翅飞赶过来争食。岸上的孩子们兴奋了，从妈妈手中接过食物也来喂小鸭，他们看着小鸭子挤挤搡搡地啄食，有的还扎猛子撅着小尾巴追逐沉下水去的食物，便拍着小手乐得直蹦直跳，欢声笑语一片。在池的西北角有座小岛，原来有小桥与岸上连接。记得早先岛上支了几座蒙古包，专卖烧烤、奶茶、小食品等物。现在连桥带蒙古包全已拆除，在孤岛上搭了许多小木屋，专供野鸭栖息。这真是一项人性化的举措，既环保，又让游人与自然生命更贴近、更好地和睦相处。可见池管处工作人员对野鸭的呵护与关爱。由于环境条件好，一拨一拨的野鸭便长得很快，不几个月就变成大鸭，有麻鸭，也有灰羽绿头鸭，它们嘎嘎叫着，在湖面上追逐嬉戏，或绕掠着波光粼粼的湖面翱翔，游人们指指点点，争相拍照。野鸭也成了莲花池一道富有生命活力的亮丽的风景。

我们漫步到了品莲轩，这是背水而建的一排平房，几乎常年举办书画、摄影展。它的背后有专供游船荡桨的开阔水面，池边近岸处的水域则种着大片荷花，少量的芦苇与菖蒲也杂处其间。轩前有一片平地，建有品字形的三座水池，其中种满了睡莲。我喜欢荷花，爱她的雅逸、清丽，亭亭玉立在水波之上。然而，如今时值仲秋，花已凋、叶也残，唯有这池中的睡莲在园林师傅的精心培育下，有的刚刚结出鲜嫩的骨朵，大多数还在次第怒放。睡莲，又名"水浮莲"，据说她在夜幕降临时就收闭花瓣儿，睡起懒觉，在黎明来临时，便徐徐睁开明眸灿放，因其一开一合、夜睡晓醒，十分有序，所以又叫"子午花"。她和荷花一样，在我的心中，是最美丽、最圣洁的鲜花。睡莲花分白、红、黄、紫等多种颜色，我尤其喜欢大方、凝重而不失亮丽的紫色。此时，我站在池边迟迟不动，想看看睡莲是睡了还是醒着。但夜色太浓，远处的灯光在这里显得暗淡，看不真切。我便打开强光手电，挨片挨朵地照着。只见贴在水面上的花朵忽隐忽现，似正睡意朦胧，更显十分羞涩、娇媚。云忠早已在我身后打开摄像机跟着拍摄，一边拍，一边还笑着说我"简直像个孩子，十足的花痴"。

我们顺着品莲轩旁的小径向东漫步。突然，我惊奇地发现柳树缝隙间有个大圆球，黄黄的，像一枚大大的鸡蛋黄儿："啊，月亮，是月亮"！我赶快指给云忠看。他说："黄黄的，像一块生日大蛋糕。"月亮升上了柳梢头。这时，夜空中有一面风筝升了起来，风筝线上别致地缀挂着一弯一弯的弧形彩色小灯泡，有一串偏巧就围挂在月亮下面，像给嫦娥带上一串玲珑剔透的五彩珍珠项链，真是巧妙绝伦。云忠手疾眼快地抢着拍摄下这个珍贵的镜头。

月亮渐渐升高了，由淡黄色变得洁白晶亮，悬在一碧如洗的天上，像一只大冰盘。清辉洒在地上，洒在我们的身上。"江畔何人初见月，江月何年初照人？人生代代无穷已，江月年年望相似"的诗句忽然闪现在脑际。这是唐朝诗人张若虚《春江花月夜》中的句子。今夜看着这光明澄澈的一轮孤月，兴奋中反倒有些迷惘、感伤。不知这千古名句里究竟深含着怎样的哲理意蕴，竟使人心底涌动着一种遥接千古的感念，便向云忠索解："你说，在这莲花池畔是何人初见月，而这池月又何年初照人？"云忠被这突如其来的发问弄得一时转不过神来，他愣怔了一会儿，还没弄清我的真实意图便答非所问地说道："也许是三千多年以前吧！那时池畔的人最先见到月，那月自然也就照见那池畔的人了。"说完便嘿嘿一笑。"真有你的，竟绕了弯子来敷衍我！"他误以为我在赞许他，又忙接上话茬儿说："莲花池不是北京的母亲湖吗？要不，那池上的月光怎么也会温柔、纯净得像慈母一样，抚照着池畔的你和我呢！"越说越离题，真拿他没办法，只好哼着小曲儿，漫不经心地向前踱步。

远处有歌声、琴声随风传来，时断时续，若有似无，比起节假日老年合唱团那激情澎湃的歌声、琴声来，显得很是清柔、幽远。三两游人的身影，无声无息地从身边飘过。偶尔一阵隆隆的火车声，从不远处传来。之后，一切又归于寂静。月光尽情地倾洒在地上、湖上，似水，似霜。四周的灯光渐渐暗淡了许多。云忠轻声唱起他儿时爱唱的歌："床前明月光，疑是地上霜。举头望明月,低头思故乡。"歌声勾起我遥远的情思,看着眼前的景,想着远近的亲朋,"但愿人长久,千里共婵娟"的诗句,不由自主地从心底、口中流出。这自然引起了云忠的共鸣,他加重语气地重复了一句:"但愿人长久,千里共婵娟!"

我们在池边漫步,在月光里徜徉,三句两句地背诵着有关月的诗和词,哼着有关月的歌,有时互相提示,有时又抢着争唱,忘记了身在何方。直到月悬中天,净园的时间快到了,我们才慢慢绕道南门,回到那一片喧嚣的尘世中去。回家的路上,云忠余兴未尽,即兴作了一首小诗:

"暮色四合影相随,天上人间共交辉。

夜风催动踟蹰步,池畔踏月不忍归!"

我忍不住也答了一首:

"池畔踏月胡不归?只缘蟾宫未开扉。

若从玉兔得灵药,碧空绿水任我飞!"

我们相互取笑,挑着诗句的毛病。一回到家里,便迫不及待地打开电视,把云忠所摄之像放映到屏幕上。渐渐地,就又沉浸到那片灿烂又静谧、现实又浪漫的月下氛围中去了。

(2012年10月1日凌晨草拟,5日晚写就)

三、闽苏浙游记

丁亥年仲春季节,清明刚过,春染柳梢,久静思动,我和云忠忽然萌念漫游南方,以陶冶性情,同时也丰富自己的精神文化生活。说走就走,选定首站先至闽省之武夷山,然后,再向周边风景名胜处辐射。待到达武夷山后,租住在武夷山市郊三姑镇上埔玉景小区(玉景是"狱警"的谐音,指代小区主要居住群体)的严姓友人家。因为那里地处武夷山景区之内,游览比较方便。

此后,我们便每日早出晚归,游山玩水,享尽闲适。

初游九曲溪

夜雨初停,空气清新湿润,我与云忠去游极负盛名的九曲溪。先至九曲溪上游处之星村小镇,准备买票乘竹筏顺溪漂过这迷人的九曲十八弯。

星村,地处九曲溪上游处,是个繁华的小镇,也是竹筏漂流的始发地。因为时间尚早,我们先在镇上游逛。小镇不大,镇中间的几座白墙黑瓦、飞檐翘角的民居小楼,显示着她的沧桑古老。该镇依山势而建,高低悬殊,走在高处望见下面的民宅,深深的,真担心下大雨时会被山洪冲走!

卖票的时间还未到,我们便从码头跨过一座石桥,到了九曲溪的彼岸,在溪旁找一处木制长椅坐了下来,看对岸工人摆弄竹筏——他们是在做划行前的准备。发现竹筏不仅有宽有窄,还有真伪呢!所谓"真",当然是指用真正的毛竹做成的;"伪"呢?是用一种颜色似毛竹而其实却是玻璃钢制成的。我想,千里万里为乘竹筏而来,可别轮到我们坐上假竹筏啊!

卖票时间到了,岸上人头攒动,都争先排队购买,一张票100元。买到之后,又举着船票,急切地等待登筏。一般每只竹筏上乘客6人,不少都是临时组成的。我们和另外4位男士凑成6人之数,便坐上了一只看起来很气派的地地道道的大竹筏。

这艘竹筏是"武航0183号·0083号——工人先锋号",每艘为8根粗大毛竹扎成，筏头向上翘起，如昂首蛟龙；筏身约十来米长，一米多宽；两个筏缠联在一起，共6个座位。有一男一女两位筏工，男在前，女在后，手里都执一根长长的竹篙。据说，筏工的组合多为家族式的，自带竹筏，加入竹筏运航公司统一调度。

我们人多又有女士，便被照顾坐在前面两排，后排是另外4位外地游客。一上船，我们便每人拿出5元，把一共30元小费送到撑筏的男工手里，他道了谢，便挥动长篙，带我们向溪中心撑去。

长篙点水荡动竹筏，竹筏沿溪水向下游漂去，在清流乱石滩中曲折缓急地前进。这方向据说与古人相背：古人根据风光的由浅入幽、渐入佳境而逆流直上，并为水随山势的流转起名曰一曲、二曲、三曲……直至九曲的星村码头；而今人则是由九曲处顺流而下，自九曲至一曲的武夷宫码头。由逆流改顺流，自是省了力气和时间，不必管它"渐入"还是"渐离"佳境了。这究竟是今人聪明还是愚笨于古人之处呢？

我坐在竹筏上任水漂流，清风徐徐拂面，碧波被竹筏划开，翻卷着浪花，有时打湿我的衣衫。我很兴奋，因为终于实现了长时间的梦想，能在这如诗如画般的九曲溪上徜徉……我驰骋想象，游目四望：水无涯，山无际，层峰巍巍，何止三十六座！清溪荡荡，哪里仅限九回弯转！大自然风光无限啊！因信口吟诗抒怀曰：

　　雨住风轻云未开，九曲溪上荡竹排。
　　绿水萦山多少转？青山绿水几徘徊？
　　青山何止六六数！绿水明明过三三！
　　盘古醉憨巨斧落，峰峦交错水潺潺。
　　我今有幸凌万顷，暂作水空羽化仙。

男篙手为人开朗、幽默、口才好、有情致，他兴致勃勃地边撑竹筏边当起导游来。他对每个景点几乎都有一番戏说，有时还加上一段顺口溜，其中有的也还不乏深意。不嫌啰唆，我记录一些于后：

小杨的开场白逗得我们爽声大笑。他说："男女搭配，汗流浃背，干活不累。"他看我们大笑，便又张口补几句："说说笑笑，热热闹闹；不说不笑，就想睡觉。"小杨是个机敏的人，一路上我们的竹筏上空笑声不断飘散。

竹筏划过纱帽山，小杨说，山上有和尚庙、尼姑庵，并说其中一些是佛教学院毕业的，长住庵庙伺奉香火。筏过青蛙嘴，只见一石傍山悬空，极像青蛙，但似乎下巴短缺。小杨说:"这只青蛙太贪吃,又爱贫嘴,下巴被打掉了!"我心想,社会上那些贪吃受贿的赃官,要是都能被惩罚得失去下巴,不是让人一眼就辨认出来了吗!小杨很诙谐,一点儿也不护短,他忽然自嘲起来:"旅游旅游,全靠导游;导游导游,全靠吹牛;如不吹牛,等于白游。"半晴朗的天,一点儿也不热,带着丝丝甜味儿的小风,吹拂着头发,亲吻着面颊;两岸巍巍青山多姿的倒影,就依随在我的身边,我愿竹筏慢慢,再慢慢地游……

筏子游过三仰峰,这里是全溪的最高处,海拔750米。三峰依次排列,颇像三面直立迎风招展的长旗,因为是丹霞地貌,崖体泛着赤红色,我脑海里泛起岑参的《白雪歌送武判官归京》中"风掣红旗冻不翻"之句来。只听小杨介绍说:"这里是'三面红旗'……"

途经磨盘山,两块重叠的巨石间还夹长着许多绿枝青草。他说:"看啊,多像个汉堡包儿!"过了笔架山,划到大象峰,来到三仙岛,他说电视剧《封神演义》曾到此拍外景。这里水深、山高、景幽,飞云一堆一团飘忽着、拥挤着,似是杳无人迹的云的家乡、神仙的世界。

又漂过了几道曲,只见筏随水转,水顺山环,我把手伸向水中,去撩拨那清可见底的溪水。竹筏到了酒坛峰,隐隐约约可见山腰有一座土地庙(或山神庙),山石峥嵘如画。小杨说:"这是张大千的山水泼墨图!"呵,他倒知道的蛮多!但见这山石缝中有一道深深的裂纹,他笑着讲起了故事:"话说,那一年八仙里的铁拐李,云游至此,一时口渴想酒吃,见此酒坛,大喜过望,谁知用手一摇,竟是空的。大怒之下,一拐杖便把酒坛打开了一道裂缝,直到如今。"他讲得眉飞色舞,活灵活现的。过了酒坛峰,不远处的山腰上,有一座石门楼,显然是人工修建而非天成。小杨说:"这座石门又叫财主门,是太平天国时期,天下大乱,财主们逃进深山避难留下来的住所,现在也成一景了。"

溪水深处冲力大,竹筏不用人撑便缓缓向前,很快九曲景中之最的第五曲,就在面前,而它之上,也就是迷人的天游峰了。此处溪水深不可测,山峰高耸壮美,仰见游客如蚁,正沿山体石径向上攀爬。山脚处,也有曲折栈道,可供溪边游客攀缘升登。小杨说,天游峰是武夷山三十六峰之精华所在。他张嘴就来了几句顺口溜:"不登天游,虚此一游;登上天游,汗水直流;不怕辛苦,下次再游。"

漂至天游峰下,见如削的山壁上有摩崖石刻,距离远,字迹看不清楚。待至眼前，影影绰绰的几个大字又一晃而过，小杨说是"五曲幼溪津"五个字。他说其中的"幼"字，最后一笔却不出头，就是将"力"写作"刀"。"为什么呢？"他自问自答说，"宋朝时期，有一位右御史名叫陈省（疑为明朝时人，号幼溪，嘉靖年间进士，官至兵部侍郎，先遭严嵩排挤，后又与张居正政见不合，遂隐退），是个清官，总受奸臣排挤；他一怒之下退老山林，就在这面石壁上刻下这五个大字。因为他的官衔是右御史，便以'幼'谐'右'，并特意把'幼'如此写，表示'当官不出头'，以明心志。"接着，小杨不无骄傲地夸说："武夷山的风光好，可是名不虚传呵！那一年，郭沫若到这里一游，便题诗曰：'桂林山水甲天下，不如武夷一小丘。'此诗一传开，桂林的人不干了，这不是挑事儿吗！后来，谷牧（时任国务院副总理吧）来到武夷山，乘着游兴，题诗一首，才平息了这场互争强胜的纠葛，诗曰："桂林山水甲天下，武夷山水也神奇。同为祖国好山河，何必你我论高低。'"

这个小杨，又是历史，又是现实，真真假假，假假真真，知道的竟还不少，口才也不错，一路上他的嘴就没闲过。看来，各行各业，只要认真去做，都会自在逍遥，乐在其中，受人尊敬的。

远远看到一处山体由两截巨石相叠起，上尖下粗，他说这是"神舟六号"火箭在升空。更远处的崖壁上似乎有石刻字，他说写的是"玉皇大帝"四字，并说那里是玉皇大帝更衣处，峰名就叫"更衣台"。

经过御茶园，他说元世祖忽必烈曾到此，饮过这里的茶。接着，他幽幽地说，真正的武夷山大红袍茶树也就只剩下几棵了……迎面又见几块像风帆般的巨石错杂在一起，小杨说："这是悉尼歌剧院！"哦！澳大利亚也飞到我国闽西北来了？哈哈……

此时，放眼溪面，粼粼波光银星万点，溪水里摇曳着重重的云影山形，前后左右数不清的竹筏正在竞渡……实在是风景这边独好啊！

前面已进入四曲溪，小杨指着一处景点说，电视剧《西游记》中观音菩萨给孙悟空戴紧箍咒一幕，就在这里拍的。四曲景点颇多，漂过金鸡洞时，他说："这洞有36米深，小白龙出涧变白马，保唐僧去西天取经，也是在这儿拍的。"据说，这里溪水最深最险。我心想那就是《西游记》书中的"鹰愁涧意马收缰"之处了；细看眼前风光，果真像吴承恩所写"悬崖峭壁崎岖路，叠岭层峦险峻山""千仞浪飞喷碎玉，一泓水响吼清风"啊！正自沉思，小杨又指着那边峰巅说，电视剧《南拳王》的很多场面也曾在此取景。附近崖壁上刻着的"飞翠流霞"四个红色大字，从我眼前一掠而过。

途经悬崖之上有悬棺处，小杨提醒我们注目一面高大的山崖看悬棺。此处正是山环水转之处，水流激而筏行急，根本无法看清悬棺的形状，只能见到一个个模模糊糊的黑点；竹筏过后，再回首，更是只见锈红色崖壁而已。小杨说，这里有三千五百年前夏、商时期的悬棺葬的遗址，接着又大讲如何如何地把棺木悬挂上去……言之凿凿。信耶？疑耶？

至三曲处，小杨据山峰形态各异一一曝出它们的别名。如"纽约世贸大楼""北京猿人"……这些不知是他一时即兴杜撰的，还是当地人的约定俗成？接近二曲处，看到了大王峰和玉女峰，这是武夷山三十六峰中之佼佼者，是武夷山风光之门面招牌、代表。小杨开始讲起故事来，他说："你们看，这两峰之间隔着一块耸天大石叫铁板峰。本来大王神与玉女仙两相爱悦，铁板怪心生嫉妒，便在玉皇大帝面前告密，从中挑拨，惹得玉皇大怒，下令将犯了天条的大王、玉女点化为石峰，僵立于溪水两岸，以示惩处；又派铁板怪化为石屏，夹在他俩之间。"小杨讲得绘声绘色，我望着玉女峰与隔岸而立的大王峰，突然觉得他们仿佛都活了起来。我对云忠说："咱们为他俩作首诗吧！"云忠说："我已有了两首，你听！

一

九曲溪水拍山流，大王玉女愁对愁。
相思血泪化丹崖，伉俪难结恨不休。

二

铁板奸邪更无行，告密挑事震天庭。
双双化石隔山涧，遗恨千秋不了情！"

我说："好哇，我也有了，听着啊！

一

大王玉女本相悦，铁板无端铸离别。
天帝淫威何足惧，造物难移两心偕。

二

风拍水动波声送,直诉千秋未了怀。
自古多情多磨难,不见山伯与英台!"

正自心中得意,相互品评间,忽地一个浪头从筏边打来,溅得一头一脸,我们不急反而大笑。

说话时,竹筏已轻轻划向二曲,正前方有一巨峰矗立。小杨说:"快看,快看,毛泽东头像峰到了!"大家注目细看,都说,像,像! 若是额头再饱满些,就更像了! 再前方,便是镜台峰,上有武夷山最大的摩崖石刻,是古今名人的题字、诗词(如朱熹就有泛九曲溪诗词,一曲一阕,共九阕)刻字。可惜筏行快、字体小,竟视而不得见;只有"千崖万壑"四字,体大无比,红艳醒目,字字尽入眼帘。

眼看竹筏已经穿过二曲,进入一曲,小杨要考一考大家,他向乘客发问:"我国现有四大世界自然与文化双遗产圣地,除武夷山外,另三处是哪里? 快快抢答!"一个声音说:"泰山!"小杨立刻学着电视台主持人的声调说:"回答正确!"一个声音又说:"黄山! 峨眉山!"小杨立刻说:"回答完全正确!"

终于竹筏荡进一曲,水上漂了一个半小时,在小杨幽默风趣的逗引下,我们的竹筏上空不时爆发出欢乐的笑声,招得邻近竹筏上不少游客投来羡慕的眼光。上得岸来,犹觉身体仍漂流在水上。正自恍惚间,忽见前面游人拥成一团,趋近一看,原来那片草坪上竖着一块大壁板,上面贴满漂流者的照片。一个青年用手提扩音器一遍一遍地喊着:"快来找找,快来看看! 这里有没有你们的照片! 10元钱一张,自由选购!"没有人给我们拍照啊,我们也没有请人照啊,正犹豫间,同筏的那4位男士已捷足先登,举着手中的照片向我们喊:"看哪,这是我们的! 你们再去加洗吧!"这是怎么回事呢? 原来当竹筏漂流至某个河湾时,在溪中一块突起水面的大岩石上,支撑着一把大伞,伞下有人手举相机对着漂过来的筏子不停地按动快门儿,我们在筏上面对青山绿水正觉新奇无限,只以为这是一位风景爱好者在拍摄风光照呢,岂料拍摄的对象竟是我们这些游人;他们可真做成了一桩大买卖了! 不过,话说回来,游人在筏上,欲照自己而不能,由别人(何况又是专业技师)代劳,何乐而不为! 况价钱也不算贵。云忠兴冲冲去加洗了两张,作为留念,相照得不错,我们对照相人甚怀感激之情。我说:"真是绝顶聪明的'取之有道'的赚钱方法,先进的电脑技术加上不失商业瞬息即逝之机,估计从他给大家每条筏上照相,再传递到岸上冲洗制作,一天之内,不过几十分钟的时间,便有几十张、几百张之多的生意呀!"

今天一天够累、也够回味的,晚上躺下后,久久无睡意。又撰成几首顺口溜如下:

一

九曲逶迤十八弯,青山缠水水缠山。
堪怜武夷山水恋,抛利斫名自在仙。

二

竹筏入水化蛟龙,拍浪击涛势凌空。
笑跨龙背戏溪水,迎送青山万千重。

三

夷水三三弯连弯,武峰六六逐蓝天。
艄公舞动青竹篙,飞打激流越浅滩。

四

竹槎掠水云里来,石壁无门面面开。
当是盘古鬼斧舞,更加女娲神鞭甩!

早饭后,我们去武夷宫,沿途一路采小竹笋,十分有趣。因为昨夜下了场小雨,今天那里的春笋怒发,一棵棵裹着褐紫色的绒绒衣包、尖尖的顶着花穗似的小脑袋伸出地表。显然是没有主人的大自然的恩赐,并非园林附近的禁采区。我们兴致勃勃地边找边采,这时的心情,说实话不是为了口福,而是要做从来未做过的,只是书上、电影上才见的雨后采新笋的好玩儿的事情。

采着走着,到了九曲桥头,又前行不过5分钟,便到了武夷宫。入宫门,清香扑鼻,似是从一些小灌木中发出,开的是白色的小花,不知其为何名。宋街上沿途多种四季桂、枫树、杉树等乔木。武夷宫集自然、人文景观于一体,蕴藏着丰厚的历史沉淀。尤其是先贤馆，里面有此地先贤以及曾游历至此的历史名人，如陆游、辛弃疾、戚继光……我们对这些饶有兴味，不停地摘录匾额、对联以及一些记录文人、武将的文史资料。

出了先贤馆，走到另一座跨院——柳永祠。此处很幽静，展览厅内介绍了柳永生平及词歌作品，厅外左右各有一组石雕，一组是词人与风尘女子饮酒酬唱的场面，一组仿佛是刻画他与友人的离别，倒也生动。展厅正门外，影壁石上，镌刻的则是由毛泽东书写的柳永的代表作双调《雨霖铃》：

　　寒蝉凄切，对长亭晚，
　　骤雨初歇……念去去，千里烟波，
　　暮霭沉沉楚天阔……
　　今宵酒醒何处？
　　杨柳岸，晓风残月……

这是生动抒写情人之间惜别伤感之情的词篇，景的渲染，情的缠绵，交融渗透，读来惊心动容。它足以代表柳永慢词创作的艺术成就，堪称是一首古今难追的好词。

乘竹筏游九曲，入武夷宫看了先贤馆后，云忠便写了一首抒发对武夷山自然人文感触的诗歌，特记录如下：

武夷山畅游歌行

　　碧水丹山，
　　清明过，
　　更见一番春色。
　　九曲溪流十八弯，
　　泛我竹筏片叶。
　　大王峰雄，
　　玉女峰俏，
　　相看永不歇。
　　景情融会，
　　妙处今古争说。

仰观山川形胜,

人文荟萃,

代代出英杰。

为国为民铸忠魂,

万众景仰拜谒。

治国安邦,

辉映千秋业。

击节赞叹,

世界"双遗"堪绝!

下午出游,又遇山雨,我们行走在烟雨织成的浓雾里,四围山色迷蒙,眼前的树叶、野草都泛着水光,入眼格外青绿发亮。沿路采着雨里春笋,十分舒畅。谁料雨越下越大,兼有雷声隆隆,雨柱顺伞泼向地面,如瓢泼缸泄。我在雨中行走,腿反而不觉疼了,竟愈长精神。于是信口吟诗一首,曰:

武夷山游遇雨

武夷天气娃娃脸,山云四合变了天。

大王雄峰隐不见,暴雨砸地起白烟。

伞顶狂敲变奏曲,脚下处处流浊泉。

雷声轰隆天鼓响,壮我行哉开我颜!

(2007年4月14日)

东关古渡

人在扬州。一早起来,便坐游1路公交车到计划中的目的地,这是大运河的一个古渡口,河侧只竖立着一架标志性木结构的高大牌坊,大书"东关古渡"四字。河面上并无来往船只,空留着停靠船只的码头。这里没有其他游人,我们沿着古运河走啊、说啊,尽情倾洒着怀古之幽情。

东关古渡建于唐敬宗宝历二年(826年),距今已有近一千两百年的历史,为扬州东城外主要渡口,后被元时战火所焚,至明嘉靖年间(1522—1566年)修复。其旧城之东门曰"利津门",俗称"东关",当时客商多从东关进出。于是,东关渡口便成为盐运、漕运繁华的见证,成了今天古运河之风光带。它是运河的南起点,北京通州是运河的终点。

到瘦西湖园门前补照了几张照片后,便问路去寻"个园"。

从瘦西湖到个园,路很顺,我们买了门票进入园中。该园的主人,是清嘉庆年间两淮盐商之"商总"黄至筠,他在创于明代的"寿芝园"旧址上,翻新成自己的私家园林。黄至筠生性爱竹,故以"竹"字之半的"个"字,作为园名。园中最负盛名的当然首推名目繁多的竹子,其次便是各具形态的名贵怪石。所以便有了以笋石、湖石、黄石、宣石等天然石材叠成的春夏秋冬四季假山,各具神秀。个园,被我国园林泰斗陈从周专家誉为"国内孤例"。

我们见游人太多,便踏着碎石铺就的小径去寻人少的幽静。这里真是满眼青翠,无处无竹,有紫竹、黄条金刚竹、凤尾竹、罗汉竹等,名目甚多,不可胜计。游走竹林、竹径之中,只觉得凉风习习,竹叶翻飞,绿气森森,遮天盖日,真是个好去处!我们穿过重重假山掩映着的一座座亭台楼阁,转遍了前院、后院的厅堂、书房、卧室、绣楼……所到之处的对联、题匾无不强调读书之乐,表明了这位旧日的主人很注重文化教育,这座园林,俨然是以"儒"传家的巨商的大宅院。难怪文字介绍上说,它与京城的颐和园、承德的避暑山庄、苏州的拙政园,并称为中国"四大名园"呢!园中有"觅句廊",廊联曰:

月皓竹成千个字

霜高梅孕一身花

个园大门的对联是:

春夏秋冬山光奏趣

风晴雨露竹影多姿

个园门外打出的招牌是:

盐商豪府第

竹石雅乾坤

古今三大景观:观竹、观石、观豪宅。估计何园也不过如此,鉴于明天就要赶赴无锡,还要收拾行李,好好休息,就打道返回旅馆。紧紧张张地玩了一天，很累，也很兴奋，夜里还做着未能尽兴、尽意的遗憾之梦呢。

（2007 年 5 月 14 日）

在无锡看灵山大佛

灵山大佛景区，在无锡市郊的马山之西，距市区很远，车行 80 分钟后方至。山门外的场地十分开阔，停着很多大大小小的车辆。

灵山大门的对联是：

三万六千顷淼淼烟波渔歌伴梵呗① 高唱大乘西来太湖映佛光普照

四百八十院苍苍檐葡谷响赛精舍钟声宗风南衍灵山建海济名蓝

门前有大影壁，上书"湖光万顷净琉璃"七个大字。置身此境，让人心胸豁朗，仿佛被佛光浴净，无半点尘埃。

远看寺庙依山而建，目光尽处便是那尊摩天而立的灵山大佛，高大威严，望之令人肃生敬意。尽管门票昂贵——88 元，对老人也无丝毫优惠，我们还是欣欣然购票，兴冲冲进入山门，迎着我佛如来走去。但觉走了很远后，大佛仍然还在远方，老辈儿人说"望山跑死马"，这话可真不假！这座佛像立在山巅，像是比山还高呢！沿路有不少铜质佛雕，其中一座是一只竖立的、硕大无比的巨掌，肯定是如来佛的。我对云忠说："这掌上如果再铸个孙猴子翻跟斗云就更明确了！"又前行，见有一座弥勒佛铜雕坐像，膝前、脚下铸有许多天真活泼的胖娃娃，他们的头、小屁股都被游人爱抚得明光锃亮，可鉴人影。我又注意到铸造这座艺术品的作者，是杭州的朱炳仁铜雕大师。

终于来到山脚下了，大佛似乎就在眼前，但要面见佛祖，在他的脚下顶礼膜拜，仍须努力向上攀登一座高大的台基才行。

88 米高的大佛背倚灵山，南面太湖。左挽青龙（山名），右牵白虎（山名），地灵形胜，这里真是一方圣土，一方难得的佛国宝地！要想到佛祖脚下朝拜，需要登上大佛台基，台基共分 7 段，每段 31 阶，段与段间虽隔有缓冲的平面铺石，可到底要登 217 级啊！我一边向上爬，一边数着数，出奇的是那双

---

① 梵呗：指佛教在做法事时的赞叹、歌咏之声。

一直酸痛的腿，此时登台跨阶，上上下下竟如履平地一般，没出现一点儿毛病。难道佛祖真的为我的虔诚显灵了吗？但等到返回下山时，却有点儿摇摇欲倒，举步趔趄了。遗憾的是，下山之后日已向西，为赶上返市区的末班车，而急匆匆离去，竟然没能留下一张与大佛的合影。

　　我们赶上了公交大巴的末班车，始发时车内乘客不多，还有位子坐。一路上窗外各色景物如拉洋片般飞过，晚风从窗外吹进，轻拂人面，倦意顿消，十分惬意。沿途不断有人上车，车厢内便慢慢拥挤起来。有两个男孩一高一矮，年龄约有十五六岁的样子，他们上车后，递给售票员两元钱说买票，问去哪？说，去无锡！售票员是位中年妇女，高高胖胖的，她和蔼地说："去无锡？不够，还要补钱！"这两个男孩看样子没钱了，很无奈地说："那我们就在前面一站下车，走路去吧。"走路？这可是80分钟的汽车路啊，就算已开出三四站，也还有十多站的路哪！天，眼看就要黑了，两个小孩如何走！我心里这样想着，便掏出20元钱递给售票员说："给他们俩买票吧！"售票员反问道："你替他们买？"我说："是！"她扯了两张票给了那两个孩子，并说："人家替你俩买了，谢谢人家！"说着找了我8元钱。我本想把8元钱给那两个孩子，但是犹豫了一下，是怕张扬？还是怕什么？终是没给。云忠低声说："下车后再给他们些钱吧。"我说："好！"等到了无锡市区的终点站，我们相拥挤着下车，只见那两个孩子一下车便坐在站台旁的条凳上歇脚，我说："算了吧，不知他们的底细，无故拿钱给他，不是把他们当成乞丐了吗？他们年纪还小，别因此而引出副作用来！"云忠点头同意，便作罢。

　　回到旅馆，我马上就觉得累得都快散了架了，想胡乱吃些东西就休息。我们走到旅馆隔壁的一个小超市，它只经营冷饮与面包、乳类等，我们买了绿豆冰棍和纸盒装的"蒙牛"酸酸乳，付款时却发现价格上有大问题——天气热，我们一路常吃这种冰棍，品种、大小、包装皆同，而在这里却与我们在不同的摊点、不同的超市付出的价格大不相同，有要一元五角一支、两元一支、两元五角一支的，而这里的冰棍竟向我们要三元一支；蒙牛酸酸乳呢，更邪乎了，这里竟向我们要了每盒三元八角的高价，而在北京不过两元一盒，就是今天刚到无锡，在一处食品店买的同样的酸酸乳饮料也才两元八角啊！这价格怎么这么这般乱？我们太累了，而且已经付了款，只好抱着一堆高价冰棍和酸酸乳，回到房间去填充空了的肚子。我说:"他们真是敢漫天要价啊!"心里又想:可怎么也没有部门监督啊!车站附近多是南来北往的匆匆过客,他们掌握了客人的心理,急着办事的人谁会为一时需要和他理论这点儿小钱呢?总之,他们也不盼回头客,只凭络绎不绝的过路客,就能赚够昧心钱了!我国传统文化的"君子爱财、取之有道"看来还需要普及啊!

(2007年5月15日)

太湖鼋头渚

清晨起来,吃些早点,准备去鼋头渚看太湖风光。到了太湖公园,门票105元,老人减半为50元。进入大门后,还要乘坐园内的旅游大巴,直接把游人送至旅游码头。我们上了一艘大船,船上游人不是太多,可以在船上走来走去。我游走在船头和船尾极目四望,心胸豁然。天上有细雨纷纷,微风吹着碎雨,落在太湖水面上便现出点点圈圈的水晕……远的山、近的树,都在随船移动。风越吹越大了,15分钟之后,雨住了,但风却不停。我们已靠近鼋头渚岛码头,大家纷纷弃船登岸。

迎着从湖面上吹过来的大风,走长堤,跨长桥,沿着岛上高高低低的碎石小路,目不暇接地打量四围景色。但见湖面水波浩渺,在刚刚破云而出的阳光照射下,在目力所及之内,由远而近地呈现出白、浅灰、紫、黑、深绿五色,扑朔迷离,神秘壮阔。我们避开游人稠密处,从后山绕到鼋头渚的顶端。

鼋头渚是太湖西北岸无锡境内的一个半岛,因有巨石突入湖内,状如浮鼋之翘首而得名,是太湖风景名胜区的主景点之一。它,独占太湖风光最美的一角,浮伏在山清水秀间,天然丰姿。我们蹲坐在鼋头巨石上观赏、照相、吟咏……流连约半小时之久,然后离开,准备去鼋背上的最高峰——灵霄宫。来到灵霄宫的山脚下,看到有老子——李耳的巨大坐雕,附近两旁也有儒家、释教名人雕塑,这是一处"三教合一"的胜地,是"三山道观"主体所在。但因游人拥挤,无下脚处,我们不能尽情观瞻,只好直接爬上了最高的灵霄宫。

殿堂巍峨,飞阁重檐,阁楣横额大书"天开画图",提示人们,一似进入天宫;殿门旁有两只巨型望天吼石雕把望,中堂端坐玉皇大帝像,自是香烟缭绕，供品纷呈。灵霄宫对面是瑶池金母祠，中间供的是王母娘娘的神像，拜祭的人很多。

结束了鼋头渚之游，才是下午2点左右，时间尚早，便打的去蠡园。只用了10元钱就到了。这个园子是与春秋时西施、范蠡的故事有关的，进得园子，处处都在述说着他们的轶事。忽然，见到一石碑，刻着"范蠡养鱼经"五个大字，甚觉新鲜，后面还附有多行密密麻麻的小字。我虽无心细看内容，但心里却想：范蠡大夫助越灭吴功成名就之后，携西施远去，转行经营商业，终成富甲一方的"陶朱公"。原来他竟是靠养鱼发起来的呀！思索间，来至"百步廊"，廊下有深池，池中有金色鲤鱼欢蹦乱跳地在追逐争食，池边有牌。啊！上面竟写着"越国范蠡大夫养鱼池"！此刻，我为今天有些人的擅长于附会加想象而慨叹，他们往往把历史上的传说弄得仿佛真的一样，岂不知弄巧反而成拙的道理吗？

出了园门，回头看大门上的对联是：

樯橹灰飞两千年吴越古地时空流转

烟波浩渺八百里秀色太湖潋滟依旧

今天在游鼋头渚时，我曾坐在鼋头顶端的巨石上手指起伏汪洋的太湖水，心潮起伏澎湃，怎知云忠却作了偷拍留影。其时，不知怎的，当我望着眼前流水滔滔，竟乐极而生悲，诌诗一首，曰：

鼋头渚上望太湖，朗日蓝空吴天舒。

日煎月煮消人寿，华年不再如斯夫！

【附】无锡景点记略：

"太湖明珠"无锡，是具有三千年历史的江南名城，别名梁溪，又简称锡。位于江苏南部，处长江三角洲腹地，南濒太湖，抱三万六千顷烟波，湖中有七十二峰散立。北枕长江、西邻常州、东接苏州，素为繁华之地。明清时期已发展为闻名大江南北的米市、布码头和丝市。

（2007年5月16日）

东林书院

在无锡想看的景点皆已如愿，就剩下东林书院，是非去不行的。该书院始建于北宋政和年间（1111年）。宋代学者杨时，号龟山，福建将乐人，是著名理学家程颢、程颐的嫡传弟子，是理学由北（洛阳）而南传的重要人物。杨时在江西庐山东林寺讲学时，爱慕那里的清幽景色，曾写过一首《东林道上闲步》，其诗曰：

寂寞莲塘七百秋，溪云庭月两悠悠。

我来欲问林间道，万叠松声自唱酬。

后杨时游历讲学至无锡，即以"东林"命名讲学之地。此后，明代学者顾宪成、高攀龙等人捐资重建此校，并先后在这里主盟讲学。他们传播理学，指陈时弊，裁量人物，一时间引起朝野钦慕，成为江南人文荟萃之处。有一副世人皆知的对联，传为顾宪成与陈云浦联对时所作，堪称数百年来名联无匹。联曰：

风声雨声读书声声声入耳

家事国事天下事事事关心

据说在20世纪60年代初，邓拓（时任北京市委书记处书记兼人民日报社社长）来访，曾撰文介绍过此联。几年后，"文化大革命"风暴狂卷，该联被"红卫兵小将"砸毁，而邓拓被"四人帮"迫害致死，也有这一条罪状在内。直到1982年，阴霾扫尽，玉宇澄清，此联又经廖沫沙[①]（"文革"前北京市委宣传部部长）重新题写后，重见天日，与游人见面。

遥想当年，东林书院初建，以它的凛凛正气，引起了弄权朝中的阉党们的恐惧与忌恨。明代天启年间（1621—1627年），以魏忠贤为首的阉党集团，诬称"东林"学人为"东林党"，大兴冤狱。高攀龙闻讯从容留下陈志遗表后，投水自尽；而此前早已去世的顾宪成，则被朝廷追夺一切功名；东林书院更被夷为一片瓦砾。明末代皇帝崇祯即位后，为"东林"冤案昭雪，东林书院得以重建，这就是今天瞻仰到的风貌。

我们穿小径，过小桥，赏池中鱼，观院里绿树闲花；登上依庸堂，迤逦又

[①] 邓拓、廖沫沙、吴晗（"文革"前北京市副市长）在史无前例的"文化大革命"一开始便被打成反党集团"三家村"。

至丽泽堂，为时间紧迫，堂上对联、条幅都不及细看。后来我们绕进了一处小小庭院，名叫"晚翠山房"。这是一座极幽、极静、极小的院落，长不过几十米，中间有一条微微突起的用青砖铺就的甬道，两侧是一溜儿书斋；只见斋门掩闭，窗内垂挂着清一色的淡绿竹帘。近窗自竹帘罅隙中窥视，室内桌椅整洁，想是当年东林学子读书论道的地方。进出该小院通道处有两座小门，一为月亮形，门旁植两株槐树；槐者，怀也，古代常怀君恩者，辄以植槐树而谐其音以明志。小槐树长得干直、枝茂叶繁，绿意盎然。另一小门为圭状，门内两侧种植两株石榴树，正盛开着似火红花。在青翠欲滴的榴叶映衬下，但觉满眼流光；石榴多籽，象征着培养更多的名士。据资料介绍，当代文坛怪杰钱钟书先生少年时曾是这里的学子。小院内的绿树红花掩映着这白墙灰瓦，我们坐在书斋门前的台阶上，享受着从槐树和石榴树上刮过来的清风，谈说着眼前美景，久久不愿离去。盘桓近两个小时，方依依走出这小院，回头再看它时，注意到门侧有一副对联，曰：

月明风清花开
茶熟酒香客到

这里真是一处远离繁华、超凡脱俗、令人心旷神怡的净土！可惜我们无福常来消受。

在参观东林书院时，登堂入室看介绍文字，读对联、条幅，肃穆敬重之感油然而生，想到古今正直的知识分子的堪坎坷遭遇，他们"先天下之忧而忧，后天下之乐而乐""以天下为己任""国家兴亡，匹夫有责"的心志，令人感佩、唏嘘！

明天又开启新的旅程了，而东林书院的景物，尤其是那小巧静幽的晚翠山房，却在我心中重重迭出，幻化成我童年眼中老父创办的私塾——梓竹补习学校的场景。那石榴树、那丛丛翠竹、那书斋竹帘，还有那棵高高的梓树，耳边又传来琅琅的读书声，令我心潮澎湃，作诗以抚之，曰：

一

书院径幽芳草青，石榴怒放槐荫浓。
松直柏劲严师志，竹韧梓高学子情①。

---

① 20世纪三四十年代期间，我的父亲在故乡兴办"梓竹补习学校"时，曾于校门两旁分植一丛翠竹、一株梓树，以应自编校歌中"梓高任栋梁，竹虚比贤士"之寓意。

二

东林处处读书声，风雨同响救世钟。

天下家国皆一体，年年凭吊众先生。

云忠对此次"东林"之游盼望既久，感触自然极深。他夜不成寐，写歌诗一首，曰：

东林颂歌

2007年5月17日，与禾雨瞻仰江苏无锡东林书院，面对先贤哲人，勾连古今沧桑，书生意气依旧，感慨何止万千。歌以赞之：

道南名府，书院圣境，东林自古堪夸。读书尚友，气节文章，名贤学子风发。放眼观天下。倡"三声""三事"，系国系家。力持清正，躬行实践，斥虚假。

义愤满腔喷薄，揭营私舞弊，擅权枉法。铮铮铁骨，堂堂正气，敢同阉党斗法。碧血化丹霞。八百年理想，绽放新葩。凝四百年精神，光耀我中华。

（2007年5月17日）

木渎之游

游吴越古镇木渎，一直奔向古镇正门。迎面有新立的大石牌坊，正面大书"吴越古镇木渎"，下有小字"费孝通（20世纪五六十年代，他曾任我校名誉校长呢）书"；左有"光前裕后"，右有"尧天舜日"；另又有长短二联，短联曰：

人游在街心画含吴韵

木塞于渎口碑勒镇名

长联如下：

相对是名山残霸宫城苍崖云树铢衣劫阅三千载

此中有古镇勾吴创业香水流芳裙屐人来五大洲

——虞山钱仲联撰　时年九十二

信步走古街，日近中午，恰见一座小饭铺比较清静，看门上贴的对联"览胜迹喜游古镇，品湖鲜乐坐水乡"也还近于雅；又见它那水牌子上用大字写着"莼菜汤"，真是投我所好了！记得还是十年前的新春正月，和女儿游苏州，一下火车，便奔虎丘，未入园林先进餐馆，在一座小小的酒楼上，我们点了西湖醋鱼等菜外，还要了一钵热腾腾的、碧绿碧绿的莼菜汤。莼菜入口滑滑嫩嫩，汤味儿尤觉鲜美，胜过西湖醋鱼多矣！回忆及此，此时犹觉口有余香。我便不由分说地走了进去，点了两碗面，一碗莼菜汤。待端上来一看，只见那个海碗里仅有几片清晰可数的莼菜叶儿，黄黄的、短短的，挑起入口，虽然也是滑滑的，但缺少那期待中的可口的鲜味儿，那汤也只有点味精味儿。我不停地用筷子捞捉那漂来浮去的莼菜叶儿，心里很失望。惹得云忠偷偷地笑我，他说："过瘾了吧！捞了几根啊？"我说："13根儿，正好是它的价钱13元，哼！还不够塞牙缝的！"他说："那也算是吃了江南的莼菜汤了呀！"我心想：只怪来的不是季节，秋风起、鲈鱼美，莼菜才正鲜嫩呢！晋代文人张季鹰（张翰）见秋风起，乃思吴中莼羹鲈鱼脍，说："人生贵得适志，何能羁宦数千里以邀名爵乎！"（《晋书·张翰传》）竟挂冠离京还乡，去吃他家乡盛产的莼菜汤去了。足见美味对人的诱惑有多大啊！不怪莼菜不好，只怪我来的不是季节啊！

（2007 年 5 月 22 日）

游走沧浪亭

沧浪亭的门儿不大，很不起眼儿，更像是个后角门儿，但的的确确是唯一的正儿八经的沧浪亭大门。服务人员热情招呼：老年人免票，还递上一册沧浪亭介绍。我们边走边看，心想：这座园林小巧玲珑，深藏城市中心，并不在城边或郊野，是不是今天的街心公园类啊！后又哑然失笑，时代变迁，沧海桑田，谁能说当年这里是郊野，还是闹市？这不就是北宋诗人苏舜钦（字子美）的私家园林吗？怎的把它和现在的街心公园比并呢！

入园门后，就见花木葱茂，假山玲珑，湖石错落；走过一架小得不能再小的小桥，绕过一弯细而又细的清流，则又是一番景象：古树参天，绿茵铺地，鲜花吐艳，顿觉满眼生辉。左手处是一带回廊，我们步入廊中隔着廊壁上镶嵌的形状各异的玻璃窗向外看，显然那里已是园门之外，竟有一湾清水碧波绕着围墙静静地在流淌，难怪这里的空气如此馨香、清凉、舒畅，原来有这条长河在默默地把它滋润护养！真个是以水环园、趣在天成啊！廊外右手处有一土丘，不太高；丘上有亭，未能引起我们的注意，习惯性地又前行，心里总以为进的是园的后门，也许绕过这土丘，前面便会令人惊喜地出现沧浪亭的姿容。绕过小丘，又经几处楼台，穿过一片竹林，竟然又抵园墙，只得折回到小丘的正面，抬头望，啊！原来这不显眼的丘上小亭，正是我们要寻找的，那端端正正的"沧浪亭"三个大字，不就写在上边吗！亭子不大，但很古朴，灰色，飞檐翘起，四周有栏座。

沧浪亭上有一副名联，曾被无数景点借用，当然也不排斥是它在借用，那就是：

清风明月本无价

近水远山皆有情

离开沧浪亭，我们走过仰止亭，到闲吟亭，见亭联甚美，因录之：

千朵红莲三尺水

一弯明月半亭风

前行又至面水轩，文字介绍说，此处原名"观鱼处"，这里有长短联各一，其长联能道出原主人建园时的初衷，便记而录之：

徙倚水云乡拜长史新祠犹为羁臣留胜迹

品评风月价吟庐陵旧什恍闻孺子发清歌

我见前后少有游人，便背诵起《孺子歌》来："沧浪之水清兮，可以濯我缨；沧浪之水浊兮，可以濯我足。"并相与说起该亭以"沧浪"命名，正反映了其旧主人宋代诗人苏舜钦，遭遇无罪被贬后，产生的超然物外的心性。

正边行边说间，不觉来至一座颇为壮观的厅堂，门楣上大书"明道堂"三字。文字介绍说这是清代同治年间（1873年）张树声（应是来此地治理政务的官员）在任时所建。明道堂大门两侧有好几副对联，门后那副长联据说是当时巡抚徐士林撰写的，读来觉亦庄亦谐亦实，不同一般吟风弄月之句，因记下来待与亲朋共赏。联曰：

三秋刚报赛休辜良辰美景请先生闲坐谈谈问地方上士习民风何因何革

玉簋可留宾何用张灯结彩教百姓都来看看想平日间竞奢斗靡孰是孰非

"亚明，"我说，"是书法家亚明？还是南京某大学校长匡亚明的大笔呀？"云忠说："当然应该是前者了！"我这时特想说话，便跑野马似的说开了。"校长匡亚明，"我说，"此老可是廉政典范，据说学校每盖新房，他不仅不与属下教职工争房，且把分配在自己名下的新房让出，宁守旧屋，这种知识分子出身的老干部'后天下之乐而乐'的精神，现在真是少之又少了！"云忠接下我的话说："不是少之又少，而是根本不提倡了！现在一些当官的谁不是各按级别对号入住啊！"我说："是呀！就学校来说，什么都和工资挂钩，评职称按说是对你的学术水平的肯定，但也和生活待遇挂钩，所以评起职称来，有的简直是无是非可言了，就看你有没有上下交通的公关社交能力了！"云忠说："好了，好了，牢骚太盛防肠断啊！"

我们离开明道堂，边走边议论适才所见的那首长联，认为它难能可贵地发出了体恤平民的呼声，尤为难得的是，竟出自封建官僚巡抚徐士林的笔下。我们不知他的事迹，但透过此联可想见他是一个心里有老百姓的官……沉思着，步出沧浪亭，赶向盘门。

因为苏州景点宣传文字上说："北有长城之雄，南有盘门之秀。"既然可与长城媲美，还有什么不值得奔波游览呢？我们徒步走了20多分钟，拐来拐去的，终于来到盘门。此处比沧浪亭开阔多了，但新修之迹甚浓。这里景点甚多，扑面迎来的是一座七级八面楼阁式砖木结构的瑞光塔，十分雄伟壮观。我们正待购票入塔，不料守塔人却说："临近下班，风大、塔高，你们年纪大了，不必上去了。"想她也是好心，再说，奔波一天也确实累了，便在塔下留影观瞻。该塔建于三国东吴赤乌十年（247年），吴主孙权为报母恩，在原"普济禅院"内建十三级舍利塔。相传建塔之初，塔顶常放五色祥光，遂名之为"瑞光塔"。后随朝代更替而屡毁屡建，眼前便是今天的模样。转到塔后，步入涛隐翠墅，沿水榭曲廊而行，廊头有横额匾曰"散怀"，廊尾匾额曰"品幽"；廊外是清清流水，红花绿树，对之令人神清气爽！

该园中轴线之核心处有一主楼，名曰"丽景楼"，高台阔堂，十分巍峨。从丽景楼的高台上下来，又前行，插进一条小路，我们想到春秋名相伍子胥的丘墓前去凭吊。见夹路两侧尽是石榴树，花朵怒放，有红有白，白榴花十分少见，虽不如红榴花照眼明丽，却也淡雅魅人。我们未找到伍子胥墓，迎面却是

伍子胥祠堂。我站到祠前,思绪纷飞,激起叠叠细浪,想起幼年时,听父亲讲春秋时的故事:

伍子胥,名员。本楚国人,楚平王无道,杀死他的父兄及全家,子胥奔吴,追兵在后。至江,隐身于芦苇丛中。江中有渔父见之,歌曰:"日月昭昭乎寝已驰,与子期乎芦之漪!"子胥应声歌曰:"日已夕兮,予心忧悲;月已驰兮,何不渡为?事近急兮将奈何?"渔父知他是落难之人,便一边高唱:"芦中人!芦中人!岂非穷士乎?"一边把小船撑过来,将他送到彼岸。此后他又过昭关,怕楚王挂影捉拿,一夜之间急白了头发,相貌大变,方才瞒过守关人,过了昭关。他历尽千凶万险方至吴国,誓报深仇,终以他超人的才干助吴王阖闾攻破楚王城池。楚平王已死,伍子胥令人挖楚平王墓,鞭尸三百以泄家仇国恨。他的好友申包胥责他太过甚,他说:"吾日暮途远,吾故倒行而逆施之。"这故事深深印在我的记忆里,今日至此,感慨纷纭,不可不入内谒见这位春秋时代的英雄人物。

祠内文字介绍,伍子胥为吴王相时,政绩卓著,曾于公元前514年(周敬王六年)负责规划修建阖闾大城,即今之苏州城。所以,至今苏州人还说:"没有伍子胥,就没有苏州城"呢!但伍子胥后来的遭遇是很悲惨的,在吴越之战中,因戳穿越王君臣献西施的美人计而以死直谏吴王的他,竟被昏聩的吴王夫差残忍地枭首示众,将尸体投入大河,将首级悬于国门;致使他眼看着越国大军浩浩荡荡侵入国门,虽死也留遗恨!这就是历史上"飞鸟尽,良弓藏;狡兔死,走狗烹"无数良相忠臣愚忠的下场。但苏州老百姓却永远纪念他,因他尸沉河底,故奉他为"涛神"。

伍相祠不大,是座四四方方的院落,正厅之外有左右厢房,都敬着相关的神人。我们不及细看,实因天色近晚。仅抄录对联如下,祠门横额"气壮山河",门联是:

遗建重新到此狂澜皆下拜
古城如旧来登杰阁可凭高

还有两联,其一曰:

精忠耿耿千百年犹在人间
往事昭昭亿万世长传宇内

另一联是：

孝当竭力忠则尽命

生为相国死为涛神

出了伍相祠，日已黄昏，我们乘着余兴，又带着今日不登以后无期的心情，拾级登上高高的盘门城墙。幸亏这里无下班关门之说，实因它也无门可关。城楼保存完好，城楼上水门、火门、瓮城等一应皆有，可惜照相的姑娘正在收摊，不愿再照，只好作罢。趁着天有微光，急急抄下几副对联及匾额。盘门城墙上大书四字"吴中锁钥"，其联曰：

水接雉樯山分紫翠

桥通吴越市列珠玑

另一面匾额为"水陆萦回"四字，联为：

古吴城阙川源壮

旧国干戈战伐多

终因夜幕已降，不得攀登，遗憾！遗憾！此时我们这两个游荡不羁的旅客也已兴尽，似倦鸟之思归巢般匆匆向园门走去，只见万家灯火已在远处闪烁矣。

（2007年5月22日）

游西湖

早饭后，准备去游西湖。十几分钟后，一片浩渺的水域便渐行渐近地展现在眼前了。啊！梦里的西子，心中的情人，我终于来到你的身旁了！幸福霎时拥抱了我，云忠多年前来过西湖，他引领我沿着烟波浩渺的西湖先走白堤。

白堤，一名"白沙堤"，据白居易诗"最爱湖东行不足，绿杨阴里白沙堤"而得名；当然，此堤为白居易任杭州刺史时，疏浚湖中淤泥而建，故径直称之为"白堤"，亦属实至名归。我们踏入堤路，见有一组青铜塑像当路而立，极为醒目。该组铜像计有五人一马，生动地反映了杭州刺史白居易对民生疾苦的关心：白公神态平和，正与二老者执手交谈，老人是不是正在由衷地感谢这位父母官，为他们的家乡永远留下了这一方净水——西湖啊！一童子立于老人身旁，面对白公；白公身后的铜马亦奋蹄扬鬃，昂首作嘶鸣状，马夫则执缰在手，面

对马首,似与马语……路左有亭,亭额为"云水光中"四字,上、下联为:

九井晴添新水活

两峰浓压宿云低

东行至白堤尽头之断桥残雪,见石坊门上有"断桥袅娜"四字短额,其联曰:

断桥桥不断

残雪雪未残

我左顾右盼,上下俯仰,贪婪地张望着,很有把西湖景色一下子尽收眼底的野心。沿湖间路向前走,我因心情无比愉悦,便信口念起儿时父亲教我的描写西湖风光的白话体诗,既忘记是哪位诗人所写,又仅记起其中片段只句:

"苏堤横亘白堤纵,

横一长虹,

纵一长虹;

双双飞影落桥东,

南有高峰,

北有高峰……

厚墩墩的软玻璃里,

倒映着碧澄澄的一片晴空。

一片片的白云,

一只只的飞鸟,

一弯弯的远山,

都在晴空倒映中……"

这诗句句皆为西子湖添景增彩,我沉浸在心旷神怡中。为了我深深思念的慈母,我要云忠带我走到白堤的另一头,先去寻找平湖秋月景区。

我的母亲年轻时就工于刺绣,她一生爱西湖而未果至。到了暮年还戴上花镜,坐在窗前,一针针地绣那十字绣,绣出一幅幅的"平湖秋月"图,织景、着色都很优美,上面有几抹白云,一行飞雁,一座翘起飞檐的小亭,一叶扁舟,还有几丝垂柳……青青淡淡的,在白色底布上,以浅灰色、绿色、黑色的丝线相钩连。可叹她虽不识字,却能把"平湖秋月"这四个字绣得清晰分明。母亲把用它做成的枕套、信插儿，留给我们姊妹作为纪念。可是母亲一直生活在北方，毕竟一天也没能来过这西湖，欣赏这里的风光啊！我今天来了就要多看几眼风光，以告慰我泉下的慈母！

来到了平湖秋月景区，它坐落在湖中孤山的最东端，高阁飞峙，凌于碧波之上。进入一月亮门，门上有当代书法名家启功先生写于1980年的"平湖秋月"四个瘦长秀美的字，其中亭台水榭处处有联，诸如：

川㶁而来夏日清风冬日日
卷帘相见前山明月后山山

——清·骆成骧

万顷湖平长似镜
四时月好最宜秋

鱼戏平湖穿远岫
雁鸣秋月写长天

读了这些对联，眼前竟又显现出慈母所钩绣的几抹白云、一行飞雁来……

穿过一座大厅堂，来到梅鹤轩。轩门两旁是清代大学士阮元（经学大家，主编《经籍纂诂》、校刻《十三经注疏》）所题之联，曰：

胜地重新在红藕花中绿杨荫里
清游自昔看长天一色朗月当空

离开了平湖秋月，来到俞樾纪念馆。俞樾，字曲园，是清末经学大师，据说这纪念馆的对联是他生前自撰的。他的弟子在他去世后，为了完成先师遗愿，盖了这座纪念馆，并把对联镌刻在大门两边的高柱上，联曰：

合名臣名士为我筑楼不待五百年后此楼成矣
傍山南山北沿堤造胜恰在六一泉侧其胜何如

——俞樾（1821—1907）撰　戊寅秋月　周国城书

我说："此老神矣哉！怎知百多年后定有弟子为他修建纪念馆呢？竟预先为自己亲书馆联？"云忠说："这也是儒林一佳话吧！"

我们寻路向苏堤走去，途见一石碑，上书"苏堤六桥"，又刻有日本友人藤野严九郎的两句诗，曰：

　　　　三五夜中新月色
　　　　三千里外故人心

　　此联不知写于何时？又前行，不远处突见宋义士武松之墓，我问云忠，他说："据说武松老了以后，入六和塔旁之六和寺为僧。六和塔既离这儿不远，葬在这里倒是可能的！"趋近观之，见墓前有小石坊，坊上题额"嶔奇瑰伟"，有联曰：

　　　　失意且伍豪客
　　　　得时亦一英公

　　在柳浪闻莺景区，我们来来回回地踱步，不愿离去。雨霁风生，昏黄的太阳渐渐沉向西天，我们坐在湖边一块大青石上，见湖水里游鱼成群，灰灰的如千团万缕的丝线，自由地忽聚忽散。我便把手中的面包掰碎，去喂这些快乐的小精灵。不一会儿，便引来四面八方的"食客"，只见水波下由条条摆动着的小鱼群组成的黑灰色线谱，全向我们的脚前聚拢来。我的手机里不止一次地收到关于柳浪闻莺柳起莺啼的广告词，但是始终未得到"呖呖莺歌的溜圆"的享受。因为柳树上一只莺也无有呀！倒是在桥头的一侧，有位中年妇女用嘴吹着一根竹管儿"的溜、的溜"地学鸟叫，又喊着"一元钱一只""一元钱一只"地在叫卖，买的人也很少。我热切希望当地有关部门关心一下，让这里四季都有黄莺鸟婉转娇啼！

　　我们离开柳浪闻莺，便寻路直奔岳王庙内。此时，大雨滂沱，我们冒雨寻岳王墓，见这座经多次重修的墓阙前仍存有许多历代颂扬碑刻，墓道两旁亦有"翁仲"与石兽守护；我用肩头扛着雨伞，在岳王庙前抄下了清人袁枚的诗赞：

　　　　江山也要伟人扶，神化丹青即画图。
　　　　赖有岳子双少保，人间始觉重西湖。

　　正对着宋岳鄂王墓（岳飞墓，旁有宋继忠侯岳云墓）远方靠墙处，跪着四具铁铸的历史罪人：张俊、万俟卨、秦桧、王氏。

　　墓前坊联曰：

　　　　青山有幸埋忠骨
　　　　白铁无辜铸佞臣

雨住天晴，精神饱满，便沿着苏堤信步。苏堤春晓，为西湖八景之一。苏堤比白堤宽而且长，绿树夹道遮天蔽日，雨后清新之气袭人。我们从树的枝叶罅缝里，透视那如诗如画的湖水微波、塔影游船、远黛群山……堤上游人来来往往，时有旅游团队走过，导游举着小旗子在前，后面紧跟着一队旅游人群，这现象是司空见惯的了。

走累了，相依坐在湖畔青石板上。空中又有小雨飘洒，我们欣赏着细雨中的青山绿水，享受着人间的温馨宁静，不觉已是黄昏，忽见隔岸青山从空谷中冒出一团岚气，像条白色巨龙顺着山势，向上游窜，又像瀑布倒挂，我们便叫它"烟瀑"；待这"烟瀑"窜至峰巅，倏地便被天风收去了。我即兴写了两句小诗：股股烟瀑沿山冲，随风化龙入碧空。

正自得意，还待添加两句和修饰，忽然一阵小风吹来，偏偏把诗笺卷向远处的湖面，我惋惜地叫了起来。云忠说："西子以为你是写她的，就派风姨取走了。"我说："果如你所言，那咱们就再为她写一首吧。"诗如下：

　　西子湖畔忆西施，夫差好色失城池。

　　无辜竟铸风流罪①，除却陶朱②少人知。

流连湖边，直至暮色霭霭，方依依而归。

（2007年5月24日）

杭州灵隐寺

灵隐寺，这是一方从小说里便早已令人神驰的佛教圣地。它前临冷泉，南对飞来峰。始建于东晋时期，据说当时印度僧人慧理来此传经布道，见群山耸峙、层峦叠嶂、奇美异常，便认定为仙灵积聚之处，遂建寺于此，取名"灵隐"。是为我国东南最大之佛寺。

我们进入山门，见殿堂、庙宇、神塑等，既庄严肃穆又气势宏伟，来自各

---

① 风流罪：春秋时吴王夫差无道，被越王勾践所灭。时人及后人皆有"女人是祸水"之谬论，将夫差亡国之罪加诸西施。

② 陶朱：指春秋时越王勾践之大臣范蠡大夫。据说，他辅助越王灭吴之后，急流勇退，携西施泛舟湖上；又以商贾为生，富甲一方，人称"陶朱公"。

地的香客游人，焚香膜拜络绎不绝，好一派佛天圣地的繁华景象！这里有岩石堆砌的山崖，有巨石雕成的佛像，春淙亭周匝，被潺潺溪水环绕，我们沿溪绕行，蜿蜒进入弥勒殿，殿内大书"龙华说法 皆大欢喜"八个大字，旁有对联多副。前行至药师殿，门侧有联：

灵隐腾辉西湖环秀暮鼓晨钟护古寺

飞峰拥翠冷泉奔流慈云法雨济群生

灵隐寺太大了，前后若干进佛堂，依山势向上而建，一层比一层高。我们不及逐一细走，不觉进入五百罗汉堂。该堂十分宽敞，绕四壁坐着姿态各异的五百罗汉的塑像，每座都比真人还要大。各个手拿（或托着）自己的降魔法器，威武的西域人法相透着神秘。我们绕行一周圈儿后，见佛堂中央游人稠密，便挤了进去。原来那里有座铜铸的四方塔，高约4米，每面约1米见方，每面都刻有一座佛教名山，个个都放射着光彩。说明文字上把四座佛山划为四界：

五台山——金色界

峨眉山——银色界

九华山——幽冥界

普陀山——琉璃界

我们对其中含义不及细品，便被人潮推出了围观的圈儿外。

日色近暮，不得不迈向归途。我和云忠都有这样的印象：每座寺庙都有奉祀佛祖、菩萨的殿堂；每座殿堂的佛像前都铺有拜垫，有的拜垫还算干净，颜色新净；有的则破旧不堪甚至有烂洞，当然，供信徒跪拜似乎无碍。但灵隐寺则不然，它的严肃、大气不仅处处可见，在拜垫上也展露无遗。每个拜垫上都套有黄色外套，并标有星期几的字样，既表明每日一换，也很有佛境一尘不染的味道，从细微之处，显示了佛寺住持人的虔诚。

（2007年5月25日）

虫二

我们迷恋西湖，只要有时间便抬腿就去。这次在临别前又来到花港观鱼处，买票登上一座游船，向西湖中的三岛驶去。

西湖上三岛，指小瀛洲（又名"三潭印月岛"）、湖心亭岛与阮公墩，皆由疏浚湖中淤泥堆砌而成，造出了巧夺天工的"湖中有岛，岛中有湖"的景中之景。小瀛洲岛上有九曲桥、迎翠轩、我心相印亭等，林木花草争芳斗艳，宛然一座精巧园林；岛子不大，小巧玲珑。我们穿行其中，顿觉心旷神怡。离开小瀛洲，船工送我们去湖心亭岛，在船上我问"三潭印月"名字的起源？撑船人说：在该岛之南的湖中有三座石塔三足鼎立、塔身中空，呈圆球形，周匝有孔，当年，苏轼署理杭州事务时，为避免湖水淤塞，禁止湖内植莲菱，便于每月月明之夜，让人在塔内点燃蜡烛，以作警示；烛光便从孔洞中透出，映于水面，宛如月亮倒挂湖中，所以便被称为"三潭印月"了。

说话间便到了湖心亭岛，船工嘱我们抓紧时间，因为天色不早。岛上有亭，形状奇伟，据说可与醉翁亭、陶然亭等媲美，为我国四大名亭之一。所谓景借天光，此时天已近晚，光线暗淡，我们进入亭中，只发现有一座石碑比较打眼。这座碑的碑帽上精雕细琢着朵朵云彩，碑面上镌刻"虫二"两个大红字。我笑对云忠说："此处真可谓'虫二'矣！"原来这二字是乾隆亲笔，含义是乾隆皇帝与纪晓岚之间打的哑谜——"风月无边"！云忠笑道："我们的汉字结构真的太神奇了！虫，在风（旧体为風）字之中；二，在月字之内；去了风、月的边框之后，只留下'虫二'，那风字、月字自然是无边了。"我欣然与"虫二"合影，是不是想沾点儿什么皇帝气儿呀？

（2007年5月29日）

游舟山群岛

早上7点半钟乘中环有限公司旅游大巴出发，车行两个小时，至司城岙（ào）轮渡码头后，游人下车登上游轮的二层舱内坐下，空大巴开进底舱，然后，这只大渡轮便开始行驶在苍茫无际的东海上——向舟山市进发。

海上行驶约50分钟，抵达舟山市的沈家门码头，人们纷纷从二层下至底层进入自己所乘坐的大巴内。

舟山市地处山区，远近山峦起伏，又临海多水域。目光所及，总见港汊纵横，波光迷离。车转入山腹，平地穿行约35分钟后，来到了另一个码头。我们下了车，看见海边一艘艘快艇正等人待发。我们排队而登……快艇破浪前进，舱内放起了佛教内容的唱片儿。女歌手李娜当年因唱一曲《青藏高原》红遍了大江南北，后不知何故，竟去了湖南张家界某寺庙出家为尼，法名"耀一"大师。舱内反复播放她的佛教歌曲的唱片，那带着诵经声调的旋律，平缓、和谐、幽远而回旋，那伴着声声木鱼，和琵琶、古琴、口笛如潺潺流水般的音声，如清风、如醇酒，令人心迷神醉。

快艇很快，20分钟后便破浪乘风冲到目的地——普陀山码头。我们一登岸，便有一个高高胖胖、黑黑壮壮的大男孩举着小旗子来接，他长着一张娃娃脸，笑着向大家自我介绍是"小唐"。

此时，天空飘洒着细雨，小唐带着我们这些披雨衣、打雨伞的游人去法雨寺、观音洞等处游览。山路崎岖，爬上爬下。

第二天早上，小唐带我们来到海边景点千步沙。千步沙，顾名思义是片沙滩，距法雨寺不远。我站在千步沙上，举目望去，似觉廓大无边，直连东海；细腻洁净、色泽金黄的沙滩踏在脚下，轻轻软软，沙沙作响，真是好一个有趣之处！难怪《西游记》的片头外景选在这里拍摄呢……大海上红日正冉冉升起，四望远处海天一体，海水漫滩；此时天已转晴，一片湛蓝。近处的海水也是那么蓝，闪着绿色的光；再远处的海面却是黄色、白色闪烁一片，色的变幻大概是阳光照射的结果吧！断续起伏的小山，在大海中散布而为星星点点的岛屿。与千步沙相隔不远的是百步沙，我们欣喜莫名地行走在细碎、轻柔、平滑的沙滩上，小声唱着电视剧《西游记》的主题歌：

"你挑着担，

我牵着马，

迎来日出送走晚霞，

踏平坎坷成大道……

敢问路在何方？

路在脚下……"

这里是佛光普照、引人遐想的地方，仿佛进入了一个童话的世界。游人如云，越聚越多。我们在千步沙与百步沙之间流连，谁也不愿马上离去。

很快来到南海观音像景区，"南海观音"的立体塑像，巍然矗立在离海边不远处的山坡上，栩栩如生，远远看去，直如她正从西天冉冉飞来。我们走近瞻仰：这尊佛像（连底座）高33米，亚鎏金质地，仅面部便熔黄金6.5公斤，建成耗资3500万元以上，全部是由海内外信徒捐资铸就。我们仰望佛像，百感丛生：佛教自东汉明帝时传入我国，至今也近两千年，它与我土生土长的道教竟能争衡，且大有超过之势；不说信徒对之顶礼膜拜，就是非信徒，对之也不免油然而生敬意，为之注目礼拜。因为佛像在庄严肃穆之中，往往透出智慧、圣洁、慈祥的灵光。

这里的游人太多，不能久留。经过一座石牌坊，信步进入佛像石壁浮雕区观瞻，这里大型石壁很多，其中一座的横额，写着"补怛（忧伤、悲苦）紫竹林"，旁有对联云：

度龙王让地遍山石头开紫竹

化扶桑留步满海波涛涌白莲

这紫竹林就是南海观音修炼佛法之所吧！它旁边的那面石壁浮雕上，刻着"大士际会"四字，壁面正中端坐着观音，两旁是驾着祥云的纷纷前来朝拜的各路神仙，这是神仙们的风云际会啊！我站在石壁前，要云忠拍照，我也想得到一些佛法化雨的滋润呀！再看另一座浮雕石壁上写着"普陀洛迦"，意思大概是光明的海岛仙山之意。

转过身来，见有一块石壁，上面镌刻"鉴真东渡"四个金色大字，十分醒目。啊！唐代高僧鉴真原来就是从这里东渡日本的呀！我们与日本不仅地域上是一衣带水，文化上更是相互交融、源远流长；就从佛教文化而论，鉴真长老应日本僧人荣睿普照的邀请，克服海上航行的重重困阻，经六渡方到达日本。他在日本始建戒坛、传戒法，被奉为日本佛教的律宗始祖，后终老于日本。鉴真长老真不愧是唐代玄奘高僧之后的第一僧啊，他为佛学的发扬光大，作出了毕生的贡献！

从林立的浮雕石壁景区走出，来到一处制高点，其时正是云淡风轻、白日耀眼，我们凭白石栏杆远望，但见苍苍茫茫、浩瀚无边，东海无波，像一块无边无际、明明亮亮的大玻璃……突然，我脑际闪过了在杭州灵隐寺内的一幕，便问云忠："你说佛家把四大名山之一的普陀山，叫作什么'界'呀？"云忠被我没头没脑的问话弄糊涂了，茫然地望着我，不等他转过弯来，我便欣喜万状地径自回答道:"是'琉璃界'呀!多么准确,多么浪漫啊!你看看,这普陀佛山置身东海之上、环水之中,在晴空朗日之下不是一片琉璃世界又是什么?这才叫不解佛山真面目,只缘未至此山中呀!"云忠也早已回过味儿来,他说:"如此一来,我们在灵隐寺未解之谜便可开解了。五台山被叫作'金色界',是因为它地处黄土高原,土能生金,更何况又是黄色的土呢!"我鼓掌而笑,说:"你真是一点即通。那你再解释解释峨眉山之所以叫'银色界'吧!"云忠说:"按你的思路,当然是因为峨眉山月洒向大地一片银白吧?"我笑说:"孺子可教也。对极了!"云忠说:"别得意呀!请问那九华山为什么叫'幽冥界'呢?"我脱口而出:"你知道十年前我去过九华山,那里主供的是地藏王菩萨,按佛教说法,地藏王不就是主宰阴间幽冥世界的吗?"云忠沉吟片刻,说:"不过,这只是你我对'四界'的诗意化的解释呀,佛家真意到底如何,尚不得而知呢!"

  导游小唐热情而好表现,每到一个景点,他都把大家召集起来,或在雨中,或在日下……开始对景点的来龙去脉、前因后果解说一遍,时而穿插一些幽默与并不幽默的话语。他很专业,显然景点的内容已烂熟于心,一口气不停地滔滔解说着,别的旅游队伍一个个超越我们面前,他还是讲他的,对左顾右盼不耐心听的"属下"还略略表现出不满,认为不该心存旁骛。总之,他是个很敬业的、称职的导游,难怪今天他身边突然多了一个"实习导游"——胖胖女,算是让他传、帮、带的徒弟吧!小唐较之我们所遇的千岛湖一日游的不知名女导游的只游不导、连游也不让人尽兴,就不可同日而语了。所以,职业无贵贱,自己尊重自己,别人自然会尊重你。但此次旅游一结束未及与小唐告别,匆忙之中,我们就登上归途的大巴,他也就消失在人群中了。只有那位实习女导游,带我们去海滨码头往回返。

  就在这短暂的、等待人齐才开车的时间里,我们忙里偷闲办了两件事:云忠去就近买了5盒"观音饼"。我则看见两位喇嘛打扮的藏族男子——其一50多岁,其一30来岁吧,我不由得便用藏语说了句:"你们是从拉萨来的吗?"他们面现惊喜之色,说了一串藏语,似乎是要我帮帮忙……我的藏语搁置了四十多年,早已还给"各安拉(藏语音译,"老师"之意)",猜知他们是想要点儿布施吧,我身无零钞,向云忠要了20元奉上。他们弯腰致谢,问我们从哪里来,我说北京。他们重复着说了好几遍:"啊,北京!""图杰且(藏语音译,"谢谢"

之意），图杰且！"

　　对啦，有关导游小唐的事还要补上几句：中午12点15分我们正准备乘快艇从普陀山码头开往舟山的沈家门港，小唐突然又在车旁出现，他不放心他的"属下"，待查清我们全部到位后，才放心离去。望着他壮实的背影，只感到自己的眼、鼻有些发酸，几乎流下泪来……这个年轻人，是多么负责任，多么敬业啊！

　　20分钟后到港，又乘大巴按原路经舟山市区和郊区盘旋回返，至舟山码头再乘轮渡出海，海程较长，让我尽情饱餐了大海的浩瀚无边，天水相衔的景色。那渡轮两边的海水泛起黄色的浊浪，远远望去，海的周边是三面断续起伏连绵的青色山峦，不少大小船只在远近海面上行驶，浮浮沉沉的；偶见一只孤零零的海鸥，便引起乘客的欢叫、指点。近处的海水，在中午刚过的炽烈阳光下闪着耀目的金光。下午2点40分船靠岸，我们弃船登陆等候大巴，20分钟后，大巴从码头开出。

　　再见了，舟山！再见了，东海！再见了，美丽的琉璃界——普陀山！

　　途经宁波市郊的一个土特产展销点，已经下午4点，车停了，让乘客下车休息购物。我们从楼上的珍珠柜台边匆匆一扫而过，到楼下食品处买了西湖桂花藕粉、绍兴咸亨茴香豆等，便返回车上。下午6时许，大巴车开到杭州市吴山站停住，导游要我们就在这儿下车，自己找车返回各自的住处，这可和开始答应的——把我们送回各自的旅馆变了样啊！然而，何处说理！只好下车，发现附近有个广场很繁华，大广告牌上打出了"城隍阁"旅游点的广告，正好明天还有一整天，后天还有大半天的逗留时间，倒可以来此一游。

　　天色近晚，我们不及在吴山广场细逛，便打的返回艮新旅馆。两天不见，旅馆主人很热情，知我们未被旅行社送到住处，便打出电话质问，过一会儿，康辉旅游公司的一位老年同志专程前来，为我们报销了打的费。不管怎样，这还算是个诚信的姿态吧！

　　下楼吃饭，餐厅女主人果然为我们准备了清炖大鱼头，慢慢品尝，还是挺有滋味儿，也解困乏！

　　两天的东海普陀山之游虽然宣告结束了，但余兴仍萦绕脑际，躺在床上不能成眠。披衣而起，提笔记下几句歪诗：

> 千步百步黄金沙,琉璃万顷映天涯。
> 观音轻拂柳枝动,法雨化幻万朵花。
> 玄奘西天取经去,鉴真东土传戒法①。
> 沟通四方和善美,普度众生实堪夸。
> 你我虽非佛家子,愿祈四海共一家。

我放下笔后,忍不住拍醒云忠,读给他听,并让他评论,他着实肯定了几句,之后说:"我认为,只要写出了心声,都算是好诗!"然而,我兴犹未尽,躺在床上,睡梦中还徜徉在舟山群岛的普陀山上……

(2007年6月2日)

访朱熹故居

乐不思归,再度入闽。

今天起个大早,早饭后,到大院门口等去五夫镇的乡村客运。沿途皆野景,风光甚好。从上埔至黄土村,小道弯弯、稻田片片、茶树团团,青山障眼。绿色覆盖下的丹霞山体,分外醒目,只见有缕缕白云从山坳冒出,蜿蜒上爬直绕向山顶;四围青山在远处起伏如浪,宛转如带。到了兴田林业检查站后,前行又绕过一座古桥,桥下清流潺潺,水里的树影、云影、山影,从车窗前倏忽闪过;挤进窗缝的清风,飘拂着额前的发丝,凉凉的、爽爽的……

车过南岸村之后,在一望无边的绿油油的稻田里,点缀着一方方荷田,我真不相信自己的眼睛,便叫:"云忠!快看,这真是绿稻丛中荷花红啊!噫!还有几只白鹭在荷田上空低飞呢!"云忠说:"它们在田里找活物吃呢,什么小鱼、小虾之类的。"车行前方就是终点五夫镇了,速度慢慢减了下来,只见沿路两旁的稻田与荷田参差交错,相映生辉,放眼望去,直到无边……我觉得空气中都平添了一股清凉的香味儿,顿觉精神起来。

两个小时过去,上午10点,终于抵达五夫镇了。我们下车,向朱熹老夫子的紫阳楼故居走去。脚下是一条长长的不太宽的土路,平直微斜地通向那座不

---

① 戒法:戒是律的别义,戒法,即佛门所遵守的法规,有五戒、八戒、十戒……之说。

太大的白色建筑体，那就是南宋理学家朱熹的紫阳楼，它安静地被掩映在一片绿荫中，十分醒目。

我们信步走在这条平平的土路上，眼前被一片仙境迷离，我中原生、北方长的土包子，只知道莲生深池，出于淤泥，哪见过那娇美的荷花竟然生长在浅水田里呀！左边的农户门前就有一方荷田，密密的大而圆的荷叶之上，红的、白的花朵玉立亭亭；含苞的、半开的、全放的，还有花凋初露蓬实的，我目不暇接地贪看，走得慢吞吞，很想走进荷田去触摸那晶莹的花朵。忽然绿叶中露出一位荷夫来，他满头是汗，正在忙碌着，见到我们，便打招呼说："你们是去紫阳楼的吧？"我说："是！"他说："你们早几天来就好了，那时荷花开得最盛呢。"我们说："这里真好！"他惬意地笑了。走过去后，我问云忠："他刚才是拔草吗？"

云忠说："不是吧，似乎是在踩泥！"说话间不忘放眼景色，只见满眼都是一片片绿油油的稻亩围裹着一方方红艳艳白亮亮的荷田，万绿中杂着千红和雪白，白鹭在荷叶上面低飞，这里的大地农田，简直是一幅无边的艺术作品，而艺术师就是这些了不起的荷农和稻农！谁说他们的审美观不高超！我们此时全身心融入自然，真正感受到了什么是快意、陶醉！

又前行，踏上一座小小平桥，过了小桥，就是紫阳楼了。楼前又有一方荷塘，突然我脑中冒出一句"半亩方塘一鉴开"来，那不就是朱夫子的诗句吗！我感慨历经近千年沧桑，方塘依在。抬头望，不远处有一株参天的红豆树，可惜此时"春来发几枝"的季节已过，而红豆梢头尚无结实的消息，我们围树绕了几匝后，久立树下，为来非其时而怅惘。和这棵红豆树前后相随的，是朱熹当年亲手栽植的、现已干达数围、体渐中空的大樟树。我徘徊于红豆树、樟树的周围，遥想这方土地，当年朱老夫子不知踏过多少次……

走到紫阳楼前，见门旁有木刻对联：
接伊洛之渊源
开海滨之邹鲁

进了楼门，有一座真人大小的朱子坐像，是石雕。进展室，迎面又是一幅夫子的画像。

柜台后有二人，一老一少，是朱子故居管理人。我们买了门票后，年老的那位带领我们登堂入室。抬头只见门楣上书"理学正宗"的匾额,旁书对联为:"忠孝持家久,诗书处世长"。又见一匾,曰:"紫阳书室",旁联为:

鸢飞月窟地

鱼跃海中天

我们进入展厅内,见展品杂陈,书、画、拓片,目不暇接,有"静我神""正气"等拓片,字体劲拔有神。又见展室四周环绕摆放着一盆盆兰花,它们深深把我吸引,阵阵幽香迎面扑鼻,令人心醉。我看着姿态优雅柔美的兰花,心想难怪佛祖的手也作兰花状!展室主人告诉我们,朱子最爱兰花。我说,我在荷田边伫立时,曾想过此地盛种荷花,可能和朱子的爱好有关吧?他说,是,是!朱子也爱莲,也爱莲!他接着又给我们讲朱子年幼丧父,其母以莲子饱满、但莲芯儿甚苦的道理,鼓励儿子刻苦读书的故事。随后,引我们登楼参观。

登上小楼,进入朱家三位小姐的绣房,曰:"芙室""蓉室""菱室",我心里说:好哇,这房名竟都和莲花相关呢!此时,展室主人讲了一段故事:

据说朱熹把自己的一个爱女嫁给了爱徒黄干,黄干家道贫寒。一次,朱熹去看女儿,没有其他食品,只有麦粒煮饭、青葱做汤招待他,女儿伤心,泪下不止,朱熹挥毫写诗以励之。现全诗就悬挂在朱熹女儿的卧室内。随着我轻轻地读诵,心中竟涌出了意外的惊喜,原来我在儿时,随从老父所吟哦之诗,竟于无意中找到源头。这里壁上悬挂的诗是:

葱汤麦饭两相宜,葱补丹田麦补脾。

莫谓此中滋味少,前村更有未炊时。

不过,我记得儿时所背与此却有小异,诗文似乎是这样的:

葱汤麦饭暖丹田,麦饭葱汤也可怜。

试向城头高处望,人家几处未炊烟。

出了紫阳楼,沿原路至镇上,正是中午时分。因时间有限,急于寻找朱子巷,依照路人的指点,曲曲折折走进本不像路的路:这是一条由两面高墙夹出的小而狭长的胡同,路面以卵石铺就,宽窄仅容二人相错。走了两三分钟,便见巷口的墙基近地处,有指路标牌,上写"朱子巷"。啊!我说:"没想到刚才走的竟就是朱子巷,我们今天竟能亲履前贤之足迹啊!"出了巷口,进入五夫里古街,该街又名"兴贤街",因有朱子所办的兴贤书院而得名。

街长约 1000 米，不远处便立有一座牌坊，整条街上少说也有七八座之多吧。坊上的横批、对联等字，多因磨损而不太清晰；偶有可睹者，亦皆兴教、颂儒之词。兴贤书院也大门紧锁，难以窥见内里情景。是的，朱熹是位著名的理学家，但他的"饿死事小，失节事大"，不知坑害了多少人？！是歧视妇女的典型！我们只好立于门外浅尝即止了！

　　从门牌号看，这条街上住有 202 户人家，家家门前都有一道绕墙而流淌的、青石砌就的水渠，引来清水四季不断。更有趣的一大景观是，家家门前几乎都围坐着剥莲蓬的男女老少，那白白、圆圆的莲子，一粒粒从手指缝间滚落在大小不一的笸箩里，亮亮的像跳动的珍珠，着实诱人；不能不引起我时时驻足观看，并买了几斤回去尝鲜。

　　我们恋恋不舍地坐上返回的小巴，回味着五夫之行：青山、荷田、莲子、小巷、流水人家……都一一闪现在眼前，我不觉技痒，便在小本子上做打油诗一首，以记今日之游，曰：

　　　　紫阳楼外遍荷田，道畔门前伴青山。
　　　　舒卷开合秉儒气，娇红粉白赞先贤。
　　　　湖外芙蕖见未见，毓秀钟灵五夫先。
　　　　古街户户剥莲子，绕指珍珠白又圆。
　　　　千载至今颂朱母，抽去苦心味更甜。

　　离开五夫镇天色尚早，又乘车顺路去兴田镇，参观古闽越王城景区。该景区距公路约有数公里之遥，我们下得车来才发现再无公交车可通。二人傻傻地站在路旁，不知如何是好。幸遇一位开三轮蹦蹦车的老人，答应送我们到达。入景区，先购票，价钱不菲。此时游人稀少，一位外国游客匆忙赶来，我们让他先买票，他连声道谢。进入景区，由一位小伙子领着先进展厅看展品，嚯！展品真不少，小伙子讲解起来又特认真，他不知我们担心交通问题心里着急，很想马上去实地游览呢！待到听完讲解，出了展厅，便按他所指方向，匆匆登上一段长长的高坡，去寻那几千年前的王室遗址。

　　天，不知什么时候又阴沉下来，乌云重得随时能拧得出水来；果然，一阵风过后，细雨就纷纷落了下来。当我们撑起伞冒着小雨向坡上行走时，寥寥几个游人也已与我们擦肩而下，人迹就更少了。沿途两侧全是齐刷刷、绿油油、半膝深的稻田，这里竟没见到一块荷田，真奇怪！距五夫镇只有几十里路呀，这么近却不同俗呢！待又登上一个大斜坡，便见一座杂草丛生的高台，我们拾石级而上。大约跨过40多级台阶后，宫殿遗址便赫然在目。

这里并无想象中的颓垣断壁，也无远古的瓦砾木石，只空余下平平荡荡、荒草漫漫、无阻无隔的王宫旧址之地基，在深深浅浅的杂草下，依稀可辨残留的宫墙旧痕，也就是靠它们画出的无数个大大小小的"井"字形，才得以想象出当年巍巍王宫的繁华，也才能从沉沉睡去的历史之渊，钩沉出几千年前的盛衰兴亡的故事！这里真静啊！天上萧萧落雨声，地下哗哗淌水声，都听得很真。我们在王宫的地基上跨步，似乎在丈量它的大小和厚重。远处有两只灰黄色的大狗，望着我们，一动不动，我很害怕，觉得像是会突然扑过来似的。但云忠说："不怕，不怕，它们见游人也应见惯了；再说了，景区管理人怎会放野狗入内呢！"于是，我就放心地尽兴踏水游走，杂草扎进我的网眼鞋面，又湿又痒，很不舒服。正待返回，云忠突发感慨，他说："这是几千年前闽越王的宫殿啊！几千年的沧桑，几千年的沉睡，还是被唤醒、发掘出来了，刚才讲解员介绍有一口当年的古井，仍很完好，照旧出水，我们既已至此，何不寻觅此井，一饮三千年前之圣水呢？"我的倦意顿消，马上回答："好啊！去吧！"

在王宫旧址的边缘处，终于找到了那眼古井。据说是供当年南粤王宫中饮用的御井，它现被一座小小的竹亭遮护着。此时，天上的雨虽然变得大起来，也阻止不了我们的兴致正浓，便向竹亭奔了过去。井畔备有汲水用具，我们把桶吊入深深的井中，汲上半桶清水，尝了一口，凉凉的还有些甜呢；便把带的矿泉水倒掉，装满一瓶闽越王宫中之水，想着回去泡新茶，还要用它煮五夫镇的新鲜莲子……

因亲履朱夫子故居，又自汲自饮了几千年前闽越王宫的井水，很是得意。沿途虽受尽颠簸，身体受点累，但一路绿树、绿茶、绿秧、绿山、绿草，到处是绿，实在养眼，真大饱了眼福。有小诗如下：

　　　　天遣绿神到人间，一手铺就万绿田。
　　　　浅浅深深绿不够，绿茶绿竹别样鲜。
　　　　滚滚清流山脚来，巍巍电站踞高台。
　　　　千古不息东逝水，总为人间巧安排。

古井深深聚清泉，悠悠沉睡不知年。

惊雷迅电醒长梦，日换星移是新天！

几天后，再访紫阳楼。下车沿熟路向紫阳楼走去，一周未见，道旁田内已是蓬实高举，繁花几尽，有的荷田内已是仅留残荷黄叶了，可能因连日大雨所致。在农户旁的荷塘边，又见那位荷农，他眼力真好，主动向我们打招呼："你们又来了啊！"语中略带惊讶，我们说："是这里的山水太美了呀！"此时，身后有一辆旅游大巴慢慢驶来，看车中人的装束打扮，应是韩国或日本友人，想必是去朱子故居参观的。我们不想凑热闹，便先去寻朱子曾汲饮过的灵泉。

我们沿着紫阳楼右边的山墙，迤逦向东，脚下是卵石小径，右侧民房稠密，门牌上书写着地名，为"五夫镇五一村下府前"。又前行约300米，见有一丛枝繁叶茂的老桂树，树下一汪清泉，泉口尚阔，大小可二人合围，泉沿多青草。我俯身用矿泉水瓶去舀水，只得小半瓶，正习惯性地摇动瓶体倒掉再舀时，忽听背后传来一女子声音，说："别往回倒，那会弄脏了泉水！"我愕然之间，她已来至面前，用手中汲桶打起清水，为我装满一瓶。她说："我们村里人喝的都是这里的水！洗衣、洗菜都得到旁边的小河边去。"我连忙道谢，云忠从袋中取出一袋小食品，送给她背上背着的小孩儿。我们问这老桂树树龄有多长？她笑着说："那可说不清，你们问楼（指紫阳楼）里人吧，他们有说头！"她提着水桶，背着孩子走了。我们怅立泉边，背依桂树，尝了尝泉水，凉凉的、爽爽的。看这灵泉并不深，清澈似可见底部泥沙，可为什么总是满满当当，千年不竭？"问渠哪得清如许，为有源头活水来"呗，这又是朱夫子诗中的佳句！

时间已是10点半了，估计外宾已参观完了离去，我们便循原路去紫阳楼。我们这次未经朱子巷，而是从另一条斜路直插入古街。上次太匆忙未及记下一些古迹，再补记于下：

古街上石牌坊甚多，大约百米处便有一座，牌坊名字有"安斯境""承德处""过化处""三市街""三峰鼎峙""紫阳风流""籍溪胜境""天地钟秀"等等。边走边看，不觉已至巷尾。走上七金桥，见桥面上铺晒的全是莲子，有妇女数人在往来翻扫。云忠问："莲子收成比稻谷如何？"这下可打开了她们的话匣子，诉说着种莲比种稻辛苦。我插嘴："当然辛苦了，莲子比水稻贵呀，又有莲藕可收！"她们说："我们不收莲藕！"说完，又奇怪地望着我，云忠引我离开，说出了一番道理，我才恍然。原来此处系浅水植莲，如育稻苗者然，唯其如此，莲根之下无藕可采，所以全株营养都集中在莲花与莲实上，也才会有花大茎壮、花盘丰满、莲子圆腴的气象！也难怪据称自北宋始，武夷山五夫镇的莲子就被列为贡品了。

快步走下平桥，又进入古街。这条街上据说保存有5眼宋代古井，其中一眼有7米深。我们来到井边，见一位中年人正从井里提了一桶水上来。我伸头向井里望着，问他："这水可以饮用吗？"他说："当然可以！你摸摸多凉！"我说："不怕弄脏了？"他说："没关系，我打来洗衣用的。"我伸手进去，哇！真凉，像冰镇了似的！他笑着提进院子去了。

走着走着，我想起朱熹的资料介绍中，有由他开创的官仓井，建在官仓门前以备防火，一旦火情出现，便可救急。我们边走边打听，拐进一条岔出的小胡同，才走没几步，便见一幢灰旧的两层楼高的建筑体，似有破损，路遇两个女学生告诉我们，那就是当年的五夫社仓——古代囤积官粮之处。我问："现在呢？"她们笑了说："有人守着呢！"就见在社仓一墙之隔处，有一眼井，便是官仓井了。说它是井，它的井口却又很大，四四方方地敞开着，直径约一米多，水面很浅，距平地不足一米；但水很清，内有两条红色鲫鱼，摇头摆尾嬉戏水面。我忙回头问："养了鱼的水能喝吗？"女孩子说："鱼游水中，水中就不会有毒啊！当然能放心喝啦。我们就是吃这水长大的！"

我们提着三四斤胜利品——五夫莲子，和几幅一尺多宽二三尺长朱熹书法拓片，搭乘下午1点多的公交车往住处回返。

今天很有兴致，我们从市区横街头下车，忽见路侧有一残疾青年卖字，只见他匍匐地上，双腿不能自如，手指僵直，他艰难地低着头在纸上专心地用毛笔写字，字虽不是太好，但也还端正有模有样，周围不见有人过问，可能是见惯了吧！云忠从口袋里掏出10元钱送给他，他要我们挑他的字，我们以外地来的、不便携带为由未挑选。他一再说感谢，云忠还又鼓励他几句才走。走远了，云忠说："一位残疾青年，能靠自己尽力谋生，与那些骗人、装穷、伸手向人讨钱的人，不可同日而语啊！"

（2007年8月19日）

重游天游峰

上次未登天游顶，今日有兴又重来。

上午 8 点 55 分来至景区口，买票入内，沿山路登升。有意不走上次旧路，先是进一石门，上书"云路"，左侧石壁上刻有"重洗仙颜"大红字；又前行至一处石壁，上大书"云窝"二字，壁下有一聚乐洞，入内见洞甚浅，仅有石桌、石凳，上面尘土仆仆。我们抽身而退，行经问樵台、叔圭精舍，又走过不知几处石门，始觉山路渐阔。左侧山壁上写着"伏虎山"三字，字上方又大书"天游——壁立万仞"，而在此峰之后，便又睹接笋峰、隐屏峰、鹰峰的雄姿与远处的水月亭的倩影。鹰崖下，巨石堆耸、瀑布哗哗，我们绕过茶洞后，就开始沿着一眼望不见头的石级蜿蜒攀登了。

我们吸取上次教训，采取走走停停的办法，尤其是刚开始走，决不可太快。再者，游玩是为了赏心悦目，不能疲于奔命。山峦起伏，瀑布喷流，云雾在风罅间嬉戏，九曲溪在山脚下缠绕，依稀可见溪上竹筏点点……我们身处山水之间，顿觉心无挂碍，一路指指点点，说说笑笑，不觉便来到了半山亭。上次，就是在此止步的。我们坐下喝水，吃东西，边调整体力，边饱览眼福。我趁空儿信口诌诗一首，曰：

武夷天地盘古开，石破崖开一水来。
龙戏金滩九摆尾[①]，吞云拔地六六排[②]。

自知文气不佳，便起身催云忠继续完成攀登之路。谁想才用了 10 多分钟就达到峰顶。看看时间，是 9 点 40 分。天呀！上次如再稍微努把力，不就上去了吗！遗憾之至！不过这次真能干，从进入景区至峰顶，还不到一个小时！今天我们如愿以偿了。

峰顶是一片大平台，建有一座飞檐翘起的大殿，名曰"天游阁"，阁门横楣上有匾，写着"遨游霄汉"，门两侧有对联多副，仅书其二以志：

坐山观景迎千里云霞外客
登峰造极做一生丘壑中人

---

① 九摆尾：指山下之九曲溪。
② 六六排：指武夷山有三十六峰参差错落。

峰峦六六高于东岳五千仞
溪曲三三秀出巫山十二重

从峰顶俯视下面，远山近壑尽收眼底，天穹仿佛我的帽子，云彩如丝巾飘在我发际。站了一会儿，我觉得自己真累瘫了，便坐在一棵树下的条凳上不愿动弹了。云忠还很有精神，他到崖边架起的望远镜旁，透过望远镜看对面崖壁上古迹"悬棺"，回来后动员我去看，我不为所动，因为太累了。云忠又进天游阁内转了一圈儿，回来告诉我，里面除了卖旅游纪念品外无他，上面一层据说是当年蒋介石携夫人宋美龄来此，地方官员为欢迎他曾在那里举办过舞会，后来这个地方就叫"美龄舞厅"了。流连久之，直到已觉尽兴，便准备下山。刚离开峰顶这个平台，向下走10多个石阶，便发现有一岔路阶梯，向上延伸，台阶不那么平滑，像是少有人走。如果攀登上去，绝对是天游峰的制高点——最精彩处。一定要更上层峰，一穷千里目！

一路登峰，确实艰辛，这段石阶很陡，山路崎岖，阶与阶间跨度又大，几乎跨几级就要站下喘喘气。云忠见我如此，便说："你别上去了，就坐在这块大石上等我。我上去看看，如果风光确实迷人，你再上！"我摇摇头，抓着他的衣襟，埋头抬腿跨阶向上。大约跨越100多级台阶后，仰见最高处出现一座建筑物，上面大书"一览台"三字，胜利的喜悦使我加快脚步，向上疾登。云忠回头看身后，说："看来只有咱们俩上来，无人继后啊！"我们站在峰顶的平地上，细细打量这面积不大的地方……

一览台是一座木结构的六角小亭，正建在这峰顶一方小平地的中心，它的四周长满高树、荒草、灌木丛，挡住了人们向下俯视的空间和光线，只有头上才露出几缕蓝天，太清幽了！我们试着从野草、灌木、高树间向前走了十几步，便赶紧退了回来，因怕会有蛇蹿出……我想，难怪导游不带旅客上来！但不管怎样，这是在天游阁之上的峰上之峰，更无高于它的了，我们上来了，不后悔，很值得自豪一下！站在小亭里休息够了，就准备下山。当然这第一步还得先回到天游阁那里去。

刚才向上时，只顾小心翼翼地攀登，无暇下望，现在一步步下行，便鸟瞰风光无限了。我慢慢地向下走，不愿离开，还有意坐在一块向崖外突出的危石上，要云忠给我照相，云忠大呼："小心，别动！下面是无底深渊，太危险了！"我说："不怕！这石头的根儿是连着整个天游峰的，不会脱落的！这里不是一块石头玩儿一天吗？"此时，天游阁在脚下，群峰在脚下，飞云层雾在脚下，我仿佛是凭虚御风的自由体，竟不知身在何方，身为何物？这是不是庄子所说的"物化"啊，惬意至极！

　　时至中午，阳光正强，山高，有天风阵阵，所以也不觉炎热。我们恋恋地回到阁前，见眼下有两条路可以下山。选哪一条呢？一条是我们走过的上山那条路，全是由阶梯组成，下起来绝不会比上来时省劲，而且一路都会与上行的人相错让，最好不走原路！另一条是山背后的一条台阶与平坡交替的石路，是抬滑竿的人爱走的路，比较平缓，又因在山之阴，光线暗，也阴凉，加之上山人少等优点。于是，我们便选择了后者，沿后山路缓缓而下。

　　后山多树，遮天蔽日，石路较前山宽阔许多，据说是民国时期，当地官员为元首蒋介石而建。沿途摩崖石刻不计其数，略记其中之一二，如"奇胜天台""一览台——武夷第一峰"等，字皆红色且其大如斗。还有一竖行石刻，上刻"汉奸汪精卫"，奇怪的是，"精"字的偏旁"米"少写一个点儿。一位路过的老人解释说，因为汪精卫这个日伪汉奸太坏了，他不是吃米长大的！这反映出书写者的爱国情怀与对卖国贼的义愤！

　　脚下的石板路一直是平缓向下，不觉累。走着走着，只见前面已是山谷之底，较为平坦开阔。左首石壁高耸如削，壁下涧水奔流，右首山势起伏渐远渐高，前方的石路中间出现一溜茅草建筑，正是我们必经之路。我们说，终于到有人烟处了。

　　这茅草建筑物，远看狭长如草桥，走入后，招牌上写的是"茅亭画院"，柜台旁、亭柱上都挂着山水、人物、花鸟、侍女画。有一年轻男士笑迎我们，我随意问了问价，每张价格都很不菲，他明白地告诉我们：这些都是某某画家的自绘以及临摹古人的名作。我们浏览一圈后，礼貌告别。过茅亭之后，我们数次回首，无端地都有一个神秘的感觉，觉得它越来越像金庸先生笔下武侠小说中的荒山茶馆、酒肆，仿佛随时会有武艺高强的男女侠客光临似的。边想边看边行，前面拐弯处矗立着一座大石牌楼，上面横书"中正公园"，这和天游阁楼上的美龄舞厅一样，都成为蒋介石（字中正）夫妇曾光顾过这里的历史见证。

又向前走了很长一段路,感到腿脚酸痛,恰见路旁出现几条供游人憩息的木制长凳,这是人性化的设施,我们可以享受。这时,远远地见一位中年妇女身着黄红相间的工作服,边打扫路上垃圾、边迎面走了过来,原来是位环卫工人。我们把废弃物放进她的簸箕里,和她打招呼,她说,她每天的任务便是打扫后山这条路,习惯了,也不辛苦!我问这里离山下还有多远?她说:"再走一二十分钟就到山底下了。"

今天又是"一块石头玩儿一天",又累又痛快!

(2007年8月29日)

游览武夷山国家级自然保护区

我们今天去武夷山国家级自然保护区参观。因为去自然保护区不通公交车,只好再打的去。估计路途较远,和司机师傅商量了半天,定下一天往返车费200元。我们需要先到星村景区买进入自然保护区的门票,每张80元。

一路上车行如飞,途经我们游过的天游峰、虎啸岩,曲曲弯弯沿山傍水,穿行在林区山路中,林木间隙中常出现小片稻田或茶丛。我们说:"这里真是山好、水好、空气好啊!"司机马上接着说:"就是路况不好!"这倒是实话!山区的路,崎岖不平不说,还有很多角度急险的转弯处,最怕迎面来车不鸣笛打招呼。作为司机当然是轻车熟路,开得很快,我们常喊着叫他"小心点儿啊!"他说:"不快点儿,能来回吗!"司机很健谈,谈到自然保护区的野猴时,兴趣很大。他说:"那里野猴成群结队,总向游人要吃的,它们一年要选一次猴儿王,那哪儿是选呀,纯粹就是打架,互相掐,谁胜谁是王!"他越说越起劲:"你信吗?猴王会抽烟、握手,还会照相呢!你要是给它东西吃就好,不给的话,它会抢你的东西,相机、手提包儿什么都抢。有一次,一个小猴子瞅空子抢去一个游人的相机,跳来跳去,游人急得不得了,景区的工作人员要他给猴王献点儿东西吃,猴王才让小猴把相机还回。"说完,他笑着补充:"那猴王整个是黑社会的老大!"

一路说笑,一路风光。经原始森林公园大门,又前行经青龙峡大瀑布,远看白瀑直如银河自天而落,水声訇然。又经十八寨看瀑处——华东第一漂,水流激荡,水面浪花飞溅犹如堆云积雪。景物过眼而逝,小车继续前奔。一路上水随山流、路随水转、车沿路行;路旁毛竹成行、成片、成林,大樟树、青冈树、水杉树,青绿万种,应接不暇。司机听我们赞不绝口,便说:"电视剧《西游记》《鹿鼎记》的好多镜头都是在这里拍的!"言下流露出自豪!望着路左涧水奔入山脚下的清流中,司机说:"这股清流便是九曲溪水的源头。"我真想下车去捧一捧清清的流水呀,当然不可能,只好不眨眼地望着它的变化多姿;一处清潭无波,一处激石湍流,一处浪花飞溅、云起雪涌……车时而走下坡,时而又爬上坡,时而左傍山崖、右临清溪,时而右傍山崖、左沿溪涧,真个是山水不离身,空气最宜人。

  9点35分,车至龙凤谷。司机宣布休息一会儿,并说:"这龙凤谷是座天然大氧吧,你们去吸一吸氧气吧!"我走下车的瞬间,觉得双腿都麻木了。奇怪,怎么在车上不觉得呢!云忠说:"在车上你赏景还来不及,还顾得想别的吗?"下得车来,只见路的右边向着远处的山崖搭着一跨铁板桥,这桥是悬空吊起的,人站上边会轻微晃动。所幸我年轻时在大渡河的泸定铁索桥上走过,在甘孜藏族自治州的康定也走过这种晃动的吊桥,所以站上去并不感到害怕。何况,两边还有护栏呢。到了对岸,只见山坡崖壁上满眼都是高高矮矮的树木、荒草,还有盛开的各色繁花,都叫不上名字。我们真的大口吸氧,过足了瘾。只待司机在对岸向我们频频招手,我们才又踏上吊桥,桥下的水滔滔滚滚地流,望着有点儿眼晕。上车之后,司机发动车子就要离开了,我十分不舍,赞叹说:"这地方又险又美!是大自然的又一杰作!"我们今天走峡谷,过吊桥,经险路……走进自然,认识自然,亲近自然,太难得了!

  上午10点半钟,到了武夷山自然博物馆大门前,馆名题写者是方毅。博物馆的科技楼建筑高大,门前很开阔;有一座小石桥,桥下流水清澈。远处山脚下,在正对大门的地方,有一座高高的石台,石台上有一组巨大的、白石雕就的、牛与虎相斗的塑像。我们很感兴趣,便稍稍走近观赏;只见那只健壮的牛后蹄后蹬、前蹄腾空、牛尾勃动、头角有力地抵向老虎的前胸;而那只虎却人立而起,虎吻紧贴牛的颈肩处。我们凝视良久,云忠说:"这是一种力和美的象征!"我说:"也许是吧,但雕塑者的深层意图,我们就未能尽知了!"离开这组塑像,又见不远处有守卫森林的公安派出所等单位,其他未见什么建筑,周围显得十分开阔。

进楼验票时，我问收票人："怎么不见猴子？"他笑答："这里的猴子是野猴儿，不服驯养，刚才下山玩儿了一阵子，9点以后，见游人不多就回山了。也许下午还会下山吧！"我感到很失望，今天就是为看它们这些短尾家伙来的，它们不下来怎么办？只好快快进楼先参观吧！

进入大门正厅，便见很多模型标本，诸如山、树、虎、豹等，虽非活物，也觉瘆人。左右两个大厅，左为生态景观，右为自然环境，展厅四壁挂满图片与解说词。正在浏览，忽听门外人声鼎沸，原来是有旅游团到了。我对云忠说："人一多，山上瞭望哨的野猴会向猴王报告的！"话犹未毕，就听有人欢呼："猴子！猴子！"我们就从展览厅快步走了出来。

哇！真多啊！只见那些深深浅浅的、棕色短毛短尾猴儿，大大小小老老少少，挤满门外广场，石路上、石桥上都是，非常壮观。它们蹿来蹿去在桥栏杆上翻腾跳跃，各显其能，极尽灵巧之态，惹得旅游团的大队人马只站在大门前笑观而不进入。云忠从背包里取出专为猴子们买的大青枣儿——这是它们喜欢吃的，我们开始喂猴。我不敢放在手上喂，只是把枣儿往地上扔，有人喊："用手喂！别怕！它不咬人！"我试了试，一个大猴子分开群猴跳过来，快速地从我手掌中把枣儿抓过去，唯恐不及。我的胆子大了，便把枣子托在手心儿上喂它们。

令人惊而气的是，一两个大猴独霸市场，不让小猴儿有机会来吃。只见这大猴把枣儿含在口里并不马上吃，而是贮存在腮旁的囊袋里，一个、两个、三个……不停地抓取，一副贪婪相；两旁的小猴儿急得乱蹿，什么也得不到，不是抓不到而是不敢抓！这情景让人又可笑又觉不平。我瞅空子把一枚枣子伸向近旁一只小猴，它刚要伸爪子，可睃一眼跳过来的老猴就扭身吓跑了。这老猴儿大模大样地就从我手中把枣子取走了。它可真够霸道的！它盯准了我和云忠，追在后面要吃的，我们甩也甩不掉它。周边的猴子急了，只见一只小猴绕到我的背后，一爪子打在我的腰背处，吓得我大叫一声，幸而只是拍拍而已。跟在我后面的人可就惨了，一个馋得要命的小猴吃不到枣子，就扑上去从背后咬了那人一口，吓得她哇哇叫，伤在小腿肚上，未出血，只是有一片紫红色咬痕。一位导游说："隔着衣服没事儿，不放心的话，回去再抹点酒精！"我带有消毒纸巾，为她轻轻擦擦，贴上了一贴创可贴。

这群猴子真是野性不改！我们怕再挨咬，就把剩余的枣子送给身旁早就想亲自喂猴子的游人，便返身又进去看展览。二楼还有植物厅、动物厅和成果厅，厅内蝴蝶标本、鸟类标本五彩缤纷，绚丽动人，看得我们眼花缭乱，惊赞不已。不少动、植物也是第一次看到，第一次知道。这里真不愧是一座国家级的大自然博物馆啊！当我步出大门时，又一次驻足在展览馆的"序言"前，默默念诵着其中的激动人心的句子：

　　"武夷山从崛起到现在，至少已有十亿年的漫长历史。虽然她饱经大地的沧桑，但依然保存着人类与自然的和谐，成为国家级的森林生态型的自然保护区与闻名国外的世界生物圈保护区。"

　　时近中午，出了展览馆的大门，见野猴们还在奔走打闹，追逐嬉戏，蹿来蹿去，相互挑逗、捣乱，身手灵巧异常。但人不可以去参与，给东西吃可以，如要逗它、耍弄它，那可就糟糕了。到底是一群未经驯服的、野性十足的猴子啊！

　　坐在返回的车上，司机给我们讲了一件他亲眼所见的趣事：一位游客喂猴子，边喂边逗，猴子不识逗，急了就咬了他的腿，他大怒，便去踢猴子。谁知这下子可惹了祸，霎时间，一群猴子都围了过来，又叫、又跳地围攻他。这人杀不出群猴的重围，居然被吓哭了！后来由地方工作人员拿了木棒把猴子赶开，他才脱身。通过这次亲身经历和司机的介绍，我们起码了解了野猴的本质特性：一是，唯"王"独尊，族群意识极强；二是，不可随意逗它，更不可触怒它；再一个是，猴子嘴很馋又爱打架凑热闹……这可是很大的收获！想到这里，我问云忠："人类的远祖既是猴子，你说，今人身上有没有返祖的猴性？"云忠反问道："你说呢？"我笑而未答，大家都笑得很开心……

　　路两侧山峰连绵不断，山脚下溪水潺潺，过了青龙峡大瀑布，发现山脚下的水域变宽，成为长河，河滩上多石。我们想休息一下，去拣些小石头玩儿。司机显然想早些回去，他没有马上回答，车又向前开了一段，他才说："到前面浅滩处吧！"来到一处河床大于流水面的地方，车停了下来，我们便奔向河滩。我们坐在岩石上，从石缝中掬水洗手，我望着不远处哗哗流淌的河水，心里还想着这水就是九曲溪的上游源头！

　　我们低头在河滩上找好看的石头，我发现：石头如不在水中，就看不出它身上的纹路，看不出它的美丽，难怪干河滩上的石头都是灰眉黜脸的。便慢慢向河边浅水处走去，一发现水里的亮亮的、有美丽纹路的石子，便拿起来放在塑料袋里……听见司机摁喇叭叫走时，我已拣了一大袋，再看看塑料袋里阴干了的石头，确实已失去纹路、失去了在水中的美，便把大部分石头又丢进水里"放生"了，只留两三块小巧的作纪念。岸上的司机已不耐烦了，其实刚下午2点钟，我们原说要玩儿一天的呀！没办法，他频频地按动车上的喇叭催我们，并说："天气太热了，早些回去吧！"我们只好听他的，上车！恋恋地离开这块山水环抱、竹木葱茏的胜地，愈行愈远……

（2007年8月31日）

重游九曲溪

今天是双休日，天气晴朗，准备再去乘竹筏，逛九曲溪。

中午12点40分开放竹筏，购票的人已排了一长串。我们只有两个人，须和别人凑够一筏才能出发。我们买到票后，坐在岸边等候，看牌子上的九曲溪简介：

"九曲溪发源于武夷山桐木关，全长62.8千米，自西向东汇入崇阳溪。下游9.5千米因受地质断裂构造所致，折为九曲，流经八滩五潭，两岸峰崖夹峙，山环水绕，水贯山行；碧山丹水，相映成趣。乘竹筏游览，宛若置身山水画廊，令人赏心悦目……"

稍过片刻，便恰遇一家三口儿——中年夫妇带着妙龄女儿，我们欣然搭配后，便共同上了一只真正的竹筏。因为坐过一次，知道有的筏子是用其他材质——玻璃钢——仿制的"竹"筏。

我们已是第二次乘竹筏，又何止赏心悦目所能言尽！身在筏上，人似凌空，飘飘然随着接天之水光，浮游而下，一切尘世烦恼皆涤荡一空。如果没有旁人在，我定会放声长啸，以抒发溢自心中的喜悦。筏到之处，水清且深，深水无波，与岸上的青山、绿树绿作一团。有时筏过浅水处，荡起的水击打溪中礁石，激起无数层白色浪花，倒映溪面的天光山影尽被搅乱。这里应再次提醒，星村码头是该溪之第九曲，我们是由九而八、而七地顺水而下的。

竹筏划至水势较缓处，时见水边沙滩浅草上有白鹭展翅。划过放生潭，见水中游鱼摆尾戏水，撑筏人说："此处因为禁捕，所以鱼又多又大，不少游人带了鱼食儿来引鱼儿追逐抢食。"正说间,便见前面筏上的游客撒下食物,引得鱼儿破浪而起,高高低低,有的还在水面上空连翻跟斗,激起水花朵朵,煞是好看!

竹筏行至五曲、六曲交界处,正在天游峰之下,仰见登峰的石级上,游人们正上上下下,小如蚁群。想起我也曾两次登临天游峰,便觉豪情顿生。

我们下筏后,看看时光还早,便找个僻静处,坐下来,心知这是最后与九曲溪相对的时刻了,过两天我们就要离开武夷,以后也很难有机会重来了,心中溢满惜别之情。望着从眼前静静流动的水,恍恍惚惚觉得自身仿佛仍漂浮在一叶竹筏之上……

(2007年9月1日)

告别武夷山

该游的游了,该去的去了,该看的看了,二去五夫镇,重登天游峰,再泛九曲溪,遇险大王峰,保护区与猴儿戏……是该叹为观止的时候了。况"梁园虽好,不是久恋之家。布谷声声,只唤不如归去"呢!直接回北京去!下午就去买票。

在武夷山市的火车站,发生了一件事,虽然很小,值得记下来:

记得5月初,我们从这里去镇江时,因为提前到车站,要在楼上的候车大厅等候上车,见南来北往的旅客很拥挤,根本找不到空座位,怎么办?云忠发现楼下另有一座较小的厅室,问后方知,是收费候车室,每人5元钱,那里可以不需排大队提前上火车。太好了,我们就下到小候车室,买了入门票,坐在里边等车。这座小候车室的后门直通洗手间,极为方便;且坐在室内候车的旅客也寥寥无几,很安静。我们觉得收些小费可以理解,这也是车站增加收入的一种权变方式吧!但这次却有另外一种感受……

当我们匆匆忙忙提着行李径直上到楼上的大候车室时,见旅客不多,就找了个空位子坐了下来。过一会儿,我想去洗手间,便问服务员,她说:"在楼下!"我急忙下楼,知道去洗手间需要经过那座小候车厅才可,便径直走了进去。不料一位小姐拦住去路,我说:"去洗手间!"她说:"这里的,不许去;要去,就到楼外面去找。"我说:"我是在这儿候车的旅客,上面服务员说洗手间在楼下，我才来的。"她说："不行！进来要买票，5元钱！"我见她态度生硬，又如此不通情理，5元钱我当然有，但就是不能给她！便转身出楼寻找，没想到并不顺利，几经周折，才找到那个脏得要命的公厕……回来后，云忠已经急得不得了，问我："干什么去了，用这么长时间？"我向他诉说一遍委屈后，就想去问问楼上那位服务员："她说的楼下的洗手间，为什么不为楼上的候车人开放？难道偌大一座候车大楼内的唯一的洗手间，竟然对楼上、楼下的旅客可以不一视同仁？去一次竟要收费？全国也找不到如此昂贵的一次性卫生费呀！"云忠说："算了，算了！你的问题没人能回答，那楼下小厅可能是包给私人了，人家要营利的！"我说："那就更不对了！营利可以，但违反人性不行，除非你在楼上也另设一个洗手间！因为谁也没权把大家可以合理享用的洗手间也承包出去！不行，我还是要找她提意见！"云忠见我太认真，看看表说："快进站了，时间没有了，你的意见以后再提吧！"我说："什么时候提？"他笑了，说："等你当上人大代表或者是武夷山市的市长后，再说吧！"我又气又笑，说他没个正经！不过，想想也是的，再有十几分钟就要放行了，误了上火车可是大事呀，一切随它去吧！

这件事，我一直觉得有关部门应该去干涉一下，改变不合理现象！虽然是一件小得不能再小的小事。

火车正点到达，我们背着、提着大包、小包上了车，很快安顿下来，云忠把行李放到高高的行李架上，安排停当。此时，外面已是漆黑一片，只有路灯闪着微光。火车在武夷山站只停很短时间，便缓缓驶出了。我不由得向苍茫的车窗外频频挥手说："美丽的武夷山，雄伟的三十六峰，迤逦的九曲溪，我们何日再见啊！"列车离武夷山越来越远，我们的心也静下来了。云忠说："现在闲下来了，让我们联句以记此次闽苏浙之游，好吗？"我说："好！我先来！"想了想，便脱口而出：

"春去秋来太匆匆……"

云忠说："是上平声'一东'韵，好吧，我续：

履痕处处印葱茏。"

我说："'葱茏'二字虚空得好，此处不宜实，我续：

南疆北国觅虫二……"

云忠大笑，说："'虫二'岂不太虚空，你捉到'无边风月'了吧！且听我的收尾行不行：

湖岛河山任西东！"

我笑说："我们的诗似乎还有点儿诗味儿吧？"云忠说："你说呢？"在飞驰前进的列车上二人相视而笑。

五个月的外出，百多天的游名山胜水、访宝刹古镇，日有所见，闲有所思，悦目赏心，收获颇丰。

自问平生孜孜持鞭为教，口耕笔耘，既缺摄影家的娴技，又乏游记家捕捉风物地貌的犀利目光，只能将入眼的天光景色做些素描，并掺和着面对社会人生一时触动的情怀，夹杂掺混着旅途中零星的生活碎片，照实写出，如是而已。

（2007年9月5日）

四、滇游记

畅游昆明大观公园

晨起,饭后,我们打的去大观楼游览。大观楼坐落在昆明城西南郊的滇池北面草海之滨,与苍翠起伏的太华山隔水相望。车行途中,落下了蒙蒙细雨,对多年干旱的昆明来说,此雨真是贵如油啊!正自后悔未带伞时,罗飞跃打来电话,得知情况后,便请的哥将车开至昆明广播电视台大门口停车,在门外等候的飞跃给了两把伞,又让我们换乘同事李女士的顺路车去大观楼,现改名为"大观公园"。待至公园门口时,这场霏霏细雨却竟自停歇了。

大观公园果然是名不虚传啊,还未跨入便已感受到它的诱人魅力:大门前有阔大花圃,花圃内紫花兰草与金黄的雏菊交错杂陈,嫩绿小草密布其中,形成了一片铺地锦绣,周边被翠叶满梢头的小石榴树团团围住,花圃正中则耸立着一株遒劲的雪松。心想:我们眼前竟是一首无字的诗歌,既婉转柔美又刚劲豪迈,园内一定更加迷人!大概就像俗语说的那样:"天气常如二三月,花枝不断四时春",正应和了"春城"和"花都"之美誉。

仰视大观公园大门,为三开式铁雕空花结构,飞檐高高翘起,正门门额大书"大观楼"金色大字,两旁的辅门则如扇、如翼,与正门成挟持之状;侧门旁各卧踞一尊红褐色石狮。跨进大门返身仰看,门楣上有"选胜登临"四个绿色大字。入园后,见右首有小假山与结缘亭相邻,亭侧刻有亭联曰:"任客来当风月主,无人不结山海缘",看其上款标识,知书写的是清代同治年间(1862—1875年)马如龙的诗句。

进入园内,只见奇花异卉无处不在,花树隙间偶见湖水闪着波光。我们顺着右边去大观楼方向的主干道漫步。迎面只见一座古色古香、底层类似牌坊式的大型四方穿心拱门,飞檐高高翘起,拱门上方又建有八角飞翘的琉璃瓦凉亭。门洞横额题写着"近华浦"三个大字。门两侧有对联云:"曾经沧海难为水,欲上高楼且泊舟",我心想,上联虽取自唐名诗人李商隐的名句,但下联却对的十分工整。落款处的撰写人，竟也是马如龙。提起"近华浦"这三个字，却浸染着历史的沧桑：它本是这一带景区最古老的名称，因面对逶迤连绵的太华山和濒临无边无际的滇池草海而得名。据记载，大观楼始建于清康熙年间（1696年），仅仅是近华浦内一座主体建筑而已。乾隆年间，昆明寒士孙髯翁挥动了生花妙笔，一扫他人俗唱，写下了一百八十个字的具有深厚历史文化内蕴的长联，从而使得大观楼声名鹊起，也就自然而然地取代了"近华浦"的名号，而近华浦也只能在这座碑亭上留下它历史的痕迹了！

从近华浦的门洞进入园内，最抢眼而令我们惊赞不已的则是路右侧那棵高大直立的三角梅花树（又名三叶梅或三叶花，它的花朵分三瓣，瓣状似叶，一般为紫色）。尽管该花树在昆明几乎处处可见、四季花开不败，但这一株却是非同凡响，只见它身躯伟岸、峨冠高昂，不仅繁花满头，而且那朵朵怒放的鲜花把茂密的枝条压得低低下垂，形成几大股紫红色的花浪，瀑布般地向地面喷射着；我久立树旁赞叹着、欣赏着、感受着它体内迸发出的勃勃生命力。我们顺着中间长长的、宽宽的人行道漫步，去寻找那座慕名已久、写有孙髯翁长联的大观楼。沿湖水游走在棕榈树、龟背竹和一排排古老的银杏树、大叶短柄葵类植物以及长长的绿草坪旁，只见鲜叶嫩片上滚着细碎的小雨珠，亮晶晶的，惹人喜爱；远处草地上开放着蓝色的花朵，便激动地叫："云忠，你看啊，二月兰开了！"云忠也高兴地说："是啊，北京天冷，我们离开时颐和园里的二月兰还未开放，没承想在这里竟然见到了！"谁知趋步近前仔细一看，不禁好笑，原来那不是二月兰，而是被风雨催落的树上花朵飘入草丛去了！

我们笑着走着，发现走不远就会有一面木制的房脊式的温馨小提示牌，上面写着"文以景成 景以文传"的字样，云忠沉思良久，说："这八个字把文与景之间的关系真阐发透了。你想想看，古往今来，凡是能传之久远的名胜古迹的背后莫不都有名文、名诗、名联或名人题字作为砥柱、充当推手，比如南昌的滕王阁和唐代王勃的《滕王阁序》、湖南的岳阳楼和宋·范仲淹的《岳阳楼记》……"我抢过来说："这些例子太多了。本来嘛，景与文之间的关系就是相辅相成的共生关系。"云忠说："是啊，再好的风光也要有耐人寻味的、优美的文化积淀，才能拥有历代观众，才值得废弃了重建、陈旧了再修，使之世代传承；假如说你是第一次到南京或第一次去苏州，一定会挤出时间去走访乌衣巷、去游阊门外的枫桥,因为我们从小就会背诵唐代诗人刘禹锡的《乌衣巷》和张继的《枫桥夜泊》这两首诗……"我打断了他的话说:"是的。我们来到春城昆明,第一个选择了大观楼,不就是受到孙髯翁的召唤,来实地观赏他写的'海内第一'长联嘛!"正说着话,我们透过层层绿荫已经看到大观楼翘起的飞檐,又绕过许多古树、花坛、凉亭、假山后,大观楼就在眼前了。

这一带有一组古典式建筑群落,如悬刻着绿色字体的"观稼堂",顾名思义,可知建此堂含有劝农、悯农、祈盼五谷丰登之深意。又如"揽胜阁",其内外两层门柱上的两副对联:

> 海天纵览观斯大
> 风雨无边兴自高

> 华雨来时有雨乐
> 柳荫深处鸣禽多

这两副对联正形象、生动地道出了大观公园湖光山色、长堤虹桥、荷塘鱼跃、柳荫鸣禽的赏心悦目的景观。

与揽胜阁相对应的右边是一溜儿长廊,廊口处有凉亭,匾额上书金色字体,曰"髯翁亭"。放眼长廊,只见这里已成为爱老、敬老的场所:一字长龙似的桌椅摆满凉亭,桌子周边坐着打扑克、玩牌、下棋的老人,个个都显得十分悠闲;亭内几无闲散游人下脚之处,当然我们也不会进去了。再看,矗立在这一堂、一亭之间的便是主体建筑大观楼了,不过这时我们看到的只是它的项背。

从背后看大观楼,最醒目的便是顶层中间匾额上"真大观也"四个金色大字,匾额上款落的是"同治丙寅孟夏",下款写的是"威楚 李维述题书",匾额两侧配有对联,曰:"千秋怀抱三杯酒,万里云山一水楼",左下方落款是"丙寅春 马如龙"。我叫道:"云忠,你看这又是马如龙所写!能写出如此绝妙好词,定是一位寄情山水、遨游风月的不俗人物吧!"云忠沉思着说:"不对,据我看到的材料介绍,这个马如龙是清代咸丰年间(1851—1861年),曾任云南提督的那一位吧!"再向下看楼体中层的匾额上,题写的是白色大字"烟波世界"。我注目高楼,口中反复咀嚼着"真大观也""烟波世界"……我们跨上南、北对开的大观楼楼门的台阶，步入直通正门的大厅通道，进门两侧设有向上的楼梯；我俩不急着登楼，便快速地穿过大厅，跨下正门（南门）的台阶，眼前一亮，是一片开阔荡漾的湖面，再返身，便立在大观楼的正面游目仰望。

这座国家4A级景点，始建于清康熙中期（1686—1687年），楼体初为二层，巍巍然面山、临水而立，颇为壮观。乾隆年间（1736—1796年），布衣儒士孙髯翁游历至此，登楼远眺，那逶迤起浪的雄山、浩渺无边的滇水，入诗翁之眼尽化作滔滔历史画卷的巨浪，激扬拍击着他胸中的豪情和一生积郁，人世替代、历史兴亡的感慨油然升腾，便痛快淋漓、洋洋洒洒地写就了数百年来传诵不衰的一百八十个字的对联长卷；这脍炙人口的长联一时间在儒林中不胫而走、众口相传，后由清代名士陆树堂将此长联书写，镌刻在大观楼正门的两侧；这正应了"景以文传"的道理，髯翁的长联从此便成了昆明大观楼永远不会磨灭的金字招牌。此后的大观楼作为珍贵文物，在一个多世纪的历史沧桑中，虽几经战火、兵乱的洗劫，楼体、匾额和长联屡遭毁坏，但也总是屡坏屡修，即如道光八年（1828年），将它恢复旧貌后又重加修整，将楼体增高至三层；咸丰、同治年间，战乱之后又发生了滇池泛滥，不得不一次又一次地修葺楼体，还其雄姿。今日所见的大观楼之形貌，大体上便是在光绪九年（1883年），由云贵总督岑毓英按旧制督建重修的。

楠木结构的大观楼阁，翘角飞檐、金碧辉煌，典雅庄重。正面是三开大门，中层匾额大书气势逼人的"拔浪千层"四个字，是清代咸丰皇帝御笔亲书；低层巨匾书有金光闪闪的"大观楼"三字，其两侧门柱上赫然镶嵌着孙髯翁的长联，该联为纯铜所制，在阳光下熠熠闪光，联内之字是按照近代书法家剑川籍赵藩书写的原字刊刻而成，联美字秀，相映生辉，游人至此，无不驻足止步，默默咏读。髯翁长联如下：

五百里滇池奔来眼底披襟岸帻喜茫茫空阔无边看东骧神骏西翥灵仪北走蜿蜒南翔缟素高人韵士何妨选胜登临趁蟹屿螺洲梳裹就风鬟雾鬓更蘋天苇地点缀些翠羽丹霞莫孤负四围香稻万顷晴沙九夏芙蓉三春杨柳

数千年往事注到心头把酒凌虚叹滚滚英雄谁在想汉习楼船唐标铁柱宋挥玉斧元跨革囊伟烈丰功费尽移山心力尽珠帘画栋卷不及暮雨朝云便断碣残碑都付

与苍烟落照只赢得几杵疏钟半江渔火两行秋雁一枕清霜

这酣畅淋漓、脍炙人口的词句,读之令人口齿留香,油然生增一股涤荡心胸的浩然之气。对联立意高远,气势磅礴,文采斐然。一副对联,一部历史,充分显示了作者贯通古今的学识和高瞻远瞩的襟怀。所以,有人说:"您读懂了长联,就能了解妩媚的春城。"云忠虽然以前曾经熟读到能背诵的程度,但此时此刻也仍然一字不漏、抑扬顿挫地诵读着。此时此景,我突然有了诗兴,因作打油诗一首,曰:

髯翁巨笔点江山,万载沧桑逐逝川。

留予世人助兴叹,天下美景集大观。

大观楼的左侧不远处有孙髯翁石雕坐像一尊,高大逾过常人,长袍布衣、美髯飘飘,神态安详、仙风道骨、栩栩如生,我和云忠分别与这位历史老人合影留念。大观楼楼前是一片浩浩流水,水上有水榭、拱桥、曲堤、亭阁均清晰可见,隐约间我看到远处水面露出一座座小型白石墩,我用手指点"一、二、三"给云忠看,他说:"啊!这不是杭州西湖中的三潭印月嘛,怎么也跑到这里来了!真是有趣!"我们观不尽眼前美景,便又返身进入楼内,厅内通道两侧是两排玻璃柜,专卖有关大观楼的纪念品。迎面的深红色圆木明柱上高悬对联一副,曰:"陶隐居①有楼三层至其下处其上,黄叔度②若波千顷滃不浊澄不清",上款是"阮文达公题大观楼旧联",下款是"庚午夏月昆明陈荣昌补书",我知阮文达公是指清朝大臣阮元,曾任云贵总督,又因他是位经学家,编辑《经籍纂诂》,校勘《十三经注疏》,卒后谥号"文达"。阮元所题对联内容,应是有所指而发,用了梁武帝时的"山中宰相"陶弘景和东汉名士黄叔度两个典故,把满腹才学、远见卓识的布衣鸿儒孙髯翁的人格、品行都刻画出来了。我们感叹着迈步登上层楼,居高览胜。

---

① 陶隐居:即南朝齐、梁时人陶弘景,读书万卷,得养生之志,曾为齐高帝宫中之侍读,后隐居句容之句曲山中,自号"华阳隐居",晚号"华阳真人"。梁武帝遇有吉凶征伐大事,辄请教之,人谓陶弘景为"山中宰相"。

② 黄叔度:黄宪,字叔度,东汉人,品行端方、才学横溢,为儒林赞颂;时人郭泰(字林宗)极善品评海内人士,与黄叔度相交后,赞誉叔度"汪汪若千顷波,澄之不清,淆之不浊",可谓至善至美矣。

我们逐层上攀直达顶层，隔窗远眺四围风光，才发现这楼竟是三面环水，楼体右面和楼前濒临水畔，清波荡漾的湖水就呈现在眼底，而楼左被绿树、假山、亭台楼阁错落掩映了湖水，满眼只见琉璃瓦顶和绿树葱茏了。我们远眺前方那逶迤、绰约的西山睡美人隐约可见，而西山脚下浩渺的"五百里"滇池，则因楼不够高竟至目力所不能及。刚刚收回的目光，又立即被室内张挂的图片及解说词强烈吸引。看了清代咸丰皇帝专为大观楼御书匾额"拔浪千层"四字的由来之后，心中着实为这个"拔"字叫好不已。短短四字，便营造出一种层浪陡起、裹风挟雷、超拔凌虚的飞动气势，显示了一代帝王的笔力、气度、襟怀，实堪与西楚霸王的"力拔山兮（气盖世）"相媲美！转身又看到现代伟人《毛泽东评点大观楼长联》的巨幅照片。毛泽东不仅对长联背诵如流，还对孙髯翁长联高度赞誉为"从古未有，别创一格"！足以显示出长联的非凡价值！

转身看到，在南面墙上，还有一幅当年人民音乐家聂耳登此楼时拉小提琴抒怀的巨照。面对此照，我似乎听到这位云南之子的悠扬琴声正飞出窗外。

我们由顶层下至二楼，楼内迎面影壁上，是郭沫若老人1961年《登大观楼即事》诗的手迹：

果然一大观，山水唤凭栏。

睡佛云中逸，滇池海样宽。

长楹犹在壁，巨笔信如椽。

我亦披襟久，雄心溢两间。

转过影壁入内，只见一幅巨大的山水画图铺满墙壁，画中的孙髯翁面对远山近水，飘然侧立，他的身旁龙飞凤舞的竟是他那一百八十字长联，确确实实是一副创意极佳的、引人遐思浮想的水墨画卷。

1983年，大观楼及一百八十字长联被列为云南省重点文物保护单位。

我们沿楼梯而下，出了楼门迤逦向楼东走去。走不远便有一座由姚安地方的名儒赵鹤清于1930年用湖石堆砌的假山彩云崖。假山上峰回路转，十分精美，有不少游人攀登游走、嬉戏、拍照。我们从假山中间空洞中穿过，走上一架长桥，桥下绿水潺潺，桥上两侧顺着桥栏杆摆放着一溜儿盆栽的三叶梅花，颜色有紫红、鲜红、淡黄和雪白，花开似锦、花光照人。我对云忠说："这三叶梅花只有简简单单的三片花瓣，既没有牡丹、芍药、月季花的丰美，也没有丝毫香味儿，但它却把环境装点得如此和谐，令人如此倾心，是什么原因呢？"云忠说："人们审美总在不同环境下从不同的角度着眼，即如这三叶梅，你孤零零地看它一盆花、一朵花，实在无美可言，可是若让它们集中起来，那千百朵怒放的花，就会开得热热烈烈、生机盎然，可见它并不是以妩媚的娇色、而是以直率单纯的花性与集体的合力，招引人们的喜爱的吧！"

走过长桥，沿着桥头右边的小路走去，就可以进入东园的楼外楼景区内。景区右边有十几株白皮松和桉树高可参天，有高高矮矮的三叶花树到处灿烂……楼外楼是一座古式建筑，有两层绿色琉璃瓦歇山卷脊屋面，形如画舫，登楼的楼梯建在楼体之外、蜿蜒向上延伸，显得很高。云忠走得快，他想先一步登楼看看值不值得搀我上去，我便在楼下候他。不一会儿，他就沿着那盘旋的楼梯下来了，摇着头说："别上去了！和下面一样也是茶馆，有人在那里喝茶聊天、玩牌。看来这楼也成了供人消费的地方了！"

楼外楼前的水道上，密集停泊着两层或三层的豪华楼船群，这里应该是个船码头，这些船只，是为旅游者驶向西山下的滇池准备的吧！既不登楼，我们就沿着楼区周围的景点绕行，之后向西走去。西园景区未设围墙，经过贴水平桥、八角凉亭、水上回廊，跨过翠羽桥后，便沿着柳堤、水岸渐渐步入草坪区。草坪内不乏高大乔木和青翠灌木丛，众多游人男男女女老老少少，或席绿草而坐，或嬉戏追逐，十分惬意。我们无心流连，复前行，便发现前方草地上相隔不远处就竖有一座座形状各异的石雕，走近细看标识牌，方知这些都是国外石雕艺术家的代表名作，有人物、有飞鸟、有走兽，有写实派的、有抽象派的；我们正自兴趣盎然地一一欣赏，忽然一阵阵哄闹声爆响起来，循声望去，原来远处正前方是个游乐场，巨大的摩天轮上坐满了男女青年、儿童，轮子已经转动，其上方摩天处的人们因头向下、脚朝上全身失重而发出阵阵尖叫声、惊恐声和摩天轮下观望的人们爆发出的笑声混在一起，凸显着一片欢乐气氛。

西园逛尽，看看时间还够，便返身移步向东园走去。经过楼外楼不远处书有"凝紫"二字的花瓣门后，便进入东园，把门的是两柱两米多高、玲珑剔透的湖山石。这里和热闹的西园截然不同，游人十分稀少，而凸显出环境的秀美清幽，左右水道夹着中间一条笔直的路。右边的水道浩渺，水面上无花无草，只闲泊着各色各样的豪华的楼船群，它与楼外楼、西园的水道相通，可以驶向滇池；左边的水域则不然，沿岸全是灌木花丛，隔花丛望见水面上浮现着一方方、一框框、一丛丛盛开着各色鲜花的浮体，像一群小小岛屿。我扫视着这景色，不知是照眼迷离还是真的，竟还感觉这些小岛随着阵风正在飘动呢。便把这感觉说给云忠听，他仔细欣赏观察后说："我想这些小岛可能是由众多大花盆在水下固定的木框内组成的，大的动不了，小的也许会经风摇动吧！"这真是一大奇观，"岛"上的水生针叶松、美人蕉、各色兰花开得正艳。我们信步前行，这里只有静谧，没有喧嚣，这里处处浓荫遮蔽，一片清幽，连嫩草的香气都能嗅得出来。我们在绿树围绕的池边小径上漫步，面前出现一座凉亭曰"望湖亭"，亭柱上镌刻有对联：

池影澹涵新月上
柳荫清到小亭前

我笑对云忠说："这里的夜色一定更加迷人。"云忠说："现在已经够令人心醉了，这里的景致真是'绿绿的水，密密的树，悠悠的闲人，弯弯的路'啊！你说呢？"我会心地笑了笑说："我看嘛，还要加上'红红的花，青青的竹，曲曲的廊亭，碧碧的湖'才够味吧！"

这时，听到了鸟儿的叫声，四处寻觅不见，只有两只秧鸡正在水中觅食，该不是它们发出的声音吧？我们穿小径、过石桥、登凉亭、走回廊，目光却一直在茂密如伞的树梢上张望，希望能见到鸣叫的鸟儿；突然惊喜出现了，云忠招手唤我，小声说："看哪！有几只松鼠正在树枝上蹿跳呢！"就在小桥边的松树上，果然有几只灰色的小精灵，拖着蓬松的长尾巴在一蹦一跳地追逐游戏，它们动作极其敏捷、反应极快，也许听到人声了吧，倏忽之间便不见了踪影。云忠说："它们已经从这棵树跳到那棵树上去了。"我静立树下，等待着它们再次出现，果然没有让我失望，原来另外几只松鼠又从草地上沿着树身向上爬呢，这群身手不凡的小家伙转眼间又消失在密树的枝叶中了。

沿途绿树障目，万绿中最显眼的就是四季常开、紫红色浓艳欲滴的三叶梅，忽然我发现远方高高耸立着几棵树，淡紫色繁花开满枝头，团团如天边的彩云。我和云忠都疑它是紫丁香，越走越近，但直到树下也没有嗅到丁香花的一丝丝香味儿，看它的小小花朵，又确实与丁香花相同，这是怎么回事？是不是南北地域不同，而使丁香花失去它的奇香呢？便向罗飞跃发出短信以求答案，原来这是从巴西引进的一种开花乔木，名字叫作"巴西紫葳"，又叫"蓝楹树"，它真的太像紫丁香了。

日色近晚，该是回去的时候了。我们便循原路回返，过梧夕桥径直向园门走去，临近园门出口处有座盆景园，我看到它门两边的对联"倚树听泉任天而动，看花濯雨得气之清"竟是"郑板桥撰"，便提议进去看看。入园后，反观门后之联，上联却是摘苏东坡诗句"试观烟雨三峰外"，下联是"都在灵仙一掌间"；园内盆景近千种，盆盆竞奇斗艳，包罗了云南地区各类花木奇形秀姿；处处绿草铺地如茵，地形起伏萦绕，游人不多，大都在水榭、翠亭内休憩。

我们在园内匆匆转了一圈，便向大门走去。云忠说："我发现大观公园的道路两旁树上、水道沿岸堤边和建筑物顶上，都吊挂着一顶顶各式各样的彩色小伞，伞下悬垂着一节节灯管儿，也曾向公园的服务人员打听，据说是为'五一'节庆准备的灯光设备，还花费了300多万元呢。五一节快到了，公园的夜景定会无比醉人，我们到'五一'时再来欣赏，如何？"我说："那当然还要再来啊！"

（2013年4月15日）

昆明翠湖游

昆明是一座有山有水的长春之城，而翠湖之与昆明，简直就是昆明的缩影，享有春城里的一块绿色"宝玉"的美称。翠湖位于市区的五华山西麓的螺峰山（螺峰山，本因山上奇石肖似螺蛳而得名，今改称为圆通山）下，据说很早以前这处于闹市区的翠湖也曾是五百里滇池中的一湾水域，舟船可直与滇池相通，后因人为地、无休止地深挖以防涝，致使水位逐渐下降，陆地裸露其间，它便与滇池远远脱离，自成一汪孤立的湖水。

翠湖公园是市区中心一座不收门票、慷慨地向大众开放的大型园林，四面皆临闹市，虽建有多座园门，但园周仅安装护栏，不设围墙，即使不入园内，过路之人也可尽情浏览园内流溢出的翠绿春光。我们面前的园门呈三开门状，有双飞檐，门联曰："湖势欲浮双塔去，山形如推五华来"。入大门，过拱形燕子桥，桥头立石碣，上刻"阮堤"二字，文字介绍该堤南起燕子桥，中经采莲桥直至北岸的听莺桥，纵穿南北湖面，为清道光年间（1834年）时任云贵总督的阮元（1764—1849，字伯元，号芸台，乾隆进士。曾先后出任湖广、两广、云贵总督，晚年编纂《经籍纂诂》《十三经校勘记》等，为著名经学家）倡议拨款所建，故称"阮堤"。我们顺着主路前行，见路中央摆着一行行盆栽茶花，时值暮春，正惜花期已过，不意竟捕捉到两三朵红色茶花仍残留枝叶间，透出艳红点点，让人惊喜；过水月轩，漫步向前，被路旁的水塘涟漪、塘岸柳丝如幔所吸引，近岸处的水面有灰红色的嫩荷隐隐露出尖角，几只游船远远地在湖面上游弋。经荷静风恬园，有副对联曰："城市别开仙佛界，楼台妙在水云乡"。前面走到采莲桥附近有许多新旧不一的古式建筑，其中以莲花禅院最为显眼，高大的门楼翘着飞檐，镌刻于门旁的对联是："十亩荷花鱼世界，半城杨柳佛楼台"，上款标明是林则徐"光绪乙未春三月游云南得句"，下款是"粤人凌士逸书"。记得景点介绍文字中提到过，在这座禅院里存有清代同治皇帝的"妙莲涌现"御赐匾额，我们很想进去观瞻，但该禅院却大门紧闭，似乎是改作别用，禁止游人入内了。禅院门前路边已全被摊铺挤占，摆挂着各种古玩商品，琳琅满目，已成热闹集市。

我们信步绕过人群，望见前方有一座高大的牌坊矗立桥头，坊额上大书"北湧文风"，带着好奇跨上桥头，始知这座桥名叫文津桥，桥栏附有说明文字："翠湖北岗原为贡院，现为高校区，与云南文化关系甚密。"我对云忠说："没想到吧，我们竟有幸来到这古代文人荟萃之处的贡生们的院落了啊！"云忠说："是啊，了解了此地的历史，也就知道这桥为什么叫'文津'，这牌坊的坊额为什么题写'北湧文风'了！"说话间，我已绕至牌坊的另一边，只见坊联写道："鹤窥竹阁能衔字，鱼上莲洲欲听琴"。云忠走过来笑着说："哎呀，这些文人可真厉害呀，他们一写字便招来了仙鹤，一弹琴又引来了游鱼，太浪漫了！"我打趣他说："不是文人浪漫，应该是对联的作者浪漫吧！"云忠说："你以为只有贡生才是文人，写对联的就不是文人吗？"如此这般地逗着嘴走着，一点儿也不觉得累。沿路都有绿波做伴，又有垂柳、翠竹为友，耳边还时不时地传来群众性的合唱团、舞蹈队的嘹亮歌声和婉转舞曲，脚下轻松，心情舒畅，感受到翠园里处处都洋溢着春光、春色，处处都充满蓬勃生气。

若再往前直行，无疑就是北门了，我们游兴正浓，不愿马上出园，便绕到了东西向的大路上，跨上了唐堤。从路边的石碣介绍文字可知，这座东西横穿翠湖的长堤，始建于1919年，是当年云南大军阀唐继尧拨款所筑。唐堤与阮堤交叉将廓大的湖区一分为四，交汇于湖心岛上。放眼望去，果然气势不凡啊！我眼前突然映出西湖的苏堤、白堤的影像来，我问云忠："你说怪不怪，从昆明的大观公园内隐隐突出湖面的三座映月的石墩，到现在我们所看到的纵横交错的阮、唐二堤，此时此刻我仿佛是身在杭州啊！"云忠说："是的，我也早有此感，昆明确是风光旖旎，翠湖虽不是西湖，不是也有'春城小西湖'的雅号，还有'闻道钱塘天下胜，阮堤知否是苏堤'呢！"走着走着，云忠又说话了，他说："想那杭州西湖的苏堤与这翠湖的唐堤，尽管都是东西横贯湖水，起着护水、拦水、令游人行走其上、尽情感受水上风光之美的作用，但苏东坡的为人，岂是唐继尧所能比拟的？"我觉得奇怪，怎么一下子又引起云忠对古人的臧否来了呢？便试着问他："你到底知道唐继尧多少？他可是滇军创始人之一，1915年与蔡锷宣布讨伐袁世凯称帝、发动护国战争的大人物啊！还是孙中山所任命的滇、川、黔三省建国联军总司令呢！"云忠说："可我也记得唐继尧去世后，有一副著名的挽联，上联评说他'治滇无善政'，这不就指出他为政不清明、不廉洁、鱼肉百姓吗！"我说："那么，下联呢？我想知道全联！"云忠笑了，他说："下联是'护国有奇勋'！那咱们就一分为二、公平合理地、历史地看待历史人物吧！"

翠园可说是园中有园，一处景便是一个园。我们不辨方向，只管有路便走，行行进入阮堤、唐堤交汇之处该是湖心岛了吧，这里有矮矮的苑墙与外面景物相隔，苑门内面积虽不大，但也有玲珑太湖石与矮树、盆花错落其间，石缝、树隙涌出的流水如线，却也有声潺潺，我们绕过暂时遮挡游人一览无余的白色小影壁，里面的亭台楼阁参差错落地尽现眼底，弄得我眼花缭乱了。我们绕亭、穿廊、登堂、过桥，尽管游人甚多，也不掩竹梢摇翠、湖水潋滟、倒影迷离之美。我只记得亭、阁的门、柱上都有对联，但有几副却入目难忘：一是明代诗人、名士杨升庵（1488—1559，杨慎，字升庵，号用修，今四川新都人，明正德年间——1511年进士，在朝为官，后于嘉靖年间——1524年因议政流放云南，又自称"博南山人"）的旧句："海上千枝光照水，城西十里暧烘霞"；另一是清代名臣林则徐游昆明时的诗句："迸开新瓣浓于染，擎出高枝灿欲燃"。这两副对联都点出是咏赞滇地茶花的。我有点迷惘了：云南繁花各具特色，四季常开不败，即以兰花来说，那品种可就太多了，蝴蝶兰多么可爱啊，一朵朵绽放枝叶间，或亭亭玉立，或展翅欲飞……为什么偏偏茶花如此受宠呢？刚欲开口发议论，谁知云忠抬手指着眼前的甲滇亭说："快看！快看！这里还有明代诗僧担当大师（1593—1673，担当俗家名唐泰，字大来，今云南晋宁人，祖籍系浙江淳安；始为儒士，终为高僧，法号普荷，以号'担当'闻名当世，被誉为'诗、书、画'三绝）的诗句呢！"我抬头仔细看去，那里镌刻着一行小字是："担当大师句——'山茶按谱甲于滇'"。我笑对云忠说："你看，不论是名士、良臣、诗僧竟不约而同地同声赞美茶花，可知茶花在滇地群芳中竟是名副其实的花魁了！"心下未免掠过一丝遗憾，顿时想起罗飞跃昨天说过的话："老师，您如果早些天来昆明，这里的茶花正盛开呢，尤其是金殿公园后山有一座茶花园，千株怒放、万朵斗艳，简直太醉人了！"茶花盛开于春季，而我们夏初方至，仅仅来晚了一步，茶花仙子就应百花仙子之招，已经先我们而谢幕返回花仙宫了，我们何时再能来滇一睹她的浓妆、淡抹总相宜的风姿倩影啊！

我们站在湖心岛弯曲的栈桥之上远眺近望，但见飞亭、高阁、楼宇连绵相牵，泱泱绿水就在脚下流潺，听说翠园里有个观鱼园，大概这里就是了吧。云忠说这里太美了，他要去周边摄像，而我则迷于抄录凡有建筑体上的、能使我感到有趣的对联；我渐渐转至一座飞檐翘起的楼前，但见该楼分双层，其外廊大字对联是一副黑底白字木刻、凤舞秀逸的行草笔法，原来是民国元老于右任（生于1879年，原名伯循，字诱人，后用其谐音为右任，陕西三原人；我国近现代著名政治家、书法家、教育家；辛亥革命老人、国民党元老。1964年在台北逝世，享年85岁）当年书赠李根源（1879—1965），字印泉、养溪，号曲石，云南腾冲人，祖籍今山东之青州。早年从事政治活动，于民国初年——1912年袁世凯窃国复辟阴谋暴露时，他支持孙中山、黄兴商议讨袁，起义失败后避难日本；返滇后，参与始创云南陆军讲武堂，历任讲武堂之监督、总办等职，坚持遵循孙中山先生的民主革命思想教育学生，为革命造就了无数军事人才，如中国共产党功勋元帅朱德、叶剑英等即出自他的门下；是"中华民国"政治家军事家、辛亥革命元老，又因善诗文、书法，被誉为近代名士，他与于右任几乎生死同庚同年，相交甚厚）的名句："秋水清无底，奇石浪纹斜"。再抬头看上层楼的匾额上大书"观鱼楼"三字,匾额旁的对联是:"翠竹不露花外雨,红鱼划破水中天",下层亦有匾额,是黑底金字"春醉蓬莱"。又前行转到一座六角凉亭前,亭柱的对联又把我吸引住了:"赤鲤跃碧波吞却三分明月,红莲开翠湖拓来一瓣馨香"。我喜欢这个"吞"字用得生动、别致;我联想起刚才记下的一副亭联"有亭翼然占绿水十分之一,何时闲了与明月对饮而三",这下款明明是大诗人李白的"举杯邀明月,对影成三人"(《月下独酌》)的翻版嘛,不过此景此情这个版翻得确实好!这些对联不仅能使我置身其中,而且更能引我步入更深的意境⋯⋯我们信步绕着水上曲曲折折的回廊,去去来来,绕过去有可能是又绕了回来,总有看不够的、新颖的感觉!在一座较大的水榭门柱上镌刻有一副较长的对联,我虽然抄录下来,却留下旅程中难以释怀的遗憾:因为抄得不完整,既因隔着水看不见上下留款,更因下联的最后几个字竟被障碍物所遮挡,我左走、右行、尽量向靠近处移动着,终究看不见被遮得严严实实的字,我大声招呼云忠,他连忙跑过来也前前后后、绕来绕去地看,最后只抄得一副残联:

翠海涌清波看鸢飞鱼跃垂柳飘扬不愧古滇胜境
螺峰来爽气闻狮吼鹤鸣樱花怒放⋯⋯

谁知竟被云忠笑评为"残缺之美",只能让我报以苦笑。直到回京后很久,心中还记挂着此事。某日和女儿提及,她旋即上网"百度",为我找到了下联走丢的六个字:"堪称三迤名园"。

我们绕回廊至碧漪亭,便拾级跨了进去,遥望四周波面如镜、水光潋滟;岛外有岛、绿柳如织、沿堤滴翠;心情怡悦,便戏呼:"云忠!拿酒来呀!"这真是景不醉人人自醉啊!在亭上休憩片刻,我说:"如此好的去处,岂能无绝妙好词的对联?"于是云忠念,我动笔抄录,这副对联是:"风雨动鱼龙池影碎翻红菡萏,丹青映梅阁天光倒浸碧琉璃"。云忠边念边评说:"还是'碎翻''倒浸'用得生动!"走出碧漪亭,我见亭外红柱上镌刻有白底绿字对联:"庄周知乐开转偈之机,子产舍鱼溯放生之始"。云忠说,这副对联用了两个典故⋯⋯我截断他的话说:"你看,这旁边还有一副对联,似乎是对该联的揭示吧!"云忠转过身读了起来:"此即濠间非我非鱼皆乐境,偶来亭畔在山在水有遗音。"我说:"这副对联的上联明指庄子与惠子在濠梁之上知心、会心、悠然自得的一番趣话，而下联嘛，则不得其要领了。"说着说着，我便回忆起21世纪初去开封大相国寺参瞻时，见放生池里满是大大小小的红色鲤鱼游来游去、从容戏水，招得池边挤满了游人，曾听导游介绍这座放生池历史悠久，建于春秋时代，大名鼎鼎的郑国的执政大臣子产，就曾亲自来这里放过生……我便对云忠说："'子产舍鱼溯放生之始'大概就是用的这个典故吧！"

出了湖心岛，便一路绕过竹林、行过水上栈桥向东走，要去寻找九龙池。据说"九龙"之名，得自历史上这里曾有九注出水泉眼向上喷涌，色如雪练、气势若龙之故。曾为昆明饮水的一个源头。待我们找到那里，感到有些失望，因为九龙之称，今日却是名存而实亡，因若干年来遭不合理的开发破坏，断了地下水脉，又加以连续干旱，此处早已无天然泉水向上喷发，而由人工安装的自来水引水取代，虽然水柱还在向上喷，但在我心中它已失去大自然所赋予的无尽藏的壮观之美了！九龙池畔有两只白色大天鹅的雕塑，池岸树荫浓密，有游人或坐、或卧树荫下休憩，我们徐步跨上曲曲弯弯横架水面的廊桥，也选了一处坐下来休息，看黑天鹅在水中嬉戏，看它们低头饮水、曲颈吞咽，看它们展翅亮羽、交颈依偎，看追随在它们身边蹦蹦跳跳的小麻雀与它们共享水面上漂浮的饲料，大小鸟各不相扰地和谐友好。忽然间，有几条特别肥硕的锦鳞跃出水面，张着大嘴抢食一块面包团，此时的黑天鹅舞动它的红掌、长颈低垂，毫不客气地把美食吞在嘴里，这黑天鹅与金鲤鱼争食的景象最为动人；当人们的哄笑声一阵阵响起时，黑天鹅受到惊扰，它们便展翅拍水互相追逐着向远方游弋而去，激起身后的水花圈圈点点、条条串串。

天色近晚，西门不远就在眼前。翠湖给我们留下极好的印象，云忠兴致勃勃地伸出手指，为翠湖总结了几大特点：第一是绿，即翠；第二是不设围墙，成为大众游赏休憩之乐园；第三个特点就是文雅，园内不仅遗留着贡院旧址，而且还有许多耐人寻味的匾额、对联。一路说着，不觉来到公园的西门。

翠湖西门只是一座朴素的白色大石坊，我俩走出园门回头再打量这石坊门时，都被石坊门两侧的对联深深吸引，这副对联是："十里春风青豆角，一湾秋水白茭芽"，落款处是"困叟 陈荣昌 书"，并隐隐看到钤有"洗心室"之印。这副对联没有修饰，没有雕琢，完完全全是白笔素描，却是那么让人品味不尽。

我们来翠园之前，也曾了解在它与滇池相分离而另成一湾湖水之初，人们有逐水而居的习性，渐渐地周边人烟密集，便把这湾湖水挤进市井之中。湖边多水生植物，当时人们便都叫它"菜海子"。直到晚清，湖内仍有多处菜田、茭塘，无疑这些水边的野生植物，是平民百姓赖以为生的食品；"青豆角"，自然到处都能生长，而"白茭芽"，就是茭白，古代人称为"菰"，它却只生于浅水之中，江南水乡多有种植，与莼菜、鲈鱼并称为"江南三宝"之一。因云忠青少年时常住在南方，所以他看了这副对联，想引起故乡之思，说："小时常吃妈妈做的一道菜'豆角炒茭白'，味道太鲜美了！"

我们站在这副对联前沉思，知道作者陈荣昌（1860—1935）是光绪九年（1883年）的进士，曾授编修，后出任贵州督学、山东提学使，晚年还家。因爱菜海子之清幽绿翠，便为菜海子取了个雅号叫"翠湖"，他自己也在湖畔建洗心室隐居。此后，"翠湖"的雅号学名便逐渐取代了乳名俗称的"菜海子"了。

熟知翠湖沧桑变化的昆明人对这副对联都是一颗平常心，因为它描绘的是当时的菜海子的真实面貌；而来自几千里之外的我们在领略了翠湖的新貌之余，也借托此联了解了翠湖的今昔容颜。我对云忠说："在你总结翠湖三特点的基础上，我想再增加不可忽视的第四点，那就是：它记录了平民历史生活的变迁和自身深厚的文化积淀。知道了它的出身成长，也就使我理解了偌大一个市级公园，能向社会、向全民敞开大门的原因吧！"对此，云忠表示首肯，他感叹道："一副小小的对联里，既有历史的沧桑变化，又有百姓的酸甜苦辣，困叟陈荣昌留下的这副对联，珍贵无比！是'文以景成，景以文传'的又一例证！"

在离开翠园乘车返回的路上，我的脑子里存留的名联真的太多了，但刻印最深的竟是刚刚看到的困叟陈荣昌的十四字对联！衷心有所感："孙髯翁之与大观楼，因一百八十字长联而为人传颂不息，而困叟陈荣昌之与翠园，何止这一副定位、点题的对联，连翠园之名竟也是他起的！但却往往不为游人所知啊！"

因即兴作小诗一首：

困叟挥翰染翠湖，青角白芽联袂出；
谁道联必登大雅？下里阳春竟真如！

（2013年4月20日）

登"西山龙门"俯瞰滇池风光

今天起了个大早,要去登西山龙门,俯瞰五百里滇池的真容。

缆车索道口处,有"滇中第一风景名山"的大匾,这是明代大旅行家徐霞客赠给西山的桂冠。大门柱上挂有红布制作的长幅对联曰:"腾云驾雾美之梦,醒来又见民族魂"。云忠说:"不知'民族魂'何指?"我也觉得下联对得有点不够味儿,心想如果改作"秀水雄山国之魂"呢?

排队上缆车的游客很多,我俩被夹持在人流中缓缓摇动。进入索道门口,又见一副醒目红布制作的大对联:"五百里滇池彩虹飞渡,登高游龙门君浴朝辉"。我仍觉上联对得不够工整,何不写作"抬望眼滇池彩虹飞渡"呢?我笑我自己是不是自以为是狂啊!真是积习不改!

缆车是包厢式,很安全,一厢可容6人。15分钟后到达第一段线路的终点。下车后,我们只在范围有限的观景台上游览,年轻的游客则纷纷跨过上上下下的石阶,分散到山腰、山后四面观景,那里有开得十分灿烂的杜鹃花。半个小时后,再搭乘第二段直上龙门的缆车,只需5分钟,便到达了写有"苍崖万丈"大牌楼的龙门景区入口处,进门返身则见牌楼匾额大书"绿红千层"四字,并刻有对联一副:"龙门一啸惊沧海 仙阁三呼应碧天",读来顿觉气势十足,果然非凡!

我还以为龙门就在近处,谁知刚刚才迈出第一步!我们根据路标指示,逶迤前行在山路上,经过许多景点,上上下下走了很多险路弯道石级磴阶。走出苍崖万丈大牌坊,就登上73级石阶,进入建于清代道光年间(1821—1850年)的罗汉堂。再前行,进入了三清境,门两侧对联为"置身须向极高处,举首还多在上人"。这对联颇有哲理,值得品味。

登台阶向上,是朝天桥,过桥便是飞阁流丹大殿,殿堂左右书有集前贤文人的佳句而成的一副对联:"浮光耀金静影沉璧,层峦耸翠飞阁流丹"(上联,出自宋代范仲淹《岳阳楼记》;下联出自唐代王勃《滕王阁序》)。大殿后有窟,内敬观音,慈眉善目,十分安详。又跨上十数阶,至三清阁,阁门有联曰:"清水船如天上坐,秋山人在画中行",出神入化之句,引人寻味。

从北边的三清阁起直至南面的达天阁,是归属于龙门石窟群,也是云南最大、最精美的道教石窟带，具有奇、绝、险、幽的特点，是昆明西山最著名的风景区。从三清阁走出，登上"真武殿"，山越来越高，建筑气势也愈加恢宏。入殿门见有对联在望："脏化飞蛇术造灵山添胜境，心存黎庶仙居极地镇妖氛"，观此联，觉此时此地道家气氛愈益浓烈；再返身看门后的门楣，上面大书"妙有真境"之字，能不让人飘飘欲仙乎！

出真武殿至灵霄宝阁区，登阶而上，迎面见"渊停岳峙"大字匾。右侧是玉皇阁，左厢有"名人与西山"的文字照片介绍，简录如下：

"绵亘于滇池之滨的西山，群峰逶迤，似美人仰卧，俗称'睡美人山'，是滇池六景中的'碧鸡秋色'，居云南名山风景之冠。……登上千仞峭壁以上龙门，极目广宇，水天一色怡襟怀之魅力……我周（恩来）总理、刘少奇、江泽民、朱镕基等皆登临，又有外国元首贵宾英国女王、美（国）之基辛格、德（国）之科尔等也莅临观赏……"

进入玉皇阁内室，有联曰：

海为澜翻松为舞

石作莲衣云作台

我暗自赞叹，此处真是红尘不到，别有洞天的仙境天地！

复行前，有"觅海处"的题匾悬于门洞，入洞即是凤凰岩，洞门的对联既工整又大气，"乾坤浮一镜，日月跳双丸"，天地、太阳、月亮尽囊其中；将乾坤宇宙之广与相形之下日月如丸之小对比，以烘托出滇池的浩渺无边、澄澈如镜的气势境界，实是耐人品味！转过石壁，返身看洞外又有联："只合任他顽谁又来凿开混沌，既然如此怪我亦欲粉碎虚空"，我反复念了两遍，觉得有些济公和尚的天马行空、洒脱无羁的脾性……

渐行渐高渐深，迎面矗立一座大牌坊，上刻"普陀胜境"；又复穿行至更深处，方有"普陀南海"一座石门，入石门返身见相应处的门楣上大书"佛谷云深"四字，旁有对联："海立云垂到此间殊非凡境，岩高径曲至其上是亦洞天"，我想海可立说明浪之高也，联想起大观楼上清咸丰帝的题字"拔浪千层"，浪可拔而立的景观便立即显现在眼前！

行行复行行在狭窄阴暗的石洞中，心想这"龙门石窟"怎么这么曲折幽广呀！快一点看到鲤鱼争跳的龙门吧，正思忖间，突然我的头顶着实被硬物撞击了一下，不由"哎呀"了一声，身后的云忠吓了一跳，忙问"怎么了？"边说他便打开备用小手电，向那低矮的石崖洞顶上照去，忽然他发出了笑声说："这里早有预警，谁让你不先看看啊！"我弯下腰手摸着碰疼的头向上看去，有一行横竖参差的红色小字"谁敢不低头"！我苦笑了一下，自嘲地说："只怪自己走得太性急了！"云忠便转身向后面的游人招呼：注意啊！请注意石壁上有字，走路要低头啊！引起后面人群的一串串欢笑声……

我们经过一座石门，门楣上刻着"天临海境"，虽有楹联，已湮灭不清，顺指示标前行，深入至建于清道光年间（1821—1850年）的达天阁，阁内另有一斜门，门两侧有内外联两副，一曰："精忠贯日月伟哉宇宙大雄，浩气满乾坤允矣古今至圣"，另一联曰："举步维艰要把脚跟立稳，置身霄汉更宜心境放平"。观此两联，倡导孝、忠、正直，劝世、喻世、醒世之意，尽在联中矣！颇具儒家风范。我们离龙门越来越近了。

虽然一路总在石洞中穿行，但兴致甚浓，竟不觉疲倦。一石洞壁上刻有长篇"凿穿云洞记"，字虽历历清晰，但苦于太长，只录得断断续续几行，如：

"清代乾隆年间（1736—1796年），贫穷道士吴来清为修行、为方便众生，开凿石道，就洞凿石，在岩石上雕刻观音……骑虎驭龙的神佛……并刻联'凿石现普陀将五百里滇池都归佛海，援人登彼岸愿一千只圣手尽化慈航'……"

末尾还缀有诗一首：

梁王避暑依险峰，更凿龙门雾霭中；

而今更辟穿云洞，蹬道旋上广寒宫。

上下曲折行走，待走出穿云洞口，光线较亮，石壁上刻有"步步通幽步步奇"，迎面又喜见大字刻石曰"碧海"，心想这下儿滇池该现身了吧！果然，前面出现了门额书有"天台"二字的大石门，门旁对联是：

朝雨潜龙轻出海

夕阳蹬道满盘空

在天台主景区内，凡有门进出及中堂神龛处，皆有对联，因择其三副醒目者摘录之：

握斗扪星云鹤翔身畔

观天察地江山在掌中

洞狭壑深疑入梦
峰回路转若登天

滇池千顷玉
太华一峰云

  我俩继续沿阶攀登，经过龙门入口处，又经由曲曲折折的台阶，穿过一个石洞，站在洞口的台阶上仰望，只见半截已穿嵌进崖壁中的双层翘角牌坊中间，赫然撰写着"龙门"两个金色大字。我们终于如愿登上了龙门！站在门旁悬崖边远眺，五百里滇池直奔眼底，滇池真的"海样宽"啊！波光云影，烟树人家，拂面的山风，让人眼界开阔，心旌摇荡。云忠笑说："现在我们真有点儿像登山入口处的石壁上所刻的'一登龙门，则身价百倍'呀！"我也笑着说："那是李白《与韩荆州书》里的名句，被你用在这里，倒还蛮贴切的嘛！"云忠说："那当然啦！鲤鱼劈波斩浪勇跳龙门的不懈精神，永远都是激励着一代又一代的莘莘学子勇攀科学高峰、实现自己梦想的动力啊，不是吗？"

  极目壮阔无边的滇池，我浮想云涌，便问云忠："你说，龙门应在大海海底，何以竟修在如此高高的太华山上？"云忠笑答："之所以修在高山上，恐怕是要世人明白，只有登临绝顶，才能洞观海底龙门的真容吧！"我俩如醉如痴地饱览那碧玉万顷、晶莹光泽的迷人滇池，不忍离开。眼看快到缆车停运的时间，云忠催着赶紧动身从后山去找缆车站口，若果赶不上，我们就将露宿龙门了！

  我一边急急地走着，一边琢磨着诗句，竟得小诗三首，匆匆不及细改，就把它记了下来，以记今日之游：

一

蹬道扶摇上天台，天工化物豁然开。
玉华高处美人卧，万载千呼不醒来！

二

不临东海水晶殿，偏向西山闯龙门。
池阔峰高千万仞，天台牢铸民族魂！

三

山姿水韵沐天光，飞上葱茏演大荒。
遍踏碧涛走琉璃，乾坤九派袖里装！

（2013 年 4 月 27 日）

大理仙境崇圣寺巡礼

早饭后，我俩去游大理名胜崇圣寺。因知该寺院傍山而建，且进深极长，就决定先乘景区游览车直达山腰终点站，然后再先上、再下，尽情游览。

下车后，便见巍峨的大雄宝殿扑面而立，我俩在殿外徘徊良久，为它赞叹不已。不进大殿，先去瞻仰左、右两侧的祖师殿和高僧殿，为了能渐入佳境。

祖师殿内有高近屋顶、巨硕无比的六尊铜佛坐像：祖师达摩菩提、二祖慧可禅师、三祖僧璨禅师、四祖道信禅师、五祖弘忍禅师、六祖慧能禅师。我站在六祖佛像面前，不由自主地说："这就是那位吟诵'菩提本非树，明镜亦非台；本来无一物，何处染尘埃'的一代名僧啊！今天我才有幸见到您的真容！"云忠笑我呆。

左侧的高僧殿内有九尊巨大立佛：段正明居中，左为段素贞、段寿辉、段素隆、段思英；右为段正兴、段思廉、段正淳、段正严。虽神情各异，然皆悠闲澹适。我又不由得说："哇！这位段正淳，不就是金庸先生武侠小说里的一位大人物吗……"未说完，便被云忠打断了话，拉我走向正中的巍巍高阁大雄宝殿。

大雄宝殿这四个大字是赵朴初老人的亲题。再看镌刻在正门柱子的对联："果证西天竺国演畅一音圆教，法传东土震旦花开五叶联芳"，和大门两侧的对联："大铸何须九州听訇尔一声虎啸龙吟荡开西竺广世界，和光漫道七级看巍然三足鳌蹲凤踞撑住南荒尺五天"，顿觉一阵宏大的佛光、佛气扑面而来，我们随即跨过这高高的门槛，走进殿内。

殿内的金身佛像都硕大无比，释迦牟尼居中，右有普贤、左有文殊两大弟子。佛面慈祥、不怒自威，全身流溢着灿灿金光，实为我平生所未见！我们瞻仰久久，方才退出大门，见右侧有门，门联吸引了我近前，落款处竟是明代名僧担当法师所撰，联曰："静处睹慈容为大众谒仰而来不惊不怖不畏，动中藏妙解任仁者密参了去毕竟非风非幡非心"。我俩虽非佛家信徒，心中不甚了了，但也觉有所触动。

原以为大雄宝殿已是最高顶，谁知顺山势而上竟还有佳境。我们登石级至阿嵯耶观音阁。殿前有九龙浴佛池，池内有九条龙为太子洗浴。景点介绍摘录如下：

"阿嵯耶观音阁，为高台三重檐歇山顶建筑风格，供奉着12米高的阿嵯耶观音像。阿嵯耶观音为男身女相的特殊造型，是白族密宗的主尊观音，为大理所特有，也称'细腰观音''大理观音''云南福星'。"

殿门上有"慈航普度"的匾额，入殿门仰瞻高大的细腰男身女相的阿嵯耶观音的金身立像，但觉肃穆庄严，不由不令人瞻拜礼赞。楼高三层，我不胜脚力，只好坐在一边的矮墩子上，作壁上观，深感遗憾，云忠则兴冲冲捷足而上，耳畔佛音丝丝袅袅、若断若续，宛如清风在耳；殿外阳光灿烂、蓝天白云，映着金顶红墙的佛殿、绿树结荫的庭院，一只小松鼠在殿周绕来绕去地觅食，无人惊扰它……这里是一片佛国净土！

待云忠从楼上下来，一边听他诉说楼上如何如何精美，一边努力又从阿嵯耶观音阁后向上行，经过大石牌坊后，更往绝顶攀登。至观海楼，楼的左右皆有凉亭，且每座亭子正、侧两面均有联对，只记得其中一副是林则徐撰作的："泉从石飞听有奇韵，云与松合荡为灵光"，读来倍觉飘逸、洒脱！

观海楼又称"藏经阁"，是崇圣寺的最高处，内藏佛经大藏经以及佛教典籍和法器。又是因为要攀登望不见尽头的台阶，只有云忠一人健步登临。许久，他才下楼说："透过楼上四面敞亮的玻璃窗可以前观洱海、背望苍山。洱海宽阔无边，如浩浩长江；苍山巍巍，在云雾缭绕之中隐隐现出层峦叠嶂……"说得让我心动。

这里已是制高点了，可我们并没有瞻仰到崇圣寺的全貌，因为我们是从寺门坐游览车上至山腰的大雄宝殿下来后，开始向上一路观瞻的；山腰以下的景点还需要我们去补课呢！下山的路似乎比上山走得轻松一些，很快又回到大雄宝殿，开始了沿此而下的——参仰。

下行至观音殿，巍峨的殿旁一左一右分列着两座罗汉堂，里面敬奉着五百罗汉。左侧罗汉堂的明柱上，刻的是明代著名诗僧担当和尚的名句"可是这个可是那个，不得有言不得无言"，真是太美妙了，担当和尚的文风确实是内涵空灵、实则充盈无比啊！右侧罗汉堂的明柱上镌刻的则是明代旅游大家徐霞客的联句："透却尘关空即色，翻成宝相影皆真"，这对联与担当和尚所书，真真堪称绝配！

夹左右罗汉堂矗立正中的观音殿，雄伟而庄严，是供奉"十一面观音"的圣殿。该殿为重檐庑殿顶建筑，五开间，内供9米高的十一面观音像及4米高的观音十八化身。殿内的格子门是全国闻名的大理剑川木雕，门上刻有在大理地区广为流传的观音十八化故事。在大殿门外的明柱上镌刻着徐霞客的联句："明月一帘心般若 慈云四壁影婆娑"。我绕着十一面观音殿外四周行走，欣赏着壁上悬刻的佛语佛偈，有"般若波罗蜜多心经"……

下行至弥勒殿，为单檐庑殿顶七开间建筑，采用庄严典雅的和玺彩。殿中前面供弥勒菩萨，中后供韦驮像，两边列梵天王与帝释天和六部龙众。弥勒佛高3.7米，坐姿，袒胸露腹大肚凸出，手掐念珠，笑口常开；韦驮是立像，高3米。殿门的门联："世事系于身丢得住才坐得住，人心如其面说不完亦笑不完"。

出弥勒殿，见右侧路边有金光灿灿的一排高大转经筒，不由便走将过去，手抚经筒顺时针方向转动起来，转经筒很重，让它转动就需要憋足一口真气，嘴里还默默念诵着藏传佛教的"唵、嘛、呢、叭、咪、吽"的六字真言！云忠笑着点头。

又沿着中路下行，来到天王殿。殿内供奉的是5.7米高的佛教密宗的重要护法神"大黑天神"像。雕像三面六臂，愤怒相，肩臂缠蛇，披骷髅璎珞，手持长矛。两旁供奉的是四大护法天王。大黑天王是白族人民特别崇奉敬仰的天神，他吞食瘟疫，让白族人民过上健康幸福生活的牺牲精神，使白族人民永志不忘。

又沿主路跨石阶下行，至崇圣寺山门景点区。药师殿与财神殿挟持着主路相向矗立。药师殿内药师佛像呈坐姿，高1.6米，是东方净琉璃世界的教主，与释迦牟尼、阿弥陀佛并称为"横三世佛"。药师佛与身边的胁侍日光菩萨、月光菩萨又被合称为"东方三圣"。其门联是:"地虽能远却能近,天自可低亦可高"。墙上有很多木雕文字,如:"一花一世界　一佛一如来""一花一世界　一草一天堂""一方一净土　一笑一尘缘""一念一清净　心是莲花开"……

财神殿殿内,金甲财神像是坐姿,高4米,标写出神的姓名是赵公明。我知道这个赵公明是《封神演义》中的人物,他曾在峨眉山罗浮洞里修身养性,却助殷纣王为虐,跨黑龙与伐纣的义军为仇,死后,被姜子牙封神时,封为"财神"。想到这里,又想到当今社会有的大酒店、大商铺在入门处或者大厅,往往把红脸长髯的关云长(关公)作为财神供奉着,而不是黑脸的赵公明,不知为什么。我问云忠,云忠说:"你总想一些怪问题,无非是认为关公最讲义气,供奉他可以为店铺主人守住财宝呗!"我还在思索,提出自己的想法,认为除了云忠说的以外,可能和曹操当初裹挟了关云长之后,为收买他为己所用,封他为寿亭侯,又是上马送金、下马赏银的……有金有银,不是财神是什么?所以民间就认为他为进财进宝的财神了……云忠笑我太会联想了,说:"没有人给你答案!"

途经雨铜观音殿,这是一座三层楼高的大殿。雨铜观音是用铜铸成的立像,高三丈。之所以叫雨铜观音,徐霞客对此有一段生动的描述:铜像"铸时分三节为范,肩以下先铸就而铜已完,忽天雨铜如珠,众共掬而熔之,恰成其首,故有此名。"([明]徐弘祖著,朱惠荣等译注《徐霞客游记全译》,贵州人民出版社,1997年版,第2169页)

说话间,忽见有钟楼一座,十分巍峨,钟楼分三层,顶层有大钟。入门有赵朴初老人所题之字"南诏建极大钟",近观之,旁立石碑有"重铸南诏建极大钟记"的文字,现节录之:

"大理崇圣寺之大钟铸于南诏建极十二年,即唐懿宗咸通十二年(公元871年),距今千年有余,《徐霞客游记》称'钟极大,径可丈余,而厚及尺,其声闻可八十里'。悬钟的钟楼史载'嵯峨宏敞,八窗通达,千村烟火,百里田畴,山色海涛,空于一览'。清咸丰、同治年间(1856—1872年之间),大钟不存,楼亦毁……

1995年5月20日决定重建建极大钟……铜钟之图饰花纹分两层,上层为大幅波罗蜜图案、下层为六幅天王像……直径2.138米,重16.295吨……为中国近代即 1840 年鸦片战争之后,所铸第一大钟;钟高 19.97 米,取香港 1997 年回归祖国之意。

钟为金乐之首,建极千年大钟重铸成于香港回归之年,并于当年 7 月 1 日香港回归祖国怀抱之日撞响,意将大理各族人民珍爱国家统一、民族团结之千秋情怀,永存于苍(山)洱(海)大地,永立于天地之间……"

我俩一边谈着该钟建造之雄伟、意义之重大,不知不觉已经走进了千寻塔景区。内有大致呈三角鼎立之势的三座白塔,故崇圣寺又称三塔寺,现已成为大理市的地标性建筑,为全国重点保护文物。

明代崇祯十二年(1639 年)3 月 11 日,徐霞客与好友何鸣凤于月夜在崇圣寺周围徘徊漫步,曾做如下记述:"夜同巢阿出寺,徘徊塔下,踞桥而坐,松阴塔影,隐现于雪痕月色之间,令人神思悄然。"([明]徐弘祖著,朱惠荣等译注《徐霞客游记全译》,贵州人民出版社,1997 年版,第 2150 页)我们绕塔漫步流连,在中间那座比两侧的塔要高大的崇圣塔下,惊喜地发现了一段《重修崇圣寺塔记》残石碑,上面的刻字虽不太清晰,但仍可辨认,我有兴致,将它抄录于后:

> 楪榆古称泽国,多水患,昔人置浮屠镇之,所在多有,而崇圣寺前者为最。鼎峙云表,俨然丈六金身,承露仙掌,殆不能及,盖西南第一巨观,而龙所敬畏者也。唐贞观年始建,明李侍御复修,迄今二百余岁,风雨薄蚀,牧竖践踏,砖零石圮,岌岌可危。余因祀北坛见而怜焉,爰捐廉修之,择绅士谙练者董其事,约费千金,阅九月工竣,而三塔愈巍焕于云霄间。夫修废弭灾,守土者之事也,敢尸其功乎?董事者覆请制记,因略志端末,后有同心,护之、培之,则胜迹常存,水患永息,亦不无裨于斯土也。是为记。乾隆辛亥年(1791 年—笔者注)孟夏月毂旦 知大理府事 铁岭 杨长桂 撰

石碑旁另有"永镇山川"大石碑一矗,及"起建宝塔栏杆之碑记"的字迹,就湮灭不清了。

待跨出山门,便已日落西山,该回去了。恋恋回头,只见寺门正门的门匾上崇圣寺三字,是当代书法名家中石题写、黄金铸就,据说花费 2000 多万元。大门的门联是:"天半舞寒云佛住山林传此日,地高留古雪僧开栋宇自唐年",

点出了该寺最早建在唐代!

一天游览,上上下下不知跨越多少石级,走了多少山路,竟一路欣欣然不知倦地抄抄写写。但回到旅馆,确已溃不成军,累垮了,居然吃饭也不知其香了!可是,崇圣寺里的阿嵯耶男身女相、高12米的"细腰观音""大理观音""云南福星"的形象,总还深深地留在我的脑子里!

(2013年5月20日)

二进云南丽江的木土司府

今天再进木府的主要目的是游走它的内宅家院。留给我们印象最深的有如下几个方面:一是所有的长廊的廊壁以及隔不远就有一幅的横额上,不仅都绘有山水、花卉、禽鸟、人物,还录有语录式的词语,或是儒、道、释家的名言,或是历代诗人、文学家的名句,均带有自律、理家、治国的哲理。云忠边走边感慨地说:"这里有包容了多个民族的文化传统在内的'大文化'!"我选择抄录的有:"德不孤""德润身""知贵精""澄怀观道"是个人修养的信条;而"久伏者飞必高""大象无形""和光同尘""抱朴归真"应是道家思想精粹;"福由心造""大明境界""古松谈般若"等则纯是佛家者言;另有不少"大翼垂天九万里,长松拔地五千年""园静花留客,林深鸟唤人"……分明是山林贤士儒雅文人之所好了。

我们边走边欣赏,猛抬头看到廊额上有"高柳垂荫"之后,我马上就联想起木府厅堂处曾有"乔木世家"的大匾,便对云忠说:"木土司把自家比作乔木,只有深深把根扎入母土,才能长成扶摇直上的栋梁,把阴凉洒在广袤的地面上!这句'高柳垂荫'在木家土司代代相传,竟能延续至二十二代之久,其中的祖训家规寓意深远啊!"

穿过如诗如画的长长走廊,游走过清清的水上石桥,便进入木府的后宅家院,顿然感到如同进入了一座无比精美的大花园。大门的门联是:"益笃忠贞世家乔木,敦仁诚赤黎庶永和"。门边竖立一石碣,上面刻字标题是"明代建筑遗址",节录其内容如下:

> 一九九七年六月,在修缮木家院时,发现此遗址,经鉴定系明代早期建筑……从所使用材料看,可知其辉煌,可见徐霞客之说不虚。

木府内宅共有三进院落。入大门进第一进院落，但觉满眼青翠，院中天井有女萝缠绕着的假山石，花木果树疏密有致地分散四方；中堂有匾，上书大字"割股奉亲"，这显然表明木府世代皆以孝亲为本。左下方书有小字"世宗钦赐大明嘉靖辛酉 木高敬立"。

步入第二进院时需先经过厅，过厅两旁皆设有厢房。一边厢房门上写着"文把事"，这是土司的文职官员办公之所。"文把事"直接听命于土司，处理文书答应、差遣贡奉一类职务。"把事"又分大把事、二把事、把事三级，构成其政治编制中的重要组成部分，在社会上有着特殊的地位。另一边厢房门上写着"民间新娘屋"，是专作展示纳西族风俗之用的。原来纳西族男女在婚前可以自由社交，纳西语的发音是"命若货"——意思是谈恋爱，可以在山野田间，对歌传情，互赠信物。但结婚时必须有父母之命、媒妁之言，极其严格。据说因族规严格，多有"情死"的现象发生。走过过厅，便是二进院的天井，左右的厢房挂着"丽江徐霞客研究会""丽江玉泉诗社"。啊，这木府的家宅内院，竟然有充作别用的功能了。

匆匆进入第三进院时，仍然要通过一道过厅，过厅两侧闺房与用人房相对。"闺房"，是土司家的未婚女子所居之室，因土司政治需要，常常通过婚姻与周边各地大小土司结成盘根错节的政治同盟，所以未嫁姑娘必须兼受知书达理和忠孝节义的封建教育，另外还要学习女红针黹刺绣，以培育爱美、对美好生活的追求。伺候她们的用人，自然就住在她们对门的用人房，随时可以听候使唤。

进到第三进院时，这才见到庐山真面目，令人大开眼界！这是土司和夫人居住的院落。天井内种植很多绿树花草，正中地面上用滑美的石板铺就一个大圆形，内圈是八仙（即民间传说的八仙过海的八位神仙）所使用的法器，外圈是蝙蝠形图案。我们穿过花树茂密的天井，举步跨阶向木土司所居的正房走去。高大的屋檐下有内外四根高大明柱，上面均书有对联，只记得内明柱上的对联是"不学谈空不觅丹，寸心无碍地天宽"。室内中堂几案上供着福禄寿三尊佛像，山墙上挂有多副对联，或草或楷，因游客拥挤，导游的声音此起彼伏，我未能一一诵读。此时，耳边又传来一位导游的声音，似乎在介绍1996年丽江大地震时的情状，最后说了一段新闻：地震那一刻，偏巧木府的后代有产妇顺利生下一个婴儿，于是联合国便拨了一笔巨款，以庆幸这个幼小的生命在灾难之际降生……

走出正房，右偏房是土司夫人的住所。这里住的夫人具体指的是第十九代土司木增的夫人阿勒邱（在《木府风云》电视剧中以真名出现）。屋内设有小佛堂，是供土司家眷拜佛祈愿的小天地，并供有祖先牌位。游客进入后，满嘴都是"阿勒邱""阿勒邱"的！随着一队队的游人在导游的带领下蜂拥而入，人越来越多，我俩便返身走出，在门外还清晰地听见导游介绍的声音："纳西族风俗是'男主内，女主外'。男子在家就像木增自述的'琴棋书画烟酒茶'，在家接待贵宾、客人，是专主精神层面；而女主外，则需参加生产劳动，主管物质生活。男子住正房，是最主要的位置，女子只能住偏房，就是土司夫人也不能例外。所以，纳西族妇女的服饰很有特色，一般衣服的背面都有'北斗七星'的图案，意思是要披星戴月地劳动……

游客越来越多，我们慢慢从右偏房里退出，在天井周边转了一圈，边转边聊。云忠说，看到过一份介绍材料，上面说，木府第十九代土司木增，深受家教影响，很推崇汉学，乐于结交文人，徐霞客和四川新都的状元杨慎以及著名的担当和尚与他都有过密切往来。例如明代崇祯十二年（1639年）二月，徐霞客在丽江就受到木增的热情款待，设宴"大肴八十品"，馈赠奇点酒果，让他游"象鼻水"（即今丽江之"黑龙潭"），到木家院欣赏巨山茶。这段时间，徐霞客为木增的《云薖淡墨》（薖：kē）整理编校，为《山中逸趣集》写跋；为木增的儿子写范文、评文章，又为木增推荐名士，圆满完成了一位中原文化使者和木氏家塾名师的任务。为发展边疆民族地区的文化"连宵篝灯，丙夜始寝"，"不辞劳苦"。但是，徐霞客"闻其内楼阁极盛，多僭制，故不于此见客云"。所以，木增接待徐霞客的地方是在丽江城南8公里漾西村木家院旁解脱林的佛国寺，而不是在木府。徐霞客也始终未进过木府。（[明]徐弘祖著，朱惠荣等译注《徐霞客游记全译》，贵州人民出版社，1997年版，分别在第2042、2049页）

在人头攒动中，我们发现天井一边的廊庑处，开着两扇大门，门联是："酒醒漱湖秋一掬，兴来观岳雪千重"，我说："快走出这个门看看去，一定有更好风光！"待跨出门外一看，啊！眼前一亮，又是一番景象：有溪水长流，波光潋滟，水上架着曲曲折折的木桥，隔曲水桥望去，又见水阁亭榭迤逦相连，真是绝美景色，令人惊叹！而临水亭轩的那一面，竟然就是我们昨天走过的主干道，一座座巍峨建筑就在对面。啊！云忠恍然叹曰："原来木府的内宅家院和木府的政事办公厅堂仅仅隔了这条流水风景带,这种设计真可谓巧夺天工了!"我不舍得马上离开,又频频回头看这座通向内宅邸的大门,门檐高翘,门柱楹联多副,其中有一副写的是:"赤壁泛舟诗喜诵,青莲邀饮兴无边",我说:"木家土司实在太有雅兴,竟然与苏东坡和李太白的神交如此之深啊!"

虽匆匆而过,却印象深刻。木府建筑宏伟,宫殿辉煌,雕刻精致,构建玲珑,绘画璀璨,把明代汉族、纳西族、白族等各民族风格融入一体,将皇家园林、苏州园林的风韵精神植入其中,真可谓广采博纳,美轮美奂矣!这里有"五六百年前的木府,就是纳西族的'紫禁城'""北有故宫,南有木府""不到木府,等于不到丽江"之说,果然言之不虚啊!

出了木府,已是下午2点,我们走进黄金海岸酒店,点了主食过桥米线和一盘杜鹃花炒鸡蛋,慢慢地一边吃一边笑谈我们的发现:大理和丽江的人,他们种花、看花,也爱吃花,比如食品店卖的茉莉花饼、玫瑰花饼,餐馆里做的杜鹃花炒鸡蛋、三鲜花(玫瑰、茉莉和金雀花)炒鸡蛋,色泽鲜艳,味道也还不错,尤其是我俩在大理的杨老二饭庄吃的那盘鲜黄花菜素炒,真是鲜脆可口,让我至今还口有余香。难怪有"云南十八怪,鲜花当蔬菜,十人见了九人爱"的赞誉呢。

我隔窗向着木府的方向望去,无意间发现一位中年男子,他什么也不吃不喝,只是凭窗而坐,真正的是在"发呆"。当我的眼神和他的目光相遇的时候,他很友善地说:"你们两位老人也能来这里旅游,真不简单,让我替你们摄个影吧!"云忠很高兴地把摄像机递给他,并连声道谢。这位显然是来自外地的旅友,为我们摄过影之后仍回到自己的位子上继续发呆……不知他在思索什么,还是期待着什么?

(2013年5月24日)

丽江大研古城一览

我曾多次到过丽江,每次都留下不同的记忆和感受,这次也不例外。当然,印象最深的自然是木府、四方街和酒吧街,但丽江特有的五花石和"发呆"处,却给我留下了新的美好印象。

1. 四方街随想

　　四方街，是丽江古城街巷的心脏，这是游人的共识。因为新华街、五一街、光义街、七一街以及黄山、现文等斜街均以它为中心，从东西南北四角和两腰构成"木"字形，向六方辐射着；而这些街又各自分岔出许多小街小巷，每条小街巷都与小河、小溪相依相伴，就像人体的筋络和血脉一样密不可分网布全城。加以丽江坝子又以狮子山、象山和金虹山三山为屏，与从黑龙潭流出的长年不息的玉河一川相连，形成了天然屏障。如果古城四周再"深挖沟，高筑墙"，那么丽江就会"易守难攻，固若金汤"；中国历史上的大小城池，无一例外的都是采用这种封闭式的筑城模式。更有其登峰造极者，就是清朝末代帝王，居然愚蠢到把中国几千公里的海岸线当成卫护自己的铁流战壕，采用了"闭关锁国"政策，以为万无一失地能保住他"自我"为中心的万代基业！结果呢，除了留下造成国家积贫积弱的千古骂名外，还有什么？可是丽江就不一样，它是全国唯一的没有围墙的古城，这绝对是一个例外，是奇迹中的奇！有这样一种说法流传："丽江古城之所以不建城墙，是因为丽江的土司姓'木'，如果四围筑了城墙就成了'困'字，不利其兴旺发展。"这种测字先生游戏的说解，当然夹杂着浓浓的风水迷信的色彩了。

　　我们在四方街看到有座科贡坊后，陷入深深的思考：据说清朝嘉庆年间（1796—1820年），丽江杨姓两兄弟杨兆兰和杨兆荣，双双中了举人，道光年间（1821—1850年）杨兆荣的儿子杨硕臣又中了举人，成为一门三举人的美谈。纳西木土司为了激励后人，便将原为杨家两兄弟修建的两层楼的木牌坊增高为三层，并敕赐"科贡坊"的匾额。于是，科贡坊便成了四方街里最高的标志性建筑。此后，丽江不断地涌现出进士、诗人、作家、学者，加之优美的洞经音乐的古腔古韵，东巴象形文字所呈现出的古老而鲜活的生命等，纳西文化底蕴的悠久厚重，便由斑可窥全豹了。四方街，正是在官场朝纲为代表的科贡坊下，万商云集，演绎着丽江商业繁荣，文化昌盛的传奇。而科贡坊也成了纳西族崇尚文化，善于学习的又一见证，使丽江成了古老文明与现代文明交汇的地方。

　　人们常说，文化是永恒的。它融注在该民族每一个成员的血液中，文化消失了，血统也就不那么重要了。"一个不尊重知识的民族，是不会长久的"。在电视剧《木府风云》的第47集中，对此做了进一步的阐述。剧中的明代大旅行家徐霞客与土司木增有一段对话：徐霞客说："金矿，固然能使丽江保持繁荣，早晚总有一天金矿会被挖尽……金钱导致的繁荣，只是假象，早晚有一天会幻灭；只有文化的昌盛，只有真正使丽江传承悠远流长海纳百川的文化，才是真正的兴旺根基。"木增说："先生给我打开了一扇门，整个世界变得不一样了！"需要指出的是，电视连续剧《木府风云》是文艺创作，在整本《徐霞客游记》中虽然并无这样的记载，这段对话是剧作者虚构，可它却是深深扎根在丽江土地上的合理的虚构！剧中徐霞客和木增两人的世纪性谈话，反映出的是丽江文化价值观的核心本质。从我们在木府亲体亲见的藏经楼及其外府、内院处处遗留的文化氛围证明，木土司下大决心刻出一部《大藏经》，还引进中原的孔、孟儒学文化、道教、禅宗、医术、律法各种学术典籍，再有白族、侗族、佤族……华夏所有民族的文化习俗，在丽江的流传，都体现了生活在这里的各民族亲如手足兄弟，生生不息。丽江古城也成为文化荟萃之地，坚守着开放包容、兼收并蓄的理念，在纳西民族之根上开出绚丽的花朵。足见，高瞻远瞩的目光，海纳百川的气度，这才是丽江社会繁荣、安定、和谐的根本原因。这与城墙、姓氏有什么必然的关系呢！丽江人民积累的历史经验，对今天仍有重要的启示意义，值得我们十分珍惜。

2. 五花石的光彩

天上落下陨石，山里开采玉石，地下挖出雨花石。这些石头一经打磨、雕琢，就会成为各种色彩的宝石、玛瑙、翡翠和钻石……再加以商业性的哄抬、夸饰，使之身价日增，也许就会价值连城。俗话说，"物以稀为贵"嘛，这也是情理中事。试想，如果把天然的五花石也加以垄断、珍藏，精心打磨，雕琢成造型各异的饰品，再加以哄抬、炒作，难道它不会身价倍增，与上述种种宝石一比高下吗？答案当然是肯定的。但是，丽江人没有这么做。他们把成块、成条的五花石铺在大街小巷、广场、岸边厚厚的土壤上，让它下接地气，上映天光。试想，当清晨或薄雾时分，丽江人用河渠中的清水洗涤广场和街巷，清除上面的尘垢后，五花石便会露出光洁、多彩的本色，在晨曦和晚霞中闪烁着斑斓的色彩，那古城将会呈现出怎样的一种气象！人们就像走在五彩鲜艳的地毯上，那又将会是一种怎样的心情！如果你低头俯身仔细观察石面，在凹凸不平处隐隐能看到马蹄的痕迹，耳边也能遥闻马铃的回响，你会不知不觉地体察到那茶马古道上远去马帮留下的风尘遗韵和历史沧桑。五花石啊五花石，在你的身上到底承载着、蕴含着多少厚重的文化底蕴呀？这就是丽江！

五花石在丽江人的眼里是平凡的，它和丽江人有着天然的亲和力，它无时无刻不陪伴着丽江人的脚步走向四面八方，永不止息地去创造像它一样的五彩斑斓的美好生活。五花石是平凡的，但平凡中寓含着的是伟大和崇高！

3."发呆"的餐馆和酒吧

从玉河广场到四方街的新华街，中经一段翠文路，它就是闻名遐迩的丽江酒吧街。街中间是一条潺潺流淌的河水，河上架着一座座小桥，夹岸飘拂着两行垂柳，间种着各色花草。岸边路旁就是鳞次栉比连接不断的各式酒吧，诸如"一米阳光""樱花金屋""驴友酒吧""丽江8吧""桃花岛""千里走单骑"等；而板壁上书写或张贴着各式感言、"语录"以及"吧"中的留言簿上，都留有吧友们倾吐的心语，展示着浪漫率真的情调。

随着暮色的渐浓，一盏盏一串串大红灯笼渐次亮起，古桥、溪水、柳丝、流水上浮动着的花灯、酒幌和街铺，便渐渐融入一片殷红之中。穿着别致服装的女郎在街头、吧前笑迎着过往的客人；架子鼓、键盘、吉他、贝斯、旋转的舞步、歌声、欢笑声混杂在一起，有些吧友们还同时用双手拍打桌面，发出有节奏的声响；啤酒的泡沫在碰杯声中溅起了啤酒花。男女青年或在桌前举杯，或在街巷间悠闲来往，为疲累躁动的心灵寻找一方驻足安憩的地方。在灯红酒绿如梦似幻中，他们纵情地谈笑、畅饮，无拘无束地张扬着个性，倾泻着压抑心中的情绪，以求得身心的自由、放松，还原人性的本愿。酒吧街就是青年人中泡吧一族的天堂。

然而，在街巷僻静处的酒吧或小餐馆里，却是另一番情境。那里的大门旁或墙壁上往往写着或张贴着类似的字样："欢迎你来这里发呆！""累了吗？那就进来发呆吧！"这是在做生意吗？是，好像又不是！这使我们感到十分新鲜和好奇。"发呆"，按词典上的解释无非两层含义：一是神情呆滞，近痴似傻；二是因心思有所专注而对外界事物完全不注意。这里的"发呆"，当指后者。就是说，你完全可以不吃饭、不点菜，甚至连一杯啤酒、饮料都不买，就可以进来找个适当的位置闲坐下来"发呆"，直到店铺关门打烊，店主人绝不会前来打扰你，你尽管发你的"呆"就是了。在这样的地方，可以完全静下心来思考你过往的人生，重新规划你的未来；可以思念远方的亲友，发一则自报平安或祝福的短信；可以为你遇到的挫折或伤心往事而暗泣、落泪，寻找个中得失的原因，重新找回自我，树立前进的勇气和信心；可以在发呆中向心灵默默地倾诉，寻找生活中温情的依恋，慢慢洗去那些被俗务所累的茫然心绪，使感情得到升华……

一方面是热烈喧嚣，一方面是安详宁静；同样使你感到宽容、温馨、和谐的气氛，足以拴住、安抚一颗流浪的心，这就是丽江。这是她给游人特殊的优惠和眷顾，她让你从内心感到安全、温暖、慰藉。在她的怀抱里，养精蓄锐，积攒智慧和力量，以向更美好的明天出发。

在我们由四方街返回双龙居旅馆必经的路上，在光义街光碧巷的一棵树客栈前，我看到一副对联："领略雪山大气派，品评小栈古民风"，很值得品味，便止步不动，多次读诵。此时，云忠又欣喜地发现在客栈的一面粉壁墙上写有一段诗意很浓的字句，特抄录如下：

"丽江就像一棵树，每一个来到这里的人，都是一只向往在这棵树上停息的鸟儿。有的鸟儿在外面飞累了，于是到这里来休养生息，有的休息够了，或者找到想要的东西，就又飞走了；但总会有再飞回来的时候。于是，丽江这棵大树上，总是去去留留地住满了天南地北的鸟儿。"

这段话，生动形象地写出了丽江古城的特点和她与游人之间亲密无间的关系。丽江的古老与现代并存，开放与传统互容，自然与社会和谐共处，具有"天人合一"的氛围。她是一方修身养性、寄托情思、休闲度假的福地。对人生苦旅来说，经过长江大河惊涛骇浪后，她是一弯平静休憩的港湾，在崇山大漠长途跋涉后，她是一个补充给养的驿站；在丽江古城，就像孩子依偎在母亲的怀抱里，感到亲切而温暖！

当然，对那些享乐至上的意志薄弱者来说，他们会感到失望。因为丽江人杰地灵、民风淳朴、情趣高尚，不是醉生梦死、寻花问柳的风月场，不是寻找"一夜情"的安乐窝。古城没有给他们安排这样的场所，也不会给予他们这样的非法享受。一句话，丽江古城不会欢迎他们，因为他们背离了丽江精神！

（2013年5月25日）

泸沽湖七日

1. 初识泸沽湖

云忠不止一次地回忆起，他在2003年看过电视连续剧《西部的天空》，是由马晓伟、徐路等主演的，讲的是有关泸沽湖的故事。泸沽湖特异淳朴的民风和绝美的风光就深深地吸引着他，挥之不去。他还饶有兴趣地说泸沽湖的"左所"（地名）土司喇宝臣的妃子肖淑明（被当地称为"末代王妃"），还现身剧情中，扮演了玉西老阿婆的角色呢！待我看了录像带之后，也被泸沽湖的明媚旖旎的风光所吸引，同样产生了必欲游之而后快的急切心情。我们这次云南之旅，就是把泸沽湖作为重中之重的旅游景点的。

在大理时，我们乘轮渡游了洱海，坐缆车上了苍山，因为顾及年龄大怕身体出现不适，上苍山只到七龙女池，海拔才2900米。未敢再登海拔3900米的洗马潭，便下山了。待从大理来到了丽江，离我们心中的仙地泸沽湖越来越近了，便向熟人打听去泸沽湖的事宜。听到的大多是：泸沽湖离丽江虽然只有200多公里，但在20世纪五六十年代，有人跟随马帮前去探访，一路上吃尽了苦头，山路崎岖，峭壁悬崖不说，还遇上雨雪风霜，步行了十几天才到。现在虽修了公路通了汽车，可山高谷深、坡陡弯急，如果再遇上疾风骤雨，引起山洪暴发，泥石流会把公路冲毁、翻车伤人也是常有的……何况你们年纪又这么大，只怕一路的颠簸就会受不了。我们听了这些忠告，便产生了退缩的情绪，游了几天丽江的古城之后，便返回了大理，充当了一次去泸沽湖的逃兵。回到大理后，总是心有不甘，准备再停留两天，俩人商量，为了检验自己身体的承受能力，再次登上苍山，过七龙女池直至最高处的洗马潭。在海拔4000多米的高处，我们居然未感到任何异常。漫山盛开的杜鹃花，天边波光闪烁的洱海，更使我们心旷神怡。于是，我们高高兴兴地带着苍山上的清风，和杜鹃花的清香，又一次登上了去丽江的旅游大巴，下定了去泸沽湖的决心。

从丽江公交站的老君山旅游公司买了两张空调大巴的车票，但是等到的却是一辆不带空调的中型面包车，且里面已经坐满了人，只留下两个空位子，我有点儿不满。云忠却拉上我，进车厢坐下，他低声对我说："只要有车坐，不比跟着马帮徒步走十几天的山路强上几百倍吗！这是小事，别放在心里！"我说：

"你说得对,让我们向多年追逐的美好愿望出发吧!"

泸沽湖的位置介于川、滇之间。所以,去泸沽湖便有两条路,一是从四川西昌经盐源县抵达泸沽湖镇(亦即左所镇),一是从云南的丽江出发,经宁蒗县抵达泸沽湖的大落水村。我们走的当然是后者这条路线。

面包车从 28 日上午 8 点 10 分从丽江出发,不久,便一头扎进了云山雾罩之中,在无边无际的大山丛中盘旋上下,左弯右绕,忽而驶上山顶,忽而又沉到谷底,过栈桥、钻隧道,路面上时见从山坡上滚落下的碎石、沙砾。狭窄山路转弯处的山壁上刻写着"超速行驶,就是向地狱飞奔"的红色大字,警示司机要小心驾驶,安全第一。一路上汽车都是在大山中盘旋上下,忽然眼前一亮,是闪光的金沙江,一个路标上写着"金沙江生态养殖基地"。导游小余说已经进入小凉山了,也说明宁蒗马上就要到了。天气一直晴好,蓝天上飘游着朵朵白云,放眼远望只见山谷坡地上散落着彝家村寨,层层梯田里种着苞谷(玉米)、洋芋(土豆)和烟叶……像斑斓的地毯,从山坡一片片铺挂到谷底。金沙江在阳光下闪着黄绿的光,像一条绸带时隐时现地在山弯间蜿蜒飘拂。窗外景色迷人,我们在著名的丽宁(丽江至宁蒗)盘山公路十八弯景点下车小憩,顺便观景。但见山峦之间公路弯转如带,山涧深深,山谷黑黝,山体被森林覆盖着,给人以无限的遐想……

过宁蒗后,便是一色的柏油马路,多下坡、有平坝,车速快而平稳。小余是一位摩梭青年,他身着摩梭人的服装,讲一口当地标准的汉语。他指着前面不远处,提醒大家:"请注意,泸沽湖很快就要到了!"一听到这个消息,经过大半天车行摇晃而有些迷糊的精神马上就振奋起来了,云忠拍拍我的手说:"这一路上不是很安全、很顺利吗?"导游小余开始滔滔不绝地向大家介绍起情况来,他说:"泸沽湖位于云南省宁蒗县北部永宁乡和四川省盐源县左侧的万山丛中,是川滇两省的界湖,为两省所共有。泸沽湖水面海拔 2688 米……是中国最大、最深的高原淡水湖之一,湖水清澈蔚蓝,被誉为'高原明珠',是国家级重点风景名胜区,4A 级旅游景点。"

车行五个小时左右,下午 1 点半时,终于到达了目的地泸沽湖景区的半山入口处。小余去购买门票,我们属于 70 岁以上老人,享受免费待遇。游客纷纷下车拍照,我俩立于道旁,透过茂密的树丛,只见远处山脚有一弯亮晶晶的光，碧蓝碧蓝的和头上的碧空几乎连成一片。啊！那就是我们渴望见到的泸沽湖吗？泸沽湖啊，我终于见到你的仙姿真容了！快快找有利的地形，把这心里多次梦见的神湖、多年来热切盼望一见的人间瑶池拍摄下来！

看来，景区大门距离泸沽湖边，还有不少路程，汽车喇叭声声催我们又向前行。小余开始给大家介绍摩梭当地的走婚习俗。在这之前，我们也知道一些，不过此时此地听他娓娓道来，却也新鲜。他说，以前这里是走婚，男方不落女家，女方也不落夫家。男青年叫"阿注"、女青年叫"阿夏"，相互之间的爱称"玛达米"，是"亲爱的"之意。在篝火晚会上牵着手围着火堆跳起"甲错"舞，歌舞是爱情的纽带，篝火晚会或劳动场所是沟通情感的最佳场合。当男女双方都有了很深的感情之后，就可以相约走婚了。男子要到女方家里走婚，是在晚上天黑之后，不能走正门，要悄悄地从女方所住楼上的窗户爬进。小伙子必须带三件东西：一是狗食，防止女方家的狗见了生人狂叫；二是弯刀，用刀子才能撬开女方的窗子；三是帽子，男子进屋后，一定要把自己的帽子挂在窗外，以示屋内有阿注在，外人不得干扰。天亮之前，走婚的阿注必须离开，不得被女方的亲人看见。生了孩子归女方家庭抚养，由阿舅充当"慈父"和教师角色。这种走婚习俗，便使得摩梭人的家庭成员，往往是一位年高的老祖母，下面是生了孩子仍不离家的女儿、孙儿女和舅舅们，因为舅舅也是走婚，不把妻子儿女带进家的，他只是负责带管姐姐妹妹的孩子。这样一来，摩梭人的家庭便无财产纠纷，又无父母对子女抚养的问题，保留了一种母系氏族的原始和谐的气氛。

小余又补充说，这些是古老的习俗，现在只有一部分还保留，更多的人相约幽会，只要发一条短信约个地方见面，就不用爬墙头、撬窗户、防狗咬了！车上的人听了他的介绍趣事，都很感兴趣，有个女孩子还要小余教几句摩梭语，于是，"阿注"阿夏"玛达米"的重复声音便在欢乐气氛中响了起来。很快，车子已经走进泸沽湖岸，因为我们预定的旅社是在泸沽湖的大落水村的"格则尔摩梭风情园"，所以我俩便先下车，其他的旅友则继续前行，到泸沽湖最繁华的里格村落脚去了。

据说大落水村是泸沽湖最早开发的一处景点，商业气息还不算太浓。我们入住的格则尔摩梭风情园有一片比较宽大的院子，前后两排两层楼，价格不一样，我们选择的是窗临湖水的二层楼上的房间。楼梯是木制的，还比较平缓，有二十几级；至楼上，楼廊边有半身高的护栏，凭栏可以环视院内的一切。我看见与我们房间相对处的房廊的一角，有一位年老的婆婆，满身摩梭妇女的服饰，头上顶着黑色的包巾，端坐在一张短窄的木榻上，手里数着一串佛珠，瘪瘪的嘴唇上下开合，似乎在虔心地诵经。我想，她该不是这家风情园的女主人老祖母吧！我下意识地朝她招了招手，表示礼貌。

推开房门，进入眼帘的首先是一扇和墙一样长宽的落地大玻璃窗，亮堂堂地一眼望见窗外明如宝镜的一湖清水。我们的房间与开阔的湖水只隔着一条不宽的马路。我们放下行李，临窗而坐，湖水对岸的格姆女神山（即狮子山）亦清晰可见。一时间，湖光山色尽收眼底，瓦蓝的天空、洁白的云朵倒映湖面，荡漾在眼前。此时，我端起一杯茶水，慢慢悠悠地喝着，用整个放松的心情，细细地欣赏活生生的山水画图，享受着人生最美好、最梦想的生活，忘记了旅途的一切疲劳。整个人好像年轻了几十岁，返回到儿童时代似的，云忠这样说我。

泸沽湖，我们来了。我们从大理到丽江，又从丽江返回大理，最后再从大理返丽江，回复往返，终于战胜了意志上的一时怯弱，现在能够享受身体与精神上的充分放松和喜悦了！可是，泸沽湖，在我们的眼里你仍然是蒙着一层面纱的仙子，即使面对着你，也还没能领略到你的真正美丽、神秘的真容呢！

坐了一会儿，云忠提议到湖边走走。我说："是啊，人生得意须尽欢，切莫空作隔窗看！"下楼出门，来到湖边。湖边的人行道是东西向的，我们坐的车是从西边转过来的，还是向东走走吧，据说那里有个游船码头呢。沿湖东去，湖岸栽种着垂柳，柳树之间间杂地盛开着玫瑰和小草花。啊，我看见树下一根粗大的原木，中间掏空成槽，云忠说："这应该是摩梭人当年水上用的猪槽船吧！怎么废置在这里呢？"我说："你不见它已经太破旧了，里面装着泥土还种上花了呢！"边走边聊边看，忽然发现湖水里漂浮着如拇指般大小的朵朵白色小花，随风飘来飘去，想来它的根一定深扎在湖底，我们随口询问当地人，知道它的名字叫"海藻花"，告诉我的人还笑着说："现在外地来开餐馆的商人，把它捞起来做成一道菜，叫作什么'水性杨花'呢！"我们也笑了，云忠说：

"这纯粹是商业炒作,什么怪而不雅的名字,用来吸引就餐者的眼球!"

这条路一边临水、一边是清一色的商铺,有各色风情园、酒店、旅馆、超市、经营珠宝杂货等小店,无心浏览,直奔大落水码头。这里停泊着很多船只,早已不是只能乘坐一两个人的猪槽船,而是可坐六七人的保持猪槽船原形的大木船。船底、船帮都是用多块长条木板拼成,就像一般的小划子。没有售票处,只有身着民族服装的青年人在兜揽生意。

在码头中心立有一矗巨石,上面用醒目的红色刻写着"中国泸沽湖"五个大字,旁边有介绍文字:

> 美丽的泸沽湖素有"高原明珠"之称,面积约58.8平方公里,平均水深45米,最深处达93米,透明度达11米,水质总体保持国家水面水一类标准。是我国最清澈的高原淡水湖泊之一……

今天天色近晚,已无游船可乘,只能在湖岸边浏览,夕阳从西天射出红色的散光,清清的湖水里面像洒满了金沙一样耀眼。

随意找了个餐馆喂饱了肚子,便向住宿处返回。我选择的是靠近窗户的床,而且在关闭了电灯后,又慢慢拉开了窗帘,马路上的路灯发出暗暗的光。我躺在床上,看星灿天空、光影落在水面的美景,碧海星空平如打磨过的无边无垠的镜子,星星向我眨着眼睛,我带着无边的遐想,直到星星的光在湖面上慢慢晕开去,不知不觉中陶醉地慢慢入梦……

清晨醒来,发现东方已呈鱼肚白,阳光还没有射出来,湖面平静无波,柳枝条也静静地垂着,隔窗审视早妆的泸沽湖,但见那屏障般山峰的黛色山体,起伏高低,如一头卧狮,湖中的小岛如同青螺……我翻身披衣拿起相机,悄悄地打开房门。在院子里,一位中年男子正在打扫院子,他的一条腿有点儿瘸,我想:他是不是这家的阿舅呀,他这个当年的"阿注"是不是因为走婚攀爬"阿夏"的窗户把腿弄伤的呀……边想边来到湖边。恰巧,湖岸伸向湖水处修有一块木平台,四五米见方,我踏上平台,细细地打量远方,如果把泸沽湖比作一个女子,那真是勾魂摄魄、美貌绝伦,西子嘛、王嫱嘛、貂蝉嘛,那般风情万种,那种婀娜飘逸,能比得过她吗?如今,她活生生地出现在我的眼前,让我享受着美的滋润。东边的太阳刚刚从东山的罅隙中射出一缕亮光,对面的格姆女神山还酣睡在白云织就的帐子里，隐隐约约露出她的肌肤。我突然想起，摩梭人自己的方言叫这座湖为"谢纳米"，意思是"大海""母亲湖"，如果真能综观湖状，只有居高临下，登上格姆女神山了。我正手把相机、左右上下不停地抢拍阳光即将洒满湖面的景象时，突然听到身后有声音问我："阿姨，是从哪里来的？"我说："北京！"他说："这么大年纪，真是有兴致啊，我替你照一个相吧！"我忙说谢谢，把相机递给了他。这是一位善解人意的年轻人！

站在平台上的游人越来越多了，都在等待什么？当然是东方的旭日了。我正面对着闪烁着一片片、一圈圈粼光的湖面发呆，忽见那远方烟波里有一只小船，有一人驾驶双桨，在捕鱼吗？不是说湖里的金梭鱼已濒临灭绝属于保护鱼类，不许再打捞了吗？有人窃窃私语说，他是在捞水里的海藻花，卖给饭店做美味的"水性杨花"菜肴呢！

黎明将至，天上灰色、淡灰色的云层，随处都能炸开一丝纹路，露出一条条、一片片的蓝色的天，最亮的当数那东边的山头了，是朝霞吗？转瞬间，便亮得人不能直视；那赤红赤红的是赤鸟吗？不可能！它还在东山坳里展翅待飞呢，正在这样想着，突然之间那鲜红鲜红的水灵灵的朝阳从湖水后的山头跃出，如同闪电，眨眼间就把万道霞光布满了半个天空、洒落整个湖面、透射到湖底，那水的颜色也瞬间变了！站立在平台上的人们不约而同地发出惊叹、惊喜声，年轻的激情的女孩子都跳起来了。我激动地回头看，原来我家的那个"瞌睡虫"云忠不知何时也已立在我的身后，正专心一意地摄像呢！

最动人的一幕过去了，一切恢复了平静，游人纷纷散去。我选择了一处结实的木板铺上报纸，坐了下来，把腿垂向水面，想把湖水看个够！只听云忠大叫："太危险了，不小心你会掉下去的！"我说："放心吧，我没有恐高、恐低症啊！"我优哉游哉地坐在临水的木台的边沿上，水面低飞的燕子像是黑色的小精灵，小小的海藻花在水面上摇摇摆摆地似乎在挑逗着小燕子。蓝天尚未全开，一块块的蓝蓝的东西浮沉在水里，是谁抛进湖里的蓝宝石啊！极目远视，看湖那岸的山，一层、两层、三层……我数清了，可是觉得四五层外还有若干层吧！是远山好看还是近山美呢？

清晨是安静的，山静、人静，可水不静，她时刻都在流动着，这是活水的特征。水啊，你到底是从哪里来的？是梅里雪山，还是从九霄之上的银河？小鸟开始叽叽喳喳地叫了？垂柳的长条在风儿的催动下摇着、转着扭着身子去亲吻湖水……云忠催我回去吃早饭，说食堂的服务员正在等着呢！

（2013年5月28日）

2. 由滇至川绕湖行

听说附近的里格村和村边的里格半岛风光独秀，我们便从大落水村住所出发，顺着山脚的沿湖公路漫步西行。途中遇到几个广东汕头骑自行车环湖旅游的大学生，见我们背双肩包徒步漫游的老人，便主动下车为我们热情地拍照合影，说是留下难得的纪念。我们沿着群山中的环湖公路左弯右拐、上坡下坡，经过大鱼坝村、小鱼坝村后，以为与它相邻的里格村就要到了。但抹过山嘴一看，里格村还在远远的遥望中，真是望山跑死马啊！

这时，恰有一辆小轿车驶到我们身边，司机见是两位步行老人，便停车问去哪里，是否乘车，带我们一程。当他说此处离里格村还有七八公里时，我和云忠商量不如先搭上他的车到里格村再说。司机叫小杨，是位高个子的摩梭青年，待人热情、诚恳、可信。上车之后，他变成了我们的司机兼导游。他说：原来里格村和里格岛都很小，改革开放后，许多外地人来到这里开发旅游业，租用当地民居，并把它改造成许多条件舒适各具特色的旅馆、酒吧、网站，晚上还举办篝火晚会，免费供应烧烤，既有现代格调，又具民族风味，尤其受到年轻旅客的喜爱。于是，外地许多旅游团便直接从网上预订旅馆房间，这是目前沿湖其他景点所不具备的条件。小杨和我们商量说："从你们住的大落水村到里格，大约已沿湖走了一小半，你们是想在里格住一晚，还是今天就要赶回住处？如果想绕湖一周多看些景点，不如带你们干脆绕湖一周到四川那边看看，里程是70公里，车费280元。"绕湖游览，本是我们计划中的事，机会难得，便同意了小杨绕湖一周的建议。

到里格后我们便下车沿街、沿湖水漫步，最引人瞩目的还是里格岛。它本是一个离岸很近孤立湖中的小岛，后来人们给它修了一条堤坝与岸相连，成了别具一格的海堤连岛，实际上就是一座三面临水的半岛。据说岛上只有十几户沿袭传统风俗的摩梭人家，人称"水上女儿国"。现在大都改建为海景房，清一色的落地玻璃窗，一如大落水村我们所住的风情园，在房间里就能贴近湛蓝的湖水和倒映湖中的树影山色，成为滇区内泸沽湖风光独特的著名景点。因为时间不够,我们只是在岸边遥遥一瞥,便又上车前行。

途中又经尼赛村、格姆女神山和小落水村。到小落水村时,小杨把车停在半山腰的公路旁,让我们去随意观光。我们站在一座小山包上远望,只见小落水村坐落在三面环山、一面临水的小山谷里,坡地和平坝之间,错落分布着别具一格的木楞房(摩梭人特色的房子)。小杨说村子很小,只有二十几户人家,尚未开辟为旅游景点,游人很少踏足其间,村民们仍然过着古老的摩梭母系大家庭的走婚生活,这在泸沽湖周边是一个具有典型性的摩梭村落。

驶行到源水洞时,小杨说这就是泸源崖观景台,你们可以去看看。这是一座临湖的小山包,上面垒砌着一座大玛尼堆,几条挂着彩色经幡的绳索一直牵伸到山脚湖边。清澈的湖水拍击着岩石,激溅起雪白的浪花。小杨说这里是泸沽湖的源头,入水口就在山脚下的湖里。

他指着浩渺的湖面说,你们看,湖中有五个全岛:达祖、尼赛、博洼在四川境内,媳娃娥、里务比在云南境内,另外还有三个长短大小不一的半岛伸延湖中。其中云南宁蒗一侧的媳娃娥、里务比和刚才经过的里格海堤连岛,又被称为最具游览价值的"泸沽三岛"。顺着他的手指看去,这些岛屿形态各异,翠绿如玉,酷似一只只绿色的船漂浮在湖上,我的身子仿佛也随着碧波起伏荡漾起来……

上车继续前行,时见三五一拨的男女青年骑着自行车或驾驶着摩托车欢笑着、追逐着绕湖环行。年轻的生命,正焕发着勃勃生机,我不由也想起自己那逝去的青春岁月,20世纪50年代末,在阿坝藏族自治州实习时,正遇地区动乱,独自一人从乡公所骑马背枪沿着一面是高山,一面是急流的崎岖山道向区政府飞奔的情景。青春,太可贵了!正在沉思,又听小杨说:"咱们一过源水洞,可就从云南进入四川境内了!"路过一个小山包,他说上面有"摩梭文化大使"杨二车娜姆的居所,里面陈列着许多有关泸沽湖和茶马古道的文物和照片,是一个小型博物馆。可惜我们没有时间进去参观了。当车子穿过泸沽湖镇时,小杨说:"这里就是原左所镇左所土司喇宝臣所在地,前方便是他的王妃肖淑明的王妃故居老宅住所。"啊!肖淑明,不就是在《西部的天空》电视连续剧中还现身出演玉西老阿婆的末代王妃嘛!云忠说:"今天如果时间不够,下次一定来专访!"

在王妃故居的岔道口处，小杨把车停下说："你们看那条小路的前方，有一座著名景点走婚桥，桥上不通汽车，如果你们想走一走，我就顺公路把车绕到对岸桥头等候你们。"我们便下车顺前方小路向走婚桥走去。

走婚桥，原名叫"草海桥"。在四川境内有一片与泸沽湖相连的广阔水域——草海，草海在湖的东南方向，面积15000余亩。这一带牧草丰茂、牛羊肥美；海上横跨着一座300余米长的草海桥，是连接两岸的重要通道，更是奉行"男不娶、女不嫁"的摩梭人走婚的要道，被誉为"天下第一爱情鹊桥"，由此，桥便更名为走婚桥了。

这是一架带有护栏的木制长桥。桥下流水清清，湖泊中摇曳着茂密的芦苇、菖蒲等多种水草，点缀着白色、黄色、粉色的小花，有水鸟在低低地飞……我们在桥上漫步，和穿着民族服装的摩梭青年男女或迎面或擦肩而过，心情非常舒畅。桥两边的护栏旁有零星的小摊贩，叫卖着具有民族特色的小饰品、小百货。我们只是浏览而过，可不知为什么不少人都对着我俩微笑，走过去的人，也偶尔会回头看一眼我，看得我有些不习惯了，便问云忠："怎么回事啊？"他笑了笑说："我早发现了，你想，在这桥上走动的大多是年轻的男男女女，很少有老年人，而且我们又显然是来自外地，你又穿着一身鲜亮的衣服，他们当然要多看你一眼了！"啊哦，原来如此，我赶紧穿上灰色的风衣，把粉色的衬衫罩上，然后又优哉游哉地漫步桥上。云忠顺口来了几句："鹊桥长，情更长，暮合晨离走婚忙；草海深，爱更深，桥系两心永不分。"点出了桥的特色。

走到桥的另一端，见小杨向我们招手。我们上车，继续前行，走过一段山路，又绕过一座山弯，迎面出现一架桥，桥很小，如果不注意，坐在车上根本不会看到它，但小杨提醒说："过了这座小桥，就是出川入滇的地界了。"我仔细看那小小桥上刻写着五个字："滇川友谊桥"。小杨见我们玩儿得高兴，便又热情地向我们讲起女儿国走婚习俗的种种趣事来，一直送回到格则尔摩梭风情园我俩的下榻处。

我们今天开开心心地正好把泸沽湖整整绕了一大圈，从云南到四川又从四川返回云南，想到这里，我笑对云忠："咱们竟成了《水浒传》中的'神行太保'戴宗了，能日行千里呢！"

（2013年5月29日）

3. 里务比岛之游

按照昨天定好的计划，早饭后，便动身来到大落水村码头，乘船去里务比岛游览。

里务比岛，位于泸沽湖云南境内的南端，是距离大落水村最近的岛，也是泸沽湖内面积最大的一座岛屿。"里务比"，在摩梭语中是"鸟语花香"的意思。我们乘坐的是改装了的猪槽船，类似普通的小划子，船上除3名划船工外，还有3位游客连同我俩，一共8人。划船工都是摩梭青年，除了用汉语和我们交谈外，还特别用摩梭语为我们唱了一首摩梭情歌。船至半途，斜对面划来一只满载游客的游船。坐在我身旁的一位中年人——后来知道他是《求是》杂志编辑部的高先生——提议，船工小伙子与对面船上的人对歌。一个船工小伙儿应声而歌，用的是汉语："对面船儿划过来，划过来，我们对歌来比赛，来比赛……"但对方仿佛没听见，只顾自己笑谈，不予理睬。小伙子显然急了，一手划桨一手圈着嘴大声嚷道："喂！你们都傻了吗？"仍无回应，船儿在"嚯、嚯"的桨声中渐行渐远。我们船上的人都哈哈大笑起来，唱歌的小伙儿只是用力地划着桨，似乎什么事也没发生。他们的心态都很单纯平和。

我们从码头石阶登上里务比岛，迎面有三座佛塔：尊佛塔、降佛塔和菩提塔，它们的形状上圆下方很像玛尼堆的样子；塔右临湖的峭壁上，是一座长长的方形亭子，亭梁、亭柱上挂满了许愿风铃，在风中摇动，不时发出清脆的铃声，似乎向人们传递着美好的祝福。岛的中央是里务比寺，这是一座藏传佛教的喇嘛寺，经堂内供着几尊佛像，还悬挂着班禅大师和小班禅的画像。佛座上香烟缭绕，几排酥油灯盏摇曳着一片佛光。游客们沿着寺前的一长列转经筒转经，有人从左传、有人从右转，边走边转，竟相互对面撞上。高先生喊道："要按规矩沿着顺时针方向转啊！"转错的人，便不好意思地返身去与大家一同顺向地游转起来。

里务比寺的后面是高陡的石阶，拾级而上，眼前却是一座恢宏庄严的释迦牟尼大殿。殿内供奉着高大的佛祖坐像，三面墙上全是壁龛，里面一层层排列着整齐划一的小型佛像。出大殿，站在大门的台阶上向下望，只见里务比寺黄色琉璃瓦的屋顶，在阳光下闪着金灿灿的光。

我俩沿岛信步，环顾四周，但见远山如黛，近处烟波浩渺，水天相衔，小鸟在绿树丛中嬉戏；从茂密如织的枝叶罅隙中下望，山脚湖面的游船，竟似片片苇叶，在碧波间荡漾。欢笑声、歌声，不时飘上岸来。沿着下行的石级，行至山腰，可以看见媳娃娥岛——这座岛又习惯被称为"洛克岛"，它像一只舰船，在蒙蒙的绿雾中浮现，该岛正是我们向往已久、已被列入我们的游览计划，最想登临的一座岛屿。

岛上游览的时间已到，我们必须匆匆下山赶去码头上船，连在小摊上买一件纪念品的时间也没有。船工小伙子向我们建议，要带着我们按照藏传佛教的规矩，顺时针地乘船绕岛一周，说这是转岛，等于徒步转山一样，可以给大家带来吉祥。当然，因为费时费力，所以每人需要再添加30元费用。见大家反应不够积极，就又说，坐船绕岛，景色极佳，可以把全湖风光尽收眼中，一定会增加兴趣的，再说费不了太多时间，他们可以优惠大家，每人只要25元就可以了。其实，我俩早就被他们说得动心了，但是，船上并非只有我们两个人，要去绕湖，还得大家同意；一个年轻人发言了，他说，我们三个今天还要赶回丽江，希望赶快回岸。于是，船儿掉头，向着大落水村码头回返。我知道如果船工的建议能够实现，这笔额外收入当归他们自己，无须上交统一分配。他们显然很失望，我俩也有些遗憾。返回的时间很快，任由桨声嚯嚯划开蓝莹莹的湖波，带着我们直抵码头。

（2013年5月30日）

4. 登王妃岛、览王妃故居

王妃岛掠影

上午9时许，我们包乘曹师傅的小汽车，从大落水村码头来到四川境内的泸沽湖镇（原左所镇）的博洼码头，准备渡船登王妃岛。车行顺利，10点半钟到达博洼码头，见沙滩边只散泊着许多改装的猪槽船，却无一个驾驶人。曹师傅说："这里有上、下两个村子，为了公平竞争、共同致富，大家立了公约，一周轮换一次出船工，载游客上岛。今天应该是上村值勤，我们是在下村码头候渡。"曹师傅熟练地拨通了电话。不久，便有两位船工从上村划船过来，我们坐进舱里，随即穿上红色的救生背心。

小船驶离码头，湖水清澈见底，红、白、黄、黑各色小沙石漾动在湖底，山坡上绿树丛间有一片片紫的、红的繁花盛开，耀人眼目。问船工师傅那些花叫什么名字,回答说,野花呗,没有名字!离岸愈远,湖水愈蓝、愈纯净,只见云在水底飘、鱼在天上游,不辨人间天上。我把手伸向船边的湖水里,掬起一捧蓝莹莹的、凉冰冰的湖水,慢慢地又让她从指缝间流淌;我轻轻抚摸从船边飘过来的白灿灿的、娇柔的小海藻花,她们只是从我的指尖轻轻漂过、随波俯仰,好像在朝我点头致意,慢慢向船后退去。我似乎回到了童年,古人所谓"心旷神怡,宠辱皆忘,把酒临风,其喜洋洋"也不过如此吧!时有摩梭女划着小船,载着游客从一旁飘过。时间太短了,只用了15分钟,便划到了目的地王妃岛。我们下船登岸,沿着绿荫夹道和经幡飘飞的水泥小径,拾级而上。

王妃岛原名"博洼岛"。1943年左所末代土司喇宝臣经西康省主席刘文辉介绍,在雅安迎娶了刘文辉属下西康省军需处处长肖曾元的女儿肖淑明为妃。回左所后,专为肖淑明在博洼岛上建筑府第,此后,该岛便被称为"王妃岛",该府第亦被称为"王妃府"。岛很小,在船上远看岛上只有几间参差错落的房舍,上岛后才看清王妃府实为一幢两层主楼,这是肖淑明所居之处;主楼近旁又建有两座小楼,是当年土司衙门驻岛兵丁的瞭望岗楼,如发现有不明船只靠近,就鸣枪示警地驱离。

20世纪50年代末,肖淑明以"不法地主"的罪名被逮捕遣往外地劳改。"文革"大动乱中,王妃岛上的府第被拆毁为一片废墟;现在我们看到的是20世纪80年代改革开放后,肖淑明担任本地政协委员后,又由当地有关部门按照原有格局重建的。

小岛四周广植树木花草,楼后临湖的一面是带有扶手栏杆的长方形宽大的观景台。由于楼和观景台都建在小岛的中心制高点上,游目四望,毫无遮拦;四周荡漾着湛蓝的湖水,远离尘嚣,寂静虚空,只有虫儿唧唧、鸟儿啁啾和湖水撞击山脚的汩汩声,那岛岸周边喷溅着的珍珠般的细碎浪花,起落有序……上下一片天光水影,四周弥漫花叶飘香。果真是一座人间仙境!此时的观景台上只有我们俩,无拘无束地任意徜徉,虽无酒杯在手,也似乎有酒后微醺之感。直到听见船工在山脚下发出的吆喝声,才恍然而觉,抓紧时间进入主楼内游览。大厅光洁,设有茶座,茶具摆设整齐,但没有一位茶客,只有两位女服务员。她们友好地问我们是否用茶,我们说时间紧迫,马上要上船了!她俩一听也马上关好门窗,跟在我们后面一起下岛登船。在船上和她们聊天得知:茶室只是上午开放，下午湖上常起风浪，一般不会带游人到岛上来，所以，下午就停业。问及茶水的价格，她俩笑而不答，想必是比外面要贵上几倍吧！我又好奇地问：如果留宿一夜要消费多少？她俩一张口，便吓了我一跳，竟然是"一个晚上要交 68800 元人民币"！我们都不敢相信自己的耳朵，怕听错了，便重复地反问一句说："这不是天价吗？有人来住吗？"她们笑说："到现在还没有人来住过。我们也不希望有人来住。因为王妃府建在湖中央，湖水清澈透明，没有一点污染，一旦变成旅馆，按岛上现有的设施条件，根本无法处理排污问题，周围生态环境便会遭到破坏啊！"云忠说："那就是说，你们定的这个天价，就是让中外游人望而却步的权宜之计喽！"她们笑着没有回答。

下船登车向王妃故居出发，路上，我一直在沉思……我担心万一有一些特权贪官、特级富豪不惜千金一掷，要留宿岛上，又该怎么办呢？悄悄说给云忠听，谁知他竟笑我是"杞人忧天"！

简介"王妃"其人

末代摩梭土司"王妃"肖淑明，汉族，1927 年生于四川成都。12 岁时随父去四川雅安县城安居。因为"才貌双全""品学兼优"，喜爱书法、弹琴、唱歌，而成为雅安女子中学的高才生和校花。1943 年，四川盐源县泸沽湖左所摩梭人"土司"（即"土知府"）喇宝臣到雅安谒见西康省主席兼二十四军军长的刘文辉，托请他"帮忙找一位知书达理、能管理'土司'衙门大印、处理公文、信函，指导和教摩梭人认汉字，能与内地汉人书札往来之事，又能为人贤妻良母的才女"做夫人（《走进"女儿国"的女人——末代摩梭土司"王妃"次尔直玛自述》，刘学朝著《走进神秘的东方女儿国》，云南民族出版社，2006 年版，第 30 页，以下简称《自述》）。

肖淑明的父亲肖曾元是二十四军军需处处长、少将军衔，又是刘文辉的心腹爱将，在刘文辉的撮合下，1943 年腊月十八日，16 岁的肖淑明与 36 岁的摩梭人、左所镇的土司喇宝臣，在雅安鸭绿江饭店举行了婚礼。尽管肖淑明对这桩婚事很不情愿，但拘于"父母之命，媒妁之言"，又有从民族团结和地方安定的大局出发，只得同意；而对喇宝臣来说，无论是为了地区安宁，能从刘文辉处得到武器、弹药、粮食的支援和与外界的信息交往，还是就自己的婚姻来说，都是天赐良缘，大喜过望！但当时的交通异常落后，山路崎岖拥塞、匪患猖獗，加之语言不通，泸沽湖地区几乎与外界隔绝。他迎娶肖淑明的马队，历尽艰险，走了近一个月才到达与泸沽湖还有一山之隔的木里。木里活佛给肖淑明起了个摩梭名字叫"次尔直玛",意思是健康、吉祥、长寿。

肖淑明离开繁华的城市一到泸沽湖,便眼前为之一亮,心情由抑郁一变而为喜悦、激动。她在《自述》中写道:"清澈的湖水、秀丽的风景,还有那热情的摩梭人,让我感到安慰,我也慢慢地爱上了我的'阿注'(丈夫)和美丽的泸沽湖"。(同上,第32页)仅仅一年,肖淑明就学会了摩梭语,并逐渐融入了摩梭社会,成为地道的摩梭人。从此,她每天便是处理公文、信件、批示、往来文书,成了土司喇宝臣名副其实的秘书。她说:"我教他认汉字、写汉字,他教我习武。他非常聪明,认汉字进展很快,后来新中国成立后,这些汉字在他为党和人民的工作中起到了很大作用。"(同上,第34页)肖淑明出身行伍世家,从小喜欢骑马、打猎;到泸沽湖后,她红衣白裙,腰别双枪,骑上飞马打猎,枪法精准,被誉为"奇女子"。她性格开朗、果断、刚强,为人则平和、淡定。1956年,民主改革时期,泸沽湖地区发生土匪叛乱,她曾两度只身冒险进山,以土司王妃的名义劝降一些土匪归顺政府,弃恶从善,据说,当时土匪一听到她的名字,便"浑身瑟瑟"、俯首帖耳。

这位末代王妃没有享受到荣华富贵,却历尽了山区生活的磨难苦辛。新中国成立后,她屡遭厄运,但她却能坚韧理智地对待。1958年,她白天劳动,吃不饱饭,晚上还被当地主婆挨批斗。次年,她32岁,被诬以"不法地主"的罪名被判了八年徒刑,押往西昌黄联(梁)关劳改农场劳改,长达十四年之久。她在农场搞统计、物资保管及生活管理,由于认真负责、成绩突出,年年都被农场评为先进,每月发给21.5元工资,她省吃俭用,把省下的钱供养幼小的儿女。"文革"中,"红卫兵"几次要拉她出去游街批斗,都被农场保护下来,躲过人生大劫。1976年粉碎"四人帮"后,喇宝臣先后被调任西昌州政府政协副主席、成都四川省参事室参事等职,肖淑明不愿留在丈夫身边安享清福,而是回到第二故乡泸沽湖去过自力更生的生活。她为泸沽湖摩梭人办了第一所小学,先后教过20名和40名两批摩梭孩子学习汉语言文化,一律免费发课本,请孩子们来念书。她说:"摩梭人是个相互帮助的民族,'母系'大家庭本来就是慈善之家,我们夫妇虽然不在儿女们身边,但他们并没有在逆境中饿死、冻死、病死,他们四兄妹都得到了乡亲们的照顾。"(同上,第43页)

"王妃"在总结自己的一生时说:"我把一生献给了泸沽湖,献给了摩梭人,虽如此清贫,也无怨悔……我用清代的词牌《烛影摇红》填过一首词,对我这一生,进行了简短的总结:

烛影摇红

将军女儿,为民族团结安定,十六下嫁泸沽湖,女儿国掌印。廉政公平仁慈,随乡俗,红衣白裙。青马双枪,木撵土豆,播种汉文。

玉冠坠地,往昔功德休要论,十四载牢笼辱苦,泪洒啼儿情。火塘孤灯夜雨,瞬梦间,霜染两鬓。政府迎亲,万贯神疗,枯木逢春。

'夕阳无限好,只是近黄昏。'我要充分利用这个'黄昏'时刻,发挥余热,'落霞与孤鹜齐飞',精心打扮我的晚年。"(肖淑明口述,冯学敏、梅子著《泸沽湖畔的摩梭王妃》,现代出版社,2002年版,第2-3页)

现为泸沽湖"摩梭文化大使"的杨二车娜姆,曾是王妃的学生。她说:"小时候,我总是把她认错——背影上她太像我的妈妈,普通但是亲切,我从她那里感受到活着的伟大——每次批斗会后,她直起身,挽一下袖子,就到地里干活去了,仿佛一切不愉快从来没有发生。"(同上书,见封底)

肖淑明深得泸沽湖地区各族人民的尊敬和爱戴,被誉为受磨难最多的现代的王昭君、蔡文姬和文成公主。

肖淑明从1972年解除关押回到泸沽湖后,便住进了土司老宅院(即今之王妃故居),直到2009年逝世。共居住三十六载,享年82岁。

探访王妃故居

王妃故居坐落在泸沽湖四川境内的草海之滨。现已辟为景点,向游人开放。

故居对面的院落里有一排展览室,陈列着有关王妃、王府的照片、资料及文物。我们购票后,入内参观。讲解员是一位刚刚进入而立之年的高个子摩梭青年,他操一口流利的普通话,讲解生动带着深厚的感情,他自我介绍自己的名字叫喇化童。

从展览室出来,喇化童一直陪着我们走进王妃故居,他边走边介绍:"这座土司老宅已有六百年的历史,是一座典型的摩梭人木楞房,显得庄严、吉祥、纯粹,蕴含着一种历史的美丽和王妃情感的眷恋。"从一路闲谈中,知道他也是王妃肖淑明所教的学生之一。

这是一座较大的两层楼的四合院。院内有草楼、花楼、祖母屋、经堂、祭堂、玛尼堆……喇化童说，这座住宅的规格、布局、陈设都合乎摩梭人的习俗，且极具代表性。现将他为我们所做的介绍，按原话一一记述如下：

"我们摩梭人一生有三大仪式，即满月酒、成丁礼、葬礼。'满月酒'，是指男女走婚后，女方怀孕生下小孩之后，不落夫家，只能由女方大家庭抚养，但小孩儿满月之时，女方家举行酒会，孩子的父亲必须到场参加。我强调要说的是，有些导游哗众取宠，变着法地说些投人所好的瞎话，说什么'摩梭人的小孩只知有母，不知有父'，那是极其荒谬的！

现在我重点讲讲'成丁礼'：农历新年的第一天，母系大家庭要为年满13岁的孩子举行告别童年的成丁礼。仪式由摩梭人的原始宗教达巴教的达巴巫师主持，孩子的父亲也必须到场。孩子在神位前一只脚踩在一块猪膘肉上，另一只脚踩在一袋粮食上，象征今后的日子富足。如果是女孩，就由阿妈替她脱去童装，换上成年女性的上衣下裙，盘上缠着牦牛尾巴的长辫子。男孩子则由舅舅替他脱去童装，换上成年人的衣裤，扎上头巾。摩梭人经过成丁礼之后，才意味着有了灵魂，才算是大家庭中的正式成员。

现在再介绍一下'草楼'和'花楼'：举行过成丁礼后，便和阿妈、老祖母分开住了；男的住上'草楼'（或与男性长辈一起住）。开始学习骑射、农耕、捕鱼、狩猎。到了20岁左右，如果有了如意的'阿夏'，便可以带上'三宝'（狗粮、弯刀、毡帽——前文已有叙述）去'走婚'和'阿夏'幽会了；但必须是更深人静来，鸡鸣天亮前走，来去都要悄无声音……'花楼'，是女孩子举行成丁礼之后单居之楼上房间，就像汉族女子的闺阁绣楼一般，20岁以后，便可以在'花楼'里接待自己的'阿注'。生下孩子，不落夫家，孩子必须生活在母系家庭之中。这就是我们摩梭人千百年来形成的'男不娶、女不嫁'的'走婚'了。

至于'祖母屋'，那可是最温馨的地方，它是一间宽大的正屋。晚上家中所有13岁以下的小孩不分男女，都聚集一起，按照老祖母指定的位置挤挤挨挨地睡在一起，互相尊重、平等、自由，围在老祖母身边，感到温馨、祥和，享受充满亲情、母爱的童年幸福。

说到'火塘'，它在摩梭人家中具有不可替代的重要位置，可以说它是一个家庭的心脏,有了火塘,才有了家。火塘分'上火塘'和'下火塘'。'下火塘'位于祖母屋的中间,设有火神位,是祖先灵魂栖息的地方;又是家庭会议的场所,家中的大情小事都在这里商量,最后由老祖母参照舅舅的意见做出决定。当然这里也是一日三餐的地方。在下火塘的中央,有用石板、砖头围成的一个圆坑,罩上铁锅支架,可放入木材燃烧,相当于汉族的厨房和餐厅。老祖母(或阿妈)在火塘边烹调、煮茶。菜是一锅烩:将猪膘肉、野鸭肉、野山菌、野菜炖成一大锅,由老祖母掌勺,每人按一份分配,玉米饭则随便吃、管饱。这是世界上最先进的分食制,避免交叉感染。说起'上火塘'那就不一样了,它相当于客厅,是招待贵宾、领导干部、活佛、喇嘛、大师的地方。在'上火塘'的上方位置是供奉西藏活佛、菩萨的地方,一般不开放。总之,'火塘'对摩梭人来说,是感情交流和文化传承的重要场所。人们在火塘边祭奠祖先、招待宾客、教育子女,不许在火塘边说脏话,更不许从火塘上跨过。这种种规矩,便形成了一种独有的火塘文化,在摩梭人社会承载和传递着诸多的文化信息。

故居里主要建筑还有'经堂'和'祭堂'。摩梭人信奉的是藏传喇嘛教和本土达巴教,两者和平共存,成为我们信仰的两根支柱,'经堂'里供奉着活佛、大释南迦什,每到月末要请喇嘛念经做法事……'祭堂'里供奉的是释迦牟尼、无量佛和黑教第三十六世转世活佛。我们摩梭人信仰古朴、纯洁的生活,回归自然本性的生活过程。"

喇化童的讲解很快,一句接一句,我们根本插不上嘴。从祭堂出来,他说要带我们去看"生死门"。好奇怪呀,这里怎么会有什么"生死门"?我小心翼翼地跟着云忠走着,来到老祖母屋的旁边,喇化童指着一道紧闭不开的小门开始了讲解:"正如摩梭人所说'生死一条路'。一个人一生就只能有两次出入此门。因为生死门内只有6平方米大,它既是孕妇的产房,又是人死后停尸的太平间。又因为胎儿在母腹中是呈坐姿出世的,所以死去的人也被捆缚成坐姿,放在一个特制的木匣子里,再由此门抬出去火葬。我们摩梭人认为人是什么姿势降临人间,也让他(她)以什么姿势返回天上。"不知怎么的我听了他的讲解,竟有些悚然凉意。

喇化童又带我们在大院子里转玛尼堆,他的嘴里念着藏族喇嘛教的六字真言"唵、嘛、呢、叭、咪、吽"为我们祈福。他说:"玛尼堆是专门祭拜火神的，火神代表心灵的本源，代表太阳神，更代表纯粹的能量。对大家来说，太阳的光照进来，所有的花都开放了……"

我们正兴致勃勃地听他如朗诵一般的讲解，忽然院子外响起一串汽车的喇叭声，喇化童说："外面又来了游客，汽车在催你们回去呢。真对不起，请你们喝一杯女儿国的国酒'苏里玛酒'吧！"我们接过他斟倒在杯中的酒，慢慢地按照他的叮嘱，分三口喝下去，一酸、二甜、三回味。我心想，这真是像白族的三道茶啊！喝过女儿国的国酒，喇化童又来了兴致，他说："我给你们唱段摩梭人的情歌助兴吧：

小阿妹，小阿妹，隔山隔水来相会，素不相识初见面，只怕白鹤笑猪黑。阿妹，阿妹，玛达米（亲爱的意思），玛达米！

小阿哥，小阿哥，有缘千里来相会，河水湖水都是水，冷水烧茶慢慢热。阿哥，阿哥，玛达米，玛达米！"

喇化童生动的讲解、深情的歌唱，使我们很受感动，亲身领受了摩梭人的淳朴和奔放的热情。就在院外又频频响起汽车喇叭的催促声中，我们互相频频挥手告别！

王妃故居，还有"苏里玛"酒味儿，给我留下难忘的记忆和永远的回味！

（2013年5月31日）

5. 想去洛克岛

泸沽湖里有五座名岛，如果绕着圈儿数，那就是处在四川境内的有三座：尼塞岛、达祖岛和博洼岛（又名"王妃岛"），如果把处在云南境内的里务比岛与这三个岛用虚线勾连起来的话，恰似一个四方形，它们各占一个角落；而另一个处在湖心正中的岛屿，就是位于云南境内的媳娃娥岛，这个岛有多个名字，如最早叫"尼洛甫岛"，因土司的大管家在上面建了府第又叫"土司岛"，又因岛上花树成林，百鸟荟萃，又叫它"鸟岛"，此外，竟还有一个称呼是以外国人的名字命名的，叫它"洛克岛"。

先说说洛克其人吧！

在英国著名作家詹姆斯·希尔顿（1900—1954）的著名小说《消失的地平线》里，描写了这样一个与世隔绝的神秘王国——香格里拉。那里的明净天空、雪峰峡谷、溪流瀑布、辉煌庙宇、蓝色湖泊、美丽草原和遍地的野花、牛羊……曾深深地吸引着人们，但总觉得它太过遥远，太过虚幻，如果世上真有这么一个地方，能亲身脚踏实地去瞻仰一番，也就不虚度此生了！后来又了解到希尔顿的这部小说是根据约瑟夫·洛克（以下简称"洛克"）在《美国地理》杂志上发表的几篇文章中获得灵感，凭着自己的想象虚构出来的。而真正到过香格里拉的倒是洛克。

洛克（1884—1962）是美籍奥地利植物学家、地理学者和人类学家。1922年，他以美国农业部和美国《全国地理杂志》的工作人员、探险家、摄影家等身份，先后在丽江、在泸沽湖一带度过了二十七年。他到丽江后的第二年，便在雪山（嵩）村设立了自己的工作总部，并组建、率领他的纳西（族）马帮走遍了滇、川、藏交界地区，为美国农业部提供了大量的植物标本和文字资料。20 世纪 30 年代以后，他开始醉心于研究纳西族的象形文字（即东巴文字）和东巴文化。先后出版了《中国西南古纳西王国》《纳西语——英语百科辞典》等著作，成为向世界介绍纳西东巴文化的第一人。其中"《纳西语——英语百科辞典》是洛克耗费三十年的心血完成的巨著，它揭开了纳西族的象形文字之谜，给世人留下了一把开启纳西东巴文化研究的钥匙"（《〈马帮·天路〉解说词》）。

洛克和当地的永宁土司结下了深厚的友谊。土司的大总管摩梭人阿云山（1871—1933）在泸沽湖内的尼洛甫岛上有着自己的经堂式的住宅，1930 年，他特为洛克修建了一栋两层楼的、中西合璧的别墅，走廊内三面都是落地大玻璃窗，设计十分精巧，供洛克在岛上工作和休养。此后，泸沽湖的画山绣水便成了洛克理想中的家园，他用动情的文字，对泸沽湖做了这样的赞美："无法想象比这更美的一个地方，湖水清澈得如水晶一般的深蓝。一切都是安宁的"，"泸沽湖，是整个云南无例外的最漂亮的一片水，真是一个适合神仙居住的地方"……

为了见证中美两国人民民间交往结下的深情厚谊，当地人就把这座岛改称"洛克岛"，一直延至今天。

啊！原来洛克笔下的香格里拉就是云南的丽江、泸沽湖和迪庆一带地方，这不仅让我们喜出望外，也对洛克产生了崇敬之情，正是他，让香格里拉名扬世界，也为人类社会勾勒出一个最能慰藉人们心灵的理想中的精神家园。我们一定要到洛克岛一游！探讨一下到底是什么样的迷人魅力竟把洛克留驻了二十多年！

　　早上醒得很早，披衣坐在床上，看着窗外一湖明镜似的水面，心想这真是一池天赐神泉啊！坐在茶几案边，端起水杯喝着，低头看见几个披纱着裙的少女、幼妇轻盈地从湖边走过，指点说笑，潇洒得很；绿衣粉裳、映着湖光，山水之美也把人打扮得都成了仙女儿了！青春真美好！云忠也醒了，他向我大谈自己深更半夜独坐窗前，饱览泸沽湖的夜色的美好感受。他说，月亮如何如何美、如何如何亮，天上一个、湖里一个地交相辉映，后来月光暗了，繁星出来了，洒在湖里，像跳跃翻动的满湖珍珠……我被他说迷糊了，埋怨他为什么不叫醒我。他只是笑，不回答我的话，继续说："你昨夜呓语，嘟嘟囔囔地说要我和你一起去游洛克岛呢。黑更半夜的你游什么岛啊？还是快些收拾好，吃完早饭，到码头坐船去吧！"

　　早饭后，我俩兴冲冲地来到大落水码头，上次去里务比岛不就是在这儿上的船嘛。云忠找到那位有权调配船的摩梭小伙子，提出去洛克岛的要求，本以为他会积极代找，谁知他却很为难，先说："一人100元！"我们说："没问题！"他又说："等等吧，人凑够了才有船。"等来等去，竟然没有一位同路人过来，我们又去找他，他摊开两手说："我也没有办法，你们自己找船工吧！"云忠找到一位船工，他很随意地说："要去嘛，那就先给500元钱吧！"云忠观察他似乎不够诚意，担心中途会有安全问题，便和我商量谢绝了他，他也转头走开另揽生意去了，其他的船工也没人来接这个活。我们很不理解，事后才知道，不是因为洛克岛比里务比岛距离湖岸远，而是洛克岛上原有的摩梭式的、西洋式的建筑群，在20世纪十年浩劫的"文化大革命"中，已全部遭到毁坏、化为乌有，只剩下一片废墟；现在的房屋都是后来新建的，而且距离较远，湖上经常风起浪涌，不安全啊！难怪游人不去、船工不买账了！而我们的满腔热忱和企盼就这样沉入了冰冷的湖底！

　　洛克岛啊，我们竟然如此无缘，如此之近，却失之交臂，真正是可望而不可及了！不过，值得欣慰的是，我们每天都能透过房间内的落地窗，遥遥可见绿色舰船似的洛克岛的倩影在浩渺的泸沽湖蓝色波光中浮沉漾动……我们从心底祝愿，洛克和纳西人民携手共植的大树，根深叶茂，永远长青，中美两国人民共同培育的友谊花朵，永开不败！

（2013年6月1日）

6. 登上格姆女神山

今天，我们要去登览格姆女神山。司机曹师傅把我们拉到山脚尼赛村停车坪后，便托付给司机小摩，让我们上山随意游览，小摩在山下等候送我们回去。因为他还要送两位半路搭车的游客去四川境内。

雄伟壮丽的格姆女神山海拔约3750米，巍然耸立在云南境内泸沽湖的西北岸。从永宁方向看，她像一只巨大雄奇俊美的卧狮，所以又叫狮子山。山脚景点入口处的旁边，停放着一长列铁壳板凳似的电动小滑车，又像一条黑灰色的巨蟒，弯曲蜿蜒向上地俯卧在草丛边。一节车上仅一个座位，只坐一人，铁壳板凳无腿，人只能蜷着身子坐卧其上，还要分开两手紧握着前面两根控制杆。滑车启动后，便沿着两根狭窄的小铁轨"咯当咯当"地、颠簸摇晃着顺一条二三百米长的漫坡驶向缆车站。再换乘缆车，大约25分钟左右，便上升到格姆女神山山腰的终点站。下车后，我们踏上木廊栈道，沿着台阶一折又一折地盘绕着向上攀登，直到女神洞口的一块小平地上。沿栈道两旁的护栏上挂满各式各样的许愿风铃，铃下吊着一块葫芦似的小木牌。路边的指示牌上这样写着："许愿风铃源于六百年前茶马古道上的马帮，铃声会给人们带来吉祥和平安，带来女神的祝福。""这是一个叫天天答应，叫地地答应的地方，对女神许下你们的心愿：'愿女神保佑你们！'"我花了15元买了一挂许愿风铃，在木牌上写了几句祝福亲友的话语，挂在护栏的绳索上。

我们沿着石阶登上了女神洞口左边山坡上的女神庙，庙门前的台阶两边护栏上也挂满了许愿风铃。跨进女神庙，只见中央的神座上供奉着慈祥端庄的格姆女神塑像。云忠在功德箱中投放了100元钱后，庙里的住持让我给女神上了三炷香、点亮了一盏酥油灯；另一位喇嘛便在我和云忠的手腕上各系了一条有弹性的彩色细绳，祝福我们一生平安！

在女神庙西侧山坡海拔约3500米的悬崖峭壁上，是女神洞。像是一个天然的大溶洞。洞口很大，两边挂满经幡。向洞内望去，深奥莫测，且光线暗淡。我坐在离洞口不远的一个长条石凳上歇息、观景；云忠带着强光手电筒走进洞去探胜。

等了好久，他才出来。他坐在石凳上，向我讲述洞里的所见："女神洞内十分幽暗，一入洞口，似乎有一尊女神的塑像，但看不太清楚；洞中上不见顶，下不见底。我和二三游人小心翼翼地沿着洞壁或洞中巨石上凿出的窄陡的石阶时上时下、左拐右弯、曲折盘旋地向上登爬，很多地方需手脚并用才能过去……"我打断他的话问："怎么会是向上，应该是向下呀？它不是个'洞'吗？"云忠笑了，继续说："整个洞是空的，确实是向上登爬，是个从未见过的'天洞'！沿着石阶边处的扶手上有铁链子，上面缠挂着各色小灯泡，站在高处向下俯瞰，就像一串串彩色珍珠时隐时现地在洞中闪烁明灭，给人以迷离而又神秘的感觉。游人相互的叮咛、提醒和赞叹声，时大时小、时闻时止地从洞的上方和下方传递着，荡起'嗡、嗡'的回声，真的是十分神秘！"我说："此外，你又看到什么？"云忠说："我经过天梯、困人谷直上到最高处的平安门，却不见门洞，看不见天光，完全呈封闭状态。洞内岔道蜿蜒，犹如一个巨大的天然迷宫。我只好沿着另一条陡峭的石级小径往回折返。在半黑半明中摸着石壁上下行走，有时太黑还要打开手电照明，上上下下不知走了多少个石级。从灯彩幽暗明灭的光闪和游人话语的嗡嗡回声中，可知该洞之深邃宽阔，真像格姆女神宽广的胸膛……"我说："你这也算是一次探险吧！"云忠笑说："探险还说不上，但是既然来到女神山，不进女神洞，总有些不甘心吧！现在，我们可以下山了！"临行时，我们便靠近山崖去拍照。

俯瞰一碧万顷的泸沽湖，像一个巨大的马蹄形，闪着蓝宝石般的光；由于嵌入湖中的几个狭长半岛的巧妙裁剪，细看湖面又像一只巨大的贴水掠波的飞燕，灵动而又矫健。湖畔两棵并立曾被砍去树梢的情人树，又长出新枝，在山中摇曳相招，情思不断。四围山色，绿杨芳草，风光醉人。我们向下山的缆车站走去。比起上山要顺利一些，眼看来到缆车入口处，我忽然看见在远方的山谷间，有几只猴子，便开始兴奋起来，刚刚把手抬起指给云忠："看，猴子，猴子！"话未说完，只见其中一只大猴子，径直飞速地向我跳跃而来，其他几只也大有向我包抄过来之状，云忠大叫："秋白，注意！快快躲进缆车站里去！"一边说，一边拉上我便钻进了缆车站，我的心在扑通扑通地跳个不停。原来缆车站外的墙上，就张挂着"小心野猴伤人"的警示牌，我们没有注意。坐进缆车，我还心有余悸，云忠却说："可惜我们没有带给猴子吃的东西，如果带了，它们只顾吃东西就不会伤人，我们还能和猴子一起拍照呢！"我说："算了吧，野猴吃完了东西，还会不停地要，最后还会抢游人的背包、相机呢！"

关于格姆女神山和泸沽湖的来历，有各种版本的神话传说。其中一则说：

古代的"左所"地方，有位美丽、善良的女孩叫格姆，她用自己的智慧和才能给这片贫瘠的山村带来了生机，成为摩梭人心目中的太阳。有一天，当人们正欢呼着格姆和她心爱的白马王子"赫鲁"举行婚礼的时候，天上的邪神"洛乌"突然刮起一阵狂风，将格姆姑娘卷走。面对心爱人绝望的呼唤和对故乡热土的眷恋，她伤心地流淌出来的晶莹泪水，瞬间便汇聚成蓝宝石般的泸沽湖，滋润哺育着一方净土；她又奋力挣脱邪神的魔爪，从天而坠，顷刻间化成了这座格姆山，挡住了邪神洛乌的侵扰，守护着一方安宁。人们缅怀格姆，尊她为女神。格姆女神山便永远地留驻在泸沽湖，主宰着这里的农事丰歉、人丁兴衰和男女爱情。湖区的摩梭子民把女神当成母亲一样来崇拜、敬奉。农历七月二十五日，是当年格姆与赫鲁成婚的日子，每到这一天，人们便扶老携幼，戴上经幡、哈达、酥油等转山祈福、祭祀，这就是转山节的由来。作为格姆女神的后裔，摩梭青年男女便会在此时许下诺言，对爱情忠贞不渝，逐渐形成走婚习俗……

说笑间，我们乘坐的缆车便停在了山下的缆车站，需要换乘电动小滑车下行到公园门口。工作人员见我们年纪太大，建议说："那种小滑车上行还比较安全，向下滑行就非常快，怕心脏受不了，你们就慢慢地顺着那条小路向下走吧！"也好，时间足够，我俩就在绿树芳草中穿行，山色迷人，湖水迎面，渐行渐近，直到湖边。司机师傅正等着我们，我们面对巍峨壮丽的神山，默默祈祷，祝愿格姆女神用她博大的胸怀、仁慈的性格，庇护着她的泸沽湖的儿女们，直到永远，永远！

（2013年6月2日）

7. 告别泸沽湖

我们在泸沽湖已经流连了整整七天，明天就要告别了，心里十分不舍。

今天是留驻泸沽湖景区的最后一天，老天眷顾，让我们看到了云开雨霁、变化多端的湖景。从昨夜就淅淅沥沥地落雨了，窗外一片苍茫雾罩，不见山也不见水。一觉醒来，看见蒙蒙的雨丝还在向湖面上抛洒，雨中的泸沽湖是个什么样子呢？我目不转睛地盯着看：雨丝虽细，但它却把天空与湖面连接起来了，像一个整体的、浑浑然的大圆球！这是我的幻觉吧？看看表，才是凌晨5点左右，便又翻转身睡了，心想可别赶上泸沽湖的雨季啊！

早上7点左右，我惊喜地发现细雨停了，满天云雾都集中在当空，只有西边显出淡淡的蓝天；往东看去，似乎有些发红，是不是太阳要露出脸庞了啊！那大团当空的乌云把影子投进湖里，我感觉到泸沽湖有两个，一个在天空，一个在地面；天上是云的湖，地面是水的湖；灰的、白的、土黄色的云，便映出灰的、白的、土黄色的波，天上出现鱼鳞般的云波，地下湖里也映出鱼鳞般的水波。

还是太阳公公的威力大，他一跃出，就把天上、地下的各种色彩收拾干净，照得一片红彤彤、亮堂堂的了。

我们今天要沿湖西行至大落水码头，要细细地向泸沽湖告别。雨后的空气异常清新，小燕子总是贴着湖面、点着湖水上下翻飞，绽放的花朵上带着晶莹的雨点儿，像落满了珍珠……码头上的游人比前几日多了很多，人头攒动。这里又增设了几处照相点，还有藏族小伙子牵着一头高大的白牦牛，招呼游人去骑牛照相。云忠怂恿我骑上白牦牛，美滋滋地和白牦牛合了一张影，我很开心！

兴尽了，便往回返。云忠建议走另一条街——大落水村实际上只有两条街道，一条是一面沿湖、一面是商铺林立的前街，另一条是绕过商铺走与前街相平行的后街。后街我们很少走，因为它既不临湖、无风景可看，入目的都是客栈、酒店、超市，还有一些出租车、客运大巴也停在路侧，今天既是来告别的，那就走一走看。我们走到一家超市门前，我建议云忠进去看看，买一些适合没有牙齿的老年人吃的食品，我想送给格则尔摩梭风情园的那位可亲的摩梭老人。

我们走到后街的尽头，便进入格则尔摩梭风情园的铁栅栏后门里的院落。里面面积比较宽大，放着生产工具、手推车子等杂物，还饲养着一大群鸡。我们怕惊动鸡群，轻轻地从小门进入前院，正巧看见那位和蔼的摩梭老人，正和一个20来岁的女孩子一起坐在房檐下的座榻上呢。不知怎的，一见到她，便联想起我幼年时眼中的慈祥可亲的外祖母来，她掉了满口牙，我的外祖母也很早就掉了满口牙，虽然嘴瘪瘪的，但笑起来的样子却很可爱。虽然我也是70多岁的老人了，但在这位摩梭老祖母面前，仿佛觉得自己回到了孩提时代，便走过去和她搭话。

老祖母似乎不太懂汉话，便由身边的女孩子充当翻译，谈话的内容如下：

（1）老祖母今年84岁，名字叫格则卓玛，这座风情园就是因她的名字而起。她有六个儿子和一个女儿。和汉族不同的是，摩梭人的风俗是"重生女儿，但也不轻视男孩"。她的大儿子在里务比岛的喇嘛寺管香火，一个儿子在后面的山上喇嘛寺里工作，另两个儿子在丽江工作，一个儿子腿有点残疾留在她身边——我想就是我每天看到的打扫院落的那位男子了，最小的儿子现在到香格里拉玩儿去了；唯一的女儿是老祖母的接班人，正在经营这座风情园，外孙女儿名叫格则永都，协助妈妈管理财务账目。按照摩梭人的风俗，她们都是这个家族未来的老祖母。

（2）提起前几天她们请了好几位喇嘛，在院子里做法事的情况，她说，这是摩梭人家的习俗，每年都要举行一次。只因喇嘛少，所以需要排队等候。请来的喇嘛都是从小便被送到印度去学成归来的佛徒。摩梭人既信奉本土的达巴教，也信奉藏传佛教。念完经一定要送酬金，否则会对家庭不利。（女孩子告诉我，这次她们请了七位喇嘛，每位喇嘛的酬金不等，高的给1000元，最少的也给700元。我问女孩是她家什么人？她说是亲戚，是过来帮忙打理风情园内的杂务的。）

（3）我问老祖母："您见过土司夫人王妃吗？"她一听见王妃二字，马上不用翻译就说："那是我的姑姑！"我很吃惊地问那女孩，"王妃不是汉族女子四川雅安的肖淑明吗？怎么变成摩梭女郎了？"女孩笑了，她说："老祖母的姑姑是这个地方小土司的夫人，不是那个左所土司喇宝臣的王妃！"老祖母也笑了。我又问："老祖母，您见过肖淑明吗？"老祖母便通过翻译回答说："见过，见过！肖淑明有时会从四川那边的泸沽湖过来办事，她年轻时非常漂亮，可年纪老了就变得又黑又矮小。肖淑明的汉字写得很好，20世纪70年代末期，她被解除关押后，不少人还专门到四川那边泸沽湖畔找她写字呢！"

访谈结束后，我和云忠把专门为她买的蛋糕、酥饼、小香肠等食品送上，她又一次温馨地笑了，露出没有牙齿的口腔，我的眼前又一次真真切切地闪过了我的外祖母的慈容。告别前，我第一次拥抱了她。今晚是留在泸沽湖的最后一个晚上，夜里盘算着马上就要离开这"人类母系氏族的活化石、最后的'女儿国'"了。夤夜不能成眠，拉开窗帘，把脸贴近凉凉的玻璃窗，审视外面黑黑的夜，只有微微的波光暗暗地闪烁着，那就是清澈透明的泸沽湖水呀，真是舍不得离开，想常住，有那个福分吗？泸沽湖啊，为看到你，我们盼了多少年呀！为了守着你，我们留驻了整整一周的时间！总是要分手的，好在我们有忘不掉的回忆，有记录下来的录像和点点滴滴的日记，走了，走了，以后只有在梦中再相聚了！我的面颊和玻璃窗越贴越近，拼命张望外面的景物，暗淡的路灯稀疏得厉害，距离很远才有一盏。啊哦，好像天上又在下小雨了，隔着湖水，湖那岸的格姆女神山黑黝黝的一片，把女神的面容全遮盖住了。啊！就在前天，我们还登上云梯、走到你的身边揭开你的面纱，看到你的真容了呢！我还写了祈福的风铃，挂在你的身旁，并祝你永远圣洁呢！

　　我没有丝毫倦意，突然想起三年前的夏日，和女儿东葵一起去北海河消夏，住在一座临河而建的宾馆里，也是夜晚，黑黑的一片，我贪看海水涌潮，半夜不寐，立于窗前，听潮水击岸，看细雨如丝帘飘飞……啊！天下的美景，都离不开山啊、水啊、云啊、树啊，如果没有这些大自然的慨然馈赠，人类的生活又该怎样的单调、缺少情趣啊！我就这样感慨着、就这样贪婪地看着，不觉天色渐渐地亮了！

　　早饭后，我俩去办理退房手续，办手续的女孩子便是老祖母格则卓玛的外孙女格则永都，她非常年轻、精干。我们拉着行李箱下了楼，老祖母已经坐在她的卧榻上转动手中的经轮了。我为了表示敬意，从挎包中抽出一条长长的、像藏族的哈达一样雪白的丝巾，走到她的身旁弯腰致意，并用双手把丝巾挂在她的脖子上，她很兴奋地笑了，张开她那可爱的没有了牙齿的双唇，她双手合十地回谢了我，并发出"扎西德勒"的祝福！

　　今天的天空，一会儿飘着小雨，一会儿又放晴。我们恋恋地走出了格则尔摩梭风情园，向公交大巴客运站走去！旅游大巴又停靠在来时入口的山坡上，人们纷纷下车向泸沽湖挥手、留影告别！看着远方山下一碧如玉的湖水，我初见时的惊讶、赞叹，变成了离别时的不舍和依恋。我在心里默祷："别了，泸沽湖！愿你山常青、水常绿、云更白、天更蓝、花更红，祝福你是人们心灵永远的慰藉，永远的精神家园！"

　　我写不出一句诗来赞美你，因为你本身就是一首诗！正是：
　　　　"泸沽美景谁描尽？洛克一语艳千秋"！

（2013 年 6 月 4 日）

走进女儿国

学生时代曾读过《西游记》（吴承恩）、《镜花缘》（李汝珍）和《萤窗异草》（尹庆兰）等古典小说，对其中有关"女儿国"的描述，既奇之，又疑之。后来听说在我国四川和云南两省交界处的泸沽湖畔，就真实地存在着一个这样的"女儿国"，则又心向往之。这次亲临泸沽湖，经过参观、走访和阅读资料，才逐渐明白，这里的"女儿国"，实际上是对摩梭人的母系家庭以及他们奇特的走婚制的一种形象说法，被学者们誉为"母系时期的最后一块活化石""人类最后一朵玫瑰"。

1. 女性是这里的主人

自然界的泸沽湖，确如洛克说的那样：她"是整个云南无例外的最漂亮的一片水"，"清澈得如水晶一样的深蓝"，美丽而安静，"真是一个适合神仙居住的地方"。但是，如果从社会政治和经济状况着眼，两千年以来生活在这里的摩梭人，却享受不到洛克笔下这种神仙般的清福。强敌的侵扰，土司的内斗，匪祸的猖獗，加之高山深谷的阻隔，使得这里的物资非常贫乏。崎岖漫长的山路上只能靠马帮作为运输工具，费时费力且运费高昂。作为最后一个摩梭王妃的左所地区土司夫人的肖淑明，她在回答记者时曾经说过这样一番话：当时没有公路，"完全是马帮驮，羊肠小道，什么东西都是马帮来运，我们过年吃的豆油、醋、豆瓣酱、生姜、葱，都是马帮出去买啊。""布匹、穿的、吃的盐巴、茶叶都是。要不是马帮啥子都没有。完全是原始社会封闭式的"（《马帮·天路》DVD解说词）。

由于人多地少、资源有限，物资匮乏，一个家庭连彼此身上穿的衣服都是属于大家庭所有，而不是个人的，加之摩梭人的生活相对封闭，与外界极少交往，靠个人单打独斗无法生存，"为了活命，大家必须抱团，人多势众，有灾害都好办。"这就使得能够互相帮扶的大家庭的存在成为必需，使得具有超强内聚力的母系家庭和走婚制得以延续。正如当地民谚所说："最亲近的是同一窝的人，最可靠的是同衣社（即母系氏族）的人"，从而建立了一个与外面社会完全不同的家园。

这里以女性为中心组成了一个个母系大家庭，多数的家庭内男不娶妻，女不嫁夫，而实行一种特殊的阿夏"走婚"。阿夏，是有情男女之间的昵称，意思是"同床共枕"的朋友（或亲密的情侣）。保持着性关系的男女各居母家，每夜只是由男子走到女家去投宿，清晨即返回母亲家里参加生产劳动和生活，这就叫"走婚"。摩梭人的阿夏走婚制和母系大家庭仍保留着远古母系氏族社会的遗俗，走婚就是在最根本上从属和服务于母系家庭的派生体系；家家之主，皆为女性，其家庭血缘，均为母系血统，财产按母系来继承；在家庭成员中，祖辈只有外祖母及其兄弟姐妹，父辈只有母亲、舅舅和姨母。走婚所生子女属女方家庭，随母姓，由女方家庭共同承担抚养义务。孩子母亲的姐妹也称"妈妈"，不分彼此；舅舅扮演着"慈父"角色的重要作用。孩子的亲生父亲与子女不在一个家庭生活，被视为"外人"，没有必须（法定的）承担抚养孩子的义务，但生父可以去看望和关心子女的生活和教育。这样做的目的，都是为了巩固母系的血缘关系。因为"女儿是根根"，"不是一条根，不是一个心"。

　　母系亲族既是一个母系血缘集团，又是一个生产、生活单位。在母系亲族内部，还基本上保留了原始共产制的经济：房屋、牲畜和工具等财产，属亲族集体所有；有统一的公共仓库，公共财产按母系原则集体继承，个人无权支配。大家庭内实行供给制，消费平均，劳动则各尽其能。男子耕地、赶马，大量田里、家里的活由女性承担，妇女是生产劳动和经济活动的主角；女子在家庭和两性关系中处于支配地位。吃饭实行分餐制，由"达布"和她的一个女儿替每人盛好饭，苞米饭管饱，菜则是定量供应。吃饭的时候，也是召开家庭会议的时间。家中事情并非由女性独断或决定，而是大大小小的事情都端出来大家充分讨论、商量，舅舅的意见是有权威性的，最后再由"达布"集中、做出决定或提出建议。

　　总之，摩梭家庭以母为荣，以舅为大，以女为贵，但重女轻男。母掌财，舅掌礼，由老祖母当家，她是家里最高权力的掌控者。如果老祖母因为病、老失去工作能力，或因时代变迁没有文化无法继续经营管理家庭，就由女性中年长，有威信和能干的人来当家。由她来掌管家中财产，安排生产、生活和宗教祭祀，并进行统一支出和分配。女当家人叫"达布"，有了女继承人，母系宗族就能存在和发展；否则，就面临绝嗣的危险。所以，"达布"是母系大家庭的核心，具有续命传薪的意义。阿妈、老祖母具有中国传统妇女的特点：乐观、坚韧、勤劳、自立。她们用终生的辛劳努力支撑起一个家庭。

故此，人们便把这儿称为"女性王国"或"女儿国"。

和谐，是摩梭社会传统的核心价值观。所以，她还具备这样两个突出特点：崇老、敬老和计划生育。

摩梭社会是一个崇老敬老的社会。老人的辈分越高，威望越高，越受尊敬，从来不存在老龄化问题的严重干扰。在摩梭社会，看不到遗弃或虐待老人的家庭问题，也不存在供养"五保户""低保户"之类的现象。所以，即使新"达布"接了老祖母的班，老祖母在家中仍享有崇高的地位。

摩梭由于是母系大家庭，物质的生产和生活都要进行统一的安排。所以在生育方面也要按计划进行。一家如果有三四个姐妹，同时生孩子是不可以的，照顾不过来。必须是大姐的娃娃大了，二姐才考虑，二姐的娃娃大了，三姐才考虑。大多数摩梭村镇都是如此，先开发地区和偏僻地区也是一样，生育都有计划、有间隔地进行安排。据记载，整个摩梭地区中华人民共和国成立前只有四五万人，现在仍在五万左右，基本持平。这也是保持摩梭社会和谐稳定的一项重要措施。

2. 走婚之前潜规约

泸沽湖将自然景观和人文景观融为一体，摩梭人独特的文化和民族风俗最为引人入胜，尤以阿夏"走婚"成为人们关注的焦点。

当然，走婚只能在特定的文化地域和历史条件下才能成为现实。摩梭村寨，是阿夏走婚保存最完整、最原始的地区之一，而居住在泸沽湖边的摩梭人，至今仍沿袭着这种"男不娶，女不嫁"的古老的走婚习俗。它是母系社会得以延续的保障，"没有走婚，就没有母系，没有女儿国"。一般说来，男女双方一生可以结交多个阿夏，但不可以同时进行，只有跟一个终止了阿夏关系后，才能结交另一个。阿夏双方结合自愿，离弃自由，一旦感情破裂，一方不再登门。"没有爱还在一起，才是痛苦的，残忍的"。摩梭人爱得的确洒脱、干脆。因为双方建立阿夏关系，完全以情爱做基础，不受家财、地位的影响，不带政治、宗教的背景，没有专门的法律约束，也没有婆媳、妯娌、叔侄等多种复杂关系的缠绕干预，保证了感情的单纯性。所以，在婚姻方面从未产生过牵涉到家庭、财产和子女等社会纠纷。

需要强调说明的是，这种"阿夏"关系的建立并非如某些导游说的那样，只是在篝火晚会上互相抠三下手心儿就可以建立的，更不是某些人或媒体炒作的那样，是"性开放""性自由"，更不是"滥婚"或"一夜情"。这些误解和曲解，只能给摩梭社会心理造成深层次的文化伤害。实际上，走婚是有许多默认的条件和禁忌（潜规则）的。所以，洛克就给这种存在了上千年的走婚习俗归结为摩梭人的"道德水平很高"的赞誉。

  选择什么样的人走婚，是有一定标准的。男女双方一般的要求是：人才好，长相好，懂礼貌、健康、能干、诚实，家境好，家庭根骨好（即家族世代教养好）。有时要经过多方面的了解后才能确定阿夏关系。选择走婚对象，还必须先让老祖母知道，看双方有没有血缘关系；其次是让母亲知道，但母亲意见不一定照办，可以坚持自己的选择。在母制盛行的泸沽湖，妇女乃是生育子女的主要体现者。那些身体健美、女性特征突出、多产而又会持家的妇女，便会受到社会舆论的普遍赞扬，认为她们"人才好"，是维系母系制的柱石。

  走婚的最初阶段，大约只是20岁左右的青年，情感容易变动，走婚都是在秘密状态下进行的，必须避开女方的家人。正如喇化童所说："来似春梦了无痕，去似朝云无觅处。"听起来非常浪漫，其实独立自信的摩梭女人，为了要支撑起一个家，是不会只沉溺于情爱的缠绵之中的。要不要孩子，什么时候要孩子，一般由女方决定。一旦双方有了孩子，男子在办过满月酒（或认子仪式）后，两个人的走婚关系就基本上固定了，男方也可以适当去女方家走动、帮忙，而不必再严谨遵循"暮合晨离"的走婚方式，双方关系也会得到进一步巩固。父亲虽然不具有抚养孩子的义务，但"满月酒""成丁礼"一般必须到场，所谓"知母不知父"的情况，即使在从前也不具有代表性。

  伦理、心理、情理、族理等是共同维系走婚的社会影响力和约束力。一个不停变换走婚对象的人会受到家庭和社会的压力的。由于自身的原因造成分手，那么在下一次的选择中就会处于劣势。如果一个人到30岁仍经常更换走婚对象，必然受到家庭长辈呵斥；若到40岁还乐此不疲，不单个人声名狼藉，连整个家庭都会因此被指责为缺乏家教而蒙羞。

  摩梭人认为，走婚后在一生当中只选一个对象的占百分之九十，是主流。如果你选择了几个，有过好几次婚姻，在别人眼里你是非常不幸的，因为你找不到一份属于你的感情，所以是很可怜的。故此，男女双方在正式公开走婚关系后便较稳定，特别是中年以后，更是逐渐走向固定化。否则，一个社会将难以正常维系长期的高效运行。

总体看来，生活在母系大家庭中的"摩梭女人即使辛苦，但她们在精神和情感上却有着一生一世的安全感"。"亲情的浓厚、爱情的纯真、家庭的稳定，形成了摩梭人情感秩序坚不可摧的'铁三角'，亦是社会之和谐宁静的基石所在"。而正是这个至柔至刚的"铁三角"，"奠定和维系着摩梭人人与自我、人与他者、人与自然、人与社会的内在和谐统一，成为对文明社会喧嚣的反拨和清醒"。（赵明湄著《80后摩梭女达布口述生活史》，中央民族大学出版社，2011年版，第94-95、第111页）

3. 维系母系家庭的"法"与"礼"——禁忌

两千年来，摩梭人生活在以母系大家庭为中心的母系文化社会中。在以农耕文化及其相关自然环境的催生下，产生了自己的语言、宗教、艺术、节庆……摩梭人没有自己的文字，更没有成文的法律。维系摩梭社会正常运转的不是法和礼，也不是靠宗教和乡规、民约，而是有赖于禁忌的内在力量和威慑。摩梭先民用一套错综复杂无所不包而又无比细腻精致的禁忌构成了生存和文化的智慧。例如，亲人间不可谈私情，是对乱伦的禁忌，也是对个人情感自由的保护机制；不可在火塘边说脏话，更不能从火塘上跨过，因为火塘是家屋的心脏，是祖先灵魂栖息之所，是对祖先的尊重；妇女分娩时男人不可以在场，生人不可以进门，女人不可以出现在死亡的场合，这是繁衍生殖的禁忌；转山、敬湖是对女神山、泸沽湖的敬畏，是对生态关系的敬畏；摩梭人从小过集体生活，学会了克制、容忍、礼让与包容，不说谎、不骂人，在家敬老爱幼，在外遵纪守法，这是对生命的敬畏。总之，无论生产、生活、饮食、婚姻、妊娠和死亡等，禁忌无所不在。而这种禁忌却内化为一种世代相传的自觉和存在，在没有法与礼的参与下，这种禁忌社会却始终运行有序。这种文化的内在机制，又化为强大的内聚力，形成了自己抗拒文化冲击的独特机制，成为摩梭人不被同化的自我保全之计。

喇化童说："前一段有两个北京记者来泸沽湖进行了深入考察，发现45000多的摩梭人数年来没有人坐过牢。他们觉得不可思议，但这也很正常。"禁忌的约束，成为一种无法的"法"，无"礼"的"礼"，成为一种道德的自律和他律，具有一种调节社会和谐安定的功能。摩梭人正是靠自己的这种智慧，在不可为中知悉可为，在禁忌之中获得了自由。

（此篇文字参阅了赵明湄的《80后摩梭女达布口述生活史》第178-180页）

4. 摩梭社会的历史沿革

族群渊源：

泸沽湖沿湖和永宁坝居住着3万多摩梭人，加上分布在其他区域的摩梭人，共约5万人左右。摩梭人的历史无文字可考。关于摩梭人的族群渊源，从西北"南迁古羌人后裔说"长期在学术界占主导地位，但仍存在着一些分歧。

在中华人民共和国成立初期的民族识别中，四川方面的摩梭人被认定为蒙古族，云南方面的摩梭人被认定为纳西族。因为在元朝初年，元世祖忽必烈（1271—1294年在位）率军南征大理，以后元朝又在摩梭地区派驻官员和军队，一部分蒙古人留了下来，与当地人结婚，生育后代，逐渐与摩梭人融合在一起。而纳西族是一个古老的民族，主要分布在云南的丽江、中甸、宁蒗、维西、永胜，以及四川的盐源、盐边、木里和西藏的芒康等地，其中一些人与当地的摩梭人结婚，繁衍后代，便逐渐成为纳西族的一个支系。1990年，云南省人大常委会通过《宁蒗彝族自治县条例》，其中确定了摩梭人的提法，但在全国人大常委会和国务院的内外宣传中，仍然将其视为纳西族的一个支系。

实际上泸沽湖沿湖一带地区除纳西族外，还居住着藏族、彝族、普米族、羌族、苗族、汉族等多个民族，一条长长的"走婚爱情鹊桥"确成为四川、云南两岸各族人民缔结良缘的天然通道，他们之间相互通婚，繁衍后代。你中有我，我中有你，共生共荣，相辅相成，千百年来生生不息。他们的身份证上虽然填写着蒙古族或纳西族，正如喇化童所说的那样：

今天泸沽湖的摩梭人实际上已成为一个多民族融合而成的共同体（或融合体）。他们共同信奉一位女性始祖，因此把女性始祖"摩梭"作为他们的自称。格姆女神庇护着他们，泸沽湖母亲哺育着他们，在寺庙暮鼓晨钟的祈福声中，他们和谐地、其乐融融地共同生活在一个个的母系大家庭里，令世人投去艳羡、向往和赞美的目光。

历史沿革：

元代以前，摩梭社会尚处于封建领主制时期；元代以后，又成为纳入中央王朝之下的土司制度。而母系亲族既是封建领主或土司统治下的一个社会细胞，又是向领主或土司提供劳役、贡赋的单位。

1956年，经过和平协商进行了民主改革，废除了封建土司制度，打破了长期封闭、落后的自然经济。特别是新时期改革开放以来，泸沽湖地区发生了巨大的变化。

1982年，作为玉龙雪山国家级风景名胜区的主要组成部分，泸沽湖经国务院审定批准为国家级重点风景名胜区。1986年，泸沽湖被云南省政府确定为省级自然保护区。2004年，丽江市政府直属的泸沽湖省级旅游区管理委员会正式成立。从此，摩梭人便凭借独特的自然景观和母系文化资源发展旅游业，进入了全新的历史时期。

富裕带来的困扰和思考：

泸沽湖沿湖有9个自然村，集中了大部分景区，周边环通公路，交通便利，旅游业开发最早，而大落水村又走在最前面。以母屋经营和外来人新开设的宾馆、饭店、商铺，鳞次栉比地新建起来，篝火晚会、骑马、划船等文娱活动开展起来，码头广场上、山坡公路上停、驶着一辆辆的旅游大巴，五湖四海的游客纷至沓来，平静的泸沽湖终于喧腾起来了。摩梭人幸逢其时，开始忙碌起来，富裕起来，终于走出了闭塞的困境。

在社会变革中，经济总是起着决定性的作用，在新经济强大的冲击力和影响力面前，泸沽湖迎来了现代与传统互相融合的最快时期。饭后一家人坐在电视机前观看节目，取代了火塘文化。随着私有观念的抬头，赌博、攀比之风也开始出现。办满月酒、盖房子、买汽车，竟成了某些人的一种炫富方式。泸沽湖摩梭人的这些生活变化，引起了当地有识之士的困惑、焦虑和政府部门的重视。

末代王妃肖淑明早在生前（2002年）就对泸沽湖的改革开放寄予了这样的厚望：要珍惜摩梭人的风俗习惯，顺其自然，不要人为地去干扰他们，污染他们，汉化他们。作为旅游事业，应当坚持这样的原则：保护与开发并重，开发的目的最后是保护。保护的结果应当是八个字："原始、古朴、宁静、独特。"（肖淑明口述，冯学敏、梅子著《泸沽湖畔的摩梭王妃》，现代出版社，2002年版，第242页）丽江市泸沽湖省级旅游区管理委员会负责人之一的余丽军也撰文称：生态和文化构成了泸沽湖旅游发展的两个要素，生态是旅游发展的眼睛，而文化是灵魂。排他性的摩梭母系文明资源是泸沽湖景区的核心竞争力（赵明湄著《80后摩梭女达布口述生活史》，中央民族大学出版社，2011年版，第149页）。

当然，退回到原点是不可能的，完全取消摩梭母系大家庭的传统文化也是不可能的。如何保护泸沽湖文化资源的独特性、唯一性、不可替代性，最大限度缓解外来经济文化的猛烈冲击，实现民族传统文化的延续和发展，政府有关部门已采取并制定了有关旅游开发与文化保护的一系列积极措施，如资助地方修复"文革"中被毁坏的古迹和寺庙，筹建集游客接待、文化表演、游客娱乐、母系文化展示中心等为一体的泸沽湖女儿国旅游小镇，大落水村已开馆的"泸沽湖摩梭风俗博物馆"，对母系走婚大家庭国家每月补助几千元人民币，重视教育、卫生、宗教事业的发展……当然，这需要有一个较长的过程，但它毕竟向我们展示了这样一个美好的愿景：泸沽湖将真正成为"人类精神栖息的家园"，是一个"适合神仙居住的地方"。

香格里拉之游

6月6日上午11点20分，我们乘旅游大巴从丽江向迪庆藏族自治州进发，那里有我们要去寻找的香格里拉。

迪庆，藏语意为"吉祥如意的地方"，地处滇、川、藏三省（区）交界处，共辖中甸、德钦和维西傈僳族自治县三个县。1997年9月14日，英国广播公司发布了一条新闻："举世寻觅的世外桃源香格里拉，被确认在中国云南迪庆藏族自治州。"而这一天，正巧是迪庆藏族自治州欢庆成立四十周年之际，于是在新闻发布会上，云南省有关部门便正式宣布："香格里拉就在迪庆。"

迪庆州所辖的三个县中，中甸草原广袤，鲜花满地，牛羊遍野，牧歌阵阵，周边既有雪山峡谷，又有江河泉瀑，生活着藏、汉、彝、白、回、苗、普米、怒、独龙、傈僳、纳西等十数个世居民族，民情、风俗淳朴多彩，宗教信仰莫测高深，人们过着日出而作、日入而息的平静安宁的和睦生活，与詹姆斯·希尔顿在《消失的地平线》一书中所描绘的"世外桃源"香格里拉正相吻合。因此，2001年12月17日，中国民政部便正式批准将中甸县更名为香格里拉县。

县城所在地为独克宗,也叫"建塘镇","建塘"在藏语里是"中心"之意。因为它保存着最好、最大的藏族民居群落,2005年独克宗又荣获了"中国最佳民族风情魅力名镇"的称号。从此名噪一时,成为朝圣旅游的圣地。

迪庆藏族自治州和丽江市只隔着一条金沙江。通过车窗从高高的山顶俯瞰金沙江,远远地如一条曲折细长的飘带,时隐时现。一路上金沙江都伴着我们,江面忽窄忽宽,都显得平静无波;然而到了虎跳峡地段,那江水就忽地变了样,掀起了浊浪百尺、雪涛千丈,虽然隔着车窗玻璃,竟也似乎听到它如奔雷、似虎啸般的轰鸣声。至此,车已转弯,金沙江主流渐渐隐去,只留下它的枝枝杈杈、小溪流脉了。

下午1点左右,车子过了一座石桥,就算跨出丽江地区驶入迪庆所属的中甸境内了。车子继续前行,我眺望窗外,看见云影落在山坡上,画出了一幅长长的地图,啊!白云巧作画,大地、山坡就是它的大画板!桥头上挂着大幅"欢迎你到迪庆来"的红布条幅。进入藏区,见小村、小镇都有卖"卓瓦刀"的小广告,有人说,这是此地的特产名刀。看居民的房屋参差错杂,有三四层高的平顶小楼,蓝色、白色或黄色,房子上饰有不同形状的花纹,其中老旧房子还有不少,多是平房,灰灰的、有房檐伸出,周边很少见到有竹丛、树木。

汽车在深山峡谷的小道上行驶,山腰挂着瀑布,山脚漾着碧潭,闪射着亮亮的光。山里的天气说变就变,阴云密布,气温降低,似将有雨。当汽车的一侧贴着深不可测的山谷行进时,心里确实有些发毛。待汽车钻出了"俄迪隧道"之后,慢慢见到了路旁有一块块田地,有农民在劳动。我指着一块块田地之间的木栅栏说,那是不是防野兽践踏的?云忠说,也许是表示不同主人家的地标吧!

下午2点半钟,汽车速度减慢,明显地是在上行。远处有一面红旗在飘动,云忠说,那里肯定有"道班站"——保护公路安全的工作站。车子终于爬到山顶了,天空又变得碧蓝如洗,人们的心情也一下开朗起来。忽然,旅客中有一人问:"这不就是香格里拉大峡谷嘛?"司机回答说:"是啊!但是咱们的车误点了,就不停留了!"

真遗憾啊!过著名景点而不能驻足观赏,又能怎么办呢?眼看着大峡谷一闪而过,那里分明停着几辆大巴车,车下站着不少游客在指指点点地欣赏风光

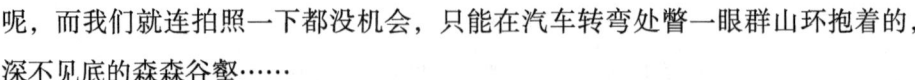

呢，而我们就连拍照一下都没机会，只能在汽车转弯处瞥一眼群山环抱着的，深不见底的森森谷壑……

1."中国最佳民族风情魅力名镇"——独克宗印象

将近4点钟，汽车终于到达香格里拉市的公交总站。昔日学子（和）跃东托他的朋友开车接送我们，到位于香格里拉东南隅的古城独克宗"国际青年旅舍"住宿。这座旅社位于一段上坡路的街边，设备比较简陋，房间里既无热水、也无电水壶，要喝水需自己去前台提温水瓶打开水……但，这座旅馆，也有它地理的优越之处，那就是处在古城独克宗的中心，下行不远就是月光广场，广场两旁建有"迪庆民俗博物馆"和"红军长征博物馆"；如顺山坡上行，不远处就是"大龟山"公园景区。我们择其优越处，就住了下来。办完住房手续，稍事休息后，便外出逛街。

我们沿着骡马踏过的茶马古道青石板路漫步。街道两旁都是两三层的老式的、藏式木楼，雕饰着各种图案。老街上多为藏式的银器店、皮具店，我们仔细观摩那些转经筒、摇壶等工艺品，都十分精致小巧；还有许多大大小小的饭店、酒吧和咖啡屋，显得十分热闹。我们又下坡到四方街的广场去观光，广场上到处都牵挂飘飞着彩色的经幡。广场并不大，四周多为藏药等土特产品、工艺品及藏式风味餐馆、烧烤小吃……

独克宗，在藏语中是白石山寨之意；白色象征月亮，即寓意为月光城。傍晚时分，我俩走下山坡，来到了大龟山山脚下的月光广场。该广场面积约有1000平方米，不算太大，但很紧凑。站在广场上，抬头就可看到山上庙宇的大门、佛殿、佛塔等建筑高低错落，掩映在满目苍翠的树木之中；尤其显眼的是一幢巨大的转经筒，在夕辉映照下金光四射……广场左右相应而建的两座博物馆，也气势恢宏；靠近山脚处还有一座喷水池，水流从三个龙头口中哗哗作响地喷泻，如涌泉、如飞瀑，招引不少游人把手伸过去戏水。天黑下来了，广场一下子华灯齐放，璀璨夺目，山上、山下交相辉映，身着藏族民族服装的当地居民和来自外地的各族游客，围成一个又一个圆圈儿拉起手，随着播放的乐曲，唱着悦耳的歌跳起了锅庄舞（藏族著名舞蹈），有的游人也在圈外赶着节拍笨手笨脚地学着蹦跳起来。一时间，广场上的欢乐气氛达到了高潮。我们怀着愉快的心情，绕着广场走了一遍又一遍，觉得处处都透着新鲜。

直到晚上9点钟了，我们感到饥饿，才慢慢沿着向上延伸的山坡路上的石阶，向大街小巷密布的闹市区返回。快到我们下榻的旅馆拐弯处，有一个饭店，停下来看它的招牌上写有酥油茶、糌粑的字样，我便拉着云忠走了进去，想找回几十年前在西藏初吃酥油茶和糌粑的感觉。餐厅里空荡荡的，只有一位食客独自凭窗而坐，目光向着屋外，似乎在沉思，他的面前放着一大杯冒着热气、灰白色的饮料，我端详他年龄大约在40岁上下。云忠选好的座位正和他遥遥相对，坐下来之后，我便兴致勃勃地大谈在藏区初次品尝酥油茶的狼狈样儿，以及后来逐渐爱上酥油茶的经历。我们点的糌粑和酥油茶服务员还没有送到，只见那位中年男子手拿大饮料杯走了过来，他说："这就是这里的酥油茶，我还没有喝一口，倒给你一些先尝为快吧！反正我一个人也喝不完。"云忠谢绝不成，便领情用小碗接过满满的一碗，便与他搭起话来。他说，他从北京来，年轻时去过西藏拉萨，爱上了糌粑和酥油茶；几年前他来过这里，留下太深的印象，他与这家餐馆的主人也是那次结下缘的，又说起这家餐馆的主人并不是藏族，他在这里吃饭时，便建议增添一些藏区饮食特色，主人采纳了他的建议，后来生意就慢慢兴旺起来……

　　我们点的食品饮料端上来了，那位游客又回到他的座位上，仍然是面向窗外，显然是又沉浸在回忆之中了。我喝了一口酥油茶，觉得淡而少味，没有当年那种又甜、又咸、又飘着浓浓的酥油香的味道了，简直就是喝一般的奶茶一样；而糌粑呢，更是离谱了，不是想象中的一盘炒熟的青稞粉和一碟酥油液，任由你自己把二者和成坨坨或条条后品尝，而是做成的一块块小甜饼子。吃在嘴里还有些粘牙。我难以掩饰自己失望的表情，不言而喻，商业社会的发展，也带来了对传统食品行业的冲击，逐渐地异化了。我对云忠说："没有去过西藏、没有在藏民家吃过地道的糌粑和喝过酥油茶的人，肯定以为这味道就是真滋味，可是，这哪儿是酥油茶、糌粑呀！"云忠连连阻止我不该发牢骚，可是，我明明看到那位旅友却冲我友好地笑了笑，虽然没说什么，但似乎是同意我的观点。我俩又点了两个菜和米饭，吃饱了肚子走的时候，那位旅友还兀自独坐，眼睛望着窗外，不好打扰他，竟然没有和他告个别，以后几天，也未再遇到他。我想，他经过几年后，一个人又再次来游，到底在寻找失去的梦？或值得怀念的什么呢？没有人回答我，所以也没有答案！

昨天，我们已经踏着夜色下璀璨的电灯光，漫游了月光广场；今天，我们就要穿过它登上大龟山，去瞻仰极具盛名的大佛寺了。

　　大佛寺，现在叫龟山公园，又名"朝阳楼"，是一座汉族式的楼亭建筑，共有三层。一路沿着石阶蹬道向上攀登，好高啊！我走走歇歇，仰仰头，见金顶金身放着霞光的硕大的转经筒和巍峨的喇嘛庙大佛寺，明明就在不远处，怎么总是走不到呢？只好靠云忠拉着我继续向上。寺门有联曰："到此已穷千里目，谁知才上一层楼"。它告诉我，寺庙的进深还长着呢，要想瞻仰它的全貌，可要憋足了劲啊！寺院之内，古木森森，十分幽静，只有三两位年纪较老的藏装妇女倚墙席地而坐，见到我们，非常友好地展开笑容，我们也冲她们招手表示友谊。我们进入高大开阔的佛殿，向泽沛苍生的庄严佛像瞻仰礼拜后，就走出了殿门。寺庙进深多层，云忠兴趣正浓，我则再也迈不动步子了，我说："你去到处走走，我想就在大殿外的树荫下休息等你！"云忠嘱我不要乱走，在这儿等着。我本想到那几位老妇人跟前，和她们聊天，可是刚刚转身，便看到在大佛殿对面的左围墙上有很长很长一段文字，好奇心使我走到跟前。原来是石刻的《朝阳楼碑记》，洋洋洒洒有一千多字，文字流畅，内容丰富，我一口气读完，深受触动，便决定摘取其中几段要点，以弥补我未能观览全部建筑的遗憾：

　　"楼名朝阳，沿朝阳宫故名也。去宫以称楼，寄群众之深意也。盖藏族有'东方建塘，熙阳早临'之讴歌，《诗经》有'梧桐生矣，于彼朝阳'之佳句，更铭感中国共产党如阳光雨露，泽被万民，以志不忘也。……

　　清·康熙间建大佛寺于山巅，附为藏官官邸，故又名土官寨。相传寺基幽窈，淙淙然神秘莫测，继遭同治已巳之毁，光绪乙亥，虽经邑人募修，规模已不复如前矣。民国丙子，由地方倡建，承邑商旅印侨领马金品先生资助，宏增旧制，名曰'朝阳宫'，塑造释迦如来金身，造像端严，复捐献金汁珍本《甘珠尔》全函供养，置金银法器、宝幔诸饰……延僧住持，远近香客络绎不绝。……

　　建国以还，我党重视文物，保护有加。不幸，十年浩劫，腥风毒雾，交煽肆虐，此一名胜岂能幸免，转瞬荡为丘墟，文物盗失，景观圮毁；但见落日寒鸦，满目蓁莽，荒秽而已矣，呜呼！文化罹难至于斯极，良可叹也！

幸河清有日，海晏无垠，政通人和，百废俱举。吾邑爱国爱乡志士诸君，广集众意率先倡建，毅然筹谋。慨然捐资，募匠延梓，竞相以赴。自乙丑桂月经始，至丙寅蒲月落成，巍然三层云楼，展翼于龟山之顶，雕甍焕彩，辉跃于迪庆高原，美哉斯举！岂独我镇增辉，抑我州、县腾飞之祥兆也。登山览胜，情思悠悠，更上层楼，四野映目，青龙明镜，印心影浴碧潭，古柏参天，百鸡翠横西岭；杜鹃花海，五凤争妍斗艳，云巘齐天，石卡晶莹璀璨。喜看百里绿原……晓色迎曦，无限生机勃勃；清晖恋夕，不禁豪情飞扬。……兹以大功玉成，谨志梗概，用亦彰善瘅恶，为后之来憩来游者考览焉。故乐为之记。

中甸县中心镇人民政府
集资人名：略
中心镇老龄协会理事会集撰
邑人慧海 杨善徵 书丹
公元一九八六年岁在丙寅仲夏 毂旦"

我抄完之后，便凑到那几位老妇人身边坐了下来，和她们搭话，她们都会讲当地的汉语，知道我是北京来的，格外热情，问我多大岁数，我说："我已77岁了。"她们大为惊异，向我伸出大拇指。我也问她们多大年纪了，她们笑而不答，只是说："比你小，比你小啊！"正闲谈着，见云忠匆匆走出来，冲我招手，我告别了几位谈友，和云忠会合后，边走边聊。云忠把所见之境描绘得眉飞色舞，似乎想把我的后悔激起；等他说完，我也眉飞色舞地把我抄写的文字重点读给他听。之后，他和我都说："太好啦，今天之游，我俩是做了个互补，不仅遍览了朝阳楼的现状，也透视了大龟山上这座寺庙几经毁坏、几经修缮、越修越美的千年历史，真是收获很大呀！"之后，我们便下到寺旁树丛间的一个小广场上。

广场周围摆放着长条凳，坐满了香客和游人。我们这时才近距离地站在广场中央那幢顶天立地的、巨无霸似的、金灿灿的转经筒旁。听一位老香客说："这个转经筒高约20米，有60吨重，筒身为纯铜镀金。"我俩围绕转经筒一面行走，一面上下打量，看到筒壁上部浮雕是文殊、普贤、观音、地藏四大菩萨图像；下部的浮雕则是统称为佛像八宝的法螺、法轮、宝伞、百盖、莲花、宝瓶、金鱼、盘肠；覆盖在筒顶之上的则是像古代皇帝出巡时举在头上的"伞盖"一样的饰物。在筒的底部轮座上，装有巨大的滚珠轴承，有四根呈十字形一米多长的木杠伸出筒身外，每杠可容两人并肩向前推动。这时，正巧有几个小伙子卷袖搓手准备上前推试。就在观众的掌声鼓励下，八个小伙子上场了。他们喊着"一、二""一、二"的统一口令，顺时针地向前推动了转经筒。我兴奋地看到了这一幕，看到了在阳光下的转经筒越转越快，向上下四方闪放着耀眼的金色光芒。肯定是推动经筒十分费力吧，不到三五分钟的时间，八个小伙子便在"行了吧，别推了"的呼声中，同时撒开了手，此时，我注意到转经筒还惯性地自转着，慢慢地才静止不动。香客们有的不停地转动着手中的小转经筒，有的则是双手合掌，随着大经筒的转动，都在默默背诵经文……我听见一位老香客在转经筒停止转动后，对身边的游客说："这可是世界上最大的转经筒啊！它里面藏有经咒，有无字真言124条和多种佛宝16吨，转一周，就相当于念佛号124万声啊！"我们深深被这幢转经筒的威严雄姿所震撼，也为人们虔诚向善的信仰和真情所感动。

我们离开了转经筒后，又围绕着大佛寺游走，在大龟山上向山下四面远眺：大佛寺对面远处卧伏的小山包是小龟山，大佛寺左旁远接天边的房屋和白色楼群，就是在独克宗古城旁边新建的带有民族特色又富于现代气息的新城，大佛寺右面和后面的山脚下各式房屋直向远方伸延，真可谓烟树缭绕，"参差十万人家"！我们下到月光广场之后，见和平鸽在地面上跳来跳去地觅食，一群小朋友在旁边追逐鸽子嬉戏，但鸽子并不受惊吓，只是翩翩飞起又收翅落下，它们也像是在和孩子玩游戏，真是一群灵巧无比的小精灵啊！我被吸引住了站着不动；一个幼儿还在妈妈的怀抱里，睁着圆圆的小眼睛盯着鸽子痴痴地看，突然他拼命挣扎从妈妈怀里挣脱下来，蹒跚地张着小手向鸽子群挪动，我担心他跌倒，不由"咦"了一声，这个婴儿发现我正向他注视、微笑，他很快又蹒跚转身投向妈妈的怀里，转头又冲我绽开了小嘴，露出几颗乳白的小牙，像一朵小小花苞，多么天真可爱的孩子呀！

云忠提出要进广场右首的迪庆藏族自治州博物馆参观。进入馆内，迎面就是一面高大的宣传屏，屏布上方两个大字"前言"：

"世人对香格里拉的偏爱，给了她无尽的赞美；自然和历史对香格里拉的编织,让她拥有超绚烂的色彩和花纹。在中国大地最西端的这个角落,灵秀山川生成的绝奇梦幻让人明白何谓美丽;智慧主人挥洒的才华汗水,教人懂得什么是人杰地灵。……相信自觉吧!走进香格里拉,在沉醉中最重要的是充分信赖自己的眼睛。"

博物馆很大,上下两层,光线照明不太强,我俩为了节约时间,分别游走观览,我摘抄了一段历史、信仰之类的文字,如:

"茶马古道:在横断山脉的高山峡谷中,在滇、川、藏'大三角'的丛林草莽之中,盘旋着一条神秘的古道。古道石板上深深的马蹄印、古道旁石壁上的藏文石刻讲述了一千多年来滇川藏接合部各民族相互交流、相互影响的历史。如今这条千年古道,仍在当地各民族群众中发挥着重要作用。

藏族的石刻艺术:石刻艺术与巨石崇拜一脉相承,源远流长,体现了藏族先民最为淳朴的宗教信仰。……"

我们走出博物馆大门,又发现一面大照壁似的木板上还有"总前言",其文曰:

"迪庆,藏语意为'吉祥如意'的地方,位于云南省西北部,是世界自然遗产'三江并流'的核心区域。……这里山川秀美,物产丰饶,历史悠远。居住着藏、傈僳、纳西、汉、彝、白、普米、回、苗等民族,他们世代携手耕耘、锦绣乡土,创造美好生活与多元文化,共同谱写着民族团结的颂歌……"

博物馆的对面是红军长征博物馆,原为著名的"中心镇公堂",又叫"藏经堂",过去是藏族城区及附近村民祭祀祖先、集会议事、举行佛事活动和婚丧仪式的场所。1936年4月29日,贺龙和任弼时率领红二军团经过中甸,将中心镇公堂作为总指挥部,贺龙曾亲笔写下"兴盛番族"的锦幛送给松赞林寺的僧众代表,"文革"中公堂遭严重破坏。1984年加以重修后,改名为红军长征纪念馆。1986年,班禅额尔德尼·确吉坚赞为该馆题写了藏文馆名,萧克将军为纪念馆落成写了题词:"民族的团结过去是红军长征胜利的因素,现在是社会主义建设的重要条件。"该博物馆是一座汉藏合璧式的建筑群落,体现了汉藏文化互学互融的特点,现在是国家级重点保护单位。它的沧桑变迁,也是中国近代历史的有力见证。

今天几乎用了一天的时间,徘徊在大龟山公园和月光广场,心情愉悦,收获颇多。明天,又要开始启程到新的旅游景点了,还是到广场那边的喷水池旁,捧一把清清亮亮的水,再亲一亲这可留恋的胜地吧!近晚,我们打的去新城,住进了长春旅店。

(2013年6月6日)

2. 去普达措国家森林公园

长春旅店的老板娘告诉我们,要从独克宗镇去普达措国家森林公园,包车来回要花费几百元人民币,坐公交旅游大巴每人只需15元。我们当然选择了后者。

上午9点半发车,一个小时之后,便到了普达措。这里有三个景点,一天之内要游下来,时间比较紧。车子把我们先拉到第一个景点属都湖,下车时,司机师傅反复嘱咐大家,他会把空车开到指定的地方等候,继续下一个景点之游,但是,这中间的距离比较远,年轻人或许可以绕湖步行轻松赶到,而老年人需要考虑坐一段旅游船,就可省去不少走路的时间。导游也提醒大家,如果发现自己的嘴唇和指甲盖儿发紫,那就是高原反应缺氧,千万要及早防治。

属都湖景点介绍上说,这里的海拔是3593~3800米。啊!这么高的海拔,不是和大理点苍山上的洗马潭景点3900米一样高了吗?我俩已经经受了上点苍山的考验了,心情非常放松。属都湖的"属都"二字,是藏语译音,意思是"奶酪像石头般金黄而坚硬"。这座湖的出名,是在2008年在我国举行奥运会时,奥运火炬经云南传递时,曾在此处递交过火炬(中央电视台有拍摄记录)。

我们走在长而曲折的湖中的栈道上,欣赏着广阔的湖面波光潋滟、岸上高山的林木苍苍、湖边盛开的连绵不断的杜鹃花花光耀眼,风光迷人,我们竟被陶醉了!可是眼看着走得快的年轻人一个个从我们身边走过,一想到下面一个景点集合的时间,我心下又急躁起来,云忠说,不怕,既然说可以乘船,当然会找到码头的。我俩加快了脚步,果然前面出现了几只游船。购票上船,船行悠悠,清风扑面,带着一丝甜甜的味儿,放眼看去,远处的杜鹃花一团团火样的红,一簇簇雪样的白,倒映湖中,仿佛开在天空里,灿若云霞,近处的花朵,则布满岸边,笼盖山坡,这里是花的世界,是美的乐园,确实让人乐而忘尽人生忧患,可惜呀,只有十几分钟,就要下船登陆了。

汽车带着我们向第二个景点弥里塘进发,沿途经过7.2公里的森林公园。

这里的主要树木是国家二级保护树种云杉，树高干粗，一棵棵笔直地列在盘山公路两边，耸入蓝天。这里的平坝处海拔3500~3700米。较为平缓的山坡、平坝是高山牧场，全被碧草覆盖，却很少见羊群和牛群。临湖处和山脚下的杜鹃花成树、成林，成树的根扎在湖岸，它的粗枝细杈却伸向湖水，大朵大朵的鲜花，争着把娇容映在清清静静的湖水里，不停地摇曳着、炫耀着……可惜，身在车里，无法为这些花仙子们拍照留影！

在弥里塘景点下车，便又踏上搭建在湖面上的、不太长的木栈道。清冽的湖水一直伴随着我们，白色的云影也一直追随在我们身边。如果仰面前行不看脚下，似乎行走在水波上、碧空间，有飘飘然凌空之感。

中午12点，我们来到最后一个景点碧塔海。司机向大家宣布："给大家两个小时的时间，尽情去玩吧！我的车在碧塔海景区出口处等你们！"我还以为两个小时的时间很富裕呢，谁知游览起来，还是相当的紧，碧塔海实在是又阔、又大、又长啊！年轻的旅友急匆匆走在前面，一会儿就不见影子了，而我俩则相互搀扶着，慢悠悠地漫步，沿"海"岸山边是整齐划一的木制栈道，有木制护栏，"海"水清可见底，远处山影，天边云彩倒影其中。走了几百米之后，前面是无边无涯的"海"水，看不到栈道的尽头在哪里，身后没有游人了，没有风声，也没有浪起，上下四方一片静寂。我正有些发急，怕时间不够，云忠突然手指前方说："你看，那是不是一个码头，好像停着几艘游船呢？"有许多游客已坐在船上，我们也购票坐进了"青山"号的船舱里，向"碧塔海"的前方驶去。隔着玻璃窗看"海"水，清澈透碧，实在是太深了，不见"海"底，不见飞鸟，更不见游鱼，只有低垂在"海"两岸水中的杜鹃花，在船划开的碧波中摇曳。我感到有些奇怪，云忠说，这里盛传"杜鹃醉鱼"之说，也许鱼汲了杜鹃花粉都醉沉"海"底，或钻入花草丛中酣睡去了吧。游船驶过"海"中一个呈墩状耸立的小岛，树木葱翠，繁花似锦，如一颗颗闪光的绿色珍珠镶成的宝塔。啊哦！原来碧塔海就是缘此而得名呀！

船行一段就靠了岸。我们下船，还要向前走一段路才是"碧塔海"的出口处。好在坐在船上已经节约了不少时间，也歇够了腿脚，所以走起来很轻松。岸上的游人也多了起来，都是急匆匆擦身而过，有的回头还对伙伴说了句："你看他们，年纪这么老，还这么有兴致，真难得！"我们看时间还够，便不急不慢地走着，云忠忽而前忽而后地为花和"海"水、为我在花和"海"水中摄像……

我们经过一处环境不太干净、然而却滴着涓涓泉水的小石崖边，发现有一些游人在用手接水往嘴里送，非常好奇，也走了过去，听他们议论："这里流出来的水是神水，可以治病""这泉水四季不竭，总是在流淌，别看它水柱纤细，可它却是从地下流入'海'，它是碧塔海的源头呢！"这个泉水能是这么神奇吗？我心里在想：如果真的是这样，为什么它的周边这么荒芜，杂草丛生、废弃物遍地扔呢？为什么不把它打理成一个观光景点呢？如果管理者能对它稍事关怀，说不定还真有文章可做、有神话可说呢！

边走边说，下午2点30分，走到了碧塔海出口处，也是旅游人们的集散地，公交车、旅游车的停车处。旁边有个小广场，挂有关于普达措公园的广告宣传牌，我抄了几句介绍文字如下：

"三江并流国家级风景名胜区，三江并流世界自然遗产地。1988年8月1日，被国务院审定为国家级风景名胜。2003年7月2日三江并流风景名胜区被联合国教科文组织列入《世界自然遗产名录》。……三江并流是世界自然遗产的主要组成部分。公园规划面积602.1平方公里，以高山湖泊、原始森林为特色，其主要功能：资源保护、科学考察、观光及生态旅游、社区发展。"

乘车往回返的路上十分顺利，只用了半个小时。中间接到飞跃的短信，他建议："老师你们从香格里拉返回丽江之后，可考虑登一登玉龙雪山……如果去德宏自治州，一定要去腾冲与和顺乡（中国第一侨乡），很值得一去，对抗日战争中的滇缅战役会有个全面的了解！"

好哇！我们回丽江后，一定去登久已闻名的玉龙雪山！

（2013年6月8日）

3. 参仰小布达拉噶丹·松赞林寺

噶丹·松赞林寺，竣工于1681年，有三百多年的历史。全寺占地500亩。寺名为五世达赖所赐。主要宣传藏族信仰的大乘佛教，是云南省规模最大的藏传佛寺，有"藏族艺术博物馆"之誉。早就听人们称它为"小布达拉"，可想而知它会怎样的高大、怎样的宏伟壮丽啊！身虽未至，早已心向往之了。我们怀着这样的心情，上午10点钟左右离开独克宗镇，乘坐专线旅游大巴，很快便来到松赞林寺景区。

　　远看它的正门十分巍峨，两旁的配殿如羽如翼，一派佛光；近观主庙高挺，恰似金鹏昂起的雄冠，两旁配庙如大鹏金翅，灿烂辉煌、金光夺目。我俩杂在众多的游人中，相互扶携，慢慢地沿着二百多级的石阶，向上攀登，要登堂入室瞻仰佛祖了。到底年龄不饶人，我走在半路，就不得不靠着阶边不走行人的地方坐下歇息，云忠也陪着我坐了下来。这情景感动了一位女游客，她说："您二位能来这里游览，真不容易，我来替您俩照张相吧！"我把相机递给了她，并向她道谢。

　　登上寺区的主体建筑大殿前，见两边台阶中间的一面墙前有十个石雕小碣，上面介绍了佛教的十大法物，云忠感兴趣，便打开摄像机镜头，由我诵读把一个一个法物（法器）的解说词都记录了下来。

　　进入主殿，香烟缭绕，庄严、肃穆，开阔的主殿中间端坐着释迦牟尼佛祖的尊身，但见佛祖周身金光闪闪，高大至极，个子高的游客立在尊佛的正面，也只及他的膝盖而已，要参瞻佛面，必须昂首仰视。此时、此景、此情令我心头震撼，默默地立在佛前不动，任凭游人从我身边涌过。心里想：这在内地任何一座庙宇内也是看不到、感受不到如此神奇、巨伟、庄严的气氛的，最可惜的是，20世纪70年代"文革"后期，我虽然去过拉萨进行教学培训，也曾被藏族学生私下领进布达拉宫（当时不对外开放），但是却什么也没有看到，里面既无照明设备，佛像的金身也破损剥落……如今我来到"小布达拉"，却比我当年见到的"大"布达拉还要"大"！心里正漫无边际地想着，回头却不见了云忠。不管他，反正他走不出如来佛的手掌心，我恋恋不舍地离开大殿，随着人流便出了主殿大门，在佛寺的流通处（专供游人购买佛教饰物的铺面）前石阶上休息，等候云忠，目光不离从大殿内涌出的人群。

　　过了不久，只见云忠匆匆走出，来到我跟前，拉起我返身又进入大殿，我知他一定发现了什么奇迹，便紧跟着走。顺着大殿左边角落很不显眼的地方，有楼梯出现，我们跨上楼梯，弯弯曲曲地走到主殿的二层。啊哦！太让我惊喜了，从高高的二层楼上看，三尊巨佛突现眼前，一尊银光闪闪，两尊金光灿烂，晃人眼目，摄人心魄。中间的佛祖金身，又是一番景象，以我的不到一米六的身高，目光平视竟可以和佛祖的胸部取齐，再抬头就可以清晰地看到他的慈眉善目、宽大额头、准鼻、厚唇、端严、慈祥,栩栩如同真人,竟有三层楼高。此时,我才理解什么是"妙相庄严"!这心情,竟不是"震撼"二字能够表达的了,怪不得会有那么多虔诚的佛教弟子啊!不由联想起几年前我在山西五台山见到的情景:从山下一路到山上,都会看到不少来自不同的地方,磕着长头(一步一磕头,全身匍匐在地),双臂前伸,参拜佛山的佛教徒……

若不是云忠发现了那暗处的楼梯,我又怎能瞻仰这么辉煌的景象!所有的旅行团都不带游人上来,散游的人也是匆匆而来、匆匆而去,不见有人发现这条暗中的楼梯,只有细心的云忠发现了,这也是缘分吧!当然,楼梯处并无栅栏封档,也没有张贴不许游人登楼的警示字样和标牌,当然也就不是佛地禁区了。云忠见我总是面对佛像发呆,便又拉着我转入一个小侧门,门未加锁,说明可以进入;进了小门,发现里面有更上层楼的楼梯,云忠肯定刚才来过一次,他熟练地领我登楼梯而上,来到了最高处楼顶。啊哦!这不是楼顶,是金顶啊!

站在金顶处上下四方观望,真叫一种享受。但见一座座金色佛塔,高高低低的主寺、分寺、僧房,大大小小鳞次栉比,错落成群,金光、银光交错的殿宇及檐头上的龙头、凤翅等雕饰,被白日的阳光照射得光彩夺目、耀眼迷离,其气魄、其精巧、其博大、其妙相,简直让人叹为观止!我指给云忠看那精巧的金色双鹿拱对着金色的法轮,就立在大殿高檐的正中处,我说:"博大妙相,无与伦比啊!"他正不停地按动摄像机,没时间和我对话。此时,有一对青年情侣上来了,他们俩一上来便发出了欢呼之声;过了一会儿,又有一对年轻夫妻带着一个小男孩上来了,也是欢呼雀跃地笑赞连连,小孩子像鸽子一样张着两只小臂膀、飘飘地绕着顶上的金色雕饰转悠……

我们走下顶层,退至二层,又停留在佛祖像前端详久久,才下至底层大殿。当我跨步迈出大殿的高高门槛时,回头又不见了云忠,等了一会儿,他才出来。我们沿着层层的石阶向下行走的时候,迎面有两位游客上行,听口音是北京人,云忠低声打了招呼,又说,在大殿参观可千万别忘了寻找门侧向上登的楼梯,那才能看到灵山的真面目呢!我有点嫌他多事,刚要阻止,可他又向几个似乎是港台的游客悄悄地说着什么,听的人连连向他道谢……我想云忠真是一副佛心肠啊,他是想让更多人能游得开心,领略神山仙寺的最好容颜,才不虚此行。

我好不容易跨过几百级石阶,来到平地时,已经疲惫不堪了,便坐在一块石头上休息,云忠也陪着坐下来。过一会儿,从石级上下来的人群中,有几位向云忠走来,他们说:"如果不是您的指点,我们就不会有这么大的眼福了,非常感谢你!"是啊,既来仙山,就不能白来啊,不登顶楼,怎能瞻仰仙山的真面目呢!

已经是下午1点钟了,我们在喇嘛摸顶、宝珠开光等处没有驻足,便径直去游览山脚下、距离很近的拉姆央错湖。我们漫步在沿湖搭起的木制栈桥上,湖中水势不太大,长着不少青青的蒲草,绽放着各色小花,不像湖,却像是一片湿地。云忠说,刚才好像听游人提到有一片叫"奶子"的湿地,大概就是这里吧!行走在环湖的栈道上,微风拂面,湖波泛光倒映着山色,在蓝天白云下,只见闪烁着金光的松赞林寺白色与赭红色高墙、金光闪烁的屋顶,似古堡,像宫殿,更是神佛秘境啊!真让人心旷神怡,从每个毛孔里都透着轻松。栈道上游人稀少,偶尔听到人声,他们也是行走在山脚小道上的,与我们所走的栈道还隔着一片湖水。当我们来到栈道的中心地带,栈道面积一下变宽了,形成一个小小场地,可以凭着栏杆四面展望湖景。湖面不宽,可以望见远方的彼岸,湖心有一处凸起的地面,像个小小的岛屿。这时,恰逢一位养护栈道卫生的工人走了过来,他向我们介绍说:"那个小岛很神圣,一般情况不能上去!"从他的话里可知,那是为藏族本地居民去世后,施行"天葬"(即让苍鹰啄食分解后的尸体,好让死者的灵魂升天)的地方,届时,喇嘛可以在那里念经超度,其他人不能进到岛上。

我们绕着湖上的栈道整整一周圈,用了一个小时。是该返回的时候了,急急忙忙赶到松赞林寺门前的停车场,坐上返回的旅游专线大巴车。那充满神奇而愉快的谒佛际遇,仍在脑际萦绕……

香格里拉景点甚多,除了石鼓镇、长江第一湾和虎跳峡我们已去过外,尚有白水台、梅里雪山、国宝滇金丝猴"餐厅"等著名景点,因旅程较远,天气阴雨,我们无力前往,只好留下遗憾告别香格里拉,向新的旅程进发。

(2013年6月9日)

跃上玉龙雪山

返回丽江后,便经过旅店老板包下了明日去玉龙雪山的小汽车。次日,司机姓和,不知名号,他已经如约来接我们。

玉龙雪山距离丽江只有 30 公里。车行半小时许,路经东巴谷。通过车前玻璃看到前面有"天下第一雄狮"的醒目招牌,有一只巨大无比的木雕雄狮卧踞广场上,为满足我们的好奇,和师傅停下了车,让我们去欣赏、拍照。近观雄狮浑身皮毛纹路细腻清晰,远看雄狮昂首奋尾,虽然卧于座上,仍然是威风凛凛,真堪称兽中之王!

继续前行,玉龙雪山的英姿由远而近,由朦胧而逐渐清晰。在碧蓝如海水的晴空下,那些高低起伏绵延的山峦,顶端布满的白雪,连成蜿蜒翻转的线条,活似一条银龙的形象,逐渐完整地进入眼帘。和师傅看到我俩兴奋好奇的神态说:"游玉龙雪山要花费不少钱,因为丽江是古城,每个游人要交纳古城的保护费、上山索道费,再说,你们这么大的年纪,在山上空气稀薄,还要买上氧气瓶备用吧。你们两个加起来,恐怕要消费好几百元呢!"云忠说:"只要赏心悦目,花费就花费一些吧!"和师傅又转了话题说:"前几天总是阴天多云,雪山不露脸,这两天才晴朗起来,你们的运气真好!"说话间,来到停车场,我们便进入景区大门,和师傅在外等候我们。

今天的游客真多呀,到处都在排队。先是需要乘坐景区内的游览大巴开往上山的索道口,然后,再排队去乘坐上山的缆车。眼前的队伍像个长龙,人们紧挨着一步步向前挪动,路很窄,两侧都安装有铁栏杆,慢慢移动约半个多小时,才到达缆车站口。云忠赶紧去购买缆车票,票上有号,人太多,缆车就相对的少,等到叫我们的号上缆车时,又已过去一个多小时了。就在这等候上缆车的空闲时间里,我们仔细地看阅了索道口的介绍文字,说是:

此处的海拔是 3356 米,索道全长 2968 米,垂直高差 1150 米,全线设有塔柱 15 个;下部站海拔 3356 米,上部站海拔 4506 米,为中国乃至世界同类型索道到达海拔高度最高的索道;该索道设备总重量 323 吨,最大单件重约 43 吨,均由人力及小型机械运送上山,才建成的。

我们感慨说:"这项建设真不容易啊!所以票价也就贵了。"

总算坐进了缆车,飘飘悠悠地向上滑行,只经过 15 分钟便到了山顶的观景台。玉龙雪山共有十三峰,最高峰顶海拔约 5596 米,脚下的观景台是海拔 4506 米。我们在观景台上自由地走来走去,尽情地欣赏雪山峰顶最高处的、晃眼晶莹的厚厚积雪,看远处山体间流泻的道道冰川痕迹。向下看,则是深不见底的谷壑,景色雄奇壮丽。我俩都没有空气稀薄的感觉,可是身边不少游人都在举起手中的氧气瓶,大口大口地吸着氧气。我们手中提着的备用氧气瓶,还没开始动用呢。空气有些寒冷,我催云忠赶快披上租来的羽绒红色大衣,我自己则仅仅把大衣搭在手臂上。我们抓紧时间尽情地拍照、摄像,也不知把整个观景台走了几个来回,很爽、很惬意!

忽然,云忠指着观景台通向更高峰的远方让我看,只见在一条曲曲折折的上行栈道上,游客密密麻麻的像一条飘忽的线向上飘动。我说:"那是直通山顶最高处的栈道吧,年轻人有力气,他们可以登上山顶5596米处,享受凌绝顶的、胜利的喜悦,我们年纪这么大,能到海拔 4506 米处就该满足了,你可不要逞能啊!出门在外,健康安全最重要!"云忠点头称是,他感慨地说:"要是早几年,我一定会跨上顶峰,可现在年近八旬,在这么高的观景台上,你我的身体都没有发生意外,一切基本正常,这是对自我体魄和心理(精神)的一次挑战,显然有些冒险性,但我们终于战胜了自我,身心经历了一次考验,该知足了!"忽然间,我觉得有诗情涌动,便顺口念了出来给云忠听:

"雪山巍巍十三峰,蜿蜒曲折舞玉龙。

海拔高达四千五,直冲九霄多少层?

老迈游走景台上,羡看年少绝顶行。

上苍假我十年寿,定有勇气登珠峰!"

云忠一边笑我竟还有野心要登珠穆朗玛峰,一边表扬我顺口溜还来得挺快的。我说:"不过是心里话直白出来罢了。"

我们只顾四面八方地欣赏雪山奇观,乐而忘返,却发现时间已是下午三四点钟了,和师傅还在山下等我们呢!我们在展厅买了几件小纪念品,并向缆车站口走去。

下山比较顺利,包了一天的车,和师傅只要了 200 元。回到旅馆,我说:

"今天把所有的费用加起来,怕早就超过千元了吧?"云忠笑说:"幸亏这样的时候不多,否则,咱俩早就囊空如洗打道回府了!"说完,又接着发表意见:"不是有这样的说法,说是'到丽江不登玉龙雪山,就等于白来丽江'嘛!咱们今天收获颇多,这可是金钱难以买到的吧?"

(2013年6月12日)

游走"极边第一城"腾冲

上午10点5分,我们乘坐"工人先锋号"云L21215高快大巴,从大理的下关出发,开往"极边第一城"。车行中,收到罗飞跃发来的介绍文字:

"腾冲县(今腾冲市——笔者注,下同)位于保山市西南部,与缅甸接壤,是古西南丝绸之路的要冲……西汉时期称滇越,大理国中期设腾冲府……明代设石头城,称为'极边第一城'。

1942年被日寇占领……1944年9月4日,远征军光复此处,是抗日战争中收复的第一个城镇。

1949年12月15日边纵七支队36团进驻,23日成立临时人民解放委员会。1950年2月21日成立人民政府……1956年并入德宏傣族自治州……今属保山市。"

我心中急切,希望早些看到"极边第一城"的特殊容貌。

大巴一直在高山、悬崖边行驶,更有一段绕山栈道,奇险而盘曲,一边紧贴着险峻的山壁,一边是不见底的山谷,路面或可称作陆上的支架桥。栈道下临深渊,只靠众多坚实的水泥柱子支撑着。车行其间,不免有些提心吊胆,全凭司机师傅纯熟的技巧和胆量了!过了盘山栈道,进入比较平缓的山间马路,两边松、杉、竹、柏、榕、桉等树木混杂组成的绿林,覆盖着山顶山谷,山中清风拂拂,枝叶摇曳,宛如绿色海洋,醒人眼目。大约一个小时之后,见前方路牌上写着"距怒江还有3公里"的字样,啊!怒江,怒江,我俩都这么一把年纪,居然疯到这里来了!记得,在我幼小时的脑海里,它是个多么遥远、多么荒凉的远方呀!

下午2点半,途经潞江坝子,傣家风情、风光扑面而来,香蕉丛、芒果树、高大的楠竹、高耸而向四围散垂着修长的绿叶的凤尾竹……在眼前闪闪而过,那满树黄黄的芒果,累累挂着的香蕉,还有那路边店铺招牌上大字写着的竹筒饭、香草鱼……仿佛都散出扑鼻的香味儿，诱惑着我的食欲，但是，赶路要紧，大巴径直驶过，没有停留。前面是曼海公路检查站，经过短暂的严格检查后，大巴便一直沿着层峦叠嶂的高黎贡山山脉继续前行，似乎只有两三个广阔、富饶的种着庄稼的坝子从窗边掠过，此外所见全是被绿树竹丛覆盖的山山岭岭、沟沟壑壑，绿色满眼无边际。

4点半钟，大巴车准时到达目的地腾冲县的停车场，在车上已经坐了整整五个小时。尽管我感到很疲倦，却也掩盖不了新奇、愉悦的心情，很快打的进县城找了一处驼峰旅馆住下，准备次日的畅游。

1.腾冲火山国家地质公园——小空山礼赞

次日早饭后，包了一辆小汽车，迫不及待地去游著名景点"腾冲火山国家地质公园"。

在车上，我打开手机，看飞跃发来的景点介绍：

"位于横断山系南段的高黎贡山西侧的腾冲县，是'天然地质博物馆'，这里集中分布……大大小小23座火山群，构成庞大的火山群景观，是典型的第四纪火山。腾冲县就坐落在来凤山流出的熔岩上。在县西北10多公里的马店村最为密集，黑空山、大空山、小空山火山群自北向南呈一字形，是国家级风景名胜区，有火山堰塞湖、火山口湖、熔岩堰塞瀑布、熔岩巨泉等10多个景观，构成我国最大的休眠期天然火山博物馆。"

"好个腾越州，十山九无头。"

司机小李是位中年妇女，很是热情，她问我们从哪里来？多大年纪了？又见我不停看手机，便问是否这里有熟人？云忠一一作答，并说："我们有一个早年毕业的学生，在昆明电视台工作，他时刻关心我俩的行程安全……"小李说："现在就是向马店村开去，你们进入火山公园后，只需观赏容易攀登的小空山就行，大空山太高了，年纪大没必要再去爬！"

一路顺利，很快到达公园大门外的停车场，下车进入园门后，坐上园内的观光游览车，直到小空山山脚下。我望着面前有几十级石阶高的山顶，心里有些发怵。在云忠的拉扶下，几经歇息才到达山巅平地，啊！直到此时，我方才理解了那句"好个腾越州，十山九无头"的意思！我现在脚下踩的地面，想是当年这"山"的山腰，而它的头呢？是被那山火喷发时的、奔腾激越的熊熊怒火吞噬得无影无踪了，它何止无头，连头上原有的山石树木都一概化为灰烬，化为眼前所见的、圆径宽阔无比的大深洞、大天坑了！大自然鬼斧神工开凿出来的奇迹，给我们以无比的惊喜，使我们大开眼界！

这天坑的圆径到底有多大，我目测不出来，但是我俩缓步绕着天坑周围的木质栈道，足足花了近半个小时不停步的时间，才绕够了一圈！极目坑底，隐约望见在深深的坑底中央，有那么一小块裸露的土地，上面似乎有褐黄色的一团、一块的堆积物。云忠脱口而出说："看！那就是经受过烈火烧炼后的火山石吧？"再俯视天坑内的其他地方，包括坑底和四围的坑壁，则全被青草、矮树、灌木丛密密覆盖，没有一点裸露的空隙，可说是满目翠绿、生机勃勃……这时，耳边又传来一串串清脆、嘀溜的鸟鸣声，身前身后没有一个游人，没有杂音喧哗，这真是空山鸟语的世界……云忠突然背诵南朝梁·王籍"鸟鸣山更幽"（《入若耶溪》中"蝉噪林愈静，鸟鸣山更幽"）的诗句来，我则戏接下去"万籁此俱寂，惟闻鸟鸣音"（唐·常建的诗句，原句为"万籁此俱寂，惟闻钟磬音"）之后，便不约而同地笑起来……我们陶醉在这绝妙的空间里，感到一种从未有过的悠闲！

过了一会儿，我手指天坑中的树木、绿草说："可想而知，火山喷发出来的飞灰一定非常肥沃，你看，它把天坑里的植物滋养得多茂盛啊！云忠！我很想下到谷底去，亲身体验一下火山坑内的气氛，还想亲手捡一块火山石做纪念！"云忠听后，大笑："这想法太浪漫了，你看，我们绕天坑走了一周圈，可曾看见有下行的台阶吗？没有！这是对景点的一种保护措施，是不允许旅游者去践踏这么美好的火山口的！"我没加分辩，心想：这个道理谁不懂？我只不过是说说而已嘛！

从小空山上下来，云忠提议向大空山方向走走看，如果不是太高，他很想上去再饱眼福。我俩便抄小路向右方的大空山走去。这条小路显然是被游人新踏出来的，布满石粒、土块、荒草、野山杏、荆棘，走起来比较费力。明明看见大空山就在眼前，怎么走了半个多小时也还是那么远的距离呢？我说："真是'望山跑死马'啊！是不是不要去了？"云忠说："我们已经走了一半的路，再坚持一下吧！"

大空山的山脚下是一个相当大的广场，地面上有大理石镶嵌的八卦图形，周边有用灰红色的火山石垒砌的小房子、小亭子，作为点缀的景点，很是别样。抬头望望大空山，不由让我倒抽一口凉气，好高耸啊！上山的那条石阶与地面居然是个 50~60 度的陡坡,而且上、下石阶之间的跨度大,石阶面积却又很狭窄,仅容两个人擦身并立;至于这石阶到底有多少级呢?旁边的石刻文字有介绍:大约有 800 多个台阶。这条是上山道,不远处与之并列的还有一条下山道。

我是绝对上不去了,云忠虽然雄心勃勃,但也不愿让我独自一人留在山下,因为游人太少了,只见几个像蚂蚁小的星星点点的人在石阶最上方移动,四围静悄悄的……云忠放弃了登大空山的计划,我俩只能高山仰止了!云忠很会说宽慰的话,他说:"想来大空山也不过比小空山大些、深些而已,能领略小空山的奇特英姿也就该满足了!快些回去,小李不是还要带我们去另一个景点北海湿地公园吗?"

于是,我们便沿着出园门的方向前行。下行的道路宽而平整,两边是一丛丛红艳艳的三叶梅。走不多远,路两边逐渐出现了一些商家小摊点,开始并没有引起注意,不过是一些零星小吃和到处雷同的小纪念品。云忠的眼睛特别尖,他发现了一家火山石专卖店,我欣喜地去参观、去挑拣。这些火山石一律呈褐红色,如拳头般大小,体面粗涩有细密的小气孔,托在掌上轻飘飘的,与它的体积不成比例。我知道这火山石是经过烈火烧炼后的大石头裂变后的产物,便挑选了几块被雕琢成肖似猴子、兔子、鱼、龟等形状的火山石,付了款,心满意足地装进背包。我真想多多地再买几块,云忠提醒说:"怎么拿得动啊,我们的行李已经够沉重的了,再说,这东西如果经受重压,万一破损,弄得猴也不像猴、兔也不像兔了!"我说:"那就是'四不像'呗!"终于,不再多买,向公园的大门走去!

小李已经在等候我们了。很快登车,向不远处的腾冲北海湿地保护区行驶而去。

2. 北海湿地惬意漂流

北海湿地又名"草海湿地"(或"北海湖"),位于县城西北 12.5 公里处,四面环山,属高原火山湖生态系统。我们进入公园内,惬意地走在"海"上木制栈桥上,桥栏两旁悬挂着该草海的特殊水生植物的大幅图片、介绍文字,以及特殊的水禽等生物。这可是真正的"草海",大片漂浮于水面的植物,几乎把水全部覆盖,犹如铺起一幅阔大无边的五彩花毯,现在又恰是水上花草最茂盛的季节,令我们眼界大开,感到无比新奇。看!那各色各样的草本植物,有的拉扯着长枝蔓叶在轻轻晃动，有的粉色的、黄色的、淡绿的小花刚钻出短短的脑袋，放眼望去，更奇怪的现象出现了，突然见这块五彩花毯渐渐出现了裂纹，有几块与整体分开，像一叶叶一米、两米见方的小草岛，在水面上漂动着，着实离奇！

我走在栈道上，眼光始终不离开那些忽而分、忽而聚的花草毯，产生了一种幻觉，如果没有两边的护栏，说不定我已迈进那张草毯上随水漂流呢！信步走了半个小时后，来到几条栈道的交汇处，这里的桥面宽阔，呈长方形，中有木亭，挂着租船游草海的招牌。我们非常高兴，马上买了两张船票，想尽情地满足一下遨游草海的愿望。船就在眼前，船工并不马上开船，因为从那边又有三五个游人说说笑笑地走了过来，他们也许会乘船吧；可是，他们只是问了问船价为止，竟无乘船的兴致。我俩坐在船上，划船的小伙子撑起了又长又滑润的竹篙，船便在划定的一湾河水航道上向前游动了。小伙子很健谈，自我介绍是汉族，姓毕，并说"毕"是这里的大姓，居民汉族居多，傈僳族次之⋯⋯我们凡有问他必有所答。

他说，这个草海的形成是因为此地多山，火山爆发时会喷出很多火山灰，日积月累地若干年后，"海"面上便积累很厚很厚的火山灰凝结成团、成块的泥，靠风吹来的植物的种子附着在泥里，就扎根、发芽、抽叶了，这就是现在看到的一块块像小岛似的草甸子。

他说，他小的时候，就住在这草海边，他们的家人和邻居们，常常手拿大刀利刃跳到草甸子上，把一米多厚、盘根错节的大草甸切割成方圆数尺的小块块，这样水面便会显露出来，就可以站在小草甸子上，摆动竹竿划到海草深处去捕鱼、捞虾，去采水里的莼菜、野菱角，日子过得可自由了，可有趣了！

我问："那么，现在呢？"他说："自从20世纪80年代起，国家把这座湖划归旅游重要景点，不再允许人们随意切开草甸子当草排、当竹筏子来划'海'捕鱼了；过去，有人在'海'畔的草甸上凿个洞，垂下钓竿就能钓上鱼来，现在在旅游区内也不允许这样做了。不过，我们现在都被招收为景点的工作人员，可以拿到固定的工资，日子过得还是比过去要稳定！"

我一边听他诉说，一边把手伸向"海"水里戏水，水很清澈，只要我把手再稍微伸长一点，就能触碰到滑腻腻的、柔柔的莼菜的长茎和圆叶。我随口说："我可爱吃莼菜了，做汤特别鲜美！"小伙子说："现在也不让随意采摘了，这被列入稀有植物保护呢！"说着，他竟友好地弯下腰伸手采了一只连茎带叶的绿绿的莼菜递给我，我只好接过来夹在笔记本里……很有点儿不好意思。话题说到水生植物，他的话就更多了："水面上长着的三叶草又叫'睡草'，治疗失眠症；那儿是'茭瓜'，又叫'茭儿白'，还有密密丛生的是'席草'，可以编成舒适的睡席，还有小睡莲、鸢尾兰，有多角形的菱角……可多啦！都属于保护植物。当然，最多的是莼菜，你们看，几乎漂满水面。"我问："既有睡莲，为什么不引种荷花，还可以出产些藕？"他说："此处不宜种荷花，是为了保守住'海'里的原生态面貌，以免水质发生变化呀！你看这小睡莲开放的红的、白的花朵，不是同样好看吗？"正说着，我突然发现在行船水道的远处，有长而粗的大竹竿插在一块块草甸子上，笔直笔直的，看起来像列兵，便好奇地问小毕。小毕笑着说："如果不插上大竹竿把草甸子固定在水底，它们可会漂动的呀，它们随着风移动起来，我们这条航道便被阻塞、行不通了呀！"原来如此，它们是防止草甸子移动的标杆呀，真的很奇妙！

　　小毕告诉我们："这个草湖里的水很清、很净，达到二级饮用水的标准，含弱酸性；水深平均为 6 米，最深处 13 米，水禽有野鸭、白鹭、秧鸡，稀有的鸟类有金雕、黑鹳，还有黑颈长尾雉，这些可都是一级保护的水鸟，每到冬天还会飞来一种紫红色的飞鸟叫鹮鹈，可好看呢，这可都是我们这里的宝贝啊！"小伙子越说越自豪，我则东张西望地想看到鸟儿，但是很遗憾，只是听到绿草丛中"吱吱""叽叽"的叫声，却不见其形。过了一会儿，小伙子不无遗憾地说："这里原来还生活着一种两栖动物，名叫'红瘰疣螈'，像四脚蛇，我们叫它'娃娃蛇'，我小时候还见过，不知为什么现在看不到了！"

　　我完全沉醉在草海泛舟的乐趣中，漫不经心地听云忠与小毕闲聊，知道这块湿地范围的保护区面积是 24349 亩，而实际现有的草海湿地却仅有 3800 亩左右；水源是来自海口村的地下涌泉，它的水流方向是流入缅甸的伊洛瓦底江。小毕远远指着船背后的一座高高的山说："这是唯一的锥顶火山（山顶上无圆坑），叫大龙爹山，还未开发。山背后有个湖叫作'青海湖'，和我们这座草湖相连，堪称是姊妹湖，但不知为什么它的湖面上却不长植物、没有水草，和一般湖水没有什么区别，而水质也远不如我们的草海！"这确是一个难解的现象！

　　坐船游湖看风光、听讲解，真是一种特殊、饕餮的大享受，半个多小时在不知不觉中过去了，太遗憾渡船却划到了岸边码头，只好和小毕告别。下了船后的我，仍然恋恋不舍地站在湖边远眺，却奇怪地发现，刚刚行驶过的那条弯弯的水道，在我的视野中竟然是浅浅的黑色调，和我在船上用手捧起的、光洁而透明的颜色截然不同，为什么呢？向来不爱动脑子的我，便惊奇地询问云忠，他说："你呀，不要健忘！这北海湿地湖，可不是一般的湖啊，它是火山爆发后形成的火山堰塞湖！"经云忠这么一提，我豁然开朗，现在看到的湖水远非它的本色，之所以造成黑灰色似的视觉，恐怕除了水面上漂浮的草甸的影子映入其中之外，再就是灰褐色的火山灰沉淀在湖底，经过这一上、一下的交叉反射，光洁晶莹的湖水就改变了颜色，令人产生了错觉！

司机小李一直在停车场耐心地等候我们，为了对她表示感谢，云忠坚持请她和我俩一起找个比较好的餐馆用餐。分手时，她答应明天上午带我们去游览腾冲热海——大滚锅著名景点。

回到旅馆之后，我俩都很兴奋，议论着今天的收获很大，一共游了两个景点，恰恰这两个景点都是由火山喷发出来的火山灰创造出来的！试想想吧：小空山的天坑里茂密的绿树、青草、灌木丛，和草海湿地湖面上漂浮着的、像绿色小岛一样的草甸子，它们不都是因火山灰的滋养而出现的吗？大自然的造化之功太神奇了！山、水、生物之间的关系太神秘了！我躺在床上蒙眬入睡的时候，仍然念念难忘天坑的神奇、草海湿地的秀美！

（2013年6月20日）

3.好一个腾冲热海大滚锅

早饭后，司机小李开车送我们去腾冲热海景点游览。从昨夜便落雨，直到现在，还滴滴答答地下个不停。可到了热海公园门口检票处时，雨却停了，天上的乌云透过翠谷和山林慢慢在往外散，小李说："你们的运气真好！"

热海，在大山深处，没有专门的游览车可乘，只能沿着曲折向上的坡路缓缓前行。坡道两旁是高山峭壁、或深沟险壑，不时可见山谷中蒸腾着的热气团，一股股白色气体直冲天空，我们真像进入了小说或电影中描绘的仙境魔界，这景观实为平生所未见。渐行渐高，身上也感到了湿漉漉的蒸热。路旁除常见的一些乔木松、杉外，还有一种花树，开着白灿灿的花朵，如小儿拳头大小，五瓣微裂，露出鹅黄色的花蕊，还散发出一股异香。不知其名，询问路过的一位护工，他说是"鸡蛋花"。听到这个名字，我心中一动，想起十几年前，我第一次到丽江游黑龙潭，昔日的学子木春燕陪同在侧，那时的黑龙潭水既丰盈又清澈（不像今年湖已见底，干涸缺水），水面上也盛开大如小儿拳头的白花，春燕告诉我"当地人叫它'鸡蛋花'"！可见，水中的、树上的被叫作"鸡蛋花"的，都应该是当地土著随意叫的，真正的植物学上的名字不知叫什么？

还有一种树也很奇特，绿叶枝头上垂下一串串火红的花，云忠说："这花的形状活像刷高脚玻璃瓶用的长条毛刷子，浑身上下全是红色的长而细的花瓣！"我觉得他比喻得虽不雅，但也十分肖似。正好一位清洁工人路过，向她询问方知这花叫作"火山榕"。啊，它原来是榕树的一种！

傍着山崖前行，忽然注意到崖侧的灌木丛的枝条向山崖攀爬处，缀满累累果实，有不少还落在地面上，其形酷似放久了失去鲜红颜色的荔枝。我对云忠说："多可惜啊！如此美味，竟然让它零落糟蹋。"说着，我弯腰便拾起一枚，掂在手里没有荔枝的坚壳和发涩沉甸甸的感觉，待到剥开一看，空洞洞的瓤子里呈纤维网状，内里有一粒种子，我不知为何物，云忠说："快把它扔了吧！这有点儿像无花果，已经变坏了。"我就又把它放回它的母根旁，自言自语地说："我记得小时候，父亲栽种过一盆无花果，结出的果实由青变红，一旦红得透紫就可以吃了，从未见过能长成这么大的灌木丛的！"

走了大约有半个小时的爬坡路后，终于登上"热海"景区第一个也是最炫目的景点，墙壁上刻写着蓝色字体："热海大滚锅"。距离很远，就看见一个圆形的大池中沸沸腾腾地翻滚着热浪，蒸汽如浓雾向空中奔散着、升腾着，滚开的水冒着密密的气泡滚动在水面……走近看，热气逼人，滚水的颜色蓝里泛白，有比较浓重的硫黄气味儿。我心想，这就是大滚锅了吧！记得明代地理学家、旅游大师徐霞客当年曾亲临此地，并做了这样精彩的描写：

"……水气从中喷出，如有炉橐（tuó）鼓风煽焰于下，水一沸跃，一停伏，作呼吸状。跃出之势，风水交迫，喷若发机，声如吼虎，其高数尺，坠涧下流，犹热若探汤。或跃时风从中卷，水辄旁射，揽人于数尺外，飞沫犹烁人面也。"（[明]徐弘祖著，朱惠荣等译注《徐霞客游记全译》，贵州人民出版社1997年版，第2344页）

云忠叹道："徐霞客的记载，虽然过去了几百年，但大滚锅的气势仍不减当年，真可谓天下奇观也！"

在大滚锅的旁侧有两口大蒸坑，坑上有大蒸笼，上面覆盖着竹篾子编就的尖顶大锅盖，原来是专供游人煮鸡蛋之处，据说将生鸡蛋放进去不用10分钟就可以煮熟。我从司机小李嘴里已经知道，所以在进入公园之前就买了一串用蒲草编织的管状绳带，里面顺序塞了五个生鸡蛋（云南十八怪之一怪是"绳子吊着鸡蛋卖"）。我提着鸡蛋串要去蒸煮，云忠正要用手去掀那竹篾子尖端的大锅盖，旁边一位看管人连忙制止说："不能用手掀！一定要用这个。"说着，就递给云忠一杆长长的细铁棍，上面有钩，让云忠远距离地把锅盖挑起，迅速将生鸡蛋连同草串串放入蒸笼内，再盖上锅盖；就在这刹那间锅盖开启时，锅里的灼人热蒸汽扑面猛窜，如果真是用手去掀锅盖，那可就惨透了！我记得来腾冲之前，飞跃发来的短信上有关腾冲热海的资料有这样的介绍文字：

"腾冲热海，位于县西南20公里处，面积9平方公里。较大的气泉、温泉群共80余处。其中10个温泉群的水温达到90℃以上……是我国三大地热区之一……热泉中之典型是大滚锅，直径3米多，水深1.5米，水温达97℃，日夜、四季如此，据说一头牛到池边吃草坠入，牧童发现找村人打捞时，已经尸骨无存。"

10分钟过后，云忠用铁杆子把锅盖挑起，再小心翼翼地把鸡蛋串子钩出来，那几枚生鸡蛋果真就变成熟鸡蛋了，有的还煮裂开了花。

我们在大滚锅周边徘徊流连约半小时之久，边走边聊，止不住地惊叹大自然之多样、天工造物者之能。我说："云忠，我们是不是少见多怪啊？"云忠说："是'少见'，但不是'多怪'，天地之间奇观太多了，你就拿我们在云南境内近日所见而言：石林，是静止的石的世界，是凝固的石的奇雕；草海湿地，则是火山喷发后形成的水、草和火山灰共处交融的清凉世界；而眼前的热海大滚锅则是两不相容的水与火与沸腾的山紧密拥抱的神奇世界！"

在大滚锅周边，有很多卖熟鸡蛋、熟花生、熟土豆的小商贩，当然都是在大滚锅里煮熟的。我只想尝一尝经过大滚锅煮出来的味道，并不想多买，便取出两元钱，买了两个大拇指粗细的小土豆和三两颗带壳的花生，边走边吃，确实和家中煮熟的没有两样，土豆很松软，花生也很烂。不管怎样，我总算吃过大滚锅煮熟的食品了；至于煮熟的鸡蛋嘛，当然要等回到旅馆后，慢慢地品尝了！

离开热海大滚锅之后，我俩没走来时的路，而是沿着另一条坡形山道或石级，上上下下地行进，据说前面还有不少景点可游。不多久，就看到两口冒着热气的热水井，井边有小石碣，上书"怀胎井"，我高兴地大叫："云忠，快看！这是不是从《西游记》中女儿国的怀胎河中的水流过来的呀？"云忠笑而不答。又前行，不远处又出现上下两处泉水争流的景点。旁边的石碣上写着"姊妹泉"；接着联袂出现的又有鼓鸣泉，石碣介绍文字上有：

"典型的沸喷泉……沸腾的热水从一长约 0.2 米、宽约 0.05 米的裂缝中喷涌而出，发出'咚咚'之击鼓声而得名，泉水温度 96℃……"

腾冲是著名的火山地热区，尤其是在热海景区的地热爆炸区内，更集中了它的特色，在这里几乎走几步便是一个喷冒地热的景点，如珍珠泉、蛤蟆嘴等，虽形状各有特色，但相同的都是热雾蒸腾，直入云中！我们享足了眼福。

在归途中，见有不少挂着招牌的温泉沐浴处、温泉宾馆，门楼装饰华贵，不用问，价格肯定不菲。逐渐下了坡道，走到开阔平坦的山路上，迎面有两座凉亭，一名"仙人亭"，一名"霞客亭"；"仙人"固然不知为何许人，而"霞客"者，则毫无疑问是指明代地理学家、旅游大师徐霞客也。

亭之左畔有泉水喷薄汹涌，激起浪花如堆雪，不见有雾气蒸腾，想是此处已是冷水泉了。

在返回的路上，我仍然沉浸在热海奇观的回忆中，话题自然也围绕着地热温泉。司机小李说："在热海景区内，有很多泡温泉的豪华去处，设施十分周全，价格也十分昂贵，很多富家、权贵携亲带友按季节来享受洗浴，一天的费用动辄几千元；可是，在山间偏僻处，也有当地土著居民自办的所谓农家旅社，也将温泉引进自家院内圈起来，成为一座小小汤池，游客可以入住泡温泉，价格就便宜多了，一次才 80 元。我和我的女儿有时间就常常去。"我听了她的介绍，真羡慕此地居民，能常去享受大自然的恩赐，因为温泉内有很多对人体皮肤有好处的多种矿物质！小李见我沉思，又笑着说："阿姨、叔叔，你们也可以常来泡泡温泉呀，可舒服啦！再说，从昆明可以坐直达飞机，很快就能来到的！"我问："机场在哪里呀？"她说："腾冲的机场修得可高啦，是在山顶上，据说是全国地势最高的机场呢！"

说着闲话，窗外又下起雨来，密密细细的，过一会儿又停了，小李说这雨叫"过山雨",经常是半边落雨半边晴,所以又叫"缠绵雨"。她的话真带有一点儿诗意呢。我心里想,山区天气总是一会儿阴雨,一会儿晴天,所幸我们游大热锅时未落雨;可又转而一想,如果在大热锅上落下大雨,冷、热相激,又将会出现一幕何等悦目的奇观啊!

(2013年6月21日)

4. 腾冲国殇墓园拜谒记

6月22日下午,我俩怀着虔诚崇敬的心情,前往腾冲国殇墓园(即滇西抗战纪念馆)拜谒抗战中为国献身的中国远征军将士陵墓。

国殇墓园,在腾冲县西南1公里处的来凤山麓的叠水河畔,是纪念中国远征军二十集团军从日寇魔掌中夺回腾冲时,阵亡将士的墓园,也是目前保留最完整的抗日战争期间正面战场阵亡将士规模最大的陵园。这里安葬着3000多名中国远征军战士和十几位盟军军官。

腾冲是全国第一座国军从日寇的铁蹄下收复的城市,烈士们的爱国热忱和英勇抗战精神令人敬仰、铭记不忘。国殇墓园于1996年被公布为国家第四批重点文物保护单位。

1941年12月7日,日本海上机动部队偷袭美军珍珠港海军基地,太平洋战争全面爆发。蒋介石终于在1941年12月8日代表国民政府正式向日本宣战。之后,日军便迅速占领了我国沿海城市和东南亚地区,逼近缅甸的仰光,滇缅公路告急!保持滇缅通道的畅通,便成了中国军队的最重要的战略任务。中国随即派出了十万精锐之师组成远征军,西南联大的学生怀着满腔救国热忱,纷纷投笔从戎,参加远征军入缅甸协同英军作战、保卫仰光,保卫滇缅公路,保卫抗战大后方。

1942年5月3日,日寇以装甲车为先导,沿滇缅公路长驱直入进犯滇西。不久,腾冲沦陷。1943年初,日军占领了我国云南怒江以西地区大片国土,切断了对中国抗战具有重大战略意义的西南国际大动脉;封闭了中国所有对外通道,最终完成了对中国的包围,以便前后夹击,逐步扼杀中国抗战。于是,云南由抗日的大后方变成了抗日的大前方,腾冲更变成滇西沦陷区抗日的桥头堡。

腾冲被称为我"极边第一城",曾经是古西南丝绸之路的要冲、著名的侨乡和翡翠集散地。历来就是滇西的军事重地,史书记载发生过多次战争。这次腾冲的失守，就等于日军已完全控制了中印公路（又称史迪威公路）和滇缅公路两条战略要道，其重要意义由此可见！1943年6月底，云南省政府主席龙云正式委任张问德为腾冲抗战县长，张问德临危受命，立刻组织抗日义勇队，配合深入敌后的中国陆军预备二师（师长顾葆裕）开展抗日工作。

1944年5月，腾冲反击战开始。指挥作战的是霍揆彰将军统领的第二十集团军的第五十三、五十四军的五个师（含预备二师）。侵占腾冲的是由日军联队长藏重康美（后为太田正人）统领的日军148联队的三千多名官兵。这些日军多是来自日本九州岛、福冈等地的矿工，具有一手钻山打洞的绝活，修筑在地上地下的堡垒、掩体、交通壕密如蛛网，杀机四伏；出战的日本兵每天要吃一粒叫什么"进军之友"的兴奋剂，可使24小时都处于亢奋状态，加之日寇的武士道的"玉碎"信条，所以打起仗来犹如困兽之斗的决绝。可想而知，要驱逐这样一批穷凶极恶的强盗滚出我神圣国土，将会付出多么重大的牺牲和代价。而腾冲城内又是街巷稠密、房屋相连，日寇在城内巷巷筑堡、家家设防，明碉暗堡构成交叉火网，战斗难以想象的残酷、惨烈，每前进一尺，都要付出惨重的代价。正如第二十集团军战况概要所形容："攻城战役，尺寸必争，处处激战，我敌肉搏，山川震眩，声动江河，势如雷电，尸填街巷，血满城垣"。经过那次战役幸存的老兵回顾说："那才叫拼命哪！才算你死我活，我不杀你，你就要杀我……我劈他的胸，他刺我的肚子，我身上是他的血，他身上是我的血……出去的时候，是复仇的子弹，是无敌的青年且血肉丰满；回来的时候，只是骨头，不朽的骨头。"

真正是"一寸山河一寸血"，"那才叫'白热化'的战斗啦！"在反攻战役中，腾冲爱国民众不仅积极配合国军作战，还一致出走，给日军留下一座空城、死城，表现出了一种绝不当"顺民"的特有的民族"骨气"。

人们自然也不会忘记，在攻城战斗中，美国盟军和陈纳德将军率领的美国航空队"飞虎队"从地面到空中都加入了战斗，并做出了重大的贡献和英勇牺牲。1944年9月14日，经过51天浴血奋战，日寇除几人投降和被俘外，其余3000余守敌全部都被我歼灭，而我军阵亡将士也多达9000余人，死亡民众1300余人，有"万人运粮，千人死亡"之说。腾冲终于又回到腾冲人民的手中。

攻克腾冲之战被中外军事史家们誉为中国抗战中的"真正巷战"、典型的"焦土"之战，并用两个字加以定位："惨胜！"远征军、盟军、民众，"这三股力量汇成了滇西抗战的民族精神之光!"

当年,远征军司令卫立煌感慨道:反攻腾冲之所以能够取得胜利,半由于将士用命,才摧毁强寇;半由于腾冲民众大力支援之功。腾冲如凤凰浴火,涅槃再生。

云贵监察使李根源先生为之欣然赋诗曰:

    八年浴血抗天骄,杀气如云万丈高。

    写就一篇抗战史,留将百世告同胞!

群众的对联写道:

    千秋不忘沦土恨

    万代当歌救国魂

腾冲光复后我军乘胜追击,于1945年1月20日收复畹町;1月27日,中国远征军与中国驻印军及其盟军在缅甸的芒友会师,标志着滇缅抗战的完全胜利。在滇缅抗战中,腾冲是当时滇西最早攻克与光复的县城,是中国正面战场"创全歼顽敌之范例,开光复国土之先声。"它的更重要意义就是保护和重新打通了当时唯一的国际援华抗日军用物资的国际通道——滇缅公路,使我国抗日战场有力地牵制和打击了日军在亚洲的主力,减少了英美等盟国在太平洋战场上的压力,促进了整个抗日战争的胜利进程,在世界反法西斯战争中谱写了光辉的一页。正如纪录片《血战腾冲》中所说的那样:"在中国的近代史中,无论怎样去评价这些远征军战士们,他们在腾冲之战中用鲜血和生命体现出来的民族气节是我们不可遗忘的,他们永远是中华民族的英雄!"

为了纪念滇西抗战胜利,缅怀先烈,揭露日寇的滔天罪行,在李根源先生和霍揆彰将军的倡导下,腾冲各界人士决定于1944年11月16日成立"纪念阵亡将士建设委员会",主持建立忠烈祠及阵亡将士纪念塔、烈士墓。

我们现在踏进的这座国殇墓园,始建于1944年冬,落成于1945年7月7日即"卢沟桥事变"八周年纪念日。我看见大门上方嵌有"国殇墓园"的石刻横额,为李根源先生取楚辞《国殇》之篇目而题书。进大门后是一条直通忠烈祠的甬道,甬道尽头的挡土墙上,嵌有一块蒋中正题字、李根源书写的长方形的"碧血千秋"的刻石。刻石之后便巍然矗立着一座重檐歇山式的宏大庄严的祠堂。祠堂门楣正中的上匾,是国民党元老于右任草书的题额"忠烈祠";中匾是蒋中正题写的"河岳英灵"。祠堂内正中靠着山墙悬挂着孙中山先生的遗像，遗像下书有"总理遗嘱"全文；两边是"中华民国"国旗。祠堂大殿左右两侧排放着花圈、挽联，殿内外的多处圆柱上均有柱联，如：

气壮山河成仁取义

光照日月生荣死哀

——何应钦题联

绝域远征歼狂寇克坚城是百代首功攘夷奇迹

丰碑屹立妥英灵藏碧血留千秋忠义百祀馨香

——卫立煌题联

歼虏下名城重振国威惊世界

闻鼙思袍泽频挥热泪悼英灵

——霍揆彰题联

祠堂内气氛肃穆庄严。我们心潮起伏，对为国捐躯、慷慨献出宝贵生命的先烈们怀着深深的崇敬与礼赞。

从忠烈祠出来，便沿着祠后高高的台阶登上小坡。坡上有一座纪念塔，塔身上方镌刻着远征军第二十集团军总司令霍揆彰的题书："远征军第二十集团军攻克腾冲阵亡将士纪念塔"。塔座正面刻有李根源书写的"民族英雄"四个大字。其余三面刻着远征军和二十集团军总部所撰的《腾冲会战概要》。

我们看到塔基两边的山坡上埋葬着3000多名抗战阵亡将士的骨灰罐，每个罐前立着刻有名姓的墓碑，这些墓碑排列成八个放射状方阵簇拥着坡顶的纪念塔，象征着一支正向敌寇冲锋陷阵的队伍。塔的方形基座上竖立着一根高10余米的方形塔柱，柱顶锐尖，像一把出鞘的长剑，笔直犀利，直指蓝天，它不仅挑落了日本侵略军的"太阳旗"，也彰显着阵亡将士无坚不摧的英勇精神和丰功伟绩。

几十年过去了，这座丰碑历经风雨，依然屹立在祖国的西南边陲，屹立在世界爱好和平的人们心中。而这座布满墓碑的圆锥形的小团坡，又恰似一口倒扣的大钟，塔似钟钮，天然混成为一尊巨型的"警钟长鸣"雕塑，警示着后人勿忘国耻，反对一切侵略战争，永远捍卫祖国神圣领土的完整和世界的和平。

中国远征军抗击日寇侵略的爱国主义精神，深得中国共产党的赞许和支持。当1942年戴安澜（1904—1942年，安徽无为人，字衍功，号海鸥，国军第五军200师师长）将军率领中国远征军先头部队与日军激战中不幸身负重伤殉国（时年38岁）后，1943年3月，毛泽东挥笔写出歌颂和深切悼念戴安澜将军的诗篇：

外侮需人御，将军赋采薇。

师称机械化，勇夺虎罴威。

浴血东瓜守①，驱倭棠吉归②。

沙场竟殒命，壮志也无违。

并书有"海鸥将军千古"的挽联（摘录于腾冲县之和顺乡"滇西抗战博物馆"）。新中国成立后，1956年，中华人民共和国中央人民政府内务部还特别追认戴安澜将军为"革命烈士"，并于1985年由中华人民共和国民政部颁发了烈士证书。

我们下坡后又走上甬道。只见两边松柏森森、碧草茵茵。绿草坪的中央矗立着李根源、张问德、史迪威和陈纳德青铜铸就的全身塑像，我俩分别站在植根于人民心中的英雄身边合影留念。

在国殇馆大门外的右侧，有低矮坟头一垄，立碑于侧，上有李根源先生所书"倭冢"二字，以示其中葬有敌尸三具，作为侵略者惨败和"长跪请罪"的象征。不由让我想起西湖之侧的岳王庙内岳飞墓前的长跪的罪人秦桧……来，历史是公正无私的，一切战争狂人和陷害忠良的罪人都逃不过历史的惩罚！

我们一步一回头地离开了国殇墓园，沉思着、默默地在叠水河边漫步。叠水瀑布从十几丈高处飞流直下，声如轰雷，瀑底潭中水浪激扬飞溅。我感觉仿佛又站在了龙吟虎啸、怒浪滔滔的金沙江的虎跳峡前，轰鸣的瀑声渐渐幻化成远征军战士向敌人发起攻击的隆隆枪炮声、呐喊声；喷溅的热血、汗水、泪水汇成一股强大的瀑流，冲决一切障碍向前汹涌奔流，润泽着两岸的土地、田庄，腾冲百姓才终于有了和平、安定的生活……

我们沿着叠水河岸默默徐行，沉思无语，因为心还一直留在那座国殇园里……

（2013年6月23日）

---

① 东瓜：缅甸之地名。

② 棠吉：缅甸之地名。

五、欧洲掠影记

——十天内匆匆游览了一个小小地球村

女儿东葵和晓钟邀请我们作欧洲之旅，这是孩子的孝心，便准备好轻装，欣然从行。2015年3月20日晚至4月2日凌晨，历时十一天的、匆匆而愉快的出境游。

出发

2015年3月20日晚9点半钟，我们一行四人，乘坐葵葵的好友驾驶的越野车，直奔北京国际机场，与"全景旅游团"（途牛旅游网主办）团队会合。这个旅游团集老、中、青人员为一队，连同导游李保权，共36人。导游，当然就是领队人了，大家昵称他为"李队"或"李导"，这是一个精明、能干、懂外语的40岁上下的年轻人。

晚11点至12点间，开始托运行李，检查护照、身份证的一系列手续，又经仔细的安检之后，方顺利登上"中国国际航空公司133-200客机"的916航班。凌晨2点左右，飞机发动升空，慢慢爬至三万多米的高度后，向着中欧德国的慕尼黑市方向飞去。历时十个小时的飞行，航程约8200公里，于欧洲时间3月21日凌晨5时左右着陆慕尼黑机场（因为欧洲与北京的时差为七个小时，所以虽然从北京出发时是3月21日凌晨，而到了德国后，却还是3月21日的黎明）。夜色中，机窗外一片灯光灿烂。办理完各种入境手续，上午8时许步出机场，转乘大巴驶向中欧的奥地利西部城市因斯布鲁克市。驾驶大巴的有两个希腊司机，副司机是个年轻的小伙子，名叫伊克罗斯，他将始终陪伴我们走完全部旅程。

欧洲见闻述略

这次旅行的路线是：自北京的国际机场出发，飞至德国的慕尼黑机场下机；

待到返回北京时，仍是返至德国，从杜塞尔多夫市的机场登机；对于德国来说，我们的旅游团实为借地路过，并没有太多时间停留参观。不过，在杜塞尔多夫城市为等候班机，曾有两个多小时的逗留，却也留下了美好的印象：

杜塞尔多夫，是德国的母亲河——莱茵河畔的一座秀丽的城市，我们沿着宽敞、平整的河岸道路往返游走，望着清澈透明的河水和来往有序的航船，嗅着清凉的空气，十分惬意。莱茵河沿岸建有密密麻麻的古堡群，每座古堡都伴着迷人的传说。正像有人形容的那样：你沿着莱茵河岸散步，看着河上风光，你徜徉在岸上安静平整的广场上，看着灰白色的群鸽时飞时落、追逐啄食，看着老人身边撒欢、奔跳的小狗、儿童天真的嬉戏……就如同沐浴在贝多芬美好的乐章里……

这次十一天的行程，我们神速地游走了十个国家，因为都在欧盟区域之内，所以过境无须签证、安检，可谓一路畅通、出入无阻。在李队的安排下，在司机小伙子伊克罗斯的安全驾驶下，路线图是：中欧的奥地利，南欧的意大利，中欧的列支敦士登（袖珍大公国）和瑞士，西欧的法国、卢森堡（大公国）、比利时、荷兰。综上只是八个国家呀，何来十国游之说呢？那就要补上一个极为特殊而古老的意大利的首都罗马城内的国中之国"梵蒂冈"了，再加上下机、登机处的德国，不就恰恰凑成了欧洲十国游了嘛！

大巴车司机伊克罗斯带着我们一路行来，不同的地域有不同的风光，虽然是浮光掠影，确也观赏到如诗如画、千姿百态的西欧、南欧、中欧的风光景色，异国风情开阔了眼界、洗濯了心胸、增长了见识。如此遥远的地方，得益于孩子在身边的陪伴，才顺利地完成了对一个小小的、美丽的地球村的愉快游历。

下面将对留给我们印象最深景区的几处风情、景物，做些一鳞半爪的纪略：

1. 内涵深蕴的意大利

从德国的慕尼黑经奥地利进入意大利，在长长的几个小时的行程中，我丝毫未产生单调的烦恼。因为公路两旁都种着高大乔木的行道树，树外是一望无际的绿油油的草场（牧场）、裸显着黄土的田野、树林，以及稀稀疏疏点缀其中的、两层或三层高的西式小洋楼，偶见绿顶黄褐体尖塔式的、高高耸起的教堂……不停地从车窗外闪过，大地、天空都整齐、干净得爽人眼目；更有那最远方覆盖着皑皑白雪、起伏蜿蜒的阿尔卑斯山一路伴行，大巴车好似行走在一幅油画长卷里。

（1）风光旖旎的水城威尼斯

3月22日早饭后，约8时许，我们从意大利的维罗纳小城出发，乘车前往期盼已久的美丽水城威尼斯。阴天小雨、微风，李队说："在细雨蒙蒙中游水城，会更富有诗意。"如丝的细雨打在车窗上，点点滴滴横流竖淌的，像无数摇头摆尾的小蝌蚪，大自然的精彩杰作，勾起我的遐想无限……

威尼斯，原本是由118个岛屿组成的岛国。在日耳曼人占领罗马时，罗马的难民纷纷逃到此处避难，逐渐把这里建成一座水城。由于海上贸易的繁荣发达，又使这里成为当时的一个海上强国。意大利人马可·波罗就是海上贸易的先锋，曾远涉重洋到过中国，这和罗马、威尼斯当时的繁荣、兴盛是分不开的。

上午9时许，进入威尼斯的大陆桥——连接陆地与水域的唯一通道。这里是亚得里亚海的入口处，从而形成了巨大的潟湖，它的地表正在逐渐向海底沉陷。威尼斯目前正被人们认为是座"即将消失的水城"。沿途见有许多粗壮的黑色木桩（系涂满沥青所致）被打进深深的海底。许多房屋、码头的地基，就建筑在千万根打入海底的木桩上。水上密集的木桩可以挡风、护船，起到维护居民安全的重要作用。这里有句俗话说：水面上的木桩"不湿不干三五年"，水下的木桩因有盐水的防腐保护，可以"上千年"！木桩，成了这座水城最鲜明的标志。

我们在船码头附近下车，正值风雨交加，晓钟将准备好的雨衣让我们披上，然后，便搭乘公共汽船前往水上古都参观。途中经过小巷岛，经过火柴盒式的当年犹太人居住的犹太岛。汽船在圣马可大广场靠岸，我们下船顺便参观。广场内建有圣马可大教堂，它始建于公元829年，曾经是中世纪欧洲最大的教堂，也是基督教世界最负盛名的教堂之一。李队介绍说，教堂的屋顶上面有4000平方米用指甲盖大小的黄金片镶嵌成的马赛克的图案，所以又叫"黄金大教堂"。该教堂融拜占庭式、哥特式与东方建筑风格于一体，是一座藏品丰富的艺术宝库。我们只能外观，抬头仰望一番而已，未能入内。

离开圣马可大广场向海港码头进发，必须经过圣马可小广场。广场上有一座著名的拱桥叫"叹息桥"。李队解释了这个奇怪名字的起因：因为桥的一头连接着"奇宫"（宫殿名），另一头连着一座水牢（监狱），罪犯一旦过桥之后，便被关进水牢,过着终日叹息、不见天日的苦日子,桥便因此而得名。我看到桥下的流水一头通向浩瀚的大海,一头通向幽深的水巷。广场中心有青铜骑士雕像,街边有餐厅、咖啡馆、商店等。它是一座集政治、经济、宗教和法律于一体的广场,是威尼斯的中心地带。

之后,我们便分批乘坐这里特制的两头翘的小船"贡多拉",因船尾镂刻着凤尾的样式,又被很形象地叫作"凤尾舟"。每船限坐五六人,一位船夫在船尾操桨,有时还即兴亮起嗓子高声放歌。小船在狭窄的水巷中穿梭航游,如遇最窄处,迎面只容一只船几乎擦边可过。由于缺树、多石、又临水,当地人便就地取材,筑成石街、石巷、石屋和石砌的堤岸。我在船上看到,水岸两边有住户、有商店,所有房屋的后门就开在离水很近的石阶上,几乎贴近水面。水巷四通八达,宽窄不一,不时还要从石拱桥下穿过。我发现水质是那么清澈透明,能清楚地照射出人们的面影。

水岸人家房屋的地基深深植根水下,裸露出来的贴地墙壁上,长满绿灰色的苔藓。抬头仰望,可见高高楼层处有天真的孩子,站在晾台上向船上的游客挥动着小手臂,传出稚嫩的"哈罗""你好"的友好招呼声。小船在行驶中,多见河道两边近水的墙壁已开始剥落,露出的红砖也破损裂缝,苔藓扯着长须飘荡在墙边……联想到威尼斯"即将消失的水城"之说,心中不免为之怅然!

威尼斯市内,没有一辆汽车,代步工具就靠我们现在乘坐的、这种造型别致、轻盈纤巧、具有一千多年历史的凤尾舟——"贡多拉"。

在凤尾舟上享受了大约一个多小时的时光,穿过多条窄窄的水巷,进入较为宽阔的主河道后,又不知从哪条小巷绕回到原来登舟的小码头。我们弃舟上岸,李队便带我们去享誉世界的"TRISTAR"水晶玻璃制品总店参观,亲眼看见了一位技师在三五分钟之内,便将坚硬的烧红至上千度变软后的玻璃,拧塑成一匹惟妙惟肖的小小骏马,让人叹为观止!我和云忠巡视展厅,欣赏了千姿百态、令人眼花缭乱的玻璃制品,最后,我只购买了一只白色透明的、小小玻璃凤尾舟模型,作为纪念。

离开水晶玻璃制品总店,李队宣布:大家开始自由活动,今天午餐自理。于是,葵葵、晓钟就带领我俩去品尝了地道的有墨鱼面、比萨饼、红酒等的意大利风味餐。

夜宿在佛罗伦萨和罗马之间的一座设备齐全、清幽的山庄宾馆。

次日一早，我俩便走出房间到外面散步。发现宾馆建在半山坡上，错落在谷底坡上的村舍尚笼罩着蒙蒙薄雾，小溪流闪着粼粼波光；宾馆四周花木掩映，有我第一次看到的橄榄树。

晨风吹来，空气清新甜润，我俩徘徊院内，就像在一幅恬静秀美的山居图里漫步。

（2）国中之国梵蒂冈和古罗马遗踪

3月23日早饭后，大巴车带着我们在蜿蜒曲折的山中小路上行驶，向永恒之都——罗马进发。山谷、坡地和山顶上，是一片片别墅式的小洋房，家家院中或路边，都停放着各式小巧的汽车。花树草坪、灰色矮小的橄榄树丛、小片的橄榄林、葡萄园，以及间杂其中的花树，都在眼前飞快闪了过去。

李队解说道："整个意大利半岛的地形就像一个楔子，揳进了地中海；又像一只女士的长筒靴，一脚踹进了地中海之中……罗马文化的历史底蕴，主要来自或者说吸收了希腊文化才更加丰厚，虽然名称不同，但罗马、希腊文化却是同宗、同源、同根。"

下午2时许，我们来到了罗马市中心的国中之国——梵蒂冈。

梵蒂冈被称为"世界上最小的国家"，整个面积和中国北京天安门广场差不多大。这里有"最少的女人（只有32名）"和540名男性公民，但却拥有最众多的信徒，它是全世界天主教的中心，又是一座艺术宝库。

我们排队进入世界上最大、历时一百五十年修建而成的梵蒂冈圣彼得大教堂参仰。教堂宏伟壮观，里面有从全世界收集来的珍贵艺术品，如拉斐尔、米开朗基罗等画坛巨匠的作品。大教堂内外的雕刻、彩石马赛克的壁画，更是超凡入圣，无一不是艺术精品。

忽然眼见参观的人群纷纷向一边靠拢，耳边又传来一阵阵悠长低昂起伏的唱赞美诗的声音。啊！原来是虔诚的来自世界各地的信徒，在手拿金色"禅杖"、戴白色小圆帽、穿白色长袍的教主（或教士）的带领下，正从教堂大门沿着中间铺有红色地毯的道路，向天主的圣像行进着；队伍长得看不见尾，有男有女、有老有少，神情极为严肃、虔诚。我们这些游客只能隔着护栏向他们行注目礼，不可能干扰或混进这个朝圣的队伍。

大教堂前院的广场四周是壮观的列柱廊，150根大圆立柱排列成向内凹的圆弧形，保持着早期罗马帝国大殿的风格。现在却成了神圣不可侵犯的国界。圆柱内是梵蒂冈，圆柱外是意大利。世界各地来参仰的游客比肩继踵、万头攒动，难怪有"排最长的队看最小的国"之赞叹！

　　告别了梵蒂冈，司机伊克罗斯驱车带我们来到罗马市区参观。这里有古罗马时期最大的、阶梯状圆形的斗兽场遗址。斗兽场正在维修，尽管我们只能看到它的外貌，但仍给人以威严壮观之感。电影《斯巴达克斯》中人与人、人与兽格斗厮杀的血腥惨烈场面隐隐浮现，耳畔似乎也响起观众的助威声、狂呼声。斗兽场是人类历史上第一次巧妙地利用火山灰研制成的混凝土建成的，坚固无比，所以能在腥风血雨中挺立上千年。现在斗兽场墙上的门窗都成了空洞，门窗框架上的钢筋铁骨都早已被拆卸，用来铸造成打仗的冷兵器刀和剑。公元5世纪斗兽场就废弃不用了。今天只是用来搞些义演和举行特定的宗教仪式。它给游人留下的，只是罗马历史文化的一段古老的记忆。

　　我们绕着外围转了一圈，便来到旁边的君士坦丁凯旋门（又叫"小凯旋门"）。虽然它不如我想象中的雄伟高大，但它却经历了两千多年的风风雨雨，仍保存了当年的完美造型。之后，又参观了古罗马市集的废墟，历史上古罗马市集不仅是古罗马的发源地及市中心，也是罗马七座小山丘的交集地。

　　离废墟不远，有一座据说是罗马第二大的喷泉广场。我和云忠绕着大圆形的喷池边散步，欣赏着池内的江、河、湖、海神灵神态各异的雕塑，赞叹着雕像的工艺精美，如果能有时间进一步了解其中蕴含的神话传说，一定非常迷离有趣。夜宿一个叫特尔尼的小镇宾馆。

　　2. 大自然的宠儿——瑞士

　　——喜登雪山少女峰

　　3月24日早饭后，我们从意大利的米兰市出发，经过小巧玲珑的袖珍小国列支敦士登，驶向欧洲的西北部山区，天气逐渐寒冷，公路两旁高耸的阿尔卑斯山脉越来越清。山巅覆盖着皑皑白雪，山坡下的平坝处则是绿草如茵的牧场，谷底又是一番景象：湛蓝的湖水、翠绿的树林、稀稀落落的湖景房……景色绝佳。迤逦进入了瑞士境内。

　　此前，我们凡进、出欧盟所属的国家，都无须做入境检查，一路畅通。而瑞士，是个中立国，不是欧盟成员国，虽无边卡之阻，但进、出时都须履行一定手续，如缴纳入境税之类。

为了第二天登临瑞士境内著名的风景区雪山少女峰，我们在距离少女峰最近的因特拉肯小城住了一宿。"因特拉肯"是两湖（图恩湖和布里恩茨湖）之间的意思，它是少女峰山区的门户城市，也是本地区经济文化中心，被誉为瑞士的世外桃源。

3月25日晨8点左右，我们从因特拉肯向欧洲屋脊瑞士的少女峰进发，大巴一直沿着山间公路盘旋行驶。两边坡上坡下都是绿油油的草场、林木，时见白色滚筒状的饲料干草包和存放干草的一幢幢黑色的小木屋。一切显得那么整洁、有序、爽目。空气清新、风景如画。司机前面玻璃窗上的雨水已结成薄薄的冰霜，车外温度显然已降至零下。

只需半个小时，我们就到了少女峰下的火车站，顺序上车。车厢内有暖气，和外面真是两重天。有多个中外旅游团分坐在各节车厢内。到达第一台阶的克莱纳·谢德格车站后，便下车转乘特制的红色齿轮的少女峰观光火车，继续向上攀进。此时，我才理解为什么这里被称为世界上最高的火车站。车厢里暖洋洋的，车窗外飘洒着密密的雪花，松、杉树都披挂着厚厚的冰雪，形成连绵不绝的冰塔。雪雾迷蒙中偶见撑蹬着滑雪板的游人一晃而过。也见有融化的雪水，顺着山坡的小沟在流淌……看着窗外的雪景，葵葵和晓钟开始联句作诗，我和云忠不由同声赞叹：真乃是玉树琼枝漫天银花，好一派雪域风光啊！

火车全程大约行驶了近两个小时，中间还穿越了一条约7公里的隧道后，终于停靠在少女峰顶的火车站。再徒步通过一段蓝色的地下通道，我们便登上了海拔3571米的斯芬克斯观景台。人们不禁"哇"的一声，一个个都被眼前的美景惊呆了！

真是托上帝的福，山脚下雪花纷飞、高山上却阳光耀眼、晴空万里，高耸的雪峰在蓝天白云下闪耀着晶莹灿烂的银光，远处绵延起伏的峰峦缭绕在蓝天白云之中。山脚下的林壑、房舍却是一片银装素裹，静静地伏卧在谷底、坡上。我们围绕着观景平台，指点、拍照、摄像，喜悦之情溢于言表，赞美之声不绝于耳。李队说："上次我带团上山，正逢下雪天，山上山下白茫茫一片，站在观景台上，什么也没看清楚。你们这次真有福气啊！"一位旅友接话说："这是上帝赐给我们的珍贵礼物啊！"就在这一串串的赞美声中，我们依依惜别地登上返回山下的火车。

介绍少女峰的资料上说："少女峰海拔4158米，横亘18公里，宛如一位少女，披着长发、银装素裹，恬静地仰卧在白云之间。"我和云忠都很好奇，想把她和我国云南昆明滇池之畔的"睡美人山"相比，便睁大眼睛尽力向群峰搜索，发现最远处一座最高的、形似鹰嘴的峰顶上有一尊细而高的雕像，肖似一位苗条少女亭亭玉立在山之巅……是耶？非耶？因为峰高而远，看不真切！我说："不管是或不是，但这只是雕像、是人工雕琢的，不是我们想象中的'披着长发''仰卧在白云之间'的自然景观啊！"云忠笑说："不见少女真面目，只缘身在最高峰吧！也许在山下远望全山，才能借助想象看清她的优雅卧姿吧！"

我感到遗憾，但仍不放弃。后来，经反复查看说明书上少女峰的彩色地图，终于在最高峰巅发现有一长条略带曲线的白色山体，细细揣度，还真像一尊披发仰卧在蓝天白云下的窈窕少女。和云忠惊喜地大呼："就是她！"可我俩谁也清楚，不敢断定真的就是她。

3. 在法国逗留

3月27日晨，从法国的小城第戎驶往巴黎。蓝天白云，天气晴好。只有四个小时的行程便顺利到达了引领世界时尚风潮的"浪漫之都"——巴黎。

（1）塞纳河上观巴黎

塞纳河贯穿整个巴黎景区，两岸风光旖旎，是巴黎的灵魂。我们在塞纳河上全景餐厅用过午餐后，立即前往码头乘观光游轮畅游塞纳河。游船分上下两层，舱内都有成排的座椅，上层因为是露天甲板，游客可以无遮拦地游目上下四方畅望，所以人非常拥挤。我们四人都分别被夹裹在人群里，痴迷地盯视两岸风光。

塞纳河河床宽阔，河水清澈，两岸矗立着石砌的鳞次栉比的各式楼群，体现着不同历史时期的建筑艺术风格，并无现代都市高耸奇异的新式楼房夹杂其间，富含着深深的历史文化内容。如游轮所经之处有高耸入云的埃菲尔铁塔、巴黎圣母院、卢浮宫等享誉数百年的景点。河上多桥梁，游船悠悠，从体式各不相同的桥洞下穿过，什么协和桥、皇家桥、骑兵桥等，桥墩和桥栏上有不同的雕塑和图饰，它们在向游人无声地讲述着各自的历史故事……

欢乐的时间总是过得飞快，一个多小时的船上游，转眼就结束了，我们随着拥挤的人群沿着舷梯下到岸边,心里装满了遗憾。因为法国著名作家雨果所写的名著《巴黎圣母院》中的善良的美神埃斯米拉达和同样善良的丑神钟楼怪人加西莫多,他们的人物形象都深深藏在我们心中,再说这座建筑也是法国哥特式建筑史上一颗明珠啊!而今它虽然近在眼前,我们却只能仰观,无缘登临参观,能不是一大憾事嘛!

(2)匆匆游览卢浮宫

下午,我们排队进入卢浮宫博物馆,由当地的一位名叫翁美玲的华人女导游带领参观。她介绍说:"卢浮宫,在公元13世纪时,本是一座堡垒,之后成为法国国王的王宫。1793年才作为博物馆对外开放。馆内收藏的艺术品已达40万件,包括雕塑、绘画、美术工艺及古代东方、古代埃及和古希腊、罗马等7个门类"。之后,她又说:"宫内环境开阔,楼上楼下各个展馆四通八达,加起来有18公里长,一天也很难看完;今天,只能带着大家去珍存镇馆三宝的展室参观,里面的陈列每一件都会让你们为人类的艺术智慧发出惊叹,并保证能满足大家对绝代艺术珍品的欣赏要求。"

站在《蒙娜丽莎》的画像下。这是我们早就熟悉的作品,但这是原作,是第一次亲眼所见,她代表了艺术大师达·芬奇最高的艺术成就。画的背景是一派岩石丛生、山水幽深、沼泽遍地的原始自然景观,蒙娜丽莎坐姿优雅、淡定,眼角唇边表露出一种特有的神采和风韵。因为此画曾经被盗过,所以现在是用了三层钢化玻璃加以罩固,展厅内的灯光非常柔和,朦胧中显示出她的微笑神韵更加令人心醉。我突然产生想知道她为何而笑的想法?她的内心到底是在思索什么?当然,这是一个永远没有固定答案的谜!

雕塑名师米洛的大作《维纳斯》雕像,是另一尊镇馆之宝,也是我此生第一次亲见。只见她体态丰盈温润,美丽优雅,神情沉着稳重,双眸凝视着前方,似乎在思索着、追寻着什么;身段线条刚柔相济,比例精准,她的断臂丝毫不损她的气质美,反而使她成了残缺美的典范。自从1820年在希腊的米洛斯岛被发现以来,已经过了近两百年的时光,仍被世人珍爱着,成了一尊超越时空的绝代女神。

一座大厅的门楣上,镶嵌有一尊插着双翅而无头的"胜利女神"白色雕像,这就是镇馆的第三宝,这也是孤陋寡闻的我第一次看到和听到的。我一点也不了解她的后世前生,只见她虽然无头,却正在振翅向上奋飞,大有直冲霄汉、九死不悔的献身精神,让人在悲壮、沉思中,感到一股振奋、冲击的力量!

最后,女导游又带我们去欣赏一幅大型油画《拿破仑一世与约瑟芬皇后加冕礼》。她介绍说:"这是雅克·路易·大卫奉拿破仑之命,花费了三年时间完成的作品,记录下1840年拿破仑在巴黎圣母院举行加冕的这一时刻。我看画中主人翁的动作形态和其他众多人物的衣着服饰色彩、线条、光影都刻画得惟妙惟肖,确乎堪称馆内著名的藏品之一。

导游带着我们在雕塑馆游走时,她说,自己最喜欢的是那一座三位裸体少女的雕像,每次都要带游客去欣赏,一边说,一边指着塑像的前前后后、上上下下各个部位都进行了评点称赞。我细看少女们的姣好各异、略带羞涩、俏皮的眼神和光洁丰润而又苗条的体态,感到了充满青春活力的生命的美丽与宝贵。

导游带领我们楼上楼下左弯右拐地游览着,很多著名的作品在拥挤的人流里只能匆匆一瞥而过,不能仔细欣赏。待到约定集合的时间,我们只好带着遗憾离开了卢浮宫博物馆。在18公里长的展馆内才走了不到2公里。

(3)戴高乐广场和协和广场见闻

3月28日上午,阴雨天气,大巴车带着我们从巴黎郊区的宾馆驶向市中心的繁华地区。先参观了位于戴高乐广场的著名的凯旋门,也是拿破仑为纪念1805年打败俄、奥联军的胜利,于1806年下令修建的。凯旋门宏伟壮丽,高50米,宽45米,门周边的墙体上都有巨幅浮雕,以《马赛曲》最为著名,它描述的是1792年义勇军出征时的情景。门的拱洞下方建有一处无名战士墓,每天都燃起不灭的火焰。据说巴黎以凯旋门为中心有12条大街向四周放射,宛如一座环岛的中心,场景宏伟,气势磅礴,被称为欧洲大城市设计的典范。

之后,大巴车又带我们去游协和广场,一路上细雨蒙蒙,经过著名的香榭丽舍大街,在车上只能看到模模糊糊的街景。协和广场始建于1757年,面积8.4万平方米,位于巴黎市中心,是欧洲著名的美丽广场之一。广场阔大,中央矗立着一座已有三千四百多年历史的、古埃及太阳神殿的方尖碑。碑的两侧各有一座大而圆的喷水池,引起很多游人围观。我走近细看,只见池中央的高大笔直的池柱上有两层圆盖,池内各有四尊抱着金色大鱼的或男或女的青铜色的雕像,工艺精美、形象生动,我俩思索久之,不知是否象征江河湖海四方神祇,或是其他？再看广场四周还有八座雕像，分别刻写着八座在法国历史上起过重要作用的城市，如马赛、里昂等。

在协和广场上，李队对逐渐聚齐的旅友们宣布说，现在给大家一会儿自由活动时间，因为按照巴黎人的传统习惯，明天星期日除超市和大商场正常开业外，其他商店都会停业和全家人去教堂祈祷或以各种方式休息放松，现在大家或去"春天""老佛爷"等大商场购物，或在街道和广场上漫步，或……多了解一些巴黎的异国风情吧！至于法国的大餐嘛，实在是太奢华昂贵了，建议大家不要考虑！

我和云忠随意穿街过巷浏览了"春天""老佛爷"著名世界的大商场，在琳琅满目的各色各样的商品中，我们似乎什么也不缺，也不需购买，只花了近10欧元，选择了几只形状别致、圆柱体、如1号电池粗、两节1号电池高的光洁透亮的玻璃小酒杯，作为纪念。杯上隐隐透现出一行外文字母，我不认识，事后请教女儿，葵葵说："是法文，音译为'布鲁塞尔'，是比利时的首都名。"接着又笑着说："妈妈不等着到比利时后再买，而提前在法国买了比利时出产的玻璃杯，不过，这也很正常呀，欧洲一体化了嘛！"我和云忠都笑了。

（4）浪漫巴黎的一角——"红磨坊"

晚上，伊克罗斯开大巴车从住宿地送我们一家四人和部分旅友进入巴黎的拉丁区，观赏享誉世界的歌舞剧院"红磨坊"演出，每张票价约145欧元。

红磨坊歌剧院大门前红红灼灼闪着亮光，游客和等待入场的观众人头攒动，热闹非凡。我们排队通过安检后，便被带到楼上指定的座位。我俩因年龄关系被旅友让坐在凭栏处的位子，既可直面舞台，又便于俯视楼下景象。楼上楼下的观众席，一律是一张张长形方桌，每桌可坐六人，观众大多是青年男女，衣着十分单透，而我身上则仍然是一件浅色羽绒服，因为3月末的巴黎天气仍是透着丝丝寒意的。每张观众席的桌子上，都有用红色灯罩罩着的电灯，每人面前都有斟满香槟酒的大玻璃杯，真可谓灯红酒绿，一派浪漫、迷人的风情。此时，舞台上飘然出现一位身着白色长裙的女子，边说边唱，一位男吉他手一旁为她伴奏，这显然是在热场。观众们还在继续入场，歌舞尚未开演，人们可以拍照。大家说说笑笑地品尝着杯中的香槟，怡然自得。9点整，歌舞表演正式开始。在声、光、电精心绘制出的屏幕背景下，缤纷绚丽的舞台被渲染烘托出一种梦幻似的氛围，只见两队几十人的妙龄少女，穿着三点一线的比基尼服饰，从舞台两侧漫步列集到舞台中央，在乐队伴奏下翩翩起舞，忽而有几位衣着别致的男士也踏着舞步穿插其中；时而便会走出一位女歌手或一男一女两位歌手在台中主唱、对唱。就这样，一个舞蹈接着一个舞蹈地跳着、唱着。他们尽情地、自由地展现着青春的个性，释放着生命的活力，把体态的健美、本真的情性尽情地绽放。

我对云忠说："因为比基尼的质地与人体的肤色融为一体，才有人误认为他们是在赤裸着上身跳舞，实际上，你仔细从侧面看去，并非如此；而且女舞者胸部的两点金边彩饰显而易见，正面的衣着则因在炫耀的灯光下，不易看出而已。"云忠也说："百闻不如一见，看起来他们的表演确实是张扬着人性自由、活力的光辉，可说是别具一格。当然，舞蹈动作太过整齐划一、少有变化，未免有些单调；而穿插其中的杂技和插科打诨的过场戏，也略显一般……"我接着说："这毕竟是在灯红酒绿、声色光影中的高级休闲放松的娱乐方式，而不是展现精湛技艺的专业艺术表演啊！"云忠说："是呀，我们本来就是来亲身体验一下异国风情的，看一看，才不虚此行！"在台上舞姿和歌声达到活跃的高潮时，台下的观众也时有吹吹口哨、呼叫助阵的，一般情况，则是凝神关注地欣赏着……

红磨坊被誉为世界三大夜总会之一，称它是法国顶尖歌舞艺术大师的杰作。这里有莺歌燕舞，有个性的张扬，有人体健美的展示，有香槟美酒，让观众充分享受一段轻松愉快的休闲时光。

演出只有一个半小时，我们在10点40分退场来到门外时，等待观看11点开始的下一场的观众，在冷风细雨中早已排成了近百米的长龙……由此也可知红磨坊名气之盛了！

4. 比利时首都布鲁塞尔一览

3月30日，我们乘车借道袖珍小国卢森堡，向比利时的首都布鲁塞尔驶去。在大家的提议下，李队让我们在卢森堡市中心的宪法广场稍事停留。在这里，可以俯瞰幽深壮阔的卢森堡大峡谷，眺望横跨峭壁、连接新旧城区气势如虹的阿道夫和夏洛特大桥，瞻仰直指蓝天的胜利女神碑和教堂……大家都抓紧时间合影、摄像，热情不减。回坐在车上之后，李队介绍说，卢森堡和列支敦士登一样，都是面积很小的大公国，人口虽然只有37万左右，但境内铁矿丰富，钢铁工业很发达，百分之九十供应出口，人均钢产量有十吨之多，所以此地居民生活都很富裕。

说话间，大巴已经由卢森堡跨入比利时境内。沿途一路风光宜人，中午12点，终于来到目的地布鲁塞尔。这是一座国际名城，欧盟和北约的总部都设在这里。世界许多名人都在这里留下过足迹，如马克思、恩格斯共同草拟《共产党宣言》的天鹅咖啡馆和法国著名作家雨果的旧居，据说这些著名建筑仍然被完好地保存着，可惜没有安排我们去参观。停留时间不长，李队让我们自由参观、购物。

我们在街上漫步，市区广场的地面全是用花岗岩石铺成，四周的房屋、门窗、拱廊、立柱以及上面的雕塑、建筑装饰，全都显示出哥特式、文艺复兴时期和路易时代的艺术精神，显得庄重、典雅、华丽，给我们以特别的美感享受。比利时的卡通文化久享盛名，如《丁丁》《蓝精灵》等，曾在我国内热播一时，颇受孩子们喜爱。所以，布鲁塞尔的漫画也就很有名。我们信步走进一条名叫"漫画之路"的游览路线，据说该路全长6公里，漫画多描绘在大街小巷转弯抹角隐蔽处的墙上，有40多幅漫画杰作，需要仔细寻找才能欣赏完。因为时间不够，我们只看了几处漫画，便去寻找另一个著名景点了。

早就听说过布鲁塞尔一个叫小于连的"小尿童"极有名，那是好几百年前的旧事了，敌人要用炸弹炸毁布鲁塞尔，偏巧被小于连看到引爆炸药的火捻正在燃烧着迅速延伸，千钧一发之际，机智的小于连立即撒尿将火浇灭，挽救了整座城市。他被市民们称为英雄，有"布鲁塞尔第一公民"之赞誉。1619年，著名雕塑家杰罗姆·杜克斯诺专门为小于连铸造了一座铜像，此后，小于连便成了世界上最可爱的小孩子，不仅布鲁塞尔的市民按照季节给铜像换穿不同的衣服，世界各国也多有赠送，其中还有我们国家赠送的两套，其中一套的上衣是对襟马褂，体现了中国特色。我俩为了寻找小于连，费了不少时间，终于在一条街的不显眼处发现了他，真是太可爱了！为了永久地纪念，我们又在附近商店里购买了两尊非常小巧的"小尿童"铜质塑像。

比利时有世界巧克力王国之称，黑巧克力更为出名。我俩买了很多盒品牌的黑巧克力，准备回去慢慢品味以重温布鲁塞尔的记忆。当然啦，也不能忘记分出几盒赠送给亲戚朋友们共同品尝！

5. 徜徉郁金香花海——沉醉在荷兰的库肯霍夫公园里

3月31日晨8点，我们乘车在从比利时去荷兰的路上，李队照例对即将前去的景点先做个简单的介绍：荷兰靠海，有四分之一的土地低于海平面1~5米，是一座水城。河道交错纵横，大小桥梁达千座之多，被称为"北方的威尼斯"；由于没有高山岗峦的阻挡，海边风大，所以风车特别发达，成为这里的动力资源，靠它围海造田，带动国内经济发展；由于靠海，它的航海事业也特别发达，在16~17世纪，世界上百分之八十的海上船队都来自荷兰，素有"海上马车夫"之称。李队又说："荷兰有五宝：风车、木屐、奶酪、钻石和郁金香。现在我们就要到库肯霍夫去参观，那里被称为'贵族的后花园'，景色迷人，何况又赶上郁金香花大展异彩的季节呢！"

上午10点，我们进入了被誉为"世界上最美丽的春天公园"的库肯霍夫公园景区游览。入园门正中，便见一处大型喷水池，向池上喷发着股股雪浪，靠池边有小桥，桥下流水潺潺，池岸设有咖啡馆。过桥后，放眼望去，便有主道与小径通向园林深处，最抢眼的就是一片片、一簇簇、不见边际的姹紫嫣红的郁金香花海。葵葵、晓钟向着山道小径走去，我俩则沿着游人不太密集的右边主道慢行。一路都有郁金香做伴，花朵大小不一、流光溢彩，让人目不暇接。这些花儿它们除了直接扎根大地自然形成各种形状的花圃外，还有栽种在深而大的花盆内，再由几个或十几个花盆围成圆形、椭圆形等不同的艺术图案，给人以人工美与自然美相互融谐的感受。就这样，我们一路说说笑笑不知疲倦地在花海里徜徉着、呼吸着清凉宜人的空气，享受着异国的情调。

在沿着花圃的路边，隔不远处便有一处被铁丝网围起的树上小屋，养着各种颜色的鹦鹉，见到游人，它们便扇着翅膀灵动地从这根枝条跳到那根枝条上，摇着小脑袋好奇地冲着你看。过一会儿，它们有的就会去啄食铁丝网壁上的食物，有的跳蹦着去小杯子里啄一下水，再把小脑袋仰起……展现出各种形态，十分惹人怜爱。

前行不远，在花圃旁绿草地上又出现了一处被木栅栏围起的小场地，中间有几间小小木屋，围着小木屋周边的草坪上，有两只可爱的小荷兰猪，一只花白、一只黑中带有黄色斑点，身材矮小，所以又叫豚鼠；它们拱食、追逐、嬉戏着，自得其乐。还有几只长角山羊、几只孔雀和一群鸡、鸭、鹅，它们互不干扰，各自觅食追逐嬉戏，和谐相处。我们站在木栅栏外为这群可爱的小生命拍照摄像，久久不愿离去。

公园很大，处处是盛开的郁金香花，放眼望去也不知何处才是尽头。我们怕耽误了集合的时间，便绕道回返，走不多远，便见路旁有一座四面透明供游人休息的玻璃厅房，我们推门进去，迎面是由亮晶晶的各色贝壳组贴成的墙，像个大屏风。屏风墙的左右两边相对摆放着一溜儿蓝色沙发，中间小桌子上放着几只玻璃器皿，里面有燃亮的蜡烛，红黄色的小火苗在微微的气流中摇曳着。我们坐在沙发上小憩，既可享受面前的优雅情调，也可以透过明亮的玻璃墙壁欣赏到玻璃屋外的青草、绿树、流水和无处不在的郁金香。

集合地点在公园大门内的喷水池边，我新发现有一双巨大的白色木屐摆在路边，是专供游人拍照用的道具。我一边说木屐也是荷兰的五宝之一啊，一边便毫不犹豫地也列入等着穿木屐拍照的队伍里，让女儿为我俩拍照。云忠笑我仿佛又回到了童年！

离开了库肯霍夫公园，我们便乘车驶向荷兰的首都阿姆斯特丹。沿途多见花田、水渠、大草原，还有像有三只翅膀的大鸟一样的大风车，在高高的晴空中随风旋转。

坐了三个多小时的汽车，下午4时许，司机伊克罗斯把我们直接送到地处阿姆斯特丹市中心的达姆广场下车。达姆广场又叫水坝广场，是荷兰阿姆斯特丹历史的发祥地。广场的一侧是17世纪建筑的荷兰王宫，由于地势低洼，王宫由13659根木柱支撑，耗时七年方始建成。现在看起来，它仍然是气势宏伟壮观，是荷兰人民的智慧和毅力的结晶。

广场上聚集着密密的人群，大多是来自各国、各地的旅游者。情侣们携手并肩，老人们互相搀携，妈妈们带着小儿女让他们自由地去追逐地上跳蹦着的鸽子玩儿……海风习习地吹，吹得我有些醉意，便提出到广场外面的小商品店里逛逛。在一家香港老板开的商店里买了金属制作的小朵郁金香、风车模型和几只小小陶瓷制品木屐挂坠。我很高兴地对云忠说：别看它小、不起眼儿，这些可都是荷兰的五宝之一呢！

又返回广场预定的集合地点，等待着旅友们三三两两地陆续到来。一直没有停止的海风越刮越大，绝不止有五六级的威力，我们不得不寻找一处高墙下挡风。云忠笑说："荷兰真不愧是个风车王国，我们就要离开了，还不忘展示一下他的特色!"

暮色朦胧中,大巴车拉着我们到阿姆斯特丹市郊的一座宾馆住宿。

返程

4月1日,是结束此次旅游返程的一天。早餐后,我们便登车向德国的杜塞尔多夫市进发,李队说,要从那里登机返回北京。从荷兰到德国一路畅通,不过一个小时便进入德国境内。德国的母亲河莱茵河烟波浩渺,河床开阔,大巴正沿着河边的公路行驶。蓝天、白云、绿树、草场、三翼的大风车一路伴着我们,时有别具一格的小洋房从车窗外闪过,偶尔也能看到远处草场上有稀稀落落的马牛羊。

中午时分,到达杜塞尔多夫市区,在一家中国老板开设的四川餐厅就餐。这里想提一下,一路上我们几乎都是在中餐馆吃中饭和晚饭,因为近年来,中国游客激增,所以适合国人口味的中国餐馆无处不在。而早饭,我们则是在所住宾馆吃自助西餐,提起西餐,那就很丰盛了,牛奶、果饮、面包片、黄油、培根、肉食品、水果沙拉等干净有序地摆放着,应有尽有,各取所需,我觉得自己还是很适应西餐口味的。

饭后,还有一些空闲时间,李队宣布可以自由活动去购物。我们则选择了在莱茵河畔漫步。杜塞尔多夫市区只有60多万人口,是莱茵河畔一座美丽的城市。河床开阔,河边的道路也很宽敞、平整,适合游人休闲散步。河水清澈,微波荡漾,河面上不时过往着一艘艘豪华游船。河两岸一座座古堡似的建筑连接成一条高低参差的长龙,我仰望着它们,想象着每座古堡里一定都伴着迷人的故事传说。

我们悠闲地来来回回地在河畔闲步,希望时光能凝定在这美好的一刻,不愿离去。

集合时间到了,大家登上大巴车,司机伊克罗斯送我们向机场飞驰。十天之内紧凑、短暂的十国游就要在这里结束了,我们只游了一个小小的地球村,现在就要回国了!我凭着车窗远望,频频目送着这片美丽迷人的、小小地球村的景色渐渐向车后退去……

(2015年4月6日)

六、祖国宝岛台湾十日自由行

（2016年3月17日—3月26日）

2016年3月17日　星期四

女儿女婿东葵、晓钟来接我们。上午11时至北京国际机场办理托运行李。下午2点10分飞机起飞，经天津、济南、南京、常州、无锡、上海后，直飞台湾桃园机场。飞行800公里，用三个半小时，飞行高度11900米，一路心情愉快，充满期待的喜悦！

当天晚上6点钟领行李出机场，向台北市出发。

当晚，我们四人住进台北市南京西路的"宾王时尚"旅馆，包了两套房间。

3月18日　阴雨天

我们包车去著名的景点和文化区。

阳明山取明代哲学家、教育家王守仁的字号"王阳明"而得名，他是浙江余姚人，因反对宦官专政，隐居在家乡的阳明洞，此阳明山非彼阳明洞也。台北阳明山上同样风光无限！居高临下，看到深邃迷人的龙凤谷。

我们离开阳明山之后，又到台北故宫博物院参观，该博物院内有三宝：碧玉白菜、东坡肉、古代殷商时代的宝鼎。我们看到的当然都是复制品模型。

从明亮的博物馆出口处的大厅向外看，欣赏明灭的万家灯火。

之后，我们兴致勃勃地去著名的小吃街士林夜市吃小吃，色、香、味具备，令人食欲大开，轻炸小海蟹"一口酥"是我的最爱。

3月19日　阴雨

参观台北市的中正纪念堂等建筑。

自由广场面积也不小，还有音乐厅和戏剧院等建筑。另外，还有一座101大楼，表示有101层的高度。游人可以登大楼的电梯去游览，登至最高层空气稀薄，不少人都是到一定高度便按了下电梯的按钮。我们也跟着游人一起下来。

还参观了中正纪念堂，建造形式仿照我们的首都北京的故宫。里面还停放着当年蒋介石（字中正）乘坐过的黑色专车，车牌号是0888，好像是卡迪拉克牌子的！

正好在我们参观时，亲眼看到"一组三个人"一共依次进来三组的武装卫兵，他们一个个全副武装，挎着步枪，行着举手礼，踏着行军步伐向蒋介石的铜像致敬！听旁边的人说，这样的仪仗队一天要进来三次，向蒋中正的座像表示尊敬。

下午2点，打的至新北市花莲县的瑞芳区地名叫作"九份"的御华山庄住宿。

这里有座影剧院，名叫"昇平剧院"，剧院大门有对联：

达官壮丽山水

尽览休闲生活

晚上8点钟去九份古街上的悲情饭庄进餐，饭庄的名字来自取景于九份的台湾电影《悲情城市》。

游走九份老街的夜市，很是热闹。

3月20日　阴雨

站在九份的御华山庄高处远眺周边风光，虽然雨雾蒙蒙，也着实迷人！

打着伞在烟雨中游逛九份老街，还跟着两个孩子寻到了网上很红的"道口牛肉面"小馆，一品绝味。虽然是下着雨，游人也很多，有一些人说话像日本人和韩国人。

当晚，移宿在花莲市的浩云旅馆，这是由一群当地年轻人经营的民宿，相当亲和。令我印象最深的是房间很大、床很宽，还在大堂洗手间配备有很上档次的智能马桶。

3月21日

游览花莲市的著名景区鲤鱼潭和云山水景区。不用描写实景了，只听它叫的名字，就足够迷人了！

名字叫"云山水"的景区里，真是又有山、又有溪水。我们游走在飘飞无定的白云里，在清可见底的、可以照见人的倒影的溪水边漫步，这如诗如画的环境，令我们深深沉醉、流连忘返！

3月22日　阴雨

去花莲市的太鲁阁景区游览。

这里有迷人风光，如牛山呼庭、清水断崖……还有国家公园里的文物展览室。

我们沿着沙卡当溪水游走，又沿着燕子口、立雾溪游览，愉快使人飘飘欲仙！在七星潭海堤观海浪，下到海滩上去拣美丽的小石头，最好看的是亮闪闪和有多种颜色的小石头。

花莲的自由行，全程包车，司机是位热情健谈的中年人，堪称"花莲通"。不仅熟悉景点，而且也熟知"美食地图"，昨日带我们享用了鲜美的海味，今天又让我们品尝到了花莲先住民特色大餐，按需服务，远胜普通导游。

3月23日　阴雨

沿着花莲市的中华大街、中正大街游逛。在大街拐角处的私家商店（门面很小）里买了一座手掌大小的铜质小老鼠群，上面雕刻着12只大大小小的老鼠，有的在跳、在爬着、在踢爪子……形态可爱。

我是属老鼠的，一定要买下来，"子鼠、丑牛、寅虎、卯兔……"这老鼠可是十二属相之首啊！花了大约800元台币吧。（当时人民币和台币是1∶5，就是1元人民币可顶5元台币。）

花莲市中正大街有一家包子铺，那位"模范"司机介绍说名字叫"公正"包子铺的包子最好吃。我们去吃了灌汤包子，味道很鲜香。

去花莲火车站乘车去台南探亲。

当天晚上8点钟乘火车到台南，我哥哥的外孙名叫孝忠，他笑容满面地开着小汽车来迎接我们。孝忠亲切地称呼我"姨婆"，我心里想，他是我侄女（树德）的儿子啊，应该叫我"姑婆"，为什么叫我"姨婆"？！哦！这可能是台湾地方的习惯称呼吧。姑表亲、姨表亲都一样亲！

3月24日　阴雨

孝忠开车带着我们四人和他的母亲树德,一起去南山亚伯拉罕墓园祭奠我已经去世的哥哥和嫂嫂。

然后去瞻仰把台湾宝岛从荷兰侵略军手里夺回来的英雄郑成功的铜铸雕像,长身英武、威风凛凛,我们都合手注目向这位民族英雄致敬!

又参观了安平公园,朱玖莹书法屋,安平树屋(就是把一株几百年树龄的老榕树也盖在大房子里面,壮美奇特!)。

当天晚上我们四人在南投县日月潭边的一条小街散步,这条街的名字叫潭亭。

在台南期间,树德为了方便和我畅聊,让她的二女儿把我们引去了她好朋友空置的木屋别墅,树德也兴致勃勃留宿在那里,我们执手聊天,不知疲倦。

3月25日　阴雨

我们乘坐"洱海号"游轮游日月潭。

下了游轮,在日月潭边的小路上游走,有一座叫涵碧楼的高大建筑耸立在日月潭边的山巅上。

我们又乘坐缆车到九族文化村观光。这里居住着很多少数民族,他们待客很热情。在一段时间里我们曾经习惯地把他们笼统地叫"高山族",其实他们不同族别各有各的名字,比如阿美族……

3月26日　晴天

昨晚在桃园中央饭店进餐,还连夜探访了台湾著名的诚品书店,孩子们买了些他们的书。

我们打的到桃园机场等候班机,当天中午乘坐12点50分的国航班机返回北京。

我真想重游一次我们的宝岛台湾,因为那是我们祖国不可分割的宝岛,那里住着血脉相连的亲人!!再就是宝岛上的风光真是壮观又秀丽,非常迷人!!

七、大师轶事篇

才华自横溢　人生多蹇磨
——纪念闻宥先生忌辰三十周年 [①]

时光流逝，岁月无情。中国民族学、语言学、金石学、铜鼓学、考古学家闻宥教授谢世迄今已经二十九年了。但先生的音容笑貌，仍历历在目，一切恍如昨日。

（一）

闻宥（1901—1985），又名闻在宥，号野鹤。出生于江苏松江府（原娄县）泗井镇一个书香寒门，父亲是清末秀才。1915年后，离家到松江府中学就读，后又赴沪上大学。由于酷爱文学，不断发表诗作、小说，后因结识"南社"社长柳亚子而加入"南社"，成为社中颇有名气的青年诗人之一。

自1921年始，便主编过一些杂志，如小说专刊《礼拜花》（1921年，先生时年20岁）、《中国画报》（1925年）及有中、外文版的《中国文化研究会刊》等。1926年始至1955年初，在近三十年的时间内，先生辗转国内各地，受聘于上海几所私立大学、广州中山大学、山东青岛大学、北平燕京大学、北平大学女子文理学院、四川大学、云南大学、西南联大、四川成都华西大学等高等院校，先后执教、任职。在此期间，他又挤出时间深入西南边疆地区，进行少数民族语言及历史民俗的田野调查研究；也曾游学于东南亚一些邻国，如越南、泰国等；此后，先生发表多篇语言学论文，诸如《论民族语言系属》《羌语比较文法》《评托玛斯南语——汉藏边区一种古语》等，提出了许多前人所未发之灼见，一时间闻宥之名蜚声中外。

先生精通法语、英语、日语，后又自修拉丁文、越南语，练就了坚实的外

[①] 选自《金秋》创刊号，中央民族大学离退休工作处主办，2015年第6期。

文功底。他常与外国知名的汉学家通信往来，如与法国的历史学家、汉学家亨利·马伯乐（1883—1944）互通书信，进行学术切磋。1953 年，先生对西南少数民族的铜鼓研究成果开举世之先河，曾在学术界掀起铜鼓研究的热潮。

先生拥有多个鲜为人知的荣誉头衔，如法国远东博物学院通讯院士、西德意志东方学会会员、土耳其国际东方研究学会会员等。1949 年新中国成立前夕，先生曾婉拒了英国剑桥大学东方系的聘请。

1955 年，因全国性院校调整，闻宥先生从四川大学应调至北京中央民族学院（即今之中央民族大学），直到 1985 年辞世，整整三十个年头。

20 世纪 60 年代初，我毕业留校，在语文系汉语教研室任教时，有一天接到院教务处的通知，要我于教课之余兼任闻先生的助教，协助辅导学生的工作，约一个学期；80 年代初，又应院科研处之聘，让我有幸在教学之余兼做闻先生的助手，我便每周抽出两个下午的时间帮助收集、整理闻先生的旧日文稿，直到先生逝世前夕，前后有三四年之久。长时间、近距离的接触，使我亲身体验到先生的学识渊博，待人热情坦诚，即使身处逆境时，仍勤勉治学，认真执教。现仅撷取几件难忘的往事，匆匆命笔，以志对先生逝世近三十周年的纪念。

（二）

1. "左"与"右"

最早认识闻先生，是从 1955 年刚刚踏入大学的门槛开始的。那时，校园里的学术空气还比较浓，常常请校内或校外的专家学者开专门讲座，如朱德熙、罗季光、王钟翰等，在众多的专家教授中有一位面容清癯、身材不高、操着浓重家乡口音的长者，他便是闻宥先生。记得一次旁听他的有关文字学的专题讲座，先生从甲骨象形字说起，一直讲到篆、隶、楷书，引用了《说文解字》类的早期字典及经文例句，旁征博引、贯通古今；先生用的例字是"左"和"右"这两个象形字。先从字的本义开始，再讲它的引申之义，指出"左"与"右"从人之手到表示相向相对的位置，再推广到地理位置，进而到可表达于古代礼仪……如"江左"（长江下游以东，今江苏省一带）、"江右"（长江下游以西，今江西省一带）、"左迁"（降职被贬谪）、"右擢"（被提拔升官）、"右族"（指豪门大户）、"左昭右穆"（宗庙牌位的列序）……有史有论，风趣生动。

但时隔不久，就在闻先生的"左""右"辩言犹响耳际之时，1957年反右斗争的政治风暴无情地袭来，闻先生在"百花齐放，百家争鸣""言者无罪，闻者足戒"的反复动员感召下，在民主党派（先生是民盟成员）召开的为党整风的座谈会上，不知发了些什么"谬论"——对此闻先生从来隐忍不谈，于是，他便被无情地卷进了这个政治的大旋涡之中，在"左"与"右"平衡两极中被"左"派推向了"右"的一极，被扣上了大"右派"的黑帽子。一位才华横溢，正值天命之年的专家教授，就这样被推押着走上了长达十数年之久的塞磨坎坷之路。每念及此，我这个本不相信天命的人，居然为闻先生当年选择"左""右"为例字而遗恨，例字信手即有，何必非要选这两个与政治沾边儿的字眼啊，莫非真的是在劫难逃吗？！

俗话说："福无双至，祸不单行。"大雪之后寒霜继之。距反右还不到十年，神州大地上又起狂飙。历时十年的"文化大革命"开始了，已经是"右派"的闻先生又一次面临厄运。那时，我院和社会上一样骚乱，黑白颠倒、是非莫辨。和闻先生同在研究部工作的费孝通这位全国著名的"大右派"（因在大鸣大放为党整风时，发表了一篇题为《知识分子的早春天气》的文章而获罪），我国研究人类学和民族社会学的著名老专家吴文藻（费孝通的老师、著名女作家冰心女士是他的夫人）等蜚声中外的老专家被狂热的造反派，红卫兵们一个个点名揪了出来，扣以"反动学术权威""资产阶级知识分子"的罪名，抄家、折磨、侮辱、批斗，受尽人格和肉体的摧残。因为闻先生在运动一开始便被造反派、红卫兵们认定是个"老右派"，打入"死老虎"之列，只勒令他随叫随到、老老实实接受批斗和改造，"恩免"了对他的过重体罚。但是，人伤其群，先生眼见老同事老朋友受尽肉体糟践、精神凌辱时，他心中的煎熬可想而知。在人前，他只能佝偻着身躯、目不旁视地低着头走路，等待着末日的来临。

多少年过去了，多少先辈们故去了，但历史人生舞台上"左"与"右"的大悲剧，却不时在我们这一辈人的记忆屏幕上闪现！

2．"真"与"博"

闻宥先生1955年调入中央民族学院，先是作为专家安排在院直属研究部工作；1957年被划为"右派"后，便下到基层，在语文系汉语文教研室（该教研室即现在中央民族大学文学与新闻传播学院的雏形）当教员了。1960年我毕业留校，和闻先生成了同事关系，但因闻先生很少开课，平时也沉默寡语，所以很少有接触机会。大概是1962年春季开始的那个学期，政治系哲学班要开古代哲学文选课程而缺少讲课老师，便向我系借人，闻先生才被安排上课程；然而，因为先生家乡口音太浓，怕少数民族学生听不太清楚，便由教务处出面让我在教学之余，兼任闻先生的助教，为时一个学期。具体任务是：先生讲课后，我协助课下辅导。记得最深的是，先生接到任务后，极为认真，亲自选编教材，更是耐心讲授。闻先生对庄子（庄周）似是情有独钟，课堂上从来不看讲稿，但讲解起来却口若悬河、滔滔不绝，使听课变成一种享受，使我仿佛又见到了十年前先生在文字学专题讲座时意气风发的情景。课下，当我情不自禁地向闻老道出我的这种感觉时，闻先生那不易展现笑容的脸上隐隐闪过一道光亮，不无诙谐地说："站在讲台上，我是一无所有的，只剩下庄夫子的'物''我'两忘了。"我意识到，站在神圣讲台上的闻先生是一个充分自由的人，"右派分子"的紧箍仿佛瞬间被摘除，那长期禁锢的精神被庄子那恣肆汪洋的文风所诱发，也瞬间得以释放了。

20世纪80年代初，改革开放的春风吹进了校园。中央民族学院科研处准备内部刊印《闻宥论文集》（以下简称《论文集》）了。闻先生非常高兴，需要一个助手，便向科研处提出要我帮助他整理旧日的文稿。出版《论文集》是学界的期望，也是闻先生多年的心愿。正如闻先生在《论文集》"后记"所说："这些年来，朋友们看到我快离开人间了，希望我自己编集，留一个小小的纪念。他们的好意我很感谢……"可先生早期发表的文稿，几十年间经受多次搬迁和动乱，留在先生手头的微乎其微，需要翻检三四十年代的刊物资料，从那里去寻找。

在整理校阅文稿的过程中，我发现先生对年代久远的文字，并非拿来就用，而是以严格的眼光进行汰选审定。除改定错别字和标点符号外，绝不为追逐潮流对观点内容随意变动，仍然让它保留原文的历史面貌。是非功过自去由后人评说！

闻先生不仅在学术上一丝不苟，耿真如此，在为人处世方面也是严于律己，不为虚饰所惑。就在1985年9月21日，闻先生辞世前六天，在我院周报（亦称院刊）上登载了一篇五六百字的署名文章，介绍闻先生一生的教学经历，其中有这样的叙述："在上海上大学，随后到法国求学"，"留学法国时，闻先生还曾在法国几所大学任教"（见1985年9月21日中央民族学院院刊第三版）。此时，闻先生虽已重病在床，可头脑仍十分清醒，当知道自己一息尚存之际，便有人对他作如此虚妄谬赞时，气愤至极地说："我要声明：本人从未去过法国、西欧等地！从未去留过洋、镀过金……请不要给我贴金……请不要给我贴金！"

闻先生就是这样一位深恶浮夸，务实求真，令人尊重的长者。

皇天不负苦心人。《闻宥论文集》第一辑，终于在1985年7月由我院科研处内部印刷成书。文集未收入先生早期的小说、诗歌、散文等文艺创作，只限先生早年从事民族语言研究、历史学、金石学、民俗学方面的学术论文，如《黑鹿释名》《"雍无梁林"解》《论所谓"南语"》《贵州雷山新出苗文残石初考》《殷墟文字孳乳研究》……共11篇。按原计划，闻先生还有《猓罗译语》《川滇黔彝文之比较》《红崖碑杂考》《古铜鼓考》等诸多论文，准备整理成第二辑、第三辑问世，其中许多都是前人未曾涉足的领域，具有开拓性意义。但是，就在《论文集》第一辑油墨未干，先生枕边寄赠友人的集子尚有余册之际，先生便因心力衰竭、药石不济，于9月27日夜半零时溘然长逝了。

我抚摸着这小开本的、深橘色封皮的、薄薄一本内部出版的《闻宥论文集》，不禁感慨唏嘘：它注定将永远地形只影单了。当然，它对于闻先生以及了解闻先生的人们，无疑仍是弥足珍贵的心灵慰藉和纪念。

3."憾"与"忆"

闻宥先生前半生的教学和学术经历，以及一系列的职务、职称、荣誉称号，标志着他人生旅途中一个个闪光的足印，即使在他后期中段坎坷多蹇磨的漫漫长途上，他也始终执着而孤寂地进行学术探索，哪怕是为时极少的在讲台上为学员授业、解惑。可谓是一生殚精竭虑于教育科研园地。尽管身心受到极大摧残，但作为一个正直、有责任感的知识分子、一个真正的学者，只要一息尚存，就仍在编织着美丽的梦，以期在梦中实现真实的自我。

就在闻先生仙逝前半年，他还很有信心地计划着自己要完成的几件大事：一是继《论文集》印出后，再开始第二辑、第三辑文稿的收集、整理工作；二是要尽快地由他组织人员编写一部大型的《古汉语虚词词典》；三是为全院学生做一次有关汉代壁画的学术讲座；四是将他已物色到的一位品学兼优的青年教师聂鸿音招收为自己的博士生。这一切的一切，都被无情的病魔所吞噬，先生就这样带着深深的遗憾,念念不忘他未竟的、为之追逐一生的学术事业,离开了他热爱的人们和眷恋的人间。

回忆使我心潮激荡难平,抬头仰望书架上方摆放的闻先生亲笔题赠的两幅墨宝,先生挥毫我展纸的情景,便又跃然出现在眼前。一幅题写于1983年夏天,全诗如下:

  偶然薄炙破愁霖,未破当前一片阴。
  迢递烽烟天外直,凄凉禾黍望中深。
  覆巢已绝重栖想,枯海还余待涸心。
  今夜天涯无梦到,白头掩泪为沉吟。

诗后有字曰:"一九四〇年年初,余重至成都,秋雨新霁,景色凄怆。时日寇正猖獗,家书久绝,中夜不寐,彷徨有作。秋白同志索书,一九八三年夏 闻宥录旧作。"下方盖先生之钤印。

当时先生一边放下笔,一边说:"这是1940年我在抗日战争最激烈、最残酷的生死存亡关头,自西南联大颠沛至成都四川大学任教期间,国土破碎、家书断绝、夜不成寐时的旧作。你那时才三四岁吧?送给你做个历史的纪念吧!"我连连称谢不迭。就在闻先生于落款处署上自己的名讳时,我终于脱口问出早已想问的话:"闻先生!您的字'闻在宥',是不是典出《庄子·在宥》篇啊?"闻老慢慢放下笔来,笑而不答,过了一会儿,便操着浓重的乡音琅琅地诵道"闻在宥天下,不闻治天下也。在之也者……宥之也者……"之后,先生便慢慢地摇着头笑着说:"庄周老夫子要在宥天下,岂不大乱!还是治天下好,治天下好!"从这一面小小的生活镜头里,我又一次看到了先生的豁达和亦庄亦谐的性格。

时隔不久,就在那年秋天的某日,先生怕是已经预感身体不适,在整理文稿之余,突然对我说:"我老了,诗思迟钝了,也提不动大笔了,再留一首小诗写给你作个纪念吧!"我简直是受宠若惊,马上就忙着张罗铺纸、递笔、磨墨,我看到先生的手显然已有些发颤,但依旧运笔有致、收放自如、一气呵成。诗文如下:

  来时还是去时天,欲道来时已惘然。
  只有松江桥下水,无情长送去来船。

诗后落字:"秋白同志雅正。一九八三年秋,闻宥。"左旁钤先生之印章。

80多岁的老人,病痛在身,能构思并书写出如此潇洒、飘逸灵动的诗句,真让我感慨无限。试想,这一"来"一"去",岂非一"生"一"死"?这"天"与"水"之喻,岂非人类赖以生存的茫茫宇宙空间和古往今来绵绵无休的历史长河?如此可知,闻老是把对生命的敬畏、对故乡热土的眷恋、对一生的得失感悟及对仍有未竟事业追求之遗憾,统统都借此倾泻出来。这首未经雕琢、纯如璞玉,又简洁如话般的七言绝句,实不愧为大手笔之作!闻先生的风骨、精神,尽蕴其中矣!

我反复吟诵,一时百味杂陈,继而又豁然有所悟,顿有孔子的临水之叹"逝者如斯夫,不舍昼夜"(《论语·子罕》),又有唐代诗人陈子昂登幽州台时发出的"前不见古人,后不见来者。念天地之悠悠,独怆然而涕下"的深深感触!

(三)

闻先生的忌辰是1985年9月27日,迄今已历29个春秋。我想,认识或了解这位中国著名学者的人,在全国也许仅有70岁以上的老人了吧!当然从事学术研究的人不在此列。近期,我偶尔翻阅署名台湾"中研院"历史语言研究所研究员王明珂先生所著《羌在汉藏之间——川西羌族的历史人类学研究》一书(北京:中华书局2008年版),惊喜地发现其中几处提到闻先生的名讳与功绩。如:"1930—1940年,在此地区进行考察的有……以及语言学者闻宥"(第171页)、"正式的羌族语言调查,始于中国学者闻宥。1941年,他到(四川)汶川、理县一带做调查……事实上,他的民族历史与地理知识,多少已为'羌语'范畴订出了蓝图"(第172页)。言简意赅,却对闻先生最早在"羌语"研究上的贡献作了定位。

不久,喜讯又翩翩传来:有同事寄来从"四川文艺网"的网页上下载的文章《闻宥——被遗忘的学术大家》(作者雷文景)和"新浪博客"上的《天下何人更知君——从〈闻宥遗札〉看一个时代知识分子的风貌》(作者袁津琥)。这两篇宏文,引据充实的资料,论证了闻先生的重大学术贡献与无愧于"学术大师"的胸襟、风貌,读之令人动容。从友人处得知,有关闻先生与专家学者论学术的信札手迹分上、下卷,署名为《落照堂集存国人信札手迹》,不久前已由海峡彼岸台湾"中央研究院"中国文哲研究所出版发行。文物出版社于2010年

1月便出版了《闻宥落照堂藏青铜器拓本》。此外，被闻先生生前看好、计划招为博士生的青年教师聂鸿音，也早调入中国科学院少数民族语言研究所从事西夏文等研究，已是一位卓有成就的研究员了。这当是诸多喜讯中的又一喜讯了。

总之，闻先生生前所追寻的"梦"，正一一呈现于世，闻先生学术硕果之一部分亦得以璧存矣！信如梁启超在《论中国之将强》中所说："然筚路蓝缕之功，在公论者，终不没于天下！"

闻先生！您的学术成就和学术贡献早已有了学界的定位与肯定；您的未竟的学术事业毕竟会有后学者继续拓展不懈；您生前亲手整理刊印的那本《闻宥论文集》第一辑也不用担心会孤寂无伴、形单影只了！九天有知，您当释怀而朗笑了吧！

韩秋白

2014年8月10日定稿于北京之寓所"秋之白屋"

先生之风　山高水长

——记于道泉先生轶事

20世纪50年代中期，刚刚踏进大学的门槛，就听说有一位享誉全球、业绩进入世界名人辞典的专家于道泉先生。此后，我又听到高年级的同学对于先生的很多称赞，内心就十分期待能亲见一面。机会终于来了。

下课10分钟休息，我和同桌好友沈纯轻松地走出教室，忽然看见一位身着半旧不旧蓝灰色中式对襟褂子的老者从另一个教室走出来，他瘦高身材、戴着一副深度眼镜，一只手抱着书。沈纯悄悄地说："他可能就是于道泉先生，咱们上去说几句话吧！"我连忙说"好啊"，就匆匆、拘谨地拦在于先生面前，调皮地说："您是于老吧，我们是学藏语的新生，我们什么时候能听您讲课呀？"当我们直面于老时，才发现他的眼镜片儿很厚，想是极度近视。他收住脚步，眯着眼睛，俯身看着我俩，对我们这两个小同学突然来打招呼他当然是毫无准备的，这时，我看到他先用手扶了扶眼镜儿，然后扶眼镜儿的手又似乎是有点儿局促地贴在衣襟处，温和地问："你们是、是学藏语的？好好学、好好学……课、课嘛，会会会有安排的！"说完，像是要赶着办什么急事似的向前走。沈纯拉住我说："回去吧，别打扰于先生了！"我很不懂事地又追了上去，说："于老，听说您见过印度大诗人泰戈尔呢！我很喜欢他的诗，还有一本他写的《飞鸟集》呢。"看样子于老真的有事要办，他边走边说："是是……我当过泰戈尔的翻译，那是年轻时候的事、事……你们好好学藏语，以后再、再学学梵文，看原版的，原版的会更好看……"我怕上课铃一响自己会迟到，便回头向教室跑去，连谢谢都未有说……那天，我和沈纯回想起和于老简单的几句交谈都忍不住想笑。我问沈纯："于老师怎么这么语迟啊？你看，咱们俩在他面前不就是个一无所知的孩子吗？"当时我下意识地感觉语迟即语吃，沈纯到底比我大两岁，思想很成熟，她笑着对我说："不！那不是语迟，是他太想把要说的话快速说出来，于是反而显得像你说的'语迟'了！"沈纯的话不错，事实证明，在于老的一生里，最不能浪费的是时间，最宝贵的莫过于时间！

很不幸，于老对我们的许诺——为我们上课的事落空了；他对我们学好藏语的期望最终也竟落空了！

入学后的第二学期便赶上"思想改造——向党交心"，虽未停课，也实属分心；次年是停课整风，继而反右抓右派分子；又次年"三面红旗""大跃进"号角吹起，我们这批学习拉萨藏语的学生便接受了"国家民族事务委员会"（简称"国家民委"）的任务，立即开赴四川甘孜藏族自治州和阿坝藏族自治州（亦称"西康"地区）参加社会历史调查，为编写《民族史》《民族志》《民族政策》三套丛书搜集材料服务，这一去就是一年多。本来学藏语的能到藏区与藏族同胞同吃同住同劳动，应该是最好的语言实习，但是藏语之中方言既多又差别甚大，我们学的拉萨藏语在西康地区说不通，还需要随身带着翻译！

在少数民族语言中，学藏语和学维吾尔语的学制是五年，其他如学彝语、苗语等学制是四年。如上所说，算起来我们班断断续续只学了一年左右的拉萨口语，便放到非拉萨口语地区一年多，1959 年的夏天才回学校，拉萨口语又搁置了一年多——我们私下里开玩笑说"学一年、忘一年，老师教的全还完！"口语忘得差不多了，书面藏文还一点儿没接触，拉萨日报上的藏文还不认识我们，更不用说保存在大量的佛教藏经之中的古藏文了……我们心想眼看快毕业了，不知系里如何安排补足这些课程。于老的古藏文课根本就进入不了我们的课表！

最后这一学年的秋季学期开始了，口语自己去温习吧，现代藏文当然要接触接触、补一补了，否则说不过去呀！于是，就由罗桑群觉老师教了我们一个学期。快放寒假了，系里突然宣布：因工作需要，寒假之后你们就毕业分配了！啊哦，我们的学历怎么是四年半呀？不过，能让我们提前半年毕业，还是高兴的，但，这可是个先例，此前还未听说过提前毕业的事呢。

我被留校、留系，分配到我的师长们所在的藏语研究室。附带说一句，教研室里几乎云集了经由于道泉先生亲手带出来的第一届学藏语文的高材生，因为 1951 年国家对高等院校进行院系调整，恰值我校新成立，于老便从北京大学东方语言学院正式调入，而且带来了正追随他学习藏语的高足们。我开始工作了，教研室主任告诉我，先准备准备，秋季一开学就要去教新生班的口语课了，我很紧张，只好埋下头去备课。这期间很少见到于老，据说他整天都在忙于科研任务。

这期间，听到有关于老的一件趣事：作为1958年建起的三大建筑之一——矗立于天安门右侧的人民大会堂，在人们心中是十分向往的，于老接到请柬，请他到人民大会堂开会，并通知他届时会派车来接。于老接受了邀请但拒绝了车接车送这种高规格的待遇，竟然以高度近视、又几近耳顺之年，蹬着那辆不知产自哪个年代的破自行车，从西郊赶往开会地点人民大会堂，其间路程少说也有十好几公里。一个不修边幅、形容干瘦的人，也许只有那副深度近视的眼镜才能证明他是位学者吧？但忠于职守、在大会堂门前站岗的门卫可不管这些，他看着你就不像是能进入大会堂参加会议的人，入场请柬谁知是从哪里弄得的？据说很费了一番盘查周折，经过门卫向上级报告、证实身份之后方才进入。于老就是这样一位不慕荣利、本本分分、勤勤恳恳一头扎进科学研究的学者，不了解他的人会把他当成愚人，我真的信服那句真理"君子盛德，其貌若愚"！

转眼就开学了，新招二十多个学习拉萨藏语的大学生，男孩、女孩还真够可爱。系里安排的"上课"其实不是独立去上课，而是当助教。我给土登旺布老师（简而尊称是"土旺拉"，"土旺"是取其名字中第一字与第三字，"拉"是表尊称的语缀，在此作"先生"之意）当助教，这可是地地道道的"助教"，虽然头天晚上，土旺拉帮我仔细备课。第二天，土旺拉说着标准流利的拉萨话，他说一段我就翻译一段，尽管和预想的一样顺利，但我在讲台上还不免如履薄冰。每周十小时的课，课后当然一早一晚我这个助教要去学生那里辅导。如果说老师的学问是十桶水，开始教只需给学生一桶水的话，我还是能胜任的。可是，接下来的问题就来了，学生学了一年口语之后便要开始学藏文了，我的藏文是什么底子，自己心里清楚，不能独立看懂西藏日报，藏文书写的通俗读物如《猴鸟的故事》也不能完全读通……怎么办？于老年轻时代勤奋学习苦攻多种语言的榜样就竖在我眼前，但我还是退缩了，我萌生了改换专业的想法，开始和土旺拉交心谈想法。这里插一句，土旺老师对我极其耐心，一起教口语备课时，他注意纠正让我发音更准确，还告诉我在黑板上怎样把藏文写得更漂亮……当他听我说出要跳槽去汉语教研室教汉语时，他表示惋惜、不同意。他说："你不要担心！下学年咱们还一起教藏文，无非是自己再多下点儿功夫呗，我们俩头天晚上先把第二天要教的西藏日报选出一篇，我帮你好好备课，第二天你保准能上好课。"我确实很感动,但是,我还是心里没底,我说:"土旺拉!我真的很感谢你。你是说让我挑着一桶水上讲台吗?我只有一桶水,卖完了,学生还需要水,怎么办啊!我没有藏文底子呀!""而且,你知道的,我的同班同学二十多人也只有为数极少极少的人从事这个专业啊,不是都改行了吗?这不就说明我们的藏文底子太薄太薄吗?"就这样,我执拗地一层一层地诉说、申请,最后领导上可能也觉得我说的在客观上有一点儿在理,就满足了我的要求。此后的三十多年,我就完全离开我的藏语专业转而进入汉语研究室,教我的写作、现代汉语、古代汉语等课,一直到退休。

对这段转换专业的思维活动,我虽然当时气壮如牛,仿佛自己都是理,但在事后,尤其在退休以后回顾以往时,内心一直有着反思:固然是五年学制四年半草草毕业,固然是中间零零散散只上了一年拉萨口语、半年藏文,可是人家于道泉先生年纪轻轻的时候,除了掌握藏语、梵文、德语、土耳其语、英、法文……之外,还自学掌握流利的世界语,不然,1924年印度大诗人泰戈尔访华到济南时,他怎么就能担当起为泰戈尔当翻译的重任了呢?比起老先生来,我真觉无地自容!说到底,我固执地转换专业只能说明自己的不刻苦、对自己能力的不信任、又太爱面子怕在学生面前出丑……当然,更起作用的是内心深处埋下了对汉族古典文学的难以割舍的喜爱——我从懂事开始便跟随父亲在他的"梓竹补习学校"读古诗、背古文,这是刻在脑海深处的癖好——我战胜不了这磁石般的吸引力,于是,我离开了原来的专业。是的,我如愿以偿了。可是,在另一方面,我显然是一个意志薄弱者,我诉说自己不能胜任藏文教学时,已经是如孔子批评冉有时所说的"力不足者,中道而废,今汝画",自己给自己画条界限不准备再往前行了!事实上自己在"心爱的"古汉语、古典文学领域除了是一个教书匠,获得了两届北京市优秀教师称号之外,几十年来我又有什么建树呢?

绕了这么大一个圈子,还是回到于道泉先生身上来吧。读大学期间,反右斗争给我留下了太深的记忆,那时在学生和教师中都"揪"出了不少所谓"反党反社会主义"的"右派分子",批判、斗争的大会和小会接连不断,反正课都停下来了,整天就是批斗会了。我在政治上是属于幼稚的一类,懵懵懂懂看着、跟着大流走。我的同班同学黄某是位满族,当时和我比较接近,他的外伯祖公

（他母亲的伯父）是著名的语言学家罗常培先生，罗先生当时还健在（此公1958年逝世）；他的姑父（应该是先姑之父，他的姑姑已去世，姑父已续弦，但与黄家仍保持亲情）是大名鼎鼎的学者、也是被毛泽东主席批评为"又臭又硬"似"茅厕的石头"的梁漱溟先生，因为他居然敢面对面顶撞毛泽东主席。黄某从外伯祖公和姑父处多多少少都能听到些小道消息，记得他告诉我，他的姑父在挨批判期间，曾向他询问过"你们学校的于道泉先生也挨批判了吧？"刚是二年级的大学生哪里知道这么多专家学者的事呀，黄经过打听后，告诉我：听说有个什么"神仙会"——我理解，所谓"神仙会"，就是让一些从旧社会过来的知名的专家学者、民主人士们定期分组集会，在一起畅所欲言，随意谈心，向党提提意见的会，因为会上免不了设些茶水、香烟招待，让大家边喝茶、边抽烟、边谈天，云山雾海舒服得似神仙吧——据说于老在神仙会上说了些不该说的话，说什么不管多大的领导、不管哪个政党都不能有特权、不能有绝对的权力，那样便会导致腐败……当时，我听了黄的述说后，天真地想：于老怎么能说这样的话呀？是有点胆大包天吧，可于老是很爱自己的祖国、很爱共产党的呀，不然，为什么一听到新中国成立他便马上放弃在国外的多所名牌大学讲学的优厚待遇，立即涉渡重洋返回了呢？可他竟然发出这样的声音，当然会挨痛批的！没有划成大"右派"免了于老一大灾，就够可庆可幸的了！不过，那之后本不爱说话的于老，也就更无声无息地乐得专做他的学问了。

于老始终没有给我们班上过课，在校园里、在家属院见到他时，往往是骑着一辆破旧的自行车在面前驰过……如果于老不戴那副近视眼镜儿，从他的衣着装束、形貌取人，那就是一位地地道道的老农，真的！

记忆的闸门打开，我又记起于老的几则小事：

于老在学校还组织同事和学生编写了一部《汉藏语对照翻译大词典》，是位国际知名度很大的学问家，应该受到国家特殊待遇，他的工资绝对是高的。但他生活十分简朴，二三十年的国外生活，使他很注意营养的搭配。比如，传说在20世纪60年代初三年困难时期，于老买了一只奶羊，让自己的老伴儿每天出去放羊，下雨天还给羊披上雨衣，每天让老伴儿喝一杯奶（应该是羊奶吧）、发四块饼干，他想用以做试验，看看一个人每天所需的营养够不够。这被传作一则笑谈！

于老青年时代在英、法等国边学习、边讲学时，西欧正流行一种关于灵魂存在的学说，于老自幼便是一位十分执着、遇事总要刨根究底直到弄清楚的人，他对灵魂之说产生了兴趣，可能也列入了他的很多研究项目之内吧。要不然，"文化大革命"中抄他的家怎么还有一本书皮早已发黄变旧的、外国人编著的《灵魂学》被展览示众、被"红卫兵"们刻薄地嘲笑、批判、污蔑他是"研究苍蝇灵魂"的"黑专家"呢？为了这，于老当时可真没少挨批判！但批判归批判，于老从不改自己的初衷，对心中未解之谜仍然执着追究，但是这种研究，无处试验啊！也就是在"文革"期间吧，据传一位老师被"红卫兵"扣上莫须有的政治"反动"的罪名，戴高帽子、连日揪斗、踢打、羞辱，他受不了尊严扫尽之苦，便饮药自杀，幸而抢救及时，苏醒过来；我们的于道泉先生听到之后，竟亲自登门一心想去询问服药失去知觉之后有无灵魂出窍的感觉。这件事不管怎么说也似乎是太过迂了吧！但发生在于老身上似乎并不奇怪。然而，对不甚了解他的人，则又一次证明了他们心目中的于先生真是个"怪人"！

于老有一件奇事，曾在学校家属大院传来传去。那事发生在"文革"之后的某一天，于老清早起身开门，突然发现自家门缝里插着一张纸条，抽在手仔细看，只见上面写着几行字，内容大致是"限你用信封装好一定数额的人民币，在某时，放在某地，我们来取。你若不给，你若报案，就砸烂你的狗头！"（最后这句狠话，是"文革"中红卫兵、革命造反派最常用的革命口号）于老看过之后，十分沉着，他像往常一样骑上他的破自行车出门了；他知道也许身后有眼睛在盯梢，他慢悠悠地出了家属院大门，然后，他把自行车撂下迅速上了公交车，他老先生竟然跑到中南海去了。原来，于老的妹妹于若木（她也是一位搞学术的专家），是时任国务院副总理陈云的夫人，于老平时极少对人谈起，他也极少走这门高官亲戚，所以同事们也极少知道。现在，于老遇到这样的大事，他又不想惊师动众，便直接求助于妹丈去了。结果，案很快就破了，原来是家属院中的一两个纨绔子女勾结社会上的几个浪子，探得于老工资待遇高，生活又清苦，肯定积蓄甚丰，他们就搞了这么一个恶性的敲诈"把戏"。案子悄悄地结了，于老不想把事情闹大，他知道，"文革"大动乱刚刚过去，乱抄家、乱搬运别人家贵重东西"属于革命的""破四旧"的流毒在部分无知的年轻人心中已深深种下，需要教育过程。所以，他对涉及这一案件的年轻男女到底是谁讳莫如深。这是他宅心仁厚的一例实证,当然,整个处理过程悄然完成,也显示出于老的机警、智慧,绝非只看表面便认为于老"太迂""读书读多了,太不知人情世故"的结论。

还有一件趣事。在20世纪六七十年代之交,在林彪的"一号命令"和"读书无用"的非正常情况下,大学停止招生,我们这些教师已是彻底无用,便被一批一批地发配到湖北沙洋"干校"(原来的劳改农场换了换名字)劳动改造,有种大田的、有种菜地的、有养猪的……虽然于老已经是古稀老人也不能免,也随着下放劳动改造的大军,到了"干校"。同事们念他年事已高,一般都把轻活儿让他做。记得正是稻谷成熟待收的季节,干校种了十亩水稻试验田,为了保证丰产,必须防止飞鸟对稻谷的啄食糟践,于是,管理大田生产的干部就派几位年老体弱的教职员轮班去赶麻雀,于老便是这个队伍的一员。菜地与稻田仅隔一条田埂,当时种菜的同事生动地描述他常常见到的场面:只见在稻田周边的田埂上,出现了两位身影,前面是年已古稀的于老,他头顶一个破草帽、身穿一套灰糊糊的劳动装、戴着一副深度近视镜,脖子上吊着一只洋铁桶一直垂到胸前腰际,双手各拿一根棍子,一边小心翼翼地在窄而不平的田埂上走着,一边认真地双棍齐敲洋铁桶,发出"砰砰砰砰……"的声音;在他的身后有一位也近耳顺之年的王立玉老师,她一只手拿着一个破脸盆,一只手拿着一条棍子,待"砰砰"音响过之后,便连忙敲起破脸盆,发出"哨哨哨哨……"的响声,可是潜伏在他们身边稻谷上的狡猾的麻雀子们,随着响声霎时间就哄然飞起,但一等他们走过,却又飞向身后的稻田。那"砰砰""哨哨"的合鸣,真是一曲绝无仅有的交响乐,那前后等距离认真相随、执着地、彳亍于杂草丛生的窄窄田埂上、有节奏地棒打洋铁桶、破脸盆的情景,真是一幅绝无仅有的干校劳动生活图……不只是今天说起来让人忍不住发出苦涩的低笑,就在当时亲眼见到的人们心中恐怕也是五味杂陈,不知用什么词汇来形容那难以用恰当语言表述出来的心情吧!

【附】：于道泉先生生平学术大事年表[①]

年代	事迹与学术
1901 年	1901 年 10 月 18 日，出生于山东临淄葛家庄，父名于丹绂。
1917—1920 年	就读于山东省立甲种工业学校。
1920—1924 年	考入山东齐鲁大学半工半读。先攻化学系、兼修数学，后转社会系，专攻西洋史与社会学。1922 年间业余学习并掌握了世界语[②]，成为建在瑞士的国际世界语协会会员，并充当该协会在济南的代表。将我国现代著名作家许地山的散文《空山灵雨》译为世界语，在胡愈之主办的世界语刊物《绿光》上发表。加入了中国文学研究会。毕业后，考试取得公费留美的资格。
1924 年夏秋间	诺贝尔奖获得者印度大诗人泰戈尔访华在济南期间，与之随行充当英语翻译，并以佛教在中国传播的历史知识，受到泰戈尔赏识。接受了作为中印间文化使者到泰戈尔创办的印度国际大学去深造的邀请，毅然放弃了赴美国留学的机会。并随同泰戈尔赴北平。可惜因受阻于北洋政府，印度之行未被批准。
1925—1926 年	经泰戈尔介绍留在京都大学随立陶宛籍的俄国科学院院士钢和泰男爵一边学习梵文、藏文，一边为钢和泰用英文教授梵文时充当课堂翻译。其间又与雍和宫的蒙古族、藏族喇嘛长时间生活在一起，同他们学习研究藏文、蒙古文经典文献；对西藏六世达赖喇嘛仓央嘉措的诗歌发生兴趣，并一首首地译成汉文和英文。

[①] 该年表的制作，主要参考王尧《平凡而伟大的学者——记我所知道的先师于道泉》（关心下一代丛书《教育人生》征文选上册第 19—29 页。北京教育系统关工委 2011 年 7 月）。

[②] 世界语："人造的国际辅助语。大都以印欧语系的语言为基础，在语音、词汇、语法上加以改革，使之易于学习""它是 1887 年由波兰人柴门霍夫所创始的，汉语习称 Esperanto 为世界语"（摘引自《辞海》语言文字分册。上海辞书出版社，1978 年版）。

1927—1934 年	在京师图书馆（今国家图书馆）工作。自学满文。又被聘为"中央研究院"历史、语言、考古研究所助理研究员。1931年，译成汉文、英文的《六世达赖喇嘛仓央嘉措情歌》著作问世，书中附有赵元任先生所写的"拉萨音系"。该书引起国际藏学界极大的关注。
1934—1938 年	被派往法国巴黎大学现代东方语言学院留学。在此期间：1. 进修法语、土耳其语；2. 到巴黎国家图书馆编辑满文和藏文书目，参加法国"亚细亚学会"；3. 在巴黎大学汉文高级学院教授汉文；4. 利用暑假专程去德国进修德语。
1938—1949 年	受聘英国伦敦大学东方非洲学院讲授汉、蒙古、藏等语言课程。1945 年，将赵树理《李有才板话》《小二黑结婚》译成法文在外国刊物上发表，将我解放区进步文艺作品介绍给世界。
1949—1950 年	1949 年 4 月，欣闻全国面临解放，经由新加坡、中国香港辗转返回北京。被聘为北京大学东方语言文学系教授，主持成立藏语文专业。1950 年国务院计划新建中央民族学院时，参与筹划少数民族语言中之藏语专业。
1951—1965 年	由北大调入中央民族学院。为语文系开创了藏语文专业，长期任藏语教研室主任。除讲授藏文佛学专著外，也为其他系科开设了世界语课；并积极组织人力开始着手编写大部头辞书——《藏汉大辞典》。
1966—1971 年	"文化大革命"十年动乱期间。1966 年 6 月初，被造反派红卫兵批判，戴上"反动学术权威"的帽子，工资被冻结。1969 年，林彪的"一号命令"下达后，随着全院大批教职员工至湖北沙洋"干校"劳动改造。
1972 年	先生和得力助手、他的高足中年教师王尧一起，完成了外交部下达给学校的重要任务：为伊朗出土的"本教"文书卷子藏文图卷作解读与注释。在翻阅国外书刊完成该任务的同时，又整理出亟须的有关国外藏学研究论著的论文及书目。

1983 年	《藏汉对照拉萨口语词典》正式出版。这是自先生 1949 年回国后，即组织人力着手编写，历经数十年坚毅不挠的结晶。词典中收集了近 3 万条藏语词汇，并各附有拉萨语标准注音，填补了藏语研究的一项空白。获国家民族事务委员会哲学社会科学优秀科研成果荣誉奖。
1992 年	1992 年 4 月 12 日，"语言奇才"、藏学家于道泉教授于北京西山的一所医院病逝。享年 92 岁。

这位从未停止过思考的老人，只要"一书在手，便浑然忘我"。他经多年时断时续的研究及反复验证，还著有《谈谈翻译机械化》《藏语数码代字》《用数码转写语言文字的建议》等文章。

翻译注释作品有：《明成祖遣使召宗喀巴纪事及宗喀巴复成祖》《妒花歌》等。

友人序跋

读秋白选集有感

韩秋白先生是我的同事、我的挚友。近日,我读完她的《秋之白屋诗歌散文选集》(以下略称《选集》)之后,更加深了对她人格精神的认识和理解。

《选集》是一本不可多得的别有品位的好书。她与云忠先生的闽苏浙旅游是一次山水之旅、文化之旅、心灵之旅。他们博雅的人格精神、深厚的文化修养都在笔下流露无遗。《选集》的内容朴实、文笔细腻、情趣高雅,令人读来兴致盎然。

秋白伉俪都是年逾古稀的老人,虽然都是堂堂大学教授,但也属穷知识分子一类。你看他俩在武夷山的住处竟是租赁居民的半地下室——其实是储藏间。这就是中国传统知识分子的情怀,只要"惟吾德馨",地下室又"何陋之有"呢?

秋白、云忠离开繁华的京都,踏上了寻胜探幽、拥抱自然的旅途。他们到了武夷山以后,那里的秀美、质朴、原生态景观,一下子就使他们完全陶醉了,就像鱼游江海、鸟归山林,他们的心灵世界与大自然融为一体了,于是,诗兴大发。秋白写道:"我望着玉女峰与隔岸而立的大王峰,突然觉得他们仿佛都活了起来,我对云忠说:'咱们为他俩作首诗吧!'云忠说:'我已有了两首,你听!

一

九曲溪水拍山流,大王玉女愁对愁。
相思血泪化丹崖,伉俪难结恨不休。

二

铁板奸邪更无行,告密挑事震天庭。
双双化石隔山涧,遗恨千秋不了情。'

我说:'好哇,我也有了,听着啊!

一

大王玉女本相悦,铁板无端铸离别。
天帝淫威何足惧,造物难移两心偕。

二

风拍水动波声送,直诉千秋未了怀。
自古多情多磨难,不见山伯与英台?'"

显然,名山大川、峻岭峭崖深深地触动着诗人的情怀。同时,透过字里行间展现出来的对大自然的审美视野,也反映出他们对人生境界的高尚追求。

我不禁联想到《论语》中记载的,孔子弟子曾皙关于"游山玩水"的一段话,他说:"暮春者,春服既成,冠者五六人,童子六七人,浴乎沂,风乎舞雩,咏而归。"从本质上说,今人与古人,秋白与曾皙不是如出一辙了吗?不是在享受自然,回归自然,以及领悟人生意义等各方面都与其心灵世界相互契合了吗?

《选集》绝不是一般的山水游记,我们从它那细腻的笔触中强烈地感受到作者深厚的文化底蕴。他们在观赏名胜古迹、品玩世风民俗之中,充分抒发出强烈的心灵感受,展示出高雅的审美情趣。

经过百多天的旅游,秋白不觉其苦,不觉其累,最后还在火车北还之时提出"联句以记此次闽苏浙之游",于是,脱口而出:"春去秋来太匆匆……"

云忠说:"是上平声'一东'韵,好吧,我续:履痕处处印葱茏。"

秋白说:"'葱茏'二字虚空得好,此处不宜实,我续:南疆北国觅虫二……"

云忠大笑,说:"'虫二'岂不太虚空,你捉到'无边风月'了吧!且听我的收尾行不行:湖岛河山任西东!"

王振筑

2020年元月于北京

情趣 意境 人

桌边摆放着同窗诤友秋白的新作——《秋之白屋诗歌散文选集》(以下简称《选集》),我有幸先睹为快。

当不停地翻动书页时,映入眼帘的,恰似一幅幅迅速移动的江南特色的山水画,又像是一首首朗朗上口的长诗。书中虽然穿插了不少时光流程与生活琐事,但其内里却埋藏着一串串耀眼的珍珠。那就是,作者在轻松记述、白笔描绘山光水色、文化古迹的同时,所流露出的深深眷恋与幽思,以及字里行间脉动的孩提般的真诚——一颗赤子之心。读后掩卷而思:两位年逾古稀的老人,踏上当年徐霞客曾经走过的路线(徐霞客游记"五度入闽,首在武夷"),游走闽苏浙名山大川,他们是为唤回儿时的记忆,或是寻觅先人的足迹,还是在追逐一个不醒的梦?但无论如何,贡献于读者面前的这部优雅之作,似可用五个字概括,那便是:"情趣、意境、人",换言之,是浓郁的生活情趣,高雅的意境,以及无处不在的对人的尊重、关怀与爱。

细心的人读《选集》时,会立刻发现,作者每到一处大的景点,都着力去捕捉该景点所体现的特殊意境,如游览极负盛名的九曲溪时便是如此……真情一旦进入景中,两相契合,那么,眼前的自然景物顿时便鲜活起来,也深刻表达了游人观察此处景物时的内心体验。

《选集》里记述游览名胜园林时的感受,也从意境角度切入,并无大量文字精描细绘,而是重在自身的真实感受,挥笔直书。

如:寒山寺,坐落于苏州城西的枫桥古镇,是一座千年古刹,因其位于京杭大运河东岸,便成了往来商船必由之地。又因唐代诗人张继留给后人的那首名诗《枫桥夜泊》:"月落乌啼霜满天,江枫渔火对愁眠。姑苏城外寒山寺,夜半钟声到客船。"更使人对该景点流连于心,情有独恋。当作者踏进该寺时,不只联想到当年商船频发、游人如织的"动"的场景,而是沉浸在"动"的背后所蕴藏着的那份悠闲与雅静。如作者踏进寒山殿,便想到寒山和拾得二禅师的打坐与参禅;尽管寺内有楹对无数,而作者入目的只是两则短联:

>   静坐得幽趣
>   清游快此生
>
>   钟声鸣慧眼
>   月色照禅心

　　"静坐""清游""慧眼""禅心",还有寒山和拾得两位正在参禅的禅师……这是一幅多么迷人的景象。当人们有幸抵达此种意境时,或许已自然地脱离了耳目所及的具体物象,变成一种对"静"的意念的追逐与美的享受。

　　睹物思人,触景生情,是人的真性情的自然流露。读罢《选集》,自己也被作者这种真性情深深感染。

　　秋白出身书香门第,自幼爱读诗文,记得中学期间在关系较亲近的同学中便有"女诗人"的昵称,她对古诗有一种特别灵敏的感悟。当游至紫阳楼看到朱熹写给女儿的饱含亲情的诗时,一下子触发了作者对老父的感恩与怀念。书中写道:"现全诗就悬挂在朱熹女儿的卧室内。随着我轻轻地读诵,心中竟涌出意外的惊喜,原来我在儿时,从老父所吟哦之诗,竟于无意中找到源头,并记得儿时所背与上述诗文还有些小异。"短短几行字,却道出了对早已过世的父亲的眷恋与思念。

　　中国的先哲孔子,提出过"仁",何为仁?即"仁者爱人";自己是人,也把别人当人看。这虽说是一个再简单不过的普遍的道德原则,但孔子却把它奉为最高的追求;认为所谓"爱人",必须由爱自己的父母开始。《中庸》里引孔子的话"仁者,人也,亲亲为大",也是这个意思。继孔子之后的孟子又说:"亲亲而仁民,仁民而爱物",是指从爱父母开始,一直推广到爱天下所有的人,乃至天地万物。这是对孔子思想极好的发挥。《选集》作者尊崇古训,重视亲情,在有关章节充分表达了晚辈对逝去双亲的无尽思念与感激之情;再对比当今社会里对长辈不孝的子女,又有几个会想到父母对自己的思念和牵挂呢!

　　通过《选集》不难发现,作者、云忠都有一颗慈爱之心。他们不仅对父母、兄弟姐妹、朋辈有真挚的情感、关怀与爱,也对身边所有的人,有些是完全陌生的人也关爱有加。在游览过程中,他们对残疾人、孩童等弱者以及处于社会底层的人屡屡伸出援手而不求回报,用云忠的话,是"但求与人善,何求他人谢!"与此同时,对那些在钱堆里厮混,只重钱财不重人的言行,则每每予以讥讽。每读至此,不由便生出以下感悟:该书虽是用较多篇幅写崇山、大海、清溪、花树、小动物等自然景物,但在作者内心深处,却始终珍藏着一个大写的"人"字。这正是《选集》的点睛之笔,也是该书价值之所在。

张文儒
2020年4月于北京寓所

《闽苏浙游记》小序

从季春至仲秋,秋白、云忠相携出游,地经三省,时历百日,饱览了武夷胜景、普陀仙山、苏州园林和西湖风光,领略了我国东南疆域的风土人情,享受了博大精深中华文化的滋养,写下了洋洋洒洒几十万字的游记,读来让人心驰神往,钦羡不已。

两位年逾古稀的老人,在书斋中刻苦读书,勤奋写作之余,外出游历祖国的大好河山,以舒缓筋骨,驱散写作辛劳;亲近自然,凭吊古圣先贤;走进山村古镇,了解世风民生;既愉悦身心,又加深对今日中国社会风气之了解,抒作者之胸臆。赤子之情,文字可稽。

作者素承家学,雅好诗文,沉静寡言,不意于此次旅游之际,竟勃然而发激情,通过记述汨汨泻出。她以简洁、流畅的笔触写下了九曲溪的旖旎、鼓浪屿的阔美、苏州的明丽,以及灵隐寺与南、东二普陀的仙山佛光……那巍巍高山、浩浩大海、挺拔竹树、似锦繁花,以及地理风貌和社会人文,这一切的一切,在他们的眼中,都是那样的鲜活动人,多姿多彩,令人神往。一路上他们也不忘拜谒古圣先贤的遗踪,以无比崇敬的心情再访朱子故居、书院,同时又不忘为被后人无端诬陷的法海高僧正名。

更为可贵和令人感动的是,他们以"先天下之忧而忧,后天下之乐而乐"的情怀,记下了旅途中的所见所为,留下了对真善美的颂扬,对假恶丑的讥讽,对弱者的同情,对奸者的不屑,对勤劳朴实的赞美,对人性中善良的褒扬。还多处记下了在得到别人帮助时的感激与感动以及自身做好事、施援手时的彷徨和踟蹰……这就是社会，这就是人生，这也就是当今世态的缩影。

从作者采用的记游方式、所记述的我国东南沿海部分地区的自然风貌与社会人文而言，颇得《徐霞客游记》的意趣。愿此游记能成为后人了解当今社会部分现象的珍贵史料。

李桂枝

2020 年元月匆匆落笔于北京寓所

书后语

初稿完成后,欣蒙大学同窗好友沈纯和来春刚教授不吝翻阅,提出建议,热情鼓励,谨在此向他们表示由衷谢意!

在书稿修改过程中,恰逢昔日学子舒志武来访。他是来自湖南湘西沈从文故乡的土家族儿子,1977年"文革"后恢复高考之际考入我校中文系。为人朴实好学,刻苦研读,成绩优异。毕业后分配至广州华南农大任教,是一位成绩卓著的教授。志武每至北京,与我总有见面叙旧之机。此次来访,闲话之余,翻看拙作后,颇感兴趣。于不足半月时间内,便通读了几十多万字的篇页,写出了千余字的序文。序中实多过誉之词,对他而言是师生之情,而于我则权作自勉、自励可也。

诗文经几度春秋修改,交付出版之前仍觉有未尽之意……

《秋之白屋诗歌散文选集》写出后,蒙军事科学院古典兵学专家吴如嵩先生题写书名,挚友中央民族大学王振筑教授、李桂枝教授惠赐序跋,又承蒙北京大学张文儒教授(我的中学同窗)和亲朋同道发来读手稿后的感言,何爱之深也!上述云云,实为拙书拂尘增辉不少,幸何如之!仅在此深致谢忱。

谨以小诗两首,以补不足,聊寄心志:

一

欲酬亲忆效琢磨,不具文心玉难雕。
我写我心托我手,自由自在自逍遥!
由人臧否由人道,磨玉不成把瓦抛。
但盼心情抒发净,再游山岳再渡桥!

二

闲人信手弹笔墨，一生荒芜难收秋。
试看万家炊烟里，杂花生树多少筼？
生活就是一本书，寒来暑往细细瞅。
志武序成多鼓励，勿使青丝笑白头！

韩秋白
2020 年 10 月
农历庚子岁之仲秋
完稿于北京寓所"秋之白屋"